Ce livre encourage les lecteurs à « penser aux enfants » ! Car penser aux enfants entre dans la vision de Dieu. En effet, l'ouvrage présente la problématique des enfants des pays choisis, pour la plupart dans le Sud, sous forme d'anecdotes, de témoignages, avec des cas précis. Il pousse à la réflexion biblique et donne des conseils pratiques. Il interpelle les parents et les responsables dans la famille, dans la communauté et dans la société. Bref, l'originalité du livre c'est de nous responsabiliser face à la marginalisation et à la maltraitance des enfants dans la société actuelle, afin qu'ils retrouvent leur dignité en tant que créés à l'image de Dieu et interlocuteurs dans la société. Je ne peux qu'encourager la lecture de ce livre d'une originalité particulière.

Solomon Andria
Ancien professeur à la FATEAC, Côte d'Ivoire

Cet ouvrage collectif décrit comment, chaque année, les enfants sont victimes de violence partout dans le monde et leur dignité est bafouée par la violation de leurs droits humains. Les auteurs responsables d'églises, dans différents contextes, encouragent de promouvoir la dignité des enfants ; car ces derniers subissent souvent des discriminations qui ont des vastes répercussions d'ordre physique, psychologique et éducationnel.

Sauvegarder la dignité des enfants est une priorité pour les églises et les théologiens souhaitant atteindre les objectifs de l'éducation inclusive et de qualité à l'image de Christ (Mt 18.8). Pour faire face aux enjeux de la dignité des enfants, chaque être humain doit devenir acteur d'un changement. Pour ce faire, celui-ci aura besoin de : connaissances, compétences, valeurs et attitudes. Il s'avère donc nécessaire que ce livre soit lu par le plus grand nombre et soit traduit dans différentes langues vu son caractère pédagogique.

Nelly-E. M'Foutou Kado
Professeure en Théologie Pratique,
Université Protestante de Brazzaville
Coordonnatrice Action Évangélique pour la Paix,
Église Évangélique du Congo

La sauvegarde de la dignité des enfants est devenue une préoccupation majeure dans le monde actuel. Les pages de ce livre offrent une vue kaléidoscopique d'histoires de vies stimulantes qui soulignent les ressemblances entre les cultures à travers le monde plutôt que leurs différences. Écrit par divers auteurs, issus de pays d'Asie, d'Afrique et d'Amérique du Sud, ce livre constitue une véritable mine d'or de connaissances. Bien que l'impatience habituelle du lecteur d'en savoir plus se heurte à un fort sentiment de tristesse causé par les nombreuses épreuves que subissent les enfants du monde entier, le livre est porteur d'un grand message de résilience et d'espoir. Chacun des auteurs développe sa manière de transporter le lecteur à travers la vie réelle des communautés chrétiennes et non chrétiennes dans diverses cultures. Je vois dans cet ouvrage l'occasion d'un voyage pour découvrir le sort des enfants et leur droit inaliénable de vivre dans la paix et la dignité, dans notre univers mondial de plus en plus complexe, dur et cruel.

Hiba Al-Jamal
Directrice, SKILD
(Smart Kids with Individual Learning Differences Center)
[Centre pour enfants intelligents avec des difficultés d'apprentissage]
Mansourieh El Maten, Liban

Ce livre rend hommage aux enfants en nous ouvrant les yeux sur leur vulnérabilité, leurs forces et leurs contributions, et en proposant des initiatives créatives, pour les protéger, apprendre d'eux et collaborer avec eux. L'ouvrage rassemble des leaders chrétiens très respectés issus de divers contextes des pays du Sud et est divisé en huit chapitres abordant les problèmes urgents auxquels les enfants sont confrontés dans le monde entier. Les chapitres donnent à la fois à réfléchir et à motiver, parce qu'ils examinent avec soin les multiples dimensions de la souffrance endurée par les enfants, et proposent des stratégies pratiques ainsi que les fondements bibliques et théologiques pour nourrir l'espoir et promouvoir des changements positifs. Les chapitres interpellent avec force et efficacité l'Église universelle en incorporant des idées provenant d'un éventail de sources, dont la Bible, des théologiens d'hier et d'aujourd'hui, des sciences sociales, des politiques et de meilleures pratiques d'organisations laïques et confessionnelles, des rapports et accords nationaux et internationaux concernant le bien-être de l'enfant, ainsi que les récits et expériences des enfants eux-mêmes.

Marcia J. Bunge
Professeure de religion et titulaire de la chaire Drell et Adeline Bernhardson,
Department of Religion, Gustavus Adolphus College, Minnesota, États-Unis
Professeure de recherche extraordinaire, North-West University, Afrique du Sud

En réfléchissant à ce livre, j'étais profondément conscient qu'il sortait à un moment où le monde est hanté par les images de l'Ukraine – un enfant en pleurs portant un ours en peluche et marchant vers « nulle part ». Des sources rapportent que plus d'un million et demi d'enfants ont fui le pays et que plus de 75 000 enfants deviennent réfugiés chaque jour (plus de 50 enfants chaque minute). Alors que les puissances mondiales contournent les problèmes liés à cette guerre, les enfants en paient-ils le prix à cause de l'ego démesuré d'un homme et de la léthargie des nations ? L'Église qui obéit à son Dieu pourra-t-elle dire en toute bonne conscience : « Parce que les pauvres sont opprimés, parce que les déshérités gémissent, [je me] lève pour les secourir » (Ps 12) ?

La tendresse de Dieu pour les enfants est à bien des égards une quête de réponse à ce désir de voir Dieu et l'Église agir. Ce livre se situe résolument du côté des enfants vulnérables. Il fait de l'enfant le « prisme » pour développer des perspectives sur les questions humanitaires et formuler un contre-récit remettant en question les paradigmes défectueux centrés sur l'adulte qui dominent l'espace humanitaire. Le livre tisse une belle tapisserie avec des histoires simples d'enfants, des réflexions sur des motifs théologiques et de riches expériences d'auteurs issus de toutes nos nations.

Jayakumar Christian
Ancien directeur national de World Vision India,
Chennai, Inde

Lorsque nous avons travaillé, il y a deux décennies, sur le projet collectif d'un cadre biblique afin de comprendre la tendresse de Dieu pour les enfants, nous espérions qu'une nouvelle génération de praticiens et de théologiens s'emparerait de ce projet pour aider les chrétiens au moyen d'une théologie biblique solide du ministère auprès des enfants et avec eux. *La tendresse de Dieu pour les enfants* n'est que l'accomplissement d'un rêve qui a été planté dans nos cœurs à l'époque. Je suis heureux de savoir que cette nouvelle génération d'érudits et de praticiens a pris conscience de la valeur des enfants dans la mission de Dieu. Elle l'a fait avec passion, profondeur et amour pour les enfants et la Parole de Dieu.

Gustavo Crocker
Surintendant général,
Church of the Nazarene, États-Unis

Au moment où l'Église cherche à participer à la mission de Dieu et où elle le fait « en ciblant les enfants, dans leur intérêt et avec leur collaboration », des volumes comme celui-ci constituent une lecture essentielle et nous rappellent que l'Église participe à la mission de Dieu « en tant » qu'enfants. Cette collection d'études riches et variées, rédigées par des auteurs du monde entier, rappelle pourquoi il est si important de prendre le contexte au sérieux dans notre réflexion théologique, et pourquoi nous avons besoin les uns des autres – enfants et adultes – pour discerner comment vivre et parler en tant que fidèles disciples de Jésus aujourd'hui.

Tim J. Davy
Chargé de cours et responsable de la recherche et du conseil,
All Nations Christian College, Ware, Royaume-Uni

Cet ouvrage constitue une ressource pratique, contextuelle et contemporaine pour toute organisation chrétienne qui agit parmi et avec les enfants, en se concentrant principalement sur les enfants en danger. Quel bonheur de bénéficier de réflexions théologiques aussi profondes, d'études de cas concrets et de contributions venant du monde entier, ce qui est particulièrement motivant pour moi, surtout pour notre travail en Asie.

Prabu Deepan
Directeur régional pour l'Asie,
Tearfund, Sri Lanka

Cet ouvrage fait entendre, de manière constructive et utile, des voix importantes émanant du monde entier. L'écoute des réponses théologiques et bibliques contextuelles aux questions posées et aux études de cas concrets est particulièrement instructive. Grâce à des voix fortes et expérimentées, les enfants qui sont au centre de ce livre sont vus et entendus. Merci de l'avoir fait avec autant de respect et d'honneur en pensant aux enfants. Leur résilience face à tous les obstacles est impressionnante et pourtant, si souvent, les auteurs appellent l'Église dans son ensemble à apprendre, à réfléchir et à faire mieux encore.

Les questions posées à la fin de chaque chapitre sont utiles pour faire une pause, réfléchir et les replacer dans nos contextes, en les examinant à travers un prisme familier. En plus de cela, l'ouvrage comporte un index des références bibliques très utile et de nombreuses notes de bas de page ainsi qu'une bibliographie.

Ce condensé des questions contemporaines auxquelles sont confrontés les enfants d'aujourd'hui est un compendium pour tous les étudiants, les Églises et les missions qui s'efforcent de faire le bien, d'unir leurs efforts pour construire le royaume de Dieu, et de voir les enfants dans leur contexte, de les honorer et leur donner un espoir et un avenir.

Andy Dipper
Président Directeur Général,
All Nations Christian College, Ware, Royaume-Uni

La tendresse de Dieu pour les enfants nous met au défi d'examiner ou de réexaminer notre perception des enfants : découvrons-nous en eux la même valeur, la même dignité et le même potentiel que Dieu ? Les considérons-nous comme préparés par Dieu à participer à son œuvre et à contribuer activement à l'établissement de son royaume ? Et comment pouvons-nous les aider à surmonter les obstacles qui les empêchent d'honorer la vocation que Dieu leur a adressée ? Des spécialistes de différentes régions du monde nous permettent d'entendre la voix des enfants en racontant leur histoire. Grâce à de profondes réflexions théologiques, à des faits et statistiques troublants et à des témoignages très parlants, les auteurs donnent un visage aux problèmes que rencontrent les enfants dans diverses cultures et contextes. Le livre propose également des mesures pratiques éprouvées concernant la manière dont l'Église peut réagir efficacement. Il s'agit d'une ressource précieuse pour tous ceux qui travaillent avec des enfants et qui souhaitent les voir s'épanouir conformément à la volonté de Dieu.

Rebecca Goropevsek, DMin
Coordinatrice, Réseau des enfants,
Alliance évangélique mondiale, New York, États-Unis

La publication du livre *Understanding God's Heart for Children* en 2007 a exercé une influence profonde sur mon travail dans le secteur du développement chrétien. Les perspectives qu'il présente ont façonné ma compréhension de la place centrale des enfants, et en particulier des enfants exposés à des risques, dans le travail communautaire accompli dans une perspective chrétienne.

J'ai donc été ravie de recevoir cette nouvelle édition avec ses voix du monde entier et son approche contextuelle. Il constitue une ressource précieuse pour l'étude individuelle et collective dans l'optique d'éclairer les actions qui reflètent la tendresse de Dieu pour les enfants. Je recommande vivement cet ouvrage, non seulement à ceux qui sont en contact professionnel direct avec les enfants, mais aussi à tous ceux qui cherchent à comprendre la place importante qu'occupent les enfants dans la mission de Dieu. J'espère et je crois que ce livre nourrira une réflexion et une action qui favorisera l'épanouissement de tous les enfants, et notamment de ceux qui vivent actuellement dans des circonstances très difficiles.

Deborah Hancox
Coordinatrice internationale de Micah Global,
Afrique du Sud

La tendresse de Dieu pour les enfants : Théologie pratique dans une perspective mondiale nous présente une feuille de route en sept points d'une approche du royaume. À nous d'accomplir le mandat de Dieu en faveur des enfants, pour eux et avec eux. Prenant comme base de réflexion et d'application les théologies contextuelles du monde majoritaire, les auteurs ont fourni une base biblique pour une formation spirituelle missionnaire, intergénérationnelle et holistique de l'inclusion des enfants dans la communauté et la société. Il s'agit d'un livre à lire absolument par tous les étudiants de premier cycle en théologie et en formation pastorale, ainsi que par tous les spécialistes de l'enfance en danger, tels que les responsables de ministères et d'organisations.

Malinda N. Harrahs
Vice-chancelier adjoint, Affaires académiques,
Université chrétienne de Scott, Kenya

Il s'agit d'une exploration à la fois large et profonde des enfants et de leur valeur aux yeux de Dieu. Le livre est percutant, mais riche dans ce qu'il nous offre à tous. Tout au long des différentes contributions, il nous est rappelé que notre connaissance et notre compréhension de l'expérience vécue par les enfants à travers le monde ne sont utiles que si elles sont complétées par nos propres efforts proactifs pour participer au changement qui est si nécessaire. Cette expérience vécue des enfants est le prisme à travers lequel nous pouvons commencer à nous approcher et à ressentir la souffrance du cœur de Dieu. Le fait que Jésus a toujours valorisé et défendu la dignité des enfants est pour nous un argument puissant et humiliant propre à nous faire réfléchir. En lisant ce livre, vous serez interpellés, stimulés et peut-être amenés à résister à l'envie de regarder vers le haut (les adultes) et à regarder plutôt vers le bas (les enfants) pour voir où la justice doit trouver ses fondements.

Justin Humphreys
Directeur général,
Thirtyone:eight, Royaume-Uni

Dans *La tendresse de Dieu pour les enfants*, un excellent groupe d'érudits et de praticiens divers s'est réuni pour nous offrir un livre qui, non seulement nous persuadera que Dieu se soucie des enfants, mais qui nous montre aussi comment travailler avec Dieu pour élever des enfants qui formeront une génération disposée à suivre le Christ. Avec la croissance continue du christianisme dans le monde, l'âge moyen des chrétiens diminue rapidement. Le sujet de ce livre devrait donc préoccuper tous les chrétiens qui réfléchissent à l'existence actuelle et future de l'Église. L'ouvrage est vivement recommandé à tous les chrétiens engagés dans le ministère, en particulier ceux qui s'occupent de familles et d'enfants.

Harvey Kwiyani
Directeur général de Global Connections, Royaume-Uni

Avez-vous déjà contemplé un ciel nocturne parsemé d'étoiles ? Ou écouté le chant de l'alouette ? Dieu a créé la vie pour qu'elle soit bonne, heureuse, amusante et belle. Plus je voyage avec le Seigneur, plus je découvre son désir de révéler la beauté et l'émerveillement de ce qu'il a fait.

L'une de ces grandes bontés est sans aucun doute le bourdonnement tranquille et heureux des grands groupes communautaires – principalement des églises – qui s'occupent des enfants, les nourrissent, les éduquent et les encouragent à devenir tout ce qu'ils devraient et pourraient être. Des lieux dirigés par des responsables qui se consacrent à enseigner les bonnes voies de Dieu à la prochaine génération ; des enfants désireux d'en savoir plus sur l'identité de Dieu, sur la façon dont il a organisé les choses, sur ce qu'il devraient être et devenir d'après lui.

Ces responsables apprécieront ce livre plein de profondeur, d'expériences, de défis et de perspicacité. Appréciez-le. Appliquez-le. Achetez-le et partagez-le.

Patrick McDonald
Fondateur de Viva, Royaume-Uni

Cette vision globale de l'enfance s'articule autour de trois thèmes : la dignité, l'*ubuntu* (communauté) et l'espoir, étayés par une théologie honnête qui reconnaît que la communauté peut être nocive tout comme elle peut constituer un appui, que l'espoir ne repose pas seulement sur des droits, mais essentiellement sur le bien-être spirituel, et que l'enfant est digne non pas en tant que sujet, mais en tant qu'agent du royaume de Dieu.

Révérend chanoine Mark Oxbrow
Président, Feed the Minds, Royaume-Uni

Ce livre place les enfants au centre du cœur et de la mission de Dieu. Il est écrit par une cohorte expérimentée de théologiens et de praticiens du monde entier qui souhaitent voir les enfants renouvelés et restaurés par l'amour de Dieu. Les auteurs abordent les thèmes contemporains qui affectent le plus les enfants, tels que le travail forcé, le changement climatique, l'absence de domicile, la pauvreté et la migration. La lecture de ces articles vous informera, vous interpellera et vous changera, et vous ne jetterez plus jamais le même regard sur les enfants de notre monde.

Cathy Ross
Responsable, Pioneer Mission Leadership Training, Oxford, Royaume-Uni
Chargée de cours sur la mission, Regents Park College, Oxford, Royaume-Uni

La tendresse de Dieu pour les enfants est un livre incroyable qui aidera les lecteurs à saisir la valeur complexe des enfants aux yeux de Dieu. Je suis persuadé que ce livre, par son message profond et ses réponses théologiques percutantes sur les diverses questions cruciales mondiales concernant les enfants, aura un puissant impact sur la façon dont nous percevons les enfants et nous motivera à valoriser et à transformer la vie des enfants conformément au projet de Dieu.

Aashima Samuel
Directeur national,
Evangelical Felowship of India Children at Risk, Inde

Ce volume se distingue par la diversité des voix qui s'expriment. Alors que les contributions antérieures à la théologie consacrées aux enfants étaient inévitablement ou involontairement centrées sur les perspectives et les expériences occidentales, ce volume proclame obstinément que la compréhension des enfants en tant que chrétiens peut – et doit – se fonder en dehors de l'Occident, et qu'elle doit être bien faite. Les auteurs de ce livre nous interpellent et nous exhortent tous à faire mieux, à mieux apprendre et à mieux écouter afin d'entendre la voix de l'Esprit Saint tout en écoutant les cris stridents et les chuchotements enthousiastes des enfants parmi nous.

David Scott
Professeur adjoint d'études interculturelles et d'enfants à risque,
Doyen associé de l'école de mission et de théologie,
Fuller Theological Seminary, Californie, États-Unis

Ce livre constitue une mine d'informations au contenu varié. Parfois, il vous horrifiera et ébranlera votre tranquillité d'esprit qui, de toute façon, n'est pas de mise. Les menaces qui pèsent sur les filles et les garçons vulnérables de notre époque sont variées, omniprésentes et se développent rapidement. Nous avons besoin de la sagesse contenue dans ce livre. Il propose des principes pour aider les individus, les familles, les communautés et les églises à comprendre les risques que courent les enfants vulnérables, et à réagir avec l'amour, le courage et l'indignation du Christ. Certains dangers auxquels sont exposés les enfants sont nouveaux ; d'autres nous sont connus depuis longtemps… Ce livre porte les empreintes de Dieu. Je suis heureuse qu'il ait été écrit et je prie pour qu'il nous aide tous à mieux apprécier, protéger et élever les enfants, les familles et les enfances vulnérables.

Camilla Symes
Directrice principale, développement transformationnel,
World Vision International, Royaume-Uni

La tendresse de Dieu pour les enfants

GLOBAL LIBRARY

La tendresse de Dieu pour les enfants

De la théologie pratique dans une perspective mondiale

Sous la direction de
Rosalind Tan, Nativity A. Petallar et Lucy Kajidori

Traduit de l'anglais par Antoine Doriath

Directrice de collection
Lucy Kajidori

Préface de Eloi Sobel Dogue

© Viva Network, 2025

Publié en 2025 par Langham Global Library,
Une marque de Langham Publishing
www.langhampublishing.org

Les éditions Langham Publishing sont un ministère de Langham Partnership.

Langham Partnership
PO Box 296, Carlisle, Cumbria, CA3 9WZ, UK
www.langham.org

Numéros ISBN :
978-1-83973-981-1 Format papier
978-1-78641-118-1 Format ePub
978-1-78641-119-8 Format PDF

Rosalind Tan, Nativity A. Pettalar et Lucy Kajidori déclarent à l'éditeur et aux cessionnaires, aux preneurs de licences et aux successeurs nommés de l'éditeur leur droit moral d'être reconnues comme les auteures des parties écrites par les directrices de l'ouvrage dans la présente œuvre, conformément aux sections 77 et 78 du « Copyright, Designs and Patents Act, 1988 ».

Tous droits réservés. La reproduction, la transmission ou la saisie informatique du présent ouvrage, en totalité ou en partie, sous quelque forme ou par quelque procédé que ce soit, électronique, mécanique, photographique, est interdite sans l'autorisation préalable de l'éditeur ou de la Copyright Licensing Agency. Pour toute demande d'autorisation de réutilisation du contenu publié par Langham Publishing, veuillez écrire à publishing@langham.org.

Les citations bibliques avec la mention « NBS » sont tirées de la Nouvelle Bible Segond ©Société biblique française – Bibli'O, 2002. Avec autorisation.

Les citations bibliques avec la mention « Colombe » sont tirées de la nouvelle version de la Bible Segond révisée dite « La Colombe ». ©Société Biblique Française – Bibli'O, 1978, avec autorisation.

Traduit de l'anglais par Antoine Doriath.

Titre d'origine : *God's Heart for Children. Practical Theology from Global Perspectives*, Carlisle, Langham Global Library, 2022.

Les citations qui figurent dans ce livre et sont tirées d'ouvrages en anglais ont toutes été traduites par le traducteur.

British Library Cataloguing in Publication Data
A catalogue record for this book is available from the British Library

ISBN : 978-1-83973-981-1

Mise en page et couverture : projectluz.com

Langham Partnership soutient activement le dialogue théologique et le droit pour un auteur de publier. Toutefois, elle ne partage pas nécessairement les opinions et avis avancés ni les travaux référencés dans cette publication et ne garantit pas son exactitude grammaticale et technique. Langham Partnership se dégage de toute responsabilité envers les personnes ou biens en ce qui concerne la lecture, l'utilisation ou l'interprétation du contenu publié.

Préface de l'édition anglaise

L'accompagnement de mon petit-fils à l'école aujourd'hui a constitué pour moi un moment précieux. Je me rappelle comme si c'était hier avoir déjà accompagné sa mère – ma fille – à l'école. Je vois même encore le visage souriant de ma mère lorsqu'elle m'emmenait à l'école. La fraîcheur des souvenirs familiaux constitue l'une des joies des personnes âgées. Notre faculté de nous souvenir est essentielle à notre condition d'êtres humains. C'est aussi un élément fondamental de notre nature de créatures qui aiment Dieu. Le livre du Deutéronome l'affirme clairement :

> *Seulement, prends garde à toi et veille bien sur toi-même, tous les jours de ta vie, de peur que tu n'oublies les choses que tes yeux ont vues et qu'elles ne s'éloignent de ton cœur ; fais-les connaître à tes fils et aux fils de tes fils. (Dt 4.9, NBS)*

Voir, entendre et partager sont des actions qui sont le privilège de la famille de Dieu. Les personnes appelées à aimer et à s'occuper d'enfants, doivent s'assurer que les enfants voient, entendent et découvrent l'amour de Dieu par expérience personnelle dans leur vie quotidienne. C'est la foi en action. C'est aussi l'obéissance au grand commandement : « Tu aimeras le Seigneur, ton Dieu, de tout ton cœur, de toute ton âme et de toute ton intelligence » et « Tu aimeras ton prochain comme toi-même » (Mt 22.37-38, NBS).

Les milliards de problèmes auxquels les enfants sont confrontés aujourd'hui nous incitent à discerner ce que Dieu veut pour eux à tout moment de leur vie. Ce n'est pas comme si une seule leçon ou même des études sanctionnées par un diplôme supérieur pouvaient synthétiser tout ce qu'il y a à savoir sur les enfants. Ce savoir nécessite au contraire une approche beaucoup plus vigilante. L'expression biblique « tous les jours de ta vie » constitue un indice pour comprendre l'amour de Dieu pour les enfants. Il s'agit d'une pratique disciplinée qui consiste à voir, entendre et communiquer. La mission auprès des enfants n'est pas seulement une vocation, c'est le labeur d'une vie !

Comme l'a souvent dit Patrick McDonald, fondateur de Viva, « les enfants sont des êtres humains, pas des humains en devenir ». Leur place est au milieu de nous. Ils ont une valeur illimitée aux yeux de Dieu, ce qui exige un engagement extrêmement fort de la part de ceux qui sont appelés à un service parmi les enfants. Les individus et organismes associés Viva s'astreignent à une discipline exemplaire absolument nécessaire au travail pratique parmi les enfants. Nous découvrons une pratique de cette qualité chez des adultes qui témoignent de l'amour de Dieu tel qu'ils l'ont appris auprès d'une personne ou d'une organisation associée au réseau Viva. Nous la trouvons aussi dans les connaissances approfondies que recèle ce dernier livre, *La tendresse de Dieu pour les enfants : De la théologie pratique dans une perspective mondiale*.

Grâce à mon association avec Viva au cours des trois dernières décennies, j'ai observé la maturation de la théologie et de la pratique au sein du réseau. Cette publication, dirigée par Rosalind Tan, Nativity Petallar et Lucy Kajidori, rassemble les idées d'érudits et de praticiens de différentes parties du globe. Ils analysent les sept déclarations du cadre biblique, auxquelles ils ajoutent un engagement significatif en faveur de la création[1]. Le sous-titre *Théologie pratique dans une perspective mondiale* est essentiel, car il indique avec précision le souci des auteurs d'aborder les questions pratiques dans une perspective de foi agissante. Ce livre vient enrichir la littérature consacrée à toutes les dimensions du travail parmi les enfants exposés à des risques.

Le XXIe siècle regorge de crises qui frappent même le travail le plus efficace avec les enfants. La pauvreté, l'exploitation, les changements climatiques, ainsi que d'innombrables autres problèmes macroéconomiques nous incitent à nous concentrer sur les problèmes écrasants auxquels sont confrontés les enfants aujourd'hui. Alors que nous progressons dans la foi dont témoigne ce livre, l'historien des religions Martin Marty propose une thèse surprenante pour notre étude des enfants. « La prise en charge des enfants se fera sur une base radicalement révisée et améliorée si, au lieu de considérer l'enfant d'abord comme un problème confronté à un ensemble de problèmes, nous le considérons comme un mystère entouré de mystère[2]. »

Ce mystère prend une signification théologique concernant la place des enfants dans le royaume de Dieu. En réponse aux disciples qui veulent savoir qui est le plus grand dans le royaume de Dieu, Jésus place un enfant au milieu d'eux et dit : « En vérité, je vous le dis, si vous ne faites pas demi-tour pour devenir comme des enfants, vous n'entrerez jamais dans le royaume des cieux. » Et en nous plongeant encore plus profondément dans le mystère de l'enfant, Jésus ajoute : « Quiconque accueille en mon nom un enfant comme celui-ci m'accueille moi-même » (Mt 18.1-5, NBS).

---

1. Douglas McConnell, Jennifer Orona et Paul Stockley, sous dir., *Understanding God's Heart for Children. Toward A Biblical Framework*, Londres, Authentic Publishing and World Vision, 2007.
2. Martin Marty, *The Mystery of the Child*, Grand Rapids, Mich., Eerdmans, 2007, p. 1.

Les personnes, les organisations et les Églises représentées dans ce livre accueillent le mystère de ce que nous voyons, entendons et partageons dans *la tendresse de Dieu pour les enfants*.

Douglas McConnell
Fuller Theological Seminary, Californie, États-Unis

Préface de l'édition française

Il est des vérités qui ne vieillissent jamais et des réalités qui demeurent intemporelles. L'une de ces vérités fondamentales est l'amour de Dieu pour les enfants. En parcourant les pages de la Bible, nous découvrons un Dieu dont le cœur est spécialement tourné vers les plus jeunes, les petits, les vulnérables. Jésus lui-même, lors de son passage sur la terre, a manifesté une tendresse particulière pour les enfants, déclarant avec une solennité empreinte de douceur : « Laissez les enfants venir à moi, ne les en empêchez pas, car le royaume de Dieu est pour ceux qui sont comme eux » (Mc 10.14, NBS). Ces paroles ont traversé les siècles et demeurent aujourd'hui encore un appel vibrant pour l'Église et chaque croyant à valoriser, protéger, et chérir l'enfance.

C'est cette tendre sollicitude divine pour les enfants que ce livre, *La tendresse de Dieu pour les enfants*, s'attache à explorer. En ces temps où la société moderne semble souvent négliger l'importance spirituelle des plus jeunes, ce livre se dresse comme un rappel urgent et vital de l'attention particulière que le Créateur porte aux enfants. Au-delà des contextes historiques et culturels, l'amour de Dieu pour les enfants est universel, transcendant les frontières et les âges. Il nous interpelle, nous éclaire et nous invite à adopter cette même attitude de soin et d'affection envers ceux que Jésus appelait les « plus petits ».

Les auteurs de ce livre nous conduisent à travers une réflexion biblique profonde, interrogeant les Écritures pour découvrir la place que Dieu a toujours réservée aux enfants dans son dessein éternel. Il met en lumière des récits où la tendresse divine est manifestée de manière tangible – de la protection de Moïse dans son panier d'osier aux bénédictions prophétiques accordées à Samuel, en passant par l'appel de Jérémie dès sa jeunesse et l'attention spéciale de Jésus aux enfants de son entourage. Chaque chapitre nous plonge dans une redécouverte de la beauté de la relation que Dieu désire établir avec les enfants.

Mais ce livre ne se limite pas à une exploration théologique abstraite. Il aborde également des questions pratiques, des défis contemporains et des enjeux sociaux auxquels sont confrontés les enfants dans le monde d'aujourd'hui. Que signifie la tendresse de Dieu dans un monde où tant d'enfants grandissent dans des contextes de violence, de pauvreté, ou de rejet ? Comment l'Église peut-elle refléter cette tendresse dans ses programmes, son enseignement, et ses pratiques pastorales ? Comment les parents, les éducateurs et les responsables d'églises peuvent-ils incarner cet amour divin dans leur quotidien ? Ce livre se veut une réponse à ces questions urgentes et essentielles.

En tant que pasteur, enseignant ou parent, la lecture de ce livre nous amène à une introspection personnelle et communautaire. À mesure que nous avançons dans ses pages, nous sommes invités à revoir notre conception de la place des enfants dans nos vies et nos ministères. Les auteurs nous interpellent sur le fait que les enfants ne sont pas seulement l'avenir de l'Église, mais également une partie intégrante de celle-ci aujourd'hui. Le regard bienveillant de Dieu sur les plus jeunes est une invitation à les accueillir, les écouter, et les accompagner dans leur cheminement spirituel avec une attention délicate et respectueuse.

Je suis convaincu que ce livre deviendra un guide précieux pour tous ceux qui désirent voir les enfants non pas seulement comme des bénéficiaires passifs de la grâce de Dieu, mais comme des êtres pleinement intégrés dans le plan divin. Chaque page de cet ouvrage est une déclaration d'amour et de sollicitude envers les enfants, chaque chapitre un écho de la tendresse divine qui, depuis les siècles passés, résonne toujours avec une fraîcheur nouvelle.

À une époque où les voix des plus jeunes sont souvent étouffées par le bruit incessant de la modernité et où les souffrances de l'enfance sont parfois ignorées, *La tendresse de Dieu pour les enfants* est un appel prophétique à revenir aux priorités divines. Que ce livre inspire une nouvelle génération de parents, de leaders, et de croyants à aimer, guider et protéger les enfants comme Dieu lui-même nous l'enseigne dans sa Parole.

C'est avec une profonde gratitude que je recommande cet ouvrage à tout lecteur désireux de connaître l'amour de Dieu pour les plus petits et de refléter cette tendresse et cet amour dans sa propre vie. Puisse ce livre être une source de bénédiction, d'encouragement, et de transformation pour tous ceux qui le liront, afin que l'amour de Dieu pour les enfants soit manifesté plus pleinement au sein de nos familles, de nos églises, et de nos communautés.

Que la tendresse du Seigneur, qui prend soin des plus faibles et les élève, touche chaque lecteur de cet ouvrage et fasse naître en lui un engagement renouvelé envers les enfants, ces précieux trésors du Royaume.

Rév. Dr Eloi Sobel Dogue
Co-Fondateur et Directeur International,
Dekina Ministries International
Vice-Président, Opérations,
Our Daily Bread Ministries,
Région Afrique

Remerciements

Cette publication ressemble à un magnifique patchwork multicolore réalisé par des personnes qui aiment Dieu et les enfants. Chaque pièce constitutive de ce chef-d'œuvre est soigneusement confectionnée pour raconter l'histoire de vraies rencontres. Imaginez les heures qu'il a fallu consacrer aux nombreuses coutures, le temps pris pour décider des couleurs et des motifs. Cette publication est une *visio divina*. Les images et les mots constituent notre prière pour inviter Dieu à nous parler.

Voilà pourquoi nous tenons à remercier les personnes qui ont rendu cette expérience possible.

À chacun des auteurs-artistes qui a participé avec diligence à la réalisation de cette œuvre unique. Sans vous, il n'y aurait pas d'édredon. Merci d'avoir accepté d'écrire en dépit de votre emploi du temps chargé et d'avoir fait preuve de patience dans l'assemblage des parties constitutives.

Merci à Doug McConnell et à la Fondation Tyndale House pour leur générosité. Merci à vous, Dave Scott, Marcia Bunge, Glenn Miles et Angus Crichton pour vos directives.

À Langham Publishing, en particulier à Luke Lewis, Isobel Stevenson et Vivian Doub, pour avoir cru à ce projet. Merci également à Lyndsay Marshall de nous avoir fourni l'index.

À la famille Viva pour son soutien et son aide : à Anna Barker et Brian Wilkinson pour avoir initié ce projet, à Mark Stavers et à toute l'équipe de direction pour nous avoir permis de concrétiser notre vision, à Andrew Dubock pour son aide, à Lucy Cox et Charlotte Pearson-Miles pour la relecture et l'édition, et à Tony Houghton pour sa traduction rapide de l'espagnol.

Aux organisations représentées dans cette publication, merci d'avoir soutenu cette initiative.

À nos familles, nos amis et nos collègues de travail qui nous ont accordé l'espace et le temps nécessaires à la rédaction et à la révision, merci pour votre compréhension.

Nous, les directrices de cet ouvrage, sommes reconnaissantes à Dieu qui nous a guidées à travers différents défis, nous a inspirées par son Esprit pour discerner des vérités plus profondes, et nous a données la santé nécessaire pour mener à bien ce projet.

Soli Deo Gloria !

Rosalind, Nativity et Lucy

Avant-Propos

Ce livre fait suite à l'ancien ouvrage intitulé *Understanding God's Heart for Children. Toward a Biblical Framework*[1] [Comprendre la tendresse de Dieu pour les enfants. Vers un cadre biblique]. À la suite de la conférence Cutting Edge de Viva Network de 2005, cette publication de 2007 a approfondi les fondements théologiques du ministère auprès des enfants exposés à des dangers, pour eux et avec eux, en retraçant le récit biblique de la Genèse à l'Apocalypse. Des praticiens, des enseignants et des théologiens abordent sept thèmes clés qui présentent une vue d'ensemble d'un ministère auprès de l'enfance en précisant nos devoirs à l'égard des enfants, dans leur intérêt et avec leur participation.

L'objectif de ce nouveau livre était de diversifier les auteurs de l'ancien ouvrage *Understanding God's Heart for Children*, afin de garantir que nous soyons également mieux informés des perspectives africaines, asiatiques et latines dans ce domaine. De plus, nous avons entrepris de mettre à jour les contributions des praticiens et les études de cas concrets, afin de mieux connaître les questions auxquelles les enfants sont confrontés en 2022 (année où l'édition anglaise de cet ouvrage a été publiée) et de mieux pouvoir y répondre. Et nous avons ajouté un nouveau chapitre intitulé « Engagés dans la protection de la création ».

C'est pourquoi ce nouveau volume prend en compte les théologies contextuelles du monde non occidental en tant qu'éléments de base de réflexion et de pratique. À notre connaissance, cette approche n'a pas encore été explorée dans une publication consacrée à l'enfance exposée aux dangers. Nous espérons donc que cet ouvrage constituera un outil dynamique et utile pour orienter le dialogue et améliorer la pratique, en particulier lorsque les praticiens sont informés et façonnés par la théologie contextuelle. La Bible, les documents spécifiques de Lausanne sur les enfants exposés à des risques et l'Engagement du Cap nous ont servi de guides.

Il ne s'agit pas d'une fin, mais simplement d'un début. Beaucoup plus de choses devraient et doivent être écrites sur les théologies contextuelles relatives aux thèmes de l'enfant et de l'enfance, afin que les organisations qui travaillent dans l'intérêt des enfants et auprès d'eux, puissent le faire conformément au contenu complet de cet ouvrage qui expose clairement la tendresse de Dieu pour

---

1. Douglas McConnell, Jennifer Orona et Paul Stockley, sous dir., *Understanding God's Heart for Children. Toward A Biblical Framework*, Londres, Authentic Publishing and World Vision, 2007.

les enfants – un contenu dont nous ne connaîtrons pas les résultats complets aussi longtemps que nous ne nous impliquerons pas dans le dialogue avec des êtres humains de toute tribu, de toute langue et de toute nation.

Rosalind, Nativity et Lucy

Liste des abréviations

CEB	Communautés ecclésiales de base
CNUDE	Convention des Nations Unies relative aux droits de l'enfant
COE	Conseil œcuménique des Églises
COMAR	Commission for Attention to Refugees, Mexico [Commission mexicaine d'aide aux réfugiés]
CRANE	Children at Risk Action Network [Réseau d'action pour les enfants en danger]
EAE	Espace ami des enfants
GES	Gaz à effet de serre
GIEC	Groupe intergouvernemental d'experts sur l'évolution du climat
IJM	International Justice Mission [Mission internationale de justice]
OIM	Organisation internationale pour les migrations
OMD	Objectifs du Millénaire pour le développement
OMS	Organisation mondiale de la Santé
ONG	Organisations Non Gouvernementales
ONU	Organisation des Nations Unies
ONUDC	Office des Nations Unies contre la drogue et le crime
PMA	Pathein Myaungmya Association
RENAP	Registro Nacional de Personas [Registre national des personnes]
RHP	Refugee Highway Partnership [Partenariat pour l'autoroute des réfugiés]
UCZ	Église Unie de Zambie
UNICEF	Fonds des Nations Unies pour l'enfance

1

Créé digne

Tout enfant est créé digne, pleinement humain, et il possède de la valeur aux yeux de Dieu. Faire de cette dignité une réalité empirique, tel est le mandat que nous sommes tenus d'honorer.

Problème critique mondial
Remonter à la racine du problème

Jan Grobbelaar – Sud-Africain

Introduction

Cet article soulève une question fondamentale et profonde : quel regard portons-nous sur les enfants ? Ou, question plus fondamentale encore, notre vision des enfants affirme-t-elle la dignité conférée par Dieu à tous les enfants ? La manière dont les législateurs et les décideurs politiques, l'Église et les différents organismes au service des enfants, les chercheurs et les sociétés dans lesquelles ils vivent considèrent les enfants, est-ce vraiment comme des êtres humains dignes créés par Dieu ? Plus personnellement, demandons-nous si notre façon de considérer et de traiter les enfants dans notre vie quotidienne confirme la dignité que Dieu leur a donnée.

Pourquoi est-il nécessaire de se poser ces questions en 2022[1] ? Les mots suivants de Dominic Wyse ajoutent peut-être un indice utile pour forger notre réponse : « La façon dont nous considérons les enfants en général est directement liée à la façon dont nous les traitons concrètement et spécifiquement[2]. » Toutes nos pratiques concernant les enfants sont donc toujours causées et façonnées par l'idée que nous nous faisons des enfants. Lorsqu'on ne pense pas à eux d'une manière qui affirme leur dignité humaine, les enfants peuvent être exploités et traités indignement par des adultes.

L'esclavage fondé sur l'ascendance et transmis par la lignée maternelle dans des contextes tels que celui de la ceinture sahélienne de l'Afrique constitue un exemple de cette exploitation, comme dans le cas de Moulkheir de Mauritanie, qui a grandi en travaillant comme esclave pour une famille. Elle raconte son histoire :

> Ma mère a travaillé pour cette famille avant moi et mes enfants [...] tous ont grandi en travaillant pour la famille. Deux de mes filles sont les filles du fils aîné du maître. Il a dit qu'il me décapiterait

---

1. N.D.T : L'édition anglaise a paru en 2022.
2. Dominic Wyse, « Interdisciplinary Perspectives. The Demonization of Childhood », dans Dominic Wyse, sous dir., *Childhood Studies. An Introduction*, Malden, Blackwell, 2004, p. 211.

si jamais je disais à quelqu'un que ce sont ses filles. Quand j'ai eu mon quatrième enfant, une petite fille, la famille n'a pas voulu que je l'emmène aux champs avec moi. Un jour, en rentrant à la maison, j'ai découvert que le bébé avait été laissé au soleil toute la journée. Il était mort et les fourmis avaient dévoré son corps. J'ai dû l'enterrer moi-même, de mes propres mains ; j'avais l'impression d'enterrer un animal au lieu de mon enfant.

Un jour, on m'a envoyée dans un autre foyer. Mon nouveau maître était un colonel [...] Plus tard [...] il décida d'épouser ma fille aînée [...] Elle était très jeune. Elle a pleuré toutes les larmes de son corps. Il a appelé ça un mariage, mais il n'y avait pas de dot, pas de cérémonie, rien. C'était juste un moyen d'abuser d'elle[3].

Chaque jour, des filles de moins de dix-huit ans sont forcées à se marier. Au Nigeria et au Niger, la pratique de la *wahaya*, qui consiste à vendre les enfants comme « cinquième épouse » non officielle, à des fins d'exploitation sexuelle et domestique, existe encore[4]. En Roumanie, une fillette de dix ans

a été vendue par ses parents pour être « mariée » à un garçon de dix-sept ans, avec un contrat spécifiant qu'elle devait lui donner deux enfants. La fille a accouché à l'âge de 12 ans et un médecin lui a conseillé de ne plus avoir d'autres enfants en raison des risques pour sa santé. Les parents du garçon ont alors tenté de récupérer l'argent qu'ils avaient versé en donnant comme raison la « rupture de contrat »[5].

En Afghanistan, Nilab a été mariée à l'âge de treize ans à un homme marié et père de trois enfants. Elle a vécu la fête de mariage comme un jeu d'enfant et n'a pas compris ce que cela signifiait de devenir la partenaire de vie de cet homme. « Dès le premier jour du mariage de Nilab, son mari et sa belle-famille ont voulu qu'elle se prostitue. Lorsque Nilab a tenté de s'enfuir de la maison de ses beaux-parents pour aller chez ses grands-parents, ils l'ont forcée à retourner dans la maison de sa belle-famille[6]. »

---

3. « Moulkheir, Mauritania », Anti-slavery, s. d., https://www.antislavery.org/impact/stories/moulkheir/.
4. « Behind Closed Doors. Child and Early Marriage as Slavery », Anti-Slavery, s. d., p. 5, http://www.antislavery.org/wp-content/uploads/2017/01/behind_closed_doors_child_marriage_as_slavery.pdf.
5. *Ibid.*, p. 7.
6. *Ibid.*, p. 6-7.

Une autre expérience de l'indignité à laquelle les enfants sont confrontés se voit dans la vie des enfants qui sont obligés de mendier chaque jour de la nourriture et de l'argent dans les rues de nombreuses villes d'Afrique de l'Ouest. Ces enfants *talibés*, généralement des garçons âgés de cinq à quinze ans, étudient dans des écoles coraniques (*daaras*) et vivent dans des conditions extrêmement sordides, sans nourriture ni soins médicaux suffisants. Ils sont généralement exposés à des abus physiques tels que les coups et les fouets, les chaînes, sans oublier les violences sexuelles. On estime qu'en 2019 plus de 100 000 enfants *talibés* mendiaient entre cinq et huit heures par jour dans les rues du Sénégal[7].

Le regard que nous portons sur les enfants dans notre vie quotidienne

La question du regard que nous portons sur les enfants et l'enfance n'est pas seulement théorique. C'est une question qui, à bien des égards, est intimement liée à notre vie quotidienne. Nos opinions sur les enfants influencent notre comportement à leur égard. C'est pourquoi chaque personne doit se demander : ma manière de parler des enfants et de parler avec eux, ma manière d'agir envers eux, mes attentes, ma manière de les guider et de vivre avec eux, affirment-elle la dignité que Dieu a donnée aux enfants ?

Sous l'influence des théories psychologiques et éducatives développementales, de nombreux adultes ont tendance à considérer les enfants comme des personnes incomplètes, moins développées, qui ne deviendront des êtres humains à part entière que plus tard. Les enfants sont considérés comme des pré-adultes plutôt que comme des êtres humains dignes, *hic et nunc*. C'est une conception du développement centrée sur l'adulte, qui fait de l'âge adulte la norme de l'être humain achevé. Cette vision fait que certains adultes ont tendance à considérer les enfants comme totalement dépendants d'eux, irrationnels et incapables, inférieurs et toujours subordonnés à leur pouvoir et à leur autorité, irresponsables et dépourvus de tout pouvoir d'action. Ce sont ces points de vue qui mènent à l'exploitation abusive des enfants comme indiqué ci-dessus.

Ces points de vue contribuent également au développement d'un « complexe du sauveur » chez certains adultes qui veulent sauver les enfants de ce qu'ils perçoivent comme des facteurs mettant leur vie en danger. Bien que ces actions

---

7. « Anti-Slavery International and RADDHO submission to the Human Right Committee, 127th session (14 October 2019 – 8 November 2019). Fifth periodic report from Senegal », Anti-Slavery, septembre 2019, https://www.ecoi.net/en/file/local/2018876/INT_CCPR_CSS_SEN_37129_F.docx.

humanitaires soient généralement entreprises avec de bonnes intentions, elles perpétuent parfois chez l'enfant le sentiment d'indignité, car ces sauveurs extérieurs manquent parfois de respect pour les enfants, pour leur propre capacité d'action et pour les circonstances culturelles dans lesquelles ils grandissent. Ce problème soulève la question suivante : ces « sauveurs » sauvent-ils vraiment les enfants ? Il n'est pas facile de répondre à cette question. Dans certaines situations, les résultats sont positifs, mais comme cela est bien démontré, l'aide accordée par l'Occident à l'Afrique a également fait naître de nouveaux problèmes. Dans de nombreux autres contextes, les résultats semblent être encore plus négatifs. L'histoire suivante du lion et de la gazelle peut peut-être nous aider à trouver une réponse.

> Le lion rentra chez lui avec un faon, le petit d'une gazelle, couvert de sang et respirant à peine, déclarant qu'il l'avait sauvé des crocodiles. Pendant des jours, les animaux discutèrent de cet incident. Certains d'entre eux n'arrivaient pas à croire qu'un lion ait sauvé le petit d'une gazelle. D'autres pensaient que cet événement marquait le début d'un nouvel ordre d'harmonie entre tous les animaux. La hyène pensait qu'un lion serait toujours un lion, et que dès qu'il aurait faim, il mangerait le faon. Un autre animal estimait que la gazelle avait été négligente, et d'autres souhaitaient grandir parmi les lions. Le renard demanda la nomination d'une commission d'enquête sur tout cela pendant qu'il s'occuperait du faon. Finalement, ils soumirent le problème à la sage grand-mère éléphant. Après avoir longtemps fermé les yeux, elle finit par dire :
>
>> « Le lion a-t-il sauvé le petit ?
>> La réponse est cachée dans les forêts du temps,
>> En broutant avec les ancêtres du faon,
>> En broutant avec sa progéniture,
>> Tu peux demander au petit de t'y guider
>> Mais il te faudra de la sagesse et de la patience
>> Car il ne peut pas te parler aujourd'hui[8]. »

Le lion a-t-il vraiment sauvé le faon ? En ce qui concerne les enfants d'Afrique, Johannes Malherbe souligne le fait suivant : bien que la plupart des étrangers qui viennent en Afrique pour aider à « sauver » les enfants d'Afrique « se soient

---

8. Johannes Malherbe, *Saved by the Lion? Stories of African Children Encountering Outsiders*, Mogale City, About Children, 2012, p. 1-2.

présentés comme le lion sauvant le faon des crocodiles[9] », comme « dans la plupart des anecdotes de chasseurs, on peut penser que les lions n'ont raconté qu'une partie de l'histoire et l'ont généreusement embellie pour servir leurs intérêts[10] ». Après tout, c'est « le droit supposé du lion – "au vainqueur appartient le butin" – qui inclut le droit d'écrire l'histoire[11] ! »

Les droits de l'enfant

Dans un effort entrepris pour valoriser la dignité des enfants, leurs droits ont, depuis bien des années, suscité beaucoup d'intérêt et d'actions. Il n'est donc pas surprenant que dans la publication du livre *Understanding God's Heart for Children* en 2007, Dave Scott considère les droits humains des enfants comme la question critique mondiale concernant la confirmation de la dignité humaine de tous les enfants[12]. Il suggère que « l'utilisation du langage des droits et l'effet de levier qui l'accompagne peuvent être très utiles pour s'assurer que les gouvernements et les institutions de la société créent un environnement dans lequel les enfants ne sont pas privés de cette possibilité[13]. »

Les arguments de Scott sont toujours valables. Mais se pose alors la question importante suivante : l'insistance placée sur les droits de l'enfant ainsi que l'utilisation du langage des droits ont-ils réellement contribué à défendre la dignité humaine des enfants ? Dans certains contextes, les droits de l'enfant font la différence, voire transforment certaines sociétés ou certains de leurs sous-ensembles[14], comme on a pu le constater par exemple en Éthiopie[15] et en République Démocratique du Congo[16]. Dans d'autres contextes africains, les droits de l'enfant ne sont pas reconnus, ni valorisés, ni respectés, en raison de divers

---

9. *Ibid.*, p. 2.
10. *Ibid.*, p. 3.
11. *Ibid.*, p. 4.
12. Dave Scott, « Critical Issues. Theological Dignity and Human Rights for Children », dans Douglas McConnell, Jennifer Orona, et Paul Stockley, sous dir., *Understanding God's Heart for Children. Toward a Biblical Framework*, Colorado Springs, Authentic, 2007, p. 23-35.
13. *Ibid.*, p. 23.
14. Nicola Ansell, « The Convention on the Rights of the Child. Advancing Social Justice for African Children », dans Afua Twum-Danso Imoh et Nicola Ansell, sous dir., *Children's Lives in an Era of Children's Rights. The progress of the Convention on Children's Rights in Africa*, Londres, New York, Routledge, 2014, p. 312.
15. Tatek Abebe et Tamirat Tefera, « Earning Rights. Discourses on Children's Rights and Proper Childhood in Ethiopia », dans Imoh et Ansell, sous dir., *Children's Lives*, , p. 87-110.
16. Géraldine André et Marie Godin, « Children's Rights in The Democratic Republic of Congo and Neoliberal Reforms. The Case of Mines in the Province of Katanga », dans Imoh et Ansell, sous dir., *Children's Lives*, p. 112-136.

facteurs[17]. C'est le cas, par exemple, là où les mesures de mise en œuvre sont déficientes, ou lorsque les gens n'ont pas connaissance des protections juridiques existantes[18]. Ou encore, certains groupes, comme ceux qui ont des besoins particuliers[19] ou les enfants des rues[20] sont négligés ou ignorés. Mais l'absence de progrès ne peut être attribuée qu'à de simples aspects pratiques. Derrière ces questions se cachent des conceptions de l'enfant qui ne reconnaissent pas la dignité que Dieu leur a conférée.

Étiqueter les enfants

L'une des façons de rabaisser la dignité des enfants consiste à leur coller des étiquettes. Des étiquettes simplistes telles que enfants soldats, enfants prostitués, enfants travailleurs, enfants réfugiés, enfants migrants, enfants demandeurs d'asile, enfants SDF (sans domicile fixe) et enfants des rues sont réductrices et contribuent à dépouiller les enfants de leur dignité. Il est vrai que certaines de ces étiquettes sont utilisées comme des termes descriptifs, en particulier dans le monde des érudits, mais certaines personnes ont des préjugés négatifs à l'égard de ces groupes lorsqu'elles utilisent ou entendent ces désignations. Par exemple, certaines personnes se servent des étiquettes « enfants migrants », « enfants demandeurs d'asile » et « enfants réfugiés » pour souligner le fait que « ces enfants ne sont pas comme nous ; nous ne les aimons pas ; ce sont des étrangers qui n'ont pas leur place ici ». Dans certains contextes, ces étiquettes encouragent la haine et conduisent à des actes de xénophobie.

La triste conséquence de toutes les étiquettes est qu'elles conduisent généralement à des stéréotypes, comme si tous les enfants porteurs d'une

> L'une des façons de rabaisser la dignité des enfants consiste à leur coller des étiquettes.

---

17. Ansell, « The Convention on the Rights of the Child », p. 312.
18. Emilie Secker, « Barriers to the Effective Implementation of the UN Convention on the Rights of the Child in the Niger Delta in Nigeria », dans Imoh et Ansell, sous dir., *Children's Lives*, p. 243-264.
19. Jacque O'Riordan et al., « Accessing and Participating in Education in Lesotho. Children in the Early Years with Special Needs », dans Imoh et Ansell, sous dir., *Children's Lives*, p. 223-242.
20. Lorraine van Blerk, « Progressing Street Children's Rights and Participation in Policy. Evidence from South Africa », dans Imoh et Ansell, sous dir., *Children's Lives*, p. 266-286.

étiquette spécifique se ressemblaient. Par exemple, lorsque nous qualifions les enfants de vulnérables, nous les cataloguons généralement

> soit comme des victimes d'autres personnes, de structures sociales ou d'institutions gouvernementales, ou nous les considérons comme des transgresseurs qui méritent leur sort. Et ce ne sont pas seulement nos pensées à leur sujet qui sont ainsi influencées, mais aussi nos attitudes et nos actions à leur égard, à l'égard de leurs situations et de celles des autres intervenants dans leurs contextes[21].

Dans la littérature émergente sur les enfants et l'enfance dans les pays de l'hémisphère Sud, les auteurs de l'hémisphère Nord semblent excessivement préoccupés par les problèmes sociaux que rencontrent les enfants, en particulier ceux liés au travail et à la vie familiale. L'une des conséquences est que les personnes du Nord ne connaissent pas ou ne comprennent pas grand-chose aux contextes globaux des enfants et de l'enfance en dehors de leur propre sphère de vie et considèrent souvent les enfants de l'hémisphère Sud de manière tronquée, ce qui conduit à des stéréotypes.

Il en résulte que certains de ces groupes d'enfants ont été et sont encore considérés comme moins humains ou comme ayant une dignité humaine atténuée. Ils sont soumis à des activités paternalistes de la part des individus ou groupes de « l'autre monde » qui reconnaissent peu et tiennent rarement compte de leur propre perception faussée. Dans les études sur les enfants et l'enfance, il semble que « la façon de dépeindre et d'analyser la manière dont l'enfance est façonnée par d'autres identités sociales comme la "race", la classe et le genre n'a pas été suffisamment prise en compte par la sociologie contemporaine de l'enfance ; la sociologie de l'enfance s'est surtout intéressée à l'enfance des enfants blancs et des classes aisées[22] ».

Les relations entre les enfants et leur communauté

Lorsqu'on étudie l'enfance en Afrique, on devrait toujours considérer les enfants en termes de leurs relations avec les autres personnes, en tant qu'expression de la vision africaine du monde, celle de l'*ubuntu*, telle qu'elle s'exprime dans le dicton « une personne est une personne grâce à d'autres

---

21. Jan Grobbelaar, « The Plight and Vulnerability of Children Living in South Africa and the Calling of the Church », dans Jan Grobbelaar et Chris Jones, sous dir., *Childhood Vulnerabilities in South Africa. Some Ethical Perspectives*, Stellenbosch, Africa Sun Media, 2020, p. 15.
22. Karen Wells, *Childhood in a Global Perspective*, Cambridge, Polity, 2015, p. 3.

personnes[23] » ou « Je suis, parce que nous sommes[24] ». Plusieurs proverbes africains tels que « Une lettre vaut deux fois moins qu'un face à face » (Swahili) ; « C'est grâce aux gens que nous sommes des gens » (Swahili) ; « Une personne est quelqu'un grâce à ses voisins » (Tumbuka, au Malawi) ; « Les montagnes ne se rencontrent jamais, mais les gens, eux, se rencontrent » (Gusii et Kamba, Kenya ; Sukuma)[25] – soulignent cette même idée. L'acceptation générale de l'*ubuntu* et de l'importance des relations illustre le fait que l'humanité sur le continent africain est l'essence même de la vie des Africains[26]. Vivre, que l'on soit enfant ou adulte, c'est être en communion avec d'autres gens, c'est « devenir continuellement un peu plus une personne, grâce aux interactions avec les autres[27] ». Dans ce même ordre d'idées, Desmond Tutu déclare : « Nous avons besoin d'autres êtres humains pour apprendre comment être humains […] Pour nous, l'être humain solitaire est une contradiction dans les termes […] J'ai besoin d'autres êtres humains pour être humain. L'être humain qui se suffit à lui-même est sous-humain[28]. »

> On devrait toujours considérer les enfants en termes de leurs relations avec les autres personnes, en tant qu'expression de la vision africaine du monde, celle de l'*ubuntu*.

C'est pourquoi l'éducation des enfants africains est l'effort de toute la communauté, comme le soulignent des proverbes africains tels que « Un genou n'élève pas un enfant » (Sukuma) et « Une main n'allaite pas un enfant » (Swahili)[29]. L'enfance africaine ne peut être comprise de manière individualiste sans tenir compte de l'enracinement des enfants dans leur famille élargie, leur clan et leur communauté. Les enfants africains perdent leur identité et sont dépouillés de la dignité que Dieu leur a donnée si leur cordon ombilical avec leur famille élargie, leur clan et leur société est coupé. Parmi les exemples extrêmes de cette rupture,

---

23. Hanneke Stuit, *Ubuntu Strategies. Constructing Spaces of Belonging in Contemporary South African Culture*, New York, Palgrave Macmillan, 2016, p. 2.
24. John S. Mbiti, *African Religions and Philosophy*, New York, Anchor, 1970, p. 141.
25. Joseph Healey et Donald Sybertz, *Towards an African Narrative Theology*, New York, Orbis, 1996, p. 107.
26. Johann Broodryk, *Africa Is Best*, Waterkloof, uBuntu School of Philosophy, 2010, p. 45-46.
27. Augustine Shutte, *UBUNTU. An Ethic for a New South Africa*, Pietermaritzburg, Cluster, 2004, p. 12.
28. Desmond M. Tutu, *God Is Not a Christian. Speaking Truth in Times of Crisis*, Londres, Rider, 2011, p. 21-22.
29. Healey et Sybertz, *Towards an African*, p. 113-114.

on peut citer la traite et le trafic d'enfants, l'enrôlement forcé d'enfants dans l'armée, et l'esclavage d'enfants. Discuter et exprimer des opinions concernant les enfants et l'enfance dans le contexte africain sans tenir compte de l'influence formatrice du lien entre les enfants et leurs communautés en Afrique, c'est ignorer un facteur important dans la formation de leur identité. Considérer les enfants africains selon une anthropologie individualiste qui les sépare les uns des autres et des systèmes sociaux dans lesquels ils vivent, c'est les dépouiller de leur dignité humaine. C'est pourquoi il est toujours préférable d'utiliser l'expression « les enfants » plutôt que « l'enfant » lorsqu'on étudie l'enfance dans le contexte africain.

> Les enfants africains perdent leur identité et sont dépouillés de la dignité que Dieu leur a donnée si leur cordon ombilical avec leur famille élargie, leur clan et leur société est coupé.

Conclusion

Pour créer un monde juste pour les enfants, il faut défendre et restaurer la dignité humaine de tous les enfants dans notre conception des enfants et dans notre vie quotidienne avec eux. De nouvelles conceptions de l'enfant et de l'enfance devraient voir le jour non seulement dans les études sur l'enfance, mais aussi dans toutes les autres disciplines impliquées dans l'étude des enfants en partant de la base avec les enfants au sein de leurs différents contextes. Cette façon d'aborder le sujet des enfants, non pas comme acquérant un savoir présent en soi, mais comme le produit de relations sociales expérimentées à travers les arrangements d'acteurs humains et non humains devrait être prise au sérieux dans l'acquisition des connaissances. À cet égard, les théologies de l'enfance[30] doivent jouer un rôle décolonisateur important en cherchant de meilleurs moyens de comprendre et d'exprimer la dignité humaine de tous les enfants.

La dignité humaine des enfants se rattache au fait que tous les êtres humains sont créés à l'image de Dieu. Nous sommes donc confronté au défi suivant : comment considérer les enfants et vivre avec eux en ayant à l'esprit ce principe fondamental ?

---

30. Voir Jan Grobbelaar et Gert Breed, sous dir., *Theologies of Childhood and the Children of Africa*, Le Cap, AOSIS, 2016.

Bibliographie

ABEBE Tatek, TEFERA Tamirat, « Earning Rights. Discourses on Children's Rights and Proper Childhood in Ethiopia », dans *Children's Lives in an Era of Children's Rights. The Progress of the Convention on Children's Rights in Africa*, sous dir. Afua Twum-Danso IMOH et Nicola ANSELL, Londres, New York, Routledge, 2014, p. 87-110.

ANDRÉ Géraldine, GODIN Marie, « Children's Rights in The Democratic Republic of Congo and Neoliberal Reforms. The Case of Mines in the Province of Katanga », dans *Children's Lives in an Era of Children's Rights. The Progress of the Convention on Children's Rights in Africa*, sous dir. Afua Twum-Danso IMOH et Nicola ANSELL, Londres, New York, Routledge, 2014, p. 112-136.

ANSELL Nicola, « The Convention on the Rights of the Child. Advancing Social Justice for African Children », dans *Children's Lives in an Era of Children's Rights. The Progress of the Convention on Children's Rights in Africa*, sous dir. Afua Twum-Danso IMOH et Nicola ANSELL, Londres, New York, Routledge, 2014, p. 312-335.

« Anti-Slavery International and RADDHO submission to the Human Rights Committee, 127th session (14 October 2019 – 8 November 2019). Fifth periodic report of Senegal », Anti-Slavery, septembre 2019, https://www.ecoi.net/en/file/local/2018876/INT_CCPR_CSS_SEN_37129_E.docx.

« Behind Closed Doors. Child and Early Marriage as Slavery », Anti-Slavery, s. d., http://www.antislavery.org/wpcontent/uploads/2017/01/behind_closed_doors_child_marriage_as_slavery.pdf.

BROODRYK Johann, *Africa Is Best*, Waterkloof, uBuntu School of Philosophy, 2010.

GROBBELAAR Jan, « The Plight and Vulnerability of Children Living in South Africa and the Calling of the Church », dans *Childhood Vulnerabilities in South Africa. Some Ethical Perspectives*, sous dir. Jan GROBBELAAR et Chris JONES, Stellenbosch, African Sun Media, 2020, p. 1-32, https://doi.org/10.18820/9781928480952.

GROBBELAAR Jan, Breed Gert, sous dir., *Theologies of Childhood and the Children of Africa*, Le Cap, AOSIS, 2016, http://www.dx.doi.org/10.4102/aosis.2016.tcca02.01.

HEALEY Joseph, SYBERTZ Donald, *Towards an African Narrative Theology*, New York, Orbis, 1996, édition Kindle.

IMOH Afua Twum-Danso, BOURDILLON Michael, MEICHSNER Sylvia, sous dir., « Introduction. Exploring Children's Lives Beyond the Binary of the Global North and Global South », dans *Global Childhoods beyond the North-South Divide*, Cham, Palgrave Macmillan, 2019, p. 1-10.

MALHERBE Johannes, *Saved by the Lion? Stories of African Children Encountering Outsiders*, Mogale City, About Children, 2012.
MBITI John S., *African Religions and Philosophy*, New York, Anchor, 1970.
« Moulkheir, Mauritania », Anti-slavery, s. d., https://www.antislavery.org/impact/stories/moulkheir/.
O'RIORDAN Jacqui, URWICK James, KHATLELI Matemoho, LONG Stella, NTAOTE Grace, NYAKUDYA Florence, MAKETALA Nthabeleng, « Accessing and Participating in Education in Lesotho. Children in the Early Years with Special Needs », dans *Children's Lives in an Era of Children's Rights. The Progress of the Convention on Children's Rights in Africa*, sous dir. Afua Twum-Danso IMOH et Nicola ANSELL, Londres, New York, Routledge, 2014, p. 223-242.
OSWELL David, *The Agency of Children. From Family to Global Human Rights*, Cambridge, Cambridge University Press, 2013.
SCOTT David, « Critical Issues. Theological Dignity and Human Rights for Children », dans *Understanding God's Heart for Children. Toward a Biblical Framework*, sous dir. Douglas MCCONNELL, Jennifer ORONA, et Paul STOCKLEY, Colorado Springs, Authentic, 2007, p. 23-35.
SECKER Emilie, « Barriers to the Effective Implementation of the UN Convention on the Rights of the Child in the Niger Delta in Nigeria », dans *Children's Lives in an Era of Children's Rights. The Progress of the Convention on Children's Rights in Africa*, sous dir. Afua Twum-Danso IMOH et Nicola ANSELL, Londres, New York, Routledge, 2014, p. 243-264.
SHUTTE Augustine, *UBUNTU. An Ethic for a New South Africa*, Pietermaritzburg, Cluster, 2004.
STUIT Hanneke, *Ubuntu Strategies. Constructing Spaces of Belonging in Contemporary South African Culture*, New York, Palgrave Macmillan, 2016.
TUTU Desmond M., *God is Not a Christian. Speaking Truth in Times of Crisis*, Londres, Rider, 2011.
VAN BLERK Lorraine, « Progressing Street Children's Rights and Participation in Policy. Evidence from South Africa », dans *Children's Lives in an Era of Children's Rights. The Progress of the Convention on Children's Rights in Africa*, sous dir. Afua Twum-Danso IMOH et Nicola ANSELL, Londres, New York, Routledge, 2014, p. 266-286.
WELLS Karen, *Childhood in a Global Perspective*, 2ᵉ éd., Cambridge, Polity, 2015, édition Kindle.
WYSE Dominic, sous dir., « Interdisciplinary Perspectives. The Demonization of Childhood », dans *Childhood Studies. An Introduction*, Malden, Blackwell, 2004, p. 205-212.

Réponse biblique et théologique
L'affirmation de la dignité des enfants en tant que vision et mandat théologique

Jessy Jaison – Indienne

Introduction

Bien qu'ayant remporté le premier prix très convoité d'un concours national d'art, Léna[31], la belle élève de sixième année, est revenue morose et déprimée. À l'enseignante qui s'enquiert du résultat, Léna répond de manière plutôt apathique : « Madame, pensez-vous que les prix et les succès signifient quelque chose pour les enfants pauvres dont les parents sont alcooliques ? » Léna commençait à accepter la vie indigne qu'elle était « destinée » à mener. Après les étincelles dans les yeux, les applaudissements, les couleurs, les feux de la rampe et les festivités, elle atterrit soudain dans sa maison délabrée. Dans sa cabane, ce qui compte, ce ne sont pas les prix, mais plus de mains pour travailler et trouver le prochain repas.

L'expérience qu'ont les enfants de la dignité que Dieu leur a donnée exige une attention urgente de notre part, même dans l'Église. Les discussions sur la dignité des enfants et les préoccupations qui leur sont associées sont trop souvent reléguées par l'Église et le monde universitaire à l'extrême marge de nos intérêts. Higonnet affirme que nos discours sur les enfants sont « trop dangereux et trop sûrs, trop difficiles et trop stupides […] bons seulement pour les esprits de second ordre et peut-être pour les femmes[32] ». Il s'agit d'une question d'attitude. De cette attitude dépendent nos réponses et

> L'expérience qu'ont les enfants de la dignité que Dieu leur a donnée exige une attention urgente de notre part, même dans l'Église.

---

31. Nom d'emprunt.
32. Anne Higonnet, *Pictures of Innocent. The History and Crisis of Ideal Childhood*, New York, Thames and Hudson, 1998, p. 13-14.

nos comportements. Nous devons peut-être admettre ceci : « La compréhension de la situation des enfants et des jeunes dans le monde est l'un des principaux points faibles de la mission chrétienne[33]. » Ce n'est que par une intervention divine dans les esprits et les cœurs humains que l'Église et le monde peuvent saisir une vision renouvelée de l'enfant. Ces dernières années, nous avons été témoins d'une prise de conscience et d'un développement rapides de voix prenant la défense des enfants, mais le chemin à parcourir pourrait être plus long et plus fastidieux que nous l'imaginons.

On peut discuter à l'infini des croyances chrétiennes sur la dignité que Dieu a donnée aux enfants. Mais le plus difficile à faire est de mettre ces croyances en pratique, car les besoins des enfants s'étalent sur plusieurs niveaux et leurs situations sont complexes. Dans la première édition de *Understanding God's Heart for Children,* Douglas McConnel affirme de manière cohérente que les enfants viennent au monde avec la capacité unique d'être en relation avec Dieu, avec l'humanité et avec la création[34]. Si le chapitre de McConnell porte sur la dignité dans les relations ordonnées par Dieu, le présent article traite de l'importance de considérer cette relation comme un élément essentiel de la vie de l'enfant. Cette vision présuppose que nous passions de la connaissance à son application dans la vie. Grobbelaar indique plus haut à quel point il est vital de confronter nos concepts subjectifs et nos abstractions concernant les enfants à leurs expériences quotidiennes. Dans la première partie de cet article, nous analysons le concept de « dignité », en discutant de la valeur intrinsèque des enfants en tant que porteurs d'image, pleinement humains, couronnés de gloire et d'honneur, et appréciés par le Dieu créateur. Ensuite, nous discutons de la privation durable de dignité dont sont victimes les Dalits indiens (castes inférieures) et des formes de violations graves de la dignité humaine dont ils sont victimes[35]. Les chrétiens ont la mission de façonner intentionnellement la réalité empirique des enfants qui leur sont confiés. Cet article reconnaît que les familles, les Églises et les sociétés passent souvent à

> **Les chrétiens ont la mission de façonner intentionnellement la réalité empirique des enfants qui leur sont confiés.**

---

33. Bryant L. Myers, « State of the World's Children. Critical Challenge to Christian Mission », *International Bulletin of Missionary Research* 18, n° 3, juillet 1994, p. 98.
34. Douglas McConnell, « God Creates Every Unique Person as a Child with Dignity », dans Douglas McConnell, Jennifer Orona et Paul Stockley, sous dir., *Understanding God's Heart for Children. Toward a Biblical Framework,* Colorado Springs, Authentic, 2007, p. 13-22.
35. Voir James Massey, sous dir., *Indigenous People. Dalits. Dalit Issues in Today's Theological Debate,* Delhi, ISPCK, 1994.

côté de la vision de Dieu, qui est de fournir aux enfants cette « expérience » de la dignité[36]. Il ne s'agit cependant pas ici de faire la théologie de l'expérience, mais plutôt de mettre l'accent sur la réalité expérimentale de la dignité comme moyen, pour les enfants, de donner un sens à Dieu et à la réalité qui les entoure.

Les impacts de la création et de la chute

Le mot « dignité » vient du latin *dignitas* qui signifie « valeur »[37]. Dans certaines cultures, il évoque une véritable fierté d'être quelqu'un de précieux et d'estimé. Il en résulte que chaque enfant est digne d'honneur et de respect pour ce qu'il est et non pour ce qu'il peut accomplir. La dignité des enfants renvoie à la valeur de leur existence et de leur personnalité unique en tant qu'être humain à part entière, digne de s'épanouir par le biais d'activités appropriées et d'exercer une influence qui transforme le monde dans lequel ils vivent. La dignité ne peut pas être méritée ni perdue. Il suffit d'en prendre conscience et de l'affirmer. Nous reconnaissons que les systèmes judiciaires, les politiques en matière de droits de l'homme, les structures de pouvoir telles que les médias et la communication, les divisions en castes et les affiliations religieuses ont tous un impact sur la dignité de l'enfant. L'exposé de Grobbelaar sur le fait que les enfants vivent dans un monde créé par les adultes et qu'ils sont stéréotypés et étiquetés nous incite à revoir les cadres conceptuels qui nous ont trop longtemps asservis et qui nous ont empêchés de valoriser la dignité des enfants[38]. La dignité se reflète dans les soins, l'aide et le respect dont un enfant bénéficie. La compréhension que les enfants ont de leur dignité est influencée par le regard qu'ils portent sur eux-mêmes. La dignité est un don de Dieu. Comme Dieu est invisible, les enfants développent le sens de leur valeur principalement à partir de la dignité que leur entourage leur confère.

> les enfants développent le sens de leur valeur principalement à partir de la dignité que leur entourage leur confère.

---

36. Jesudason Jeyaraj, sous dir., *Children at Risk. Issues and Challenges*, CFCD Bangalore, ISPCK, 2009.
37. « Dignity », *Merriam Webster.com Dictionary*, https://www.merriam-webster.com/dictionary/dignity.
38. Voir p. 8-9 du présent ouvrage.

L'enfant comme porteur de l'image divine

La dignité de l'être humain est au cœur de la révélation biblique. C'est pourquoi l'enfant, qui est pleinement humain, est digne. La dignité, en tant que thème théologique, équilibre deux choses : d'une part, la valeur intrinsèque conférée par Dieu à l'être humain en tant que porteur de l'image divine, et d'autre part, les expériences vécues au sein de la famille et de la communauté, qui permettent à l'enfant de devenir un être humain à part entière, et digne de s'épanouir. La dignité humaine trouve son origine dans le fait que Dieu a créé les êtres humains à son image et à sa ressemblance[39], qu'ils possèdent une valeur infinie à ses yeux, et qu'ils ont été créés pour accomplir ses desseins uniques. Lorsque nous parlons d'un enfant comme d'une personne, nous affirmons qu'il est unique et que son existence revêt de la valeur ; nous affirmons que l'enfant est digne de droits et d'une vie responsable et qu'il n'est pas un moyen que les autres utilisent pour atteindre leurs objectifs. La dignité conférée par Dieu confirme qu'un enfant a le potentiel d'expérimenter et d'influencer de manière significative l'environnement et la société dans lesquels il vit.

Pleinement humain et estimé individuellement

Les enfants ne sont pas moins humains que les adultes. McConnell affirme : « Être un enfant, c'est être pleinement humain[40]. » Les dimensions relationnelles qu'il développe dans son chapitre correspondent à ce que John Stott a affirmé dans son livre sur la dignité humaine[41]. La valeur propre des êtres humains, qu'il s'agisse d'enfants ou d'adultes, repose sur la doctrine chrétienne selon laquelle (1) ils sont créés à l'image de Dieu ; (2) ils sont créés pour aimer et adorer Dieu ; et (3) ils sont créés pour cultiver la création et révéler Dieu. Selon Grudem :

> Tout être humain [...] conserve le statut de créature et doit par conséquent être traité avec la dignité et le respect qui lui sont dus en tant que porteur de l'image de Dieu. Cela a de profondes implications concernant notre conduite à l'égard des autres [...] Ceux qui doutent de leur statut particulier de créature à l'image de Dieu ne tardent pas à déprécier la valeur de la vie humaine, à considérer simplement les humains comme une forme supérieure d'animaux

---

39. W. Sibly Towner, « Children and the Image of God », dans Marcia J. Bunge, sous dir., *The Child in the Bible*, Grand Rapids, Mich., Eerdmans, 2008, p. 321.
40. McConnell, « God Creates », p. 22.
41. John Stott, *Issues Facing Christians Today*, éd. révisée, Delhi, GLS, 2005, p. 173-175.

et à les traiter comme tels. Et leur vie ne tarde pas à perdre une partie de son sens[42].

L'Écriture considère les personnes comme des êtres responsables et réceptifs en relation dynamique avec le Dieu Créateur plutôt que comme des êtres individualistes, anthropocentriques et autonomes, comme dans le marxisme ou le rationalisme du siècle des Lumières. Le fait que les humains soient spéciaux et distincts parmi les créatures se manifeste dans l'annonce solennelle de Dieu qui a amené l'homme à l'existence (Gn 1.26), l'affirmation divine qu'il a été créé à son image et à sa ressemblance (Gn 1.27), et le fait que Dieu confie à l'homme une position de domination sur la création (Gn 1.28-30). Alors que les animaux peuvent être tués, les humains ne doivent pas l'être, en raison de l'image de Dieu qu'ils portent (Gn 9.1-7). Les termes « image » et « ressemblance » ont des significations profondes comme « représenter et ressembler »[43]. L'enfant est une personne à part entière qui porte cette image et cette ressemblance de Dieu et qui est couronné par Dieu de gloire et d'honneur (Ps 8.6).

Maintenir l'équilibre

La dignité des enfants est un thème théologique. La chute préjudiciable de l'homme dans le péché (Gn 3) a engendré une vision déformée des êtres humains et a entravé tous les aspects de l'existence et des relations humaines. Depuis la chute, la dignité des enfants a dû être défendue, reconquise et protégée. Dans l'effort incessant de restauration de leur dignité, les enfants se révèlent être la dernière priorité, en raison de leur incapacité à se défendre eux-mêmes. En entachant le premier humain, le péché a entaché les générations suivantes. Pourtant, dans le dessein et la vision de Dieu, chaque nouvel enfant est synonyme d'espoir et de promesse pour l'humanité. Tout au long de la Bible, nous découvrons l'étonnant plan de rédemption de Dieu dans lequel les enfants sont intégrés.

Pour expliquer la dignité des enfants accordée par Dieu, nous devons veiller à ce que l'herméneutique ne perde pas de vue les effets de la chute qui ont entaché l'identité humaine. En classant intellectuellement les enfants comme étant moins humains, moins mûrs ou moins capables, notre société a introduit une erreur dans nos histoires, nos traditions, notre langage et notre état d'esprit. Il est vrai que les enfants grandissent, qu'ils commettent des erreurs et qu'ils ont besoin

---

42. Wayne Grudem, *Théologie systématique*, Éditions Excelsis, 2010, p. 491-492.
43. N. W. Porteous, « Image of God », dans *The Interpreter's Dictionary of the Bible*, vol. 2, p. 683, cité dans Jose Kuttianimattatthil, *Theological Anthropology*, Bangalore, Theological Publications in India, 2013, p. 96.

> En classant intellectuellement les enfants comme étant moins humains, moins mûrs ou moins capables, notre société a introduit une erreur dans nos histoires, nos traditions, notre langage et notre état d'esprit.

d'être guidés et protégés. Pourtant, rien de tout cela n'altère leur statut d'êtres humains créés dans la dignité. C'est après la chute que Dieu a déclaré : « Celui qui répand le sang de l'être humain, par l'être humain son sang sera répandu. Car à l'image de Dieu l'homme a été fait » (Gn 9.6, NBS). Stott explique la continuité comme pleinement humaine avant et après la naissance en prenant les exemples de Jérémie et de Paul. Dès le stade du fœtus, un enfant est « le déjà et le pas encore[44] ». C'est pourquoi la famille, l'Église et la société doivent se rappeler que toute dignité accordée à un adulte doit également être accordée à l'enfant.

Notre façon de penser théologique doit adopter une perspective équilibrée de la dignité et de la vulnérabilité de l'enfant. Un penchant excessif vers l'un ou l'autre côté ne nous conduira qu'à une perception erronée de l'amour de Dieu pour les enfants. Bunge a approfondi cette question à travers des thèmes mettant en lumière la complexité des compréhensions bibliques des enfants. Son traitement des « paradoxes inhérents à la nature de l'enfant » développe quatre directives judicieuses fondées bibliquement et théologiquement.

> Les enfants sont *des êtres humains à part entière, créés à l'image de Dieu, mais ils sont aussi en plein développement et ont besoin d'être instruits et guidés.*
>
> Les enfants sont *des dons de Dieu et des sources de joie, mais ils sont aussi capables d'actions égoïstes et pécheresses.*
>
> Les enfants sont *vulnérables et ont besoin de protection, mais ils sont aussi forts et perspicaces.*
>
> Les enfants sont *des métaphores de la foi immature et du comportement enfantin, mais aussi des modèles de foi et des sources de révélation*[45].

---

44. Stott, *Issues Facing Christians*, p. 362.
45. Marcia J. Bunge, « Biblical Understandings of Children and Childhood. Ressources for the Church and Mission Today », dans Siga Arles, Dan Brewster, Chik-Bu Kok, Rosalind Tan et Keith J. White, sous dir., *Now and Next*, Malaisie, Compassion International, 2011, p. 30, italiques dans l'original.

Une vision complète comme celle-ci ne peut que faire du bien à notre pratique de la théologie. Les positions théologiques qui s'appuient sur l'un ou l'autre des deux extrêmes que sont la puérilité et la naïveté pourraient trouver ce point de vue stimulant[46]. Pour reprendre les termes de Towner, « les êtres humains ne sont ni des "mini-dieux" ni des "délinquants misérables" totalement incapables de faire le bien. Dès l'enfance, ils sont des créatures de Dieu et des partenaires choisis dans l'œuvre de la création[47] ». L'ironie réside dans la dichotomie entre la théorie et l'expérience de la dignité. Voyons comment les ségrégations de caste en Inde défigurent l'expérience de la dignité des enfants.

Analyser l'expérience des enfants dalits[48]

Dans le monde des idées, nous pouvons formuler d'innombrables revendications sur les droits et la participation des enfants, tout en ignorant ce que vit l'enfant devant nos yeux. Les expériences de l'enfance sont cruciales ; elles doivent être au cœur de notre vision théologique. La situation tragique de la réalité vécue par les enfants dalits dans les pays où existent les castes, comme l'Inde, doit faire l'objet d'une réflexion approfondie, comme l'exprime ce poème de protestation des Dalits :

> Mère, tu me disais,
> Quand je suis née,
> Que ton travail a été très long.
> Voici la raison, mère,
> La vraie raison de ton long travail :
> Dans ton ventre, je me demandais :

---

46. Dans la pensée de Thomas d'Aquin, la puérilité signifie l'ignorance et l'irrationalité des enfants tandis que l'infantilisme dans la pensée de Rahner et de Schleiermacher connote la « perfection spirituelle ». Voir Cristina L. H. Traina, « A Person in the Making. Thomas Aquinas on Children and Childhood », dans Marcia J. Bunge, sous dir., *The Child in Christian Thought*, Grand Rapids, Mich., Eerdmans, 2001, p. 128.
47. W. Sibly Towner, « Children and the Image of God », dans Marcia J. Bunge, sous dir., *The Child in the Bible*, Grand Rapids, Mich., Eerdmans, 2008, p. 323.
48. « T 00-005. Total Population, Population of Scheduled Castes and Scheduled Tribes and their proportion to total population », Office of the Registrar General & Census Commissioner, Inde, recensement en Inde, 2011, https://censusindia.gov.in/Tables_Published/A-Series/A-Series_links/t_00_005.aspx. Voir également M. Azariah, « The Church's Healing Ministry to the Dalits », dans James Massey, sous dir., *Indigenous People. Dalits*, Delhi, ISPCK 1994, p. 322.

> Est-ce que je veux naître –
> Est-ce que je veux vraiment naître
> Dans ce pays ?
>
> – L. S. Rokade, *To Be or Not To Be Born*[49]

Injurié et blessé, l'écrivain dalit a combattu les forces de division fondées sur la caste dans cette poésie dalit. La référence de Shiri à la « psyché blessée[50] » exprime la même idée.

La dignité dans la perception de soi

Ce qu'un enfant vit, les sentiments et les perceptions qu'il retire de ses expériences sont importants[51]. Bien qu'issu d'une lignée royale, Mephi-Bosheth se considérait comme un « chien mort » en raison de ses expériences de vie (2 S 9.8). Les relations ou les non-relations fournissent aux enfants des expériences. Parmi les philosophes, il y avait ceux qui considéraient le monde de l'expérience quotidienne comme la base première de la perception de quelque chose. La véritable perception (ou l'apprentissage) est définie comme « la réorganisation, la reconstruction et la transformation continues de l'expérience[52] ». Pour John Dewey, ce n'est qu'à travers l'expérience que l'homme donne un sens à son monde et ce n'est qu'en tirant profit de cette expérience qu'il peut se maintenir et s'améliorer. D'où l'importance vitale que revêtent les expériences de l'enfance dans le processus de développement.

S'inspirer de l'image divine

Les enfants sont des partenaires à part entière dans le cadre de l'alliance du plan d'action de Dieu avec Abraham, Isaac et Jacob. Dieu a sauvé Isaac et

---

49. L. S. Rokade, cité dans J. H. Anand, « Dalit Literature is the Literature of Protest », dans Bhagawan Das et James Massey, sous dir., *Dalit Solidarity*, Delhi, ISPCK, 1995, p. 181.
50. Godwin Shiri, *Dalit Christians. A Saga of Faith and Pathos*, Nagapur, National Council of Churches in India, 2012, p. 8-9. Avec la montée de l'intouchabilité dans les écoles et du harcèlement dans la société, les enfants dalits développent ce que l'on a appelé une « psyché blessée ».
51. Voir Bill Prevette, « Child Theology and the Reflective Practitioner », dans *Repairer of Broken Walls*, Bangalore, CFCD, 2014, p. 156.
52. John Dewey, *Democracy and Education*, 1916, réimpr. New York, Macmillan, 1960, p. 51.

Ismaël lorsqu'ils étaient enfants[53]. Dieu a pris soin des enfants en dépit de leur vulnérabilité. Il a entendu le cri d'Ismaël et a offert sa protection à Isaac qui était menacé. Dieu a pris soin de ses enfants en dépit de leur statut social. La source d'eau qu'il a fournie a sauvé Ismaël et un bélier qu'il a fourni a sauvé Isaac. Toute forme de comportement indigne à l'égard des enfants déshonore Dieu. Dieu honore les enfants et défend leurs intérêts.

Dans une culture où les enfants n'étaient pas accueillis ni considérés, Jésus accueillait les petits (Mt 19.14) et les traitait dignement dans ses contacts avec eux ou lorsqu'il parlait d'eux. Les directives radicales de Jésus, telles que « ne pas empêcher (les enfants de venir à lui) » (Mc 10.14), l'exhortation « si vous ne faites pas demi-tour pour devenir comme les enfants » (Mt 18.3, NBS), et l'indication « quiconque accueille en mon nom un enfant [...] m'accueille moi-même » (Mt 18.5, NBS) sont des rappels théologiques intemporels qui nous sont adressés. En ce temps-là, on croyait que seuls les adultes possédaient la sagesse. Mais la prière de Jésus dans Luc 10.21 remet en question ce paradigme. D'une présence inaperçue et sans importance, le garçon de la foule devient un partenaire de Jésus en partageant ses provisions pour nourrir les foules (Jn 6.5-13). Dans toutes ces situations, Jésus ne se contente pas de parler de la dignité de l'enfant, mais il prend des initiatives tangibles et expérimentales en temps réel au milieu de la foule. Nous sommes témoins que l'enfant qui se tient au milieu de la foule des adultes est un agent et un message de Dieu, et non un destinataire passif et impuissant qui a besoin de notre sympathie.

> **Toute forme de comportement indigne à l'égard des enfants déshonore Dieu.**

La dignité reconnue dans la famille, l'Église et la société

La vision que je présente de la dignité des enfants comporte cinq secteurs pratiques : les vivres, la protection, la considération, la participation et le partenariat. Ces actions doivent être progressives et faire intervenir la famille, l'Église et la société.

Les moyens de vivre : Dans l'histoire de l'enfant Isaac, Dieu se révèle comme Adonaï Yiré, le Dieu qui pourvoit (Gn 22.1-14). Stafford analyse *la roue de la*

---

53. Terence E Fretheim, « God Was with the Boy (Gn 21.20). Children in the Book of Genesis 3-23 », dans Marcia J. Bunge, sous dir., *The Child in the Bible*, Grand Rapids, Mich., Eerdmans, 2008, p. 8-15.

pauvreté dans laquelle les enfants souffrent de pauvreté économique, sanitaire, sociale, éducative et spirituelle[54]. Les adultes ont la responsabilité de fournir aux enfants les éléments nécessaires à leur subsistance physique, mais aussi à leurs besoins holistiques d'amour, de sécurité, d'identité et de discipline.

La protection : L'histoire d'Ismaël montre comment Dieu a sauvé la vie d'un enfant en réponse au cri d'une mère désespérée. Les adultes ont le devoir de protéger les enfants contre toute forme de moqueries, de harcèlement, de travail forcé et d'abus – physique, mental, social, sexuel, émotionnel et spirituel. Jésus a dit : « Gardez-vous de mépriser un seul de ces petits, car je vous dis que leurs anges dans les cieux voient constamment le visage de mon Père qui est dans les cieux » (Mt 18.10, NBS). La satisfaction des besoins fondamentaux et la protection sont essentielles pour permettre à l'enfant de prendre conscience de sa dignité, mais il faut encore plus.

La considération : La dignité de l'enfant doit être guidée et protégée activement. La tendance des adultes à se moquer des enfants et à les ridiculiser doit cesser. Dieu a encouragé le jeune David dans l'Ancien Testament et le jeune Timothée dans le Nouveau Testament. Les encouragements adressés à des enfants en tant qu'agents et porte-parole divins se voient aussi dans les récits de Samuel et d'autres. Une motivation opportune et une considération appropriée vont de pair.

La participation : Les enfants sont d'authentiques membres de la communauté, qu'il s'agisse de la famille, de l'Église locale ou de la société. Samuel devait faire partie d'une communauté plus large que sa famille pour se développer selon la volonté de Dieu ; Dieu a fait en sorte qu'Éli, le grand prêtre, écoute le jeune Samuel, que Naaman, le général, écoute la petite servante, et que les disciples écoutent un garçon avec quelques provisions (1 S 3 ; 2 R 5.1-14 ; Jn 6.5-13). La participation des enfants réclame de l'intentionnalité et une vision juste.

Le partenariat : De la participation, les enfants de Dieu peuvent passer au stade de partenaires actifs du dessein de Dieu dans le monde, une vision stratégique que chaque famille et Église devraient posséder. Dieu a inclus dans son plan des jeunes comme Samuel et David. Dieu a utilisé les ressources des enfants comme la fronde de l'adolescent David, les cinq pains et les deux poissons du jeune garçon pour faire avancer son royaume.

L'objectif herméneutique libérationniste de Jan Grobbelaar dans la théologie de l'enfant nous invite à passer des sphères de la nouvelle connaissance de Dieu

---

54. Wess Stafford, *Too Small to Ignore*, Colorado Springs, WaterBrook, 2005. Voir également Luis Bush, *The 4/14 Window. Rising up a New Generation to Transform the World*, Colorado Springs, Compassion, 2009, p. 56-57.

à une nouvelle façon de vivre avec les enfants *Coram Deo*[55] et avoir alors de nouvelles histoires à raconter[56].

Résumé

La dignité est la valeur accordée par Dieu à chaque enfant porteur de l'image divine et agent de Dieu. Si l'image de Dieu dans l'être humain n'a pas été entièrement détruite par la chute, elle a néanmoins faussé et déformé nos façons de percevoir les enfants et de cultiver des relations avec eux. Malgré les discussions sociopolitiques et théologiques sempiternelles qui se contentent d'un discours sur la dignité des enfants, nous constatons quotidiennement les douloureuses entorses à la dignité dont souffrent les enfants dans leurs familles, leurs Églises et leurs quartiers. Une position biblique équilibrée considère l'enfant comme une personne digne qui a besoin de soins, de protection et d'instruction. L'Église est appelée à sortir des cellules de la théologie théorique pour se tenir sur le terrain de l'expérience des enfants, où la dignité n'est encore qu'un mirage pour la majorité d'entre eux. Dans notre monde, les enfants attendent quelqu'un qui, comme Jésus, répondra avec grâce et courage pour les élever en tant que dignes partenaires dans le royaume de Dieu. Pour équiper, protéger, promouvoir, faire participer, et associer les enfants, il n'y a pas de meilleur modèle que Jésus-Christ, pas de meilleure ressource que la Bible, et pas de meilleur terrain que l'Église, si seulement nous ouvrons nos yeux pour voir.

> **L'Église est appelée à sortir des cellules de la théologie théorique pour se tenir sur le terrain de l'expérience des enfants, où la dignité n'est encore qu'un mirage pour la majorité d'entre eux.**

Bibliographie

ANAND J. H., « Dalit Literature is the Literature of Protest », dans *Dalit Solidarity*, sous dir. Bhagawan DAS et James MASSEY, Delhi, ISPCK, 1995, p. 177-184.

ARLES Siga, BREWSTER Dan, KOK Chik-Bu, TAN Rosalind, WHITE Keith J., sous dir., *Now and Next*, Malaisie, Compassion International, 2011.

---

55. Jan Grobbelaar, *Child Theology and the African Context*, Londres, CTM, 2012, p. 18.
56. Walter Brueggemann, dans Elizabeth McWhorter, sous dir., *Belonging and Growing in the Christian Community*, Louisville, General Assembly Mission Board, PCUSA, 1979, p. 31.

AZARIAH M., « The Church's Healing Ministry to the Dalits », dans *Indigenous People. Dalits. Dalit Issues in Today's Theological Debate*, sous dir. James MASSEY, Delhi, ISPCK, 1994, p. 316-323.

BRUEGGEMANN Walter, *Belonging and Growing in the Christian Community*, sous dir. Elizabeth MCWHORTER, Louisville, General Assembly Mission Board, PCUSA, 1979.

BUNGE Marcia J., « Biblical Understandings of Children and Childhood. Resources for the Church and Mission Today », dans *Now and Next*, sous dir. Siga ARLES, Dan BREWSTER, Chik-Bu KOK, Rosalind TAN et Keith J. WHITE, p. 15-34. Malaisie, Compassion International, 2011.

BUNGE Marcia J., sous dir., *The Child in Christian Thought*, Grand Rapids, Mich., Eerdmans, 2001.

BUSH Luis, *The 4/14 Window. Rising up a New Generation to Transform the World*, Colorado Springs, Compassion International, 2009.

« Dalits' Access to Education », note d'information IDSN, s. d., http://idsn.org/wp-content/uploads/user_folder/pdf/New_files/Key_Issues/Education/DALIT_EDUCATION_IDSNbriefingpaper.pdf.

DEWEY John, *Democracy and Education*, 1916, réimpr. New York, Macmillan, 1960.

« Dignity », Merriam Webster.com Dictionary, https://www.merriam-webster.com/dictionary/dignity.

D'SOUZA Joseph, *Dalit Freedom. Now and Forever*, Andhra Pradesh, Dalit Freedom Network, 2004.

FRETHEIM Terence E., « God was with the Boy (Gen 21.20). Children in the Book of Genesis 3-23 », dans *The Child in the Bible*, sous dir. Marcia J. BUNGE, Grand Rapids, Mich., Eerdmans, 2008.

GROBBELAAR Jan, *Child Theology and the African Context*, Londres, CTM, 2012.

GRUDEM Wayne, sous dir., *Théologie systématique*, Éditions Excelsis, 2010.

HIGONNET Anne, *Pictures of Innocent. The History and Crisis of Ideal Childhood*, New York, Thames and Hudson, 1998.

ILNISKY Esther, MORAN Karen, « The Littlest Prayer Warriors », dans *Children in Crisis. A New Commitment*, sous dir. Phyllis KILBOURN, Monvovia, California, MARC, 1996, p. 169-178.

IQBAL Mohammed, « Dalit children narrate heart-wrenching tales at public hearing », *The Hindu*, 2 janvier 2018, https://www.thehindu.com/news/national/dalit-children-narrate-heart-wrenching-tales-at-public-hearing/article22347238.ece.

JAYAHARAN John, « Untouchability and Dalit Children », dans *Children at Risk. Issues and Challenges*, sous dir. Jesudason JEYARAJ, Bangalore, CFCD-ISPCK, 2009, p. 251-260.

JEYARAJ Jesudason, sous dir., *Children at Risk. Issues and Challenges*, CFCD Bangalore, ISPCK, 2009.

JEYARAJ Jesudason, TAN Rosalind, MICHAEL Shiferaw, PINEDO Enrique, sous dir., *Repairer of Broken Walls*, Bangalore, CFCD, 2014.

KUTTIYANIMATTATHIL Jose, *Theological Anthropology. A Christian Vision of Human Beings*, Bangalore, Theological Publications in India, 2013.

LIM-TAN Rosalind, *Child Development and Functioning*, Malaisie, HCDI, 2009.

MASSEY James, sous dir., *Indigenous People. Dalits. Dalit Issues in Today's Theological Debate*, Delhi, ISPCK, 1994.

MCCONNELL Douglas, « God Creates Every Unique Person as a Child with Dignity », dans *Understanding God's Heart for Children. Toward a Biblical Framework*, sous dir. Douglas MCCONNELL, Jennifer ORONA et Paul STOCKLEY, Colorado Springs, Authentic, 2007, p. 13-22.

MYERS Bryant L., « State of the World's Children. Critical Challenge to Christian Mission », *International Bulletin of Missionary Research* 18, n° 3, juillet 1994, p. 98-102.

NATIONS UNIES, « Report of the UN Secretary-General. A Life of Dignity for All », We Can End Poverty. Millennium Development Goals 2015, septembre 2013, https://www.un.org/millenniumgoals/pdf/SG_Report_MDG_EN.pdf.

PREVETTE Bill, « Child Theology and the Reflective Practitioner », dans *Repairer of Broken Walls*, sous dir. Jesudason JEYARAJ, Rosalind TAN, Shiferaw MICHAEL et Enrique PINEDO, Bangalore, CFCD, 2014, p. 151-166.

SHIRI Godwin, *Dalit Christians. A Saga of Faith and Pathos*, Nagapur, National Council of Churches in India, 2012.

STAFFORD Wess, *Too Small to Ignore*, Colorado Springs, WaterBrook, 2005.

« T 00-005. Total Population, Population of Scheduled Castes and Scheduled Tribes and their proportions to the total population », Office of the Registrar General & Census Commissioner, Inde, recensement en Inde, 2011, https://censusindia.gov.in/Tables_Published/A-Series/A-Series_links/t_00_005.aspx.

TOWNER W. Sibly, « Children and the Image of God », dans *The Child in the Bible*, sous dir. Marcia J. BUNGE, Grand Rapids, Mich., Eerdmans, 2008, p. 307-323.

TRAINA Cristina L. H., « A Person in the Making. Thomas Aquinas on Children and Childhood », dans *The Child in Christian Thought*, sous dir. Marcia J. BUNGE, , Grand Rapids, Mich., Eerdmans, 2001, p. 103-133.

WHITE Keith, *Theological Foundations for Holistic Child Development*, Malaisie, HCDI/Compassion, 2009.

YADAV Archana, *Social Dimension of Child Labor. Dalit Children in Hazardous Industries*, New Delhi, Indian Social Institute, 2007.

Étude d'un cas concret
Rendre leur dignité aux enfants soumis à la servitude pour dettes

Adnan Azhar Sandhu – Pakistanais

Une journée avec Chandhu

Nous avons chargé le camion de jeux et de cadeaux. En allant de village en village, nous avions prévu de prendre contact avec les enfants par le biais des programmes d'activités « Games and Fun » (Jeux et amusement) de notre Église locale. Ce jour-là, nous avions prévu de passer du temps avec les enfants qui travaillaient comme esclaves dans les fours à briques.

Le soleil était en train de se lever, chassant l'obscurité de la nuit, lorsque nous sommes arrivés au four à briques. Nous avons commencé à installer les accessoires et les tables pour préparer les jeux et être prêts avant l'arrivée des premiers levés parmi les enfants. Je me suis promené dans le four à briques avec M. Arshad, un assistant local, essayant de trouver un espace plus important et plus vaste pour jouer au football et organiser des courses à trois jambes.

C'est alors que mes yeux se sont figés, surpris par un spectacle étonnant. Il était environ 7 h du matin, par une matinée froide. Un garçon d'environ cinq ans était assis et fabriquait des briques de boue. Je pouvais facilement voir ses talents de travailleur, la façon dont il fabriquait, avec ses petites mains et en un rien de temps, une brique avec de la boue. J'ai pensé à aller lui parler. Pendant que j'y réfléchissais, il avait déjà fabriqué cinq autres briques. Mon esprit tournait à cent à l'heure à la vue de cet enfant pieds nus, sans aucun vêtement par une matinée si froide, travaillant dans l'humidité. Mes propres enfants étaient probablement encore dans leur lit, sous une couverture douillette, se réveillant pour aller bientôt à l'école. Ma curiosité a été piquée à vif. Je voulais absolument rencontrer ce garçon. J'ai fait quelques pas vers lui. À ce moment-là, il avait déjà fabriqué quelques briques supplémentaires.

Il m'a rapidement vu venir vers lui. J'ai remarqué la peur sur son visage, et il s'est arrêté de fabriquer des briques. Ses yeux surveillaient mes pas. Je me suis arrêté un instant, puis j'ai recommencé à marcher vers lui. Cette fois, le petit garçon s'est levé, très effrayé, comme s'il avait vu un monstre, et il a couru à toutes jambes dans la direction opposée. En un rien de temps il avait disparu de mon champ de vision.

J'étais choqué et perplexe par ce qui venait de se passer. Je n'avais jamais effrayé quelqu'un d'une telle manière depuis toutes ces années où nous étions en contact avec des enfants.

Mon visage a dû refléter mes pensées, car Arshad a commencé à m'expliquer ce qui venait de se passer et m'a raconté l'histoire du garçon. Ce garçon s'appelait Chandhu et avait cinq ans. L'enfant avait pris ses jambes à son cou en pensant que j'étais peut-être le nouveau directeur qui allait le châtier physiquement. Son père et ses oncles avaient déjà été sévèrement battus par les surveillants de la briqueterie à de nombreuses reprises, il avait donc peur des nouvelles personnes. Cette nouvelle m'a brisé le cœur. Je me suis assis près du sol où Chandhu venait de fabriquer des briques avec beaucoup d'habileté. J'avais les larmes aux yeux, et je voulais hurler de toutes mes forces, pour que tous connaissent la douleur de Chandhu, que je ressentais maintenant.

Arshad m'a rappelé le programme que nous avions prévu pour la journée. Je me suis levé et je suis arrivé à l'endroit où se trouvait le reste de l'équipe, excitée à l'idée de commencer le programme « Jeux et amusement ». Mais au fond de moi, je n'avais pas envie de jouer et de m'amuser. Pas à un moment où Chandhu souffrait tellement. Cachant mon expression, j'ai levé le pouce pour donner le signal de départ des jeux. Les jeux ont commencé, mais ces enfants n'avaient jamais pratiqué de sport pour enfants. Ils n'avaient aucune idée de ce qu'il fallait faire avec un ballon de football, ni comment lancer un frisbee. Nous leur avons demandé s'ils étaient contents, et nous nous sommes heurtés au silence. Pas un seul sourire. Ce mot, « sourire », les a frappés comme venant d'une langue étrangère.

Nous avons décidé de leur montrer comment pratiquer du sport, ce qui avait toujours fonctionné avec d'autres enfants. Mais c'était presque l'heure du déjeuner et nous avions encore du mal à leur apprendre à jouer et à rire. Seuls quelques enfants étaient assez courageux pour sourire et jouer. Nous n'avons pas renoncé. Mes yeux cherchaient Chandhu, que je ne vis pas ce jour-là. Je l'imaginais se cachant derrière moi, jouant et sautant avec nous. Son image innocente était une constante dans mon esprit.

Tout le monde resta silencieux sur le chemin du retour, à la fin de notre journée. Je pouvais lire des émotions contradictoires sur les visages. J'ai rompu le silence en demandant : « Comment s'est passée votre journée ? » Tout le monde m'a regardé comme si je me moquais d'eux, comme si nous ne venions pas de vivre la même expérience. Mais je voulais voir ce qu'ils répondraient. Certains ont dit que la journée avait été difficile. D'autres ont affirmé que c'était la meilleure expérience. C'était en effet un jour aussi triste qu'heureux pour nous.

J'ai continué à penser à ces enfants, et en particulier à Chandhu. Je suis allé rencontrer Arshad quelques jours plus tard. Il semblait déjà connaître le but de ma visite. Sans perdre de temps à me demander comment j'allais, il est immédiatement entré dans le vif du sujet. Il m'a expliqué que la famille de Chandhu et de nombreuses autres familles vivent à l'étroit près du four à briques. Ces familles vivaient déjà dans la pauvreté et n'avaient aucun moyen de s'assurer un revenu. Elles reçoivent un prêt de la part du propriétaire d'une briqueterie avant de commencer à travailler, mais le prêt sert immédiatement à éponger les dettes. Elles sont ensuite prises au piège et sont obligées de travailler pendant toute une saison sans recevoir leur salaire. Elles ne savent jamais si elles ont épongé leur dette ou non. Comme le propriétaire du four à briques ne tient pas de registres de comptabilité, ces familles sont souvent moins bien payées à la fin de la saison.

Le propriétaire du four à briques paie les mouleurs suivant le nombre de briques fabriquées. Toute la famille travaille ensemble, mais seul l'homme, chef de famille, est payé. Les femmes ne sont pas payées du tout. Les mouleurs de briques reçoivent également un taux inférieur au salaire minimum pour chaque brique fabriquée, ce qui est bien inférieur à ce que les travailleurs touchent s'ils sont payés selon le temps de travail. C'est pourquoi ces familles demandent à leurs enfants de les aider à fabriquer davantage de briques, afin de gagner au moins le salaire minimum. Ce système de paiement encourage donc le travail des enfants.

L'indignité de l'impuissance

La vie de Chandhu explique clairement comment la pauvreté le prive d'une vie digne et des privilèges associés à cette vie – de la dignité qu'il mérite. Il est tellement impuissant qu'il n'ose même pas parler en son nom et s'élever contre l'injustice de sa famille à son égard. Si nous l'imaginons un instant dans une famille riche, il porterait des vêtements et des chaussures. Il sortirait d'une voiture avec élégance, et personne n'oserait l'insulter ou élever la voix contre lui. Au contraire, il serait traité avec respect et dignité. À quel point est-il inhumain que la pauvreté prive les gens des droits fondamentaux, du statut social et de la dignité ? De plus, ces enfants, que Dieu a créés pour qu'ils soient dignes, sont devenus des outils pour gagner de l'argent.

Leur éducation a entraîné des conséquences néfastes sur leur psychisme. Ils sont humiliés presque tous les jours, mais ils n'ont pas conscience d'avoir été humiliés ou insultés. Pour eux, leur expérience n'est que la vie normale. Lorsque nous leur avons demandé s'ils étaient heureux, ils sont restés totalement silencieux parce que, pour eux, le bonheur et la joie sont des mots sans aucune signification.

Tout être humain dans ce monde a été créé par Dieu avec dignité. Tout enfant est créé à l'image de Dieu et entre dans ce monde avec la capacité unique d'être en relation avec Dieu, l'humanité et la création. Pour nous, la dignité signifie être respecté pour ce que nous sommes et ce en quoi nous croyons.

Le mot « dignité » signifie que chaque enfant mérite d'être respecté et honoré pour ce qu'il est. La dignité d'un enfant ne peut être ni méritée ni supprimée. La Bible nous dit que Dieu a créé l'homme à son image et à sa ressemblance. Tous les humains ont une valeur absolue pour Dieu. Par conséquent, les enfants sont des êtres humains, et, aux yeux de Dieu, ils sont revêtus de la même valeur que les adultes.

De nombreuses personnes se préoccupent des enfants qui nous entourent. Comme l'écrit Marcia Bunge, nous nous demandons souvent :

> Le mot « dignité » signifie que chaque enfant mérite d'être respecté et honoré pour ce qu'il est. La dignité d'un enfant ne peut être ni méritée ni supprimée.

- Sont-ils élevés avec amour et tendresse ?
- Bénéficient-ils d'une bonne éducation ?
- Se trouvent-ils dans un environnement sûr à la maison et à l'école ?
- Sont-ils au contact de bons modèles ?
- Ont-ils le sentiment que leur vie a une signification et qu'elle tend vers un but ?
- Participeront-ils de manière positive à la vie sociale ?
- Dans l'Église, nous posons la question suivante : nos enfants auront-ils la foi ? Mettront-ils cette foi au service de l'amour du prochain[57] ?

L'esclavage humain sans bornes dans les fours à briques

Un rapport spécial, publié en février 2018 par Gospel for Asia, rapporte ce qui suit :

> Une estimation présente la situation désastreuse des travailleurs dans les fours à briques : pas moins de vingt-trois millions de travailleurs sont réduits en esclavage dans cent mille fours à briques

---

57. Marcia J. Bunge « Children, the Church, and the Domestic Church. Supporting Parents in the Task of Nurturing the Moral and Spiritual Lives of Children », *New Theology Review* 14, n° 3, 2001, p. 5-16.

en activité en Asie. Un tiers de ces esclaves sont des enfants qui sont forcés de travailler en moyenne de neuf à douze heures par jour pour effectuer la pire forme de travail des enfants en vertu du droit international. Le travail est la priorité. La santé et l'éducation ne le sont pas. Tous les mouleurs de briques sont issus de familles, de communautés et de groupes sociaux marginalisés. Au moins un tiers de tous les travailleurs dans les briqueteries sont payés moins que le salaire minimum de leur pays, ce qui équivaut à un salaire horaire d'environ 30 centimes d'euro. Dans près de 90 % des fours, les travailleurs n'ont accès qu'à de l'eau souterraine polluée et non traitée. Hommes, femmes et enfants vivent dans des locaux insalubres et surpeuplés[58].

Selon l'Organisation internationale du travail, « toutes les tâches effectuées par des enfants ne doivent pas être considérées comme du **travail des enfants** qui doit être éliminé. [...] Le terme **travail des enfants** est souvent défini comme un travail qui prive les enfants de leur enfance, de leur potentiel et de leur dignité, et qui nuit à leur développement physique et mental. Il s'agit d'un travail qui est mentalement, physiquement, socialement ou moralement dangereux et nocif pour les enfants[59] ».

Lorsque les enfants vivent dans l'obligation de travailler dur pour rembourser des dettes, ils ne comprennent jamais qu'il y a une vie en dehors de ce carcan dans lequel ils sont coincés. De plus, dans le travail à l'extérieur de ce carcan, ils ne seront pas contraints d'accomplir un travail physique qui est au-dessus de leurs capacités. Dieu ne les a pas faits pour souffrir dans cette prison mentale et physique. Les difficultés rencontrées pendant l'enfance ont également un impact sur leur croissance physique. Lorsqu'elle devient mère, une fille soumise à la servitude pour des raisons d'endettement donnera naissance à un enfant chétif et devra elle-même faire face à des conséquences néfastes pour sa propre santé.

Les enfants soumis à la servitude pour dettes sont presque coupés de la société. En d'autres termes, ils passent inaperçus. Ils n'ont pas le droit d'influencer leur environnement et ne sont pas non plus influencés par celui-ci. Ils n'ont aucun pouvoir pour faire valoir leurs droits ou exprimer leurs désirs. En grandissant dans une structure de travail forcé, ces enfants n'ont pas accès à de nouveaux vêtements, à des chaussures, à une alimentation correcte, ou aux soins médicaux.

---

58. https://missionsbox.org/news/children-families-slavery-brick-kilns/.
59. Organisation internationale du travail, « Qu'est-ce que le travail des enfants », caractères gras dans l'original, https://www.ilo.org/fr/themes-0/travail-des-enfants/quest-ce-le-travail-des-enfants.

Ils ne peuvent pas regarder la télévision, pratiquer un sport ou écouter de la musique.

Il est tout à fait regrettable qu'environ 218 millions d'enfants de cinq ans soient employés, et qu'au moins 152 millions d'entre eux soient soumis à un travail forcé, selon les données de base sur le travail des enfants publiées par la Child Labor Coalition[60].

Les faits révèlent également plusieurs autres réalités surprenantes sur le travail des enfants :

- « Les enfants de moins de douze ans effectuent jusqu'à un quart du travail dangereux des enfants.
- Près de la moitié des enfants soumis au travail forcé ont entre cinq et onze ans.
- Plus de 134 millions d'enfants soumis au travail forcé se trouvent en Afrique, en Asie, et dans le Pacifique Sud[61]. »

Comme l'a écrit Lou Guthelil en 2019 : « Si les 218 millions d'enfants contraints de travailler fondaient leur propre pays, celui-ci serait le cinquième plus grand pays du monde, dépassant la population entière du Pakistan[62]. »

Les meilleures pratiques en matière de lutte contre le travail forcé des enfants

Des individus, des organisations et des gouvernements accomplissent un travail remarquable pour sortir les travailleurs des fours à briques et leurs familles du cercle vicieux de la servitude en raison des dettes. Mais ces initiatives doivent être rassemblées pour développer des synergies. Depuis que j'ai rencontré Chandhu, je me suis senti obligé de faire quelque chose pour lui et pour les autres enfants qui vivent dans la servitude à cause de dettes, afin de leur rendre leur dignité. J'ai créé un site de sensibilisation et de plaidoyer sur toutes les plates-formes où j'ai eu

> « Si les 218 millions d'enfants contraints de travailler fondaient leur propre pays, celui-ci serait le cinquième plus grand pays du monde, dépassant la population entière du Pakistan. »

---

60. https://stopchildlabor.org/, consulté le 14 mars 2022.
61. https://www.gfa.org/special-report/child-labor-today/, consulté le 14 mars 2022.
62. *Ibid.*

l'occasion de le faire. J'ai contacté des Églises, des organisations chrétiennes et des ONG, et les organisations qui travaillent déjà avec les enfants se sont montrées intéressées par le fait d'étendre leur vision pour soutenir les enfants soumis au travail forcé à cause de dettes. En outre, des organisations chrétiennes engagées dans la lutte contre la pauvreté et la promotion des droits de l'homme se sont jointes à nous pour soutenir les enfants asservis.

Écoles défavorisées – Nous avons pris contact avec trois organisations qui travaillent dans le domaine de l'éducation. Elles se concentrent principalement sur la mise en place de systèmes scolaires dans les petites villes. Lorsque nous leur avons fait part de notre vision d'une scolarisation dans le village de Chandhu, elles ont accepté de travailler avec nous. Avant d'ouvrir cette école, il était essentiel d'obtenir l'autorisation du propriétaire et de la direction de la briqueterie, faute de quoi les conséquences pouvaient être dramatiques. Après quelques réunions avec le propriétaire et le gérant, nous avons obtenu leur accord à une condition : l'école n'aurait pas d'impact sur la production de briques. Nos organisations partenaires ont décidé de créer une école de deux heures. Dans ce créneau de deux heures, un enseignant rend visite à ces enfants pour leur apprendre à s'asseoir dans une salle de classe, à lire, à tenir un crayon et à écrire sur du papier. Il n'y a pas de système de classes par niveau scolaire. Toutes les tranches d'âge sont réunies en un seul grand groupe, et l'objectif est de les préparer tous à une véritable scolarisation. Il n'y a pas de bâtiment scolaire proprement dit ; les élèves se réunissent sous un arbre ou à ciel ouvert. Grâce à cet enseignement primaire, les enfants apprennent leurs droits fondamentaux. Ce modèle a servi d'exemple à d'autres organisations qui ont également créé des écoles pour les enfants des fours à briques. Dans certains cas, ces organisations luttent encore pour obtenir une autorisation.

Manifestations sportives – Je ne me suis pas arrêté à l'école. J'ai étendu cette vision avec différents organismes et mouvements sportifs. J'ai encouragé nos organisations partenaires à fournir du matériel et des équipements sportifs essentiels à ces enfants. Le sport et les jeux sont essentiels pour favoriser la santé physique et ajouter du divertissement à leur vie. Six organisations et ministères chrétiens travaillent désormais avec nous. Certains organisent des événements sportifs d'une journée ou d'une demi-journée et fournissent des ballons de football, des battes, des chaussettes, des chaussures, des vêtements et des sacs pour ces enfants. Il reste encore beaucoup de travail à faire, car nous ne pouvons pas organiser ces événements partout. Nous avons besoin que d'autres organisations chrétiennes s'associent à nous dans cette mission.

Sacs d'écoliers – La chose suivante dont nous avions besoin pour ces enfants était des cartables. À notre demande, un ministère chrétien local qui fournit des boîtes de cadeaux et des cartables aux enfants et aux familles dans le besoin nous a donné des cartables remplis de livres, de cahiers, de produits d'hygiène de base et de littérature chrétienne. Ces cartables ont été distribués aux enfants des fours à briques. Mais il faut en distribuer encore beaucoup plus et d'autres organisations doivent s'y atteler.

Boîtes-cadeaux – Quelques organisations chrétiennes distribuent des boîtes-cadeaux aux enfants pendant la période de Noël. Nous les avons contactées et leur avons demandé d'envoyer des boîtes-cadeaux pour ces enfants ainsi que des vêtements d'hiver, notamment des vestes, des chaussures, des chaussettes, des bonnets et des gants. Chandhu, qui était pieds nus et n'avait pas de vêtements chauds, peut maintenant porter des chaussures et des vêtements chauds.

Camps médicaux – Les familles vivant près d'un four à briques ne bénéficient pas de soins médicaux appropriés, pour ne pas dire qu'elles ne disposent d'aucun soin. Elles n'ont pas les moyens de payer les médecins et autres frais médicaux. Nous avons donc contacté une ONG chrétienne qui travaille dans le domaine de la médecine et lui avons demandé d'organiser des visites médicales pour ces familles. Ce secteur particulier a beaucoup à faire, car la plupart des familles des fours à briques ne bénéficient toujours pas de soins.

Éducation spirituelle – L'éducation spirituelle des enfants contraints à des travaux forcés est essentielle pour les aider à comprendre le projet de Dieu pour leur vie. Dans le cadre d'un projet commun, quelques organisations ont élaboré des livres chrétiens simplement illustrés pour que ces enfants puissent facilement en comprendre le contenu.

Rachat des dettes – Le dernier point, mais non le moindre, est le remboursement des dettes. Nous travaillons avec une organisation chrétienne qui accomplit cette noble tâche de racheter les dettes de ces familles. Elle a récemment payé les dettes d'une famille, l'a sortie de l'esclavage des fours à briques et l'a relogée dans un autre endroit du pays. Cette organisation a aidé cette famille à prendre le départ d'une nouvelle vie sans servitude.

Ces bonnes pratiques peuvent certainement faire une grande différence dans la vie de ces personnes et leurs enfants peuvent respirer librement.

Quelques recommandations

1. **Développer les capacités des travailleurs sociaux** : Il y a un besoin urgent que les personnes travaillant dans les secteurs privé et public renforcent le contrôle de l'application du droit du travail, afin de garantir le respect du droit foncier et du droit du travail.

Les compétences des personnes qui travaillent actuellement dans les départements concernés de la plupart des organisations et des ministères chrétiens doivent être évaluées, afin de vérifier qu'elles possèdent les compétences comportementales et techniques nécessaires à l'accomplissement de leurs tâches. Il convient de dispenser une formation au personnel dans ces départements, lui permettant d'accomplir son travail de manière appropriée.

2. **Éduquer les parties prenantes** : Il est important que les gens connaissent leurs droits et leurs devoirs. Une fois qu'ils en auront une meilleure compréhension, il leur sera plus facile de revendiquer leurs droits et d'accomplir correctement leurs devoirs.

3. **Renforcer la coordination** : Beaucoup de bon travail a déjà été accompli ; mais toutes les initiatives doivent être rassemblées pour développer des synergies. Le rôle des groupes communautaires tels que les Églises devrait également être renforcé, car leur contribution sur la manière d'améliorer les capacités et les processus actuellement employés aux différents niveaux et départements est essentielle. Les ONG chrétiennes ont un rôle à jouer dans la création et la communication de normes de travail, et leur implication au niveau de la planification est essentielle pour s'assurer que leur contribution est incorporée dans les plans annuels visant à préserver les enfants du travail et du labeur forcé.

4. **Réorganiser les processus** : Les processus actuels sont inadéquats. Une refonte complète est nécessaire pour garantir que les enfants – créés dans la dignité – aient tous les droits et privilèges pour mener leur vie, même dans un lieu qui est très différent du nôtre. Les ONG chrétiennes, les ministères et les Églises devraient procéder à des inspections pour s'assurer que les besoins éducatifs, techniques, médicaux, sanitaires et sécuritaires de ces enfants sont satisfaits et qu'ils ont toutes les chances de s'exprimer, d'explorer leurs talents et d'appliquer leurs compétences partout dans le monde. La mise en place d'un système strict de contrôle et de vérification s'impose. Il convient de bien définir ces inspections, et de faire en sorte que le personnel supérieur réinspecte les zones échantillonnées afin de garantir le respect des règles. La vigilance, la sympathie pour les opprimés, l'attention portée au bien-être des pauvres et la bienveillance sont quelques-unes des vertus qui peuvent jouer un rôle majeur dans la restauration du statut de ces enfants, et qui peut

leur permettre d'occuper les sièges pour lesquels ils ont été créés à l'origine. Lorsque ces valeurs prévalent, la loi et sa rigueur devient une option secondaire.

Conclusion

L'histoire de Chandhu ne s'arrête pas là. Nous avons décidé de ne pas laisser ces familles orphelines sous prétexte que nous faisons partie d'une grande famille dans le Christ. Nous leur rendons visite plus souvent et écoutons leurs histoires. Il ne nous a pas fallu beaucoup de temps pour découvrir comment nous pouvions les aider. Avec l'aide de partenaires et de particuliers, nous avons remboursé les dettes de quelques familles et les avons sorties de l'esclavage.

Chandhu est maintenant en sixième année d'études et c'est un élève brillant. Il peut lire la Bible. J'espère qu'il comprend que Dieu a fait de lui un être humain égal aux autres et qu'il sent la dignité et le but de sa vie. La présence de Chandhu est remarquée et il peut influencer la société qui l'entoure. Il n'a plus à fabriquer des briques avec son père, même s'il aime l'aider à d'autres tâches domestiques. Chandhu est une source d'inspiration pour ses frères et sœurs et les autres enfants qui vivent près de lui, et nombre d'entre eux ont commencé à aller à l'école avec lui. Il ne se contentera pas d'apprécier la dignité retrouvée, il militera pour la dignité des autres enfants.

Questions de discussion

1. Dans votre propre contexte, comment les enfants sont-ils perçus et traités dans la vie quotidienne de la communauté ?
2. Comment les Églises locales peuvent-elles influencer les politiques nationales sur la manière dont les enfants sont perçus et traités ?
3. Comment éviter la marginalisation des enfants dans tous les domaines de la vie communautaire ?
4. Quelles sont les meilleures pratiques dans votre propre contexte local qui cadrent avec les concepts identifiés dans cette étude de cas concret ?
5. Comment pouvez-vous promouvoir la dignité dans votre propre ministère ou organisation ?

Bibliographie

https://stopchildlabor.org/, consulté le 14 mars 2022.
https://www.ilo.org/moscow/areas-of-work/child-labour/WCMS_249004/lang--en/index.htm, consulté le 30 mars 2022.
https://missionsbox.org/news/children-families-slavery-brick-kilns/, consulté le 30 mars 2022.
https://www.gfa.org/special-report/child-labor-today/, consulté le 14 mars 2022.
BUNGE M., « Children, the Church, and the Domestic Church. Supporting Parents in the Task of Nurturing the Moral and Spiritual Lives of Children », *New Theology Review* 14, n° 3, 2001, p. 5-16.

2

Placés dans des familles

Le projet de Dieu a toujours été de placer les enfants dans des familles pour qu'ils bénéficient d'un environnement sûr et protégé. Il a élargi ce cadre à toute la communauté chrétienne pour qu'aucun enfant ne reste « devant la porte ».

Problème critique mondial
Enfants devant la porte

Rosalind Tan – Malaisienne

Introduction

L'expression « enfants placés dans des familles » peut immédiatement susciter l'idée que ces enfants n'ont pas de famille et ont besoin d'être placés dans des foyers, ou qu'ils ont le privilège de vivre dans une famille qui les soutient. Les deux scénarios sont possibles. La première édition de *Understanding God's Heart for Children* se concentre sur la question cruciale du besoin des enfants de vivre dans une famille et d'être aimés par leurs parents dans un monde de plus en plus brisé[1]. Dans cette optique et ce chapitre, nous reprenons là où Katharine Putman s'est arrêtée et explorons plus profondément le phénomène d'un groupe d'enfants à risque qui n'ont pas connu l'amour parental et qui sont placés dans des familles. Cette discussion sur les sujets critiques mondiaux concernant les enfants placés dans des familles commence dans un lieu et une culture particuliers. Elle s'étend ensuite à d'autres régions géographiques, afin d'identifier des groupes similaires d'enfants confrontés à la même situation difficile. Bien que le champ d'application et les particularités soient limités, les différents contextes et cultures identifiés donnent une vision globale du sujet. Nous espérons que vous acquerrez une meilleure compréhension de la situation des enfants, que vous aurez de l'empathie pour leurs luttes et que vous serez plus déterminés que jamais à défendre leur cause.

---

1. Katharine Putman répond aux réflexions de Marcia Bunge sur une perspective biblique et théologique de la vocation parentale. Putman discute de l'impact du péché sur les relations familiales et de leur effet sur le développement de l'enfant. Putman propose les « dix meilleures pratiques » de Bunge comme moyen pour les parents de démontrer l'amour de Dieu aux enfants. Katharine Putman, « Children's Need for Parental Love in a Systemically Broken World », dans *Understanding God's Heart for Children. Toward a Biblical Framework*, p. 66-75 ; Marcia Bunge, « The Vocation of Parenting : A Biblically and Theologically Informed Perspective », *Understanding God's Heart for Children. Toward a Biblical Framework*, p. 53-65.

Devant la porte

Notre histoire commence dans une communauté chinoise. Lors d'un dialogue sur les perspectives culturelles des enfants et de l'enfance, j'ai contacté une interprète chinoise pour qu'elle me dise ce qu'elle pensait de l'expression « enfants à risque ». Elle a réfléchi un long moment avant de répondre : « Euh ... l'expression est 有危险的儿童 (qui signifie enfants en danger ou en situation de risque), mais je ne pense pas qu'il traduise correctement l'urgence. Un terme plus approprié serait "enfants devant la porte" (门外的孩子). » Ses mots m'ont incitée à approfondir ma réflexion. L'expression « enfants devant la porte » s'applique à des mineurs âgés de seize ans ou moins qui sont sans protection familiale, livrés à eux-mêmes et exposés à des situations de risque. Ce terme est familier à la communauté chinoise dans laquelle vit la traductrice, et elle l'a expliqué d'un point de vue culturel local. Dans la culture chinoise, la cellule familiale est très importante et les enfants naissent « à l'intérieur de la porte » ou « derrière la porte ». Tous les enfants naissent dans un foyer. Ils ont un père et une mère biologiques, que les parents reconnaissent ou non l'enfant. Un enfant a également une famille plus large composée de grands-parents, d'oncles, de tantes et de cousins. La maisonnée (ou le clan) est le lieu d'appartenance de l'enfant. Cette appartenance donne à l'enfant un nom, une identité, des rôles et des objectifs dans la vie de la communauté[2]. Les adultes sont chargés de protéger et d'élever l'enfant. Si, pour une raison quelconque, l'enfant n'est pas désiré ou reconnu par le ménage, il sera mis « devant la porte » ou, de façon plus explicite, il sera donné à l'adoption, négligé ou abandonné. Un enfant « devant la porte » n'est l'enfant de personne. Le terme peut également se référer à des enfants plus âgés qui sont reniés par leurs parents et donc coupés de la famille. Pour mon amie traductrice, il est impensable qu'une famille choisisse de laisser un enfant sans défense devant sa porte. Mais la réalité, c'est que cela arrive.

L'extérieur dans différentes cultures

Tous les enfants qui se trouvent « devant la porte » ne sont pas nécessairement abandonnés. Certains enfants sont des orphelins, des enfants qui ont perdu leurs deux parents et qui sont sans abri. Le Fonds des Nations Unies pour l'enfance (UNICEF) estime qu'il y a 153 millions d'orphelins dans le monde, le plus grand nombre se trouvant en Afrique subsaharienne et en Asie du Sud[3]. Ce chiffre

---

2. Voir « The Importance of Family Acceptance », Families for Life, s. d., https://familiesforlife.sg/discover-an-article/Pages/The-Importance-of-Family-Acceptance.aspx.
3. « Children's Statistics. UN Data on the Plight of Children », SOS Children's Villages, s. d.

n'inclut pas les « orphelins sociaux », c'est-à-dire les enfants dont l'un des parents ou les deux sont encore en vie, mais incapables de subvenir à leurs besoins. Ces parents ont négligé l'enfant ou l'ont abandonné à la rue[4]. Les enfants devant la porte peuvent également être des mineurs déplacés ou les enfants réfugiés qui voyagent seuls en raison des migrations et des guerres. En 2019, l'UNICEF a indiqué qu'il y avait 12 millions d'enfants dans cette catégorie, qui voyagent seuls et sont ensuite rapatriés en tant que demandeurs d'asile. Bien que le nombre exact ne soit pas connu, beaucoup de ces enfants se trouvent dans des camps de réfugiés en transit ou dans des institutions de prise en charge[5].

Si le principal facteur à l'origine de la mise des enfants à la rue semble être la négligence parentale ou domestique, certains enfants ont délibérément choisi de rester dehors. Ces enfants préfèrent vivre dans la rue, peut-être loin d'une structure familiale dysfonctionnelle, de la violence domestique ou d'abus physiques, émotionnels ou sexuels. Le fait de rester à l'extérieur est une décision personnelle de se protéger des violences domestiques et de protéger leur bien-être mental. On trouve des enfants dans cette situation aussi bien dans les sociétés appauvries que dans les communautés riches où les cellules familiales se désintègrent lentement et où les enfants sont négligés[6].

Le fait de rester à l'extérieur est une décision personnelle de se protéger des violences domestiques et de protéger leur bien-être mental.

Dans un pays d'Asie de l'Est, le phénomène des « enfants non désirés » ou « non préférés » a pris de l'ampleur avec l'application de la politique de l'enfant unique. Les enfants nés avec des besoins particuliers ou de sexe féminin étaient souvent abandonnés au profit d'une progéniture masculine en bonne santé. Aux Philippines, les enfants qui sont « devant la porte » sont appelés *batang kalye* (enfants des rues). On estime à 250 000 le nombre d'enfants sans abri rien qu'à Manille ; ce chiffre s'élèverait à un million dans tout le pays[7]. Les *batang kalye* sont souvent appelés « enfants rugbymen », non pas parce qu'ils jouent au rugby, mais parce qu'ils sniffent de

---

4. « Global Homelessness Statistics », Homeless World Cup Foundation, 2020.
5. « Children without Appropriate Parental Care », Child Rights Connect, 20 mars 2019.
6. Ann Mooney, Chris Oliver et Marjorie Smith, « Impact of Family Breakdown on the Children's Wellbeing », Institute of Education, University of London, juin 2019.
7. Joshua Meribole, « The State of Homelessness in the Philippines », The Borgen Project, 2 juillet 2020.

la colle de rugby pour calmer leur faim et leur douleur physique. En Inde, on estime à 29,5 millions le nombre de *Lawaaris bache*, littéralement des « non réclamés »[8]. Ces enfants sont orphelins ou ont été abandonnés par leurs parents. Ils sont divisés en différents sous-groupes selon leurs lieux et leur description. Un exemple de *Lawaaris bache* sont les « enfants des chemins de fer », les « enfants de la rue », les vagabonds et les enfants mendiants qui errent en groupes de gare en gare[9]. Un autre groupe est celui des « enfants sans foyer » qui s'installent le long des trottoirs, dans les gares routières, sous les viaducs ou les ponts. Certains d'entre eux fréquentent des abris la nuit, mais retournent dans la rue le jour. En Égypte, les enfants devant la porte sont appelés *atfal bala ma'wa* (enfants sans maison). Ils sont généralement orphelins ou contraints de vivre dans la rue parce qu'ils sont abandonnés ou à cause de la détérioration des conditions familiales ou de l'extrême pauvreté. Ces enfants sont marginalisés et survivent dans la rue en mendiant, en vendant des bibelots et du papier de soie, ou en nettoyant les pare-brise des voitures[10]. En 2016, le gouvernement égyptien a pris des dispositions pour que les *atfal bala ma'wa* retournent dans leur famille ou soient placés dans des institutions[11]. En Amérique latine, les enfants qui se trouvent devant la porte sont appelés les *chicos / chicas de la calle*. Ce sont les enfants de la rue, des mineurs « qui vivent dans des zones urbaines et qui font de la rue leur principale maison, en supposant qu'ils ne vivent plus dans leur résidence familiale. La rue est l'environnement central dans lequel ils se développent et acquièrent des compétences sociales[12] ».

Dehors pendant la pandémie de Covid-19

Pendant la pandémie de Covid-19 en 2020, le cliché « restez à la maison et en sécurité » a nargué les enfants à l'extérieur de la maison (« devant la porte »). Ils n'avaient pas de maison où se trouver en sécurité ; il était encore moins question de parler de distanciation sociale, de port de masque, de lavage des mains ou de

---

8. Shreya Kalra, « Why India's adoption rate is abysmal despite its 30 million abandoned kids », *Business Standard*, 30 octobre 2018.
9. « #StoriesfromtheField – How Our Intervention Helped Biswanath and His Family During Lockdown », Railway Children, septembre 2020.
10. Hager Harabech, « Egypt Homeless, Street Children Hit Hard By Pandemic Scourge », *Barron's*, 22 juillet 2020.
11. Harabech, « Egypt Homeless, Street Children ».
12. Hilary E. O'Haire, « Living on the Streets. The Street Children of Brazil », *Inquiries* 3, n° 4, 2011.

désinfection. L'ironie de la chose, c'est qu'ils étaient tous chez eux, dans la rue. Comment pouvaient-ils se protéger ?

Al Jazeera a rapporté qu'en Indonésie, la plupart des refuges et des centres d'accueil ont été fermés pendant le confinement. Les centres ouverts étaient surpeuplés[13]. De nombreux enfants n'ont donc pas pu trouver refuge pendant cette période difficile. Au Sénégal, l'Office des Nations Unies contre la drogue et le crime (ONUDC) a travaillé aux côtés des autorités locales pour localiser les familles ou les proches parents, afin de réunir les enfants dans les rues avec des membres de leur famille[14]. Lorsqu'il n'y avait pas de famille ou de proches, ces enfants étaient placés dans des abris de transit ou dans des « foyers provisoires ». En Égypte, la violence physique et les abus à l'encontre des enfants vulnérables sans domicile ont diminué en raison de la distanciation sociale obligatoire et de la crainte du public d'être contaminé par le virus Covid-19[15]. La faim et la famine ont constitué une menace plus importante pour les enfants qui se trouvaient à l'extérieur pendant la pandémie.

Certains rapports « positifs » indiquent que la pandémie de Covid-19 a permis d'inverser la situation de certains enfants. La distanciation sociale obligatoire pour « aplanir la courbe » a perturbé les activités qui exploitaient les enfants. Le couvre-feu imposé dans plusieurs pays a permis de réduire le travail des enfants, la traite des êtres humains et le tourisme sexuel impliquant des enfants[16]. En général, la plupart des pays ont assumé leur part dans la distribution de nourriture, mais des milliers d'enfants invisibles « devant la porte » ne sont toujours pas atteints par ces initiatives[17].

De « devant » à « derrière » la porte

Si les enfants qui se trouvent à l'extérieur de la porte peuvent être dispersés dans différentes régions du monde, ils sont tous exposés aux mêmes problèmes physiques, psychologiques, sociaux et développementaux. Pour leurs repas

---

13. Jessica Washington, « For Indonesia's street children, coronavirus means more danger », *Al Jazeera*, 24 juillet 2020.
14. « L'ONUDC aide le Sénégal à ramener les enfants des rues dans leur foyer pendant la pandémie de COVID-19 », Office des Nations Unies contre la drogue et le crime, juin 2020.
15. « Egypt's street children face poverty, pandemic », *The Arab Weekly*, 15 juillet 2020.
16. « Impact de la pandémie COVID-19 sur la traite des personnes. Résultats préliminaires et messages basés sur un bilan rapide », Office des Nations Unies contre la drogue et le crime, s. d.
17. Geeta Pandey, « Coronavirus. The children struggling to survive India's lockdown », *BBC News Delhi*, 11 avril 2020.

quotidiens, la plupart d'entre eux volent, mendient, fouillent les poubelles à la recherche d'objets jetables, dépendent des soupes populaires et des restos du cœur ou achètent de la nourriture avec le peu qu'ils ont. Pour leur sécurité physique, ils se regroupent dans des « familles de rue » surveillées et protégées par les grands frères ou les chefs de guerre des rues. Les enfants qui se trouvent « devant la porte » souffrent souvent de malnutrition et de maladies cutanées. Sur le plan social, ils sont méprisés, harcelés et ostracisés[18]. Psychologiquement, ces enfants se battent quotidiennement pour survivre. Ils sont confrontés à des incertitudes, ont souvent peur et luttent contre le sentiment d'être indésirables et indignes.

Pourtant, la plupart des enfants qui se trouvent « devant la porte » sont également intelligents et ont trouvé des moyens de survivre et de se débrouiller dans la rue. Les observations empiriques attestent que, bien que l'intégration dans la vie familiale après une vie dans la rue ne soit pas sans difficultés, ces enfants aspirent à un environnement sûr et à une prise en charge permanente et aimante. Cette recherche soutient l'idée de la hiérarchie des besoins, selon laquelle l'amour et l'appartenance sont des éléments fondamentaux du bien-être et du développement d'une personne[19]. Cette théorie reprend les pensées de mon amie traductrice, à savoir que tous les enfants devraient être élevés par une famille.

L'appel à placer dans des familles des enfants qui sont « devant la porte » va dans l'intérêt supérieur de l'enfant, afin de lui assurer un espace sûr et nourricier lui permettant de connaître un développement et des liens normaux et sains avec les autres enfants. « Le droit à la vie familiale (pour les enfants) est inscrit dans le droit national, international et régional des droits de l'homme[20]. » Un environnement familial accueillant est le premier endroit où les enfants apprennent à aimer et à être aimés. La vie familiale est également le lieu où ils apprennent les valeurs sociales et où ils font face à la dynamique relationnelle dans un espace sûr et protecteur. Une vie familiale saine pour les enfants les prépare à un comportement sain à l'âge adulte. Ce comportement, à son tour, aura un impact significatif sur la société dans son ensemble. Le fait d'être placés dans une famille nourricière permet aux enfants de copier des modèles de

> Une vie familiale saine pour les enfants les prépare à un comportement sain à l'âge adulte.

---

18. O'Haire, « Vivre dans la rue ».
19. Voir Saul McLeod, « Maslow's Hierarchy of Needs », *Simply Psychology*, 29 décembre 2020.
20. « Children without Appropriate Parental Care », Child Rights Connect, 20 mars 2019.

comportement positifs, d'observer des façons de prendre des décisions sages et d'imiter un modèle adulte approprié. Un foyer fait également prendre conscience aux enfants qu'ils sont des individus ; cette prise de conscience est essentielle pour la santé mentale et l'appartenance sociale. C'est pourquoi, pour aborder concrètement la question des enfants « devant la porte », il convient de soutenir et de renforcer l'unité familiale[21]. Ce processus peut inclure l'éducation à la vie familiale, l'accent mis sur une bonne alimentation, la création de centres de soins et l'aide aux familles pour parvenir à l'autonomie financière.

Cet article souligne également le rôle des institutions qui prennent en charge des enfants sans famille ni foyer. Le placement en institution peut constituer une alternative lorsqu'un enfant n'a pas de parents ni de parenté, et qu'il n'y a pas de famille d'accueil ou de foyers adoptifs. La prise en charge institutionnelle ou résidentielle conçue selon le modèle d'une structure familiale peut donner naissance à une dynamique relationnelle semblable à celle de la vie familiale naturelle[22]. L'une des craintes du placement en institution est que les enfants qui séjournent et grandissent longtemps dans une institution risquent de subir des dommages physiques, émotionnels et sociaux[23]. Cette affirmation est étayée par « les résultats des recherches sur l'impact des soins en institution sur le développement cognitif[24] ». Lorsque les jeunes enfants ne bénéficient pas d'une prise en charge parentale régulière ou d'une prise en charge par un adulte fiable, ils courent un risque plus élevé de développer des troubles de l'attachement et de connaître des retards de développement. La Convention des Nations Unies relative aux droits de l'enfant (CNUDE) reconnaît le rôle des parents et soutient la nécessité d'un environnement familial pour le développement de l'enfant (articles 5-9, 16, 18, 24, 27-29). Les articles 20 à 21 stipulent que les enfants ne doivent pas être sans domicile fixe de manière prolongée et qu'ils ont droit à une protection et à une aide[25].

---

21. « Strengthening Family Care », Better Care Network, 2019.
22. « Transitioning to family care for children », World Without Orphans.
23. UNICEF, « Children in alternative care. Growing up in an institution puts children at risk of physical, emotional and social harm », 4 juin 2021.
24. Rebecca Johnson, Kevin Browne et Catherine Hamilton-Giachritsis, « Young Children in Institutional Care at Risk of Harm », Research Gate.net, février 2006.
25. « Convention relative aux droits de l'enfant », Haut-Commissaire des Nations Unies aux droits de l'homme, entrée en vigueur le 2 septembre 1990, https://www.ohchr.org/fr/instruments-mechanisms/instruments/convention-rights-child.

Conclusion

Même si les tendances culturelles et sociopolitiques redéfinissent l'unité familiale, une famille de soutien, qu'elle soit parente, d'accueil ou adoptive est essentielle au développement holistique de l'enfant et à son bien-être. Nous avons utilisé l'idiome contextuel chinois « les enfants devant la porte » pour réfléchir aux enfants en situation de risque. Les enfants devant la porte incluent les orphelins, les mineurs déplacés, les enfants réfugiés voyageant seuls, les enfants des rues sans foyer et les enfants abandonnés. Bien que cet idiome soit spécifique au contexte et à la culture, le phénomène est mondial. La discussion met en évidence des situations similaires d'enfants dans différentes parties du monde qui sont laissés « devant la porte » et sont désignés par des termes différents. Indépendamment du contexte et de la culture, tous les enfants laissés à la porte présentent des caractéristiques physiques et socioémotionnelles similaires et sont confrontés à des défis environnementaux presque similaires.

Les mouvements de défense des droits de l'homme et les organisations confessionnelles ont beaucoup fait pour défendre la cause de ces enfants. Les enfants sans abri ou abandonnés ont été placés dans des familles parentes, des familles d'accueil ou des familles adoptives. Ces familles bénéficient d'accompagnement et de conseils et apprennent à entreprendre pour faire face à leurs contraintes financières. Par conséquent, l'idée de placer les orphelins, les sans-abri ou les enfants abandonnés dans des familles est une possibilité tout à fait réaliste. Cette approche peut être une réponse aux soins institutionnels défavorables à long terme. D'autres chapitres de ce livre présentent des idées créatives sur la manière dont nous pouvons nous occuper de ces enfants. À cette fin, nous plaidons pour que les enfants « devant la porte » soient amenés à l'intérieur et fassent partie de la famille.

Bibliographie

Bunge Marcia J., « The Vocation of Parenting. A Biblically and Theologically Informed Perspective », dans *Understanding God's Heart for Children. Toward a Biblical Framework*, sous dir. Douglas McConnell, Jennifer Orona et Paul Stockley, Colorado Springs, Londres, Authentic, publié en partenariat avec World Vision, 2007, p. 53-65.

« Children's Statistics. UN Data on the Plight of Children », SOS Children's Villages, s. d., https://www.sos-usa.org/our-impact/focus-areas/advocacy-movement-building/childrens-statistics, https://www.childrightsconnect.org/working_groups/children-without-parental-care/.

« Convention relative aux droits de l'enfant », Haut-Commissaire des Nations Unies aux droits de l'homme, 2 septembre 1990, https://www.ohchr.org/fr/instruments-mechanisms/instruments/convention-rights-child.

« Children without Appropriate Parental Care », Child Rights Connect, 20 mars 2019, https://www.childrightsconnect.org/working_groups/children-without-parentalcare/.

« Egypt's street children face poverty, pandemic », *The Arab Weekly*, 15 juillet 2020, https://thearabweekly.com/egypts-street-children-face-poverty-pandemic.

« Global Homelessness Statistics », Homeless World Cup Foundation, 2020, https://homelessworldcup.org/ homelessness-statistics/.

HARABECH Hager, « Egypt Homeless, Street Children Hit Hard By Pandemic Scourge », *Barron's*, 22 juillet 2020, https://www.barrons.com/news/egypt-homeless-street-children-hit-hard-by-pandemic-scourge-01595417408.

« Impact de la pandémie COVID-19 sur la traite des personnes. Résultats préliminaires et messages basés sur un bilan rapide », Office des Nations Unies contre la drogue et le crime, s. d.,https://www.unodc.org/documents/Advocacy-Section/HTMSS_Thematic_Brief_on_COVID19_-_FR.pdf.

« The Importance of Family Acceptance », Families for Life, s. d., https://familiesforlife.sg/discover-an-article/Pages/The-Importance-of-Family-Acceptance.aspx.

JOHNSON Rebecca, BROWNE Kevin, HAMILTON-GIACHRITSIS Catherine, « Young Children in Institutional Care at Risk of Harm », Research Gate.net, février 2006, https://www.researchgate.net/publication/ 7436610_Young_Children_ in_Institutional_Care_at_Risk_of_Harm.

KALRA Shreya, « Why India's adoption rate is abysmal despite its 30 million abandoned kids », *Business Standard*, 30 octobre 2018, https://www.business-standard.com/article/current-affairs/why-india-s-adoption-rate-is-abysmal-despite-its-30-million-abandoned-kids-118103000218_1.html.

MCCONNELL Douglas, ORONA Jennifer, STOCKLEY Paul, sous dir., *Understanding God's Heart for Children. Toward a Biblical Framework*, Colorado Springs, Authentic, 2007.

MCLEOD Saul, « Maslow's Hierarchy of Needs », *Simply Psychology*, 29 décembre 2020, https://www.simplypsychology.org/maslow.html.

MERIBOLE Joshua, « The State of Homelessness in the Philippines », The Borgen Project, 2 juillet 2020, https://borgenproject.org/homelessness-in-the-Philippines/# :~ :text=Homeless%20children%20are%20among%20the,parents%2C%20poverty%20or%20sexual%20exploitation.

Mooney Ann, Oliver Chris, Smith Marjorie, « Impact of Family Breakdown on the Children's Wellbeing », Institute of Education, London University, juin 2019, https://dera.ioe.ac.uk/11165/1/DCSF-RR113.pdf.

O'Haire Hilary, « Living on the Streets. The Street Children of Brazil », *Inquiries* 3, n° 4, 2011, http ://www.inquiriesjournal.com/articles/506/living-on-the-streets-the-street-children-of-brazil.

Pandey Geeta, « Coronavirus. The children struggling to survive India's lockdown », *BBC News Delhi*, 11 avril 2020, https://www.bbc.com/news/world-asia-india-52210888.

« #StoriesfromtheField – How Our Intervention Helped Biswanath and His Family During Lockdown », Railway Children, septembre 2020, https://railwaychildren.org.in/blog/2020/09/.

« Strengthening Family Care », Better Care Network, 2019, https://bettercarenetwork.org/library/strengthening-family-care/strengthening-family-care.

« Transitioning to family care for children », World Without Orphans, https://worldwithoutorphans.org/resources/resource/transitioning-to-family-care.

« L'ONUDC aide le Sénégal à ramener les enfants des rues dans leur foyer pendant la pandémie de COVID-19 », Office des Nations Unies contre la drogue et le crimes, juin 2020, https://www.unodc.org/unodc/fr/frontpage/2020/June/unodc-and-partners-support-senegal-to-get-street-children-home-during-the-covid-19-pandemic.html.

UNICEF, « Children in alternative care. Growing up in an institution puts children at risk of physical, emotional and social harm », 4 juin 2021, https://www.unicef.org/protection/children-in-alternative-care.

Washington Jessica, « For Indonesia's street children, coronavirus means more danger », *Al Jazeera*, 24 juillet 2020, https://www.aljazeera.com/news/2020/07/24/for-indonesias-street-children-coronavirus-means-more-danger/.

Woodhead Martin, Brooker Liz, « A sense of belonging », Early Childhood Matters, novembre 2008, p. 3-6, https://earlychildhoodmatters.online/wp-content/uploads/2019/06/ECM111-2008_Enhancing_a_sense_of_belonging_in_the_early_years.pdf.

Réponse biblique et théologique
Proche parent rédempteur : accueillir les enfants qui sont « devant la porte »

Nativity A. Petallar – Philippine

Introduction

Lorsque ma fille avait environ trois ans, elle a assisté à la naissance d'un précieux bébé nommé Sam. Elle m'a demandé : « Maman, est-ce que Nanay[26] Minnie a mangé bébé Sam ? »

« Pourquoi poses-tu cette question ? »

Elle m'a répondu : « Pourquoi bébé Sam était-il dans son ventre ? » L'émerveillement que suscite la naissance d'un enfant n'est pas seulement l'apanage de ma fille. De nombreux adultes sont également touchés par un profond sentiment d'émerveillement à la naissance d'un enfant. Sam a maintenant neuf ans, elle est en sécurité et sa famille s'occupe d'elle. Elle développe le potentiel que Dieu a mis en elle d'une manière magnifique. Tel est le cœur de Dieu pour tous les enfants. Tous les enfants ne grandissent pas comme Sam. Des millions d'enfants vulnérables à travers le monde souffrent des conséquences d'être « devant la porte », négligés et sans soins.

Dans sa première publication, le livre *Understanding God's Heart for Children* a exposé la réflexion biblique sur la vocation des parents dans l'éducation des enfants au sein de la famille. Bunge souligne que l'éducation biblique est une tâche sacrée[27]. Ce chapitre fait suite logique au précédent et élargit la discussion pour mettre en lumière les perspectives bibliques et théologiques des enfants placés dans des familles. Cette réponse inclut une théologie contextuelle philippine sur

---

26. « Nanay » est un terme philippin qui désigne la mère, en plus de « Mama ». Les enfants philippins appellent d'autres mères « Nanay », surtout s'ils se sentent très proches de cette personne.
27. Marcia Bunge, « The Vocation of Parenting. A Biblically and Theologically Informed Perspective », dans Douglas McConnell, Jennifer Orona, et Paul Stockley, sous dir., *Understanding God's Heart for Children. Toward a Biblical Framework*, Colorado Springs, Authentic, 2007, p. 53.

la compréhension des enfants et certaines implications pour les enfants qui vivent dehors. Le lecteur est invité à scruter de près le monde des enfants qui n'ont pas de famille de soutien et à ressentir la tendresse de Dieu pour ces êtres précieux.

Perspective biblique et théologique du placement d'enfants dans des familles

La naissance d'un enfant dans une famille est un don de grâce[28]. Dieu a institué la famille pour qu'elle soit son instrument de grâce. Bartel et Grabowski font remarquer :

> La Bible est remplie d'histoires de familles, de naissances, d'histoires d'amour et de crises familiales. C'est vrai dès la première page, avec l'apparition de la famille d'Adam et Ève, et tout ce qu'elle comporte de fardeaux de violence, mais aussi sa force pérenne (cf. Genèse 4), jusqu'à la dernière page, où nous voyons les noces de l'Épouse et de l'Agneau (Ap 21.2, 9)[29].

Chaque enfant qui vient au monde, quelles que soient les circonstances, est un don du Créateur. Comme le dit simplement Olson, « ils sont une bénédiction parce que le Seigneur dit qu'ils le sont[30] ». « Ce "projet biblique pour le foyer" est un plan divin pour la vie familiale tiré des pages de l'Écriture[31]. »

Dans la section « Problème critique mondial » de ce chapitre, Rosalind Tan indique que dans l'ensemble du Sud, de nombreux enfants sont déplacés, abandonnés à leur sort par des systèmes qui vont à l'encontre de leur bien-être.

---

28. Clyde A. Holbrook, *The Ethics of Jonathan Edwards. Morality and Aesthetics*, Ann Arbor, University of Michigan Press, 1973, p. 3. John Wesley définit les « moyens de grâce » comme « des signes extérieurs, des paroles ou des actions, ordonnés par Dieu et désignés à cette fin, pour être les canaux ordinaires par lesquels il peut transmettre aux hommes la grâce préventive, justifiante ou sanctifiante ». John Wesley, *The Sermons of John Wesley. Sermon 16*, sous dir. Darin Million, Wesley Center Online, 1999. S'il est vrai que les personnes qui ne croient pas en Dieu peuvent ne pas percevoir le don d'un enfant comme la démonstration de sa fidélité, leur point de vue ne change pas le fait qu'un enfant est l'un des canaux par lesquels Dieu manifeste sa faveur au monde. Cette situation constitue un défi pour les chrétiens partout dans le monde de répandre la bonne nouvelle du salut afin que d'autres soient amenés à la connaissance de la grâce du Seigneur Jésus-Christ (2 P 3.18).

29. Sarah Smith Bartel et John S. Grabowski, *A Catechism for Family Life. Insights from Church Teaching on Love, Marriage, Sex, and Parenting*, Washington, D. C., Catholic University of America Press, 2018, p. 238.

30. Citation de Dan Olson dans Emily Hunter McGowin, *Quivering Families. The Quiverfull Movement and Evangelical Theology of the Family*, Minneapolis, Minn., Fortress Press, 2018, p. 129.

31. McGowin, *Quivering Families*, p. 171.

Malgré les efforts des Nations Unies, les enfants sont toujours laissés « devant la porte ».

Marjorie J. Thompson fait observer ceci : « Il est pratiquement impossible de surestimer l'importance de la famille pour le développement global de l'enfant. Les fondements de base du caractère et le développement de la personnalité qui s'opèrent au sein du foyer couvrent tous les aspects essentiels : physiques, émotionnels et spirituels[32]. » Deutéronome 6.4-8 (NBS) fournit aux parents les lignes directrices de la manière d'élever et de conduire leurs enfants vers une vie de piété. Le chapitre 6 présente un paradigme holistique de l'éducation des enfants impliquant les facultés sensorielles. En voici quelques extraits : « Tu inculqueras [ces paroles] à tes fils et tu en parleras quand tu seras chez toi » (v. 7) ; « Tu les attacheras comme un signe sur ta main, et elles seront un fronteau entre tes yeux » (v. 8) ; « Tu en parleras quand tu seras chez toi et quand tu seras en chemin, quand tu te coucheras et quand tu te lèveras » (v. 7). Cette méthode consiste à éduquer l'enfant dans sa globalité. C'est le projet d'amour de Dieu pour les enfants. C'est le projet divin de se servir des relations quotidiennes entre parents et enfants pour offrir aux enfants des expériences qui les préparent à s'ouvrir à un la foi chrétienne[33]. Deutéronome 6 s'appuie sur les relations quotidiennes des membres de la famille pour susciter l'obéissance à la volonté de Dieu. Polycarpe, un martyr chrétien du premier siècle qui était considéré comme un disciple de Jean, a écrit : « Aidez vos femmes à garder la foi qu'elles ont reçue [...] qu'elles élèvent leurs enfants dans la crainte de Dieu[34]. » Par ailleurs, John Wesley considérait les enfants comme des « esprits immortels que, pour un temps, Dieu a confiés à vos soins, afin que vous les éduquiez en toute sainteté et les prépariez à jouir de Dieu dans l'éternité[35] ». Ces déclarations

---

32. Marjorie J. Thompson, *Family, the Forming Center*, éd. Révisée, Nashville, Tenn., Upper Room Books, 1996, p. 20.
33. David Seamands, *Healing Grace. Let God Free You from the Performance Trap*, Wheaton, Ill., Victor, 1988, p. 46. Ted Ward déclare que dans l'Ancien Testament, les parents étaient responsables de la croissance spirituelle et morale de leurs enfants. C'est par l'expérience familiale que les enfants apprennent un grand nombre des valeurs les plus importantes ; la famille est un puissant façonneur de valeurs. Voir Ted Ward, *Values Begin at Home*, Wheaton, Ill., Victor Books, 1984, p. 19.
34. « Lettre de Polycarpe aux Philippiens, 4.2 », dans *Les Pères apostoliques*, trad. de France Quéré, Paris, Éditions du Seuil, 1980, p. 227.
35. John Wesley, « Sermon 94. "On Family Religion" », dans *The Works of John Wesley*, 1872. Afin de fournir aux familles les outils nécessaires à l'éducation religieuse au sein du foyer, Wesley a publié en 1746 les *Lessons for Children* (Leçons pour les enfants), un programme comprenant deux cents leçons sur l'Ancien Testament. L'introduction des *Lessons for Children* comprenait un « petit catéchisme pour les enfants », comprenant douze leçons sur Dieu, la création et la chute de l'humanité, la rédemption, les moyens de grâce, l'enfer et le ciel. Voir Colleen R. Derr, « John Wesley and the Faith Formation of Children. Lessons

impliquent également un enseignement sur l'attitude à adopter à l'égard des enfants, notamment les garder dans les familles et ne pas les abandonner.

Jésus-Christ a été placé dans une famille

Jésus a été placé dans une famille particulière et a suivi le processus de développement humain, comme n'importe quel autre enfant en Israël à l'époque. Luc écrit : « Jésus progressait en sagesse, en stature et en grâce auprès de Dieu et des humains » (Lc 2.52, NBS). Joseph et Marie ont eu d'autres enfants (Mt 13.55 ; Mc 6.3 ; Jn 7.3 ; 1 Co 9.5), et ces individus constituaient la famille humaine de Jésus. D'une manière particulière, c'est dans cette famille humaine que se sont opérées la croissance et le développement de notre Seigneur. Marie et Joseph ont participé au déroulement du plan de Dieu pour le salut du monde. Ils ont protégé l'enfant lorsqu'il était en danger – en allant jusqu'au bout pour lui. Jésus n'a pas été laissé « devant la porte ». Joseph et Marie ont montré comment les parents doivent faire tout leur possible, avec l'aide de Dieu, pour assurer la sécurité et l'épanouissement des enfants. Dans la providence de Dieu, ils ont su créer un environnement où Jésus a grandi, remplissant ainsi la mission que Dieu leur avait confiée sur terre.

Dieu place les enfants dans des familles dans un but précis

Dieu a placé les enfants dans des foyers pour qu'ils aient l'espace, la formation, la discipline, l'éducation et les relations dont ils ont besoin pour s'épanouir. Dieu demande aux parents de garantir cet espace à chaque enfant (Dt 11.19 ; Ps 78.4 ; Pr 22.6 ; Ép 6.1-4 ; Col 3.21 ; 1 Tm 5.4, 8 ; Hé 12.7). Dieu place les enfants dans des foyers pour qu'ils soient nourris spirituellement. Le développement de la foi ne se fait pas du jour au lendemain. Dans la famille, la foi est d'abord ressentie, elle naît et elle est nourrie[36]. Lorsque ma fille avait environ trois ou quatre ans, elle a vu un immense panneau d'affichage représentant un homme et un gros poisson. Elle m'a dit : « Regarde, maman, Noé et le gros poisson ! » Voici un autre exemple : lorsque mon fils a eu six ans, il m'a montré avec fierté quelque chose qu'il avait compris de la leçon sur la multiplication des pains pour les 5 000 personnes (Lc 9.10-17). Il m'a dit : « Maman, regarde mon dessin. Dieu a fait des poissons et des pains à mains nues. » Mes enfants « connaissaient » leurs histoires bibliques,

---

for the Church », thèse de doctorat en sciences de l'éducation, Regent University, 2013, p. 115.
36. Richards, *Theology of Children's Ministry*, p. 180.

mais leurs jeunes esprits n'étaient pas en mesure d'assimiler les faits, et encore moins d'intérioriser ces récits dans leur propre système de croyances. Ils ont besoin d'un adulte pour les guider. Westerhoff soutient que la foi se développe par le biais de rituels, d'expériences et d'actions de leur environnement[37]. Les enfants s'épanouissent spirituellement lorsqu'ils sont exposés à ce type de stimuli et qu'ils ont la possibilité d'y participer. Dans l'Ancien Testament, les enfants participaient aux fêtes annuelles et aux autres célébrations religieuses de toute la communauté. Les groupes « de taille familiale » qui se réunissaient à l'époque du Nouveau Testament sont des exemples d'événements communautaires au cours desquels les enfants pouvaient observer et apprendre. Ces rassemblements communautaires et familiaux offrent des possibilités intergénérationnelles d'apprentissage, de communion et de culte.

Dieu place les enfants dans des familles pour qu'ils bénéficient d'une communion. Dans l'Ancien Testament, il est écrit au Psaume 133.1 : « Qu'il est bon, qu'il est beau pour des frères d'habiter ensemble ! » (NBS). L'auteur de ce psaume appelle *frères* les membres des tribus d'Israël puisque les leaders dont ils portaient le nom étaient tous issus du même père[38]. Dans le Nouveau Testament, Paul avertit les croyants : « Si quelqu'un n'a pas soin des siens, surtout de ceux de sa maison, il a renié la foi et est pire qu'un non-croyant » (1 Tm 5.8, NBS). Chaque être humain a été créé pour être en relation avec les autres et pour être épanoui. Le besoin de dialogue et d'ouverture avec une autre personne trouve sa satisfaction au sein de la famille – un lieu où chaque individu s'épanouit avec toute son individualité et son caractère unique[39]. Le respect est un ingrédient clé de cette fraternité.

Théologie contextuelle philippine et placement des enfants dans des familles

Pour les Philippins, la famille se définit comme un tissage de liens sacrés créés par Dieu, et les enfants sont des *biyaya ng Diyos* (bénédictions de Dieu). Comme

---

37. John H. Westerhoff, *Will Our Children Have Faith?*, éd. révisée, Harrisburg, Penns., Morehouse, 2000, p. 53-65. Ailleurs, il déclare : « Où que l'on regarde dans notre héritage judéo-chrétien, ce sont les parents qui ont la responsabilité première d'élever leurs enfants dans la foi. » John H. Westerhoff, *Bringing Up Children in the Christian Faith*, Minneapolis, Minn., Winston, 1980, p. 7.
38. Theodore de Cyrus, *The Fathers of the Church. Theodore of Cyrus, Commentary on the Psalms, 73-150*, The Catholic University of America Press, 2010, p. 311.
39. Józef Stala et Jadranka Gamaz, « The Family Communio Personarum and Upbringing », *The Person and the Challenges* 8, n° 1, 2018, p. 51.

pour beaucoup d'Asiatiques et d'Africains, le concept philippin de la famille ne se résume pas à la mère, au père et aux enfants, mais les liens s'étendent aux premiers, deuxièmes, troisièmes et même quatrièmes cousins, aux tantes et aux parents éloignés, au point que même le voisin d'à côté peut être considéré comme un *ka-pamilya* (membre de la famille). Les relations philippines sont familiales[40]. Les enfants peuvent vivre dans la maison de leurs parents pour toujours et vice versa, bien que cela ne se fasse pas sans poser de problèmes. Des recherches menées sur la façon dont les Philippins perçoivent leur foyer ont révélé qu'un foyer n'est pas seulement un endroit où l'on vit (*nakatira*), mais un endroit où l'on revient (*uwian*)[41]. L'une des personnes interrogées dans le cadre de cette enquête a indiqué que bien plus que de bons souvenirs, un *tirahan* (maison) est un abri ; un *uwian* procure la sécurité, « un sentiment de pouvoir rester, de pouvoir rentrer à la maison, de séjourner à la maison, tous les jours », « un endroit où l'on peut trouver du réconfort, mais aussi quelqu'un qui vous écoute, qui vous offre une épaule pour pleurer, ou qui saute de joie avec vous lorsque vous ramenez de bonnes nouvelles à la maison[42]. »

Pour de nombreux chrétiens philippins, la famille est un sacrement[43]. Dieu se sert de symboles et de réalités tangibles qui nous permettent de le connaître, de sentir sa présence et de le voir agir activement en nous et en notre faveur[44]. On peut faire l'expérience de ces symboles et de ces réalités à l'intérieur du foyer. Une famille philippine traditionnelle possède un « autel » dans la maison où les enfants participent aux prières quotidiennes. « La famille chrétienne est une communion de personnes, un signe et une image de la communion du Père, du Fils et du Saint-Esprit[45]. » L'appartenance à une famille est un moyen de grâce et une image de l'unité du Dieu trinitaire. Être un canal de la bonté et de la mission de Dieu dans le monde est un sacrement. Jose de Mesa explique que la famille chrétienne n'est pas simplement une unité fonctionnelle qui contribue à

---

40. F. Landa Jocano, *Filipino Social Organization. Traditional Kinship and Family Organization Anthropology of the Filipino People III*, Metro Manila, PUNLAD Research House, 1998, p. 62.
41. Michael L. Tan, « Coming Home, Going Home », *Sunday Inquirer Magazine*, 23 novembre 2008, p. 5.
42. *Ibid.*
43. La Commission épiscopale des Philippines définit le sacrement comme un « événement transformatif qui rend présente la réalité spirituelle qu'il exprime ». Commission épiscopale pour la catéchèse et l'éducation, *Catechism for Filipino Catholics*, CBCP, 1er juillet 1997, 1521 ; cité dans Maria Victoria G. Bernabe et Jennie Vee F. Pesa, « The Filipino Family, Sacramental Presence of God Today », p. 22.
44. Bernabe et Pesa, « The Filipino Family », p. 22.
45. Catéchisme de l'Église catholique, 2205, https://www.vatican.va/archive/compendium_ccc/documents/archive_2005_compendium-ccc_fr.html.

> L'appartenance à une famille est un moyen de grâce et une image de l'unité du Dieu trinitaire.

l'édification des communautés ecclésiales de base (CEB), car elle est plus fondamentale que les CEB et constitue le cadre fondateur de la mission[46]. La famille peut être un instrument qui sert la mission de Dieu dans le monde. La théologie de la famille philippine est ancrée dans les caractéristiques des Philippins : *maka-Diyos* (pour Dieu ou en faveur de Dieu), *maka-tao* (pour le peuple ou en faveur du peuple) et *maka-pamilya* (pour la famille ou en faveur de la famille)[47]. Les enfants sont censés prendre soin de leurs parents lorsque ceux-ci prennent de l'âge. Cette attente est ancrée dans la psyché philippine. L'accomplissement de ce devoir au sein de la famille reflète le sentiment d'être *maka-Diyos*.

La théologie philippine et les enfants « devant la porte »

Les Philippines sont toujours considérées comme le pays le plus chrétien d'Asie et le cinquième pays chrétien du monde[48]. Mais, bien que « chrétien », ce pays est en proie à d'innombrables problèmes sociaux liés à l'exploitation sexuelle des enfants en ligne, aux abus sexuels sur les enfants, à la traite des enfants, au VIH et au SIDA, et à d'autres problèmes[49]. La théologie philippine de la famille en tant que sacrement et représentation du Dieu trinitaire et des enfants en tant que bénédiction de Dieu disparaît au fur et à mesure que les crimes contre les enfants se multiplient. Où est la valeur de la *malasakit* (préoccupation/compassion) alors qu'il y a entre deux cent cinquante mille et un million d'enfants qui traînent dans

---

46. Jose de Mesa, « Re-Rooting Mission in the Family », *Mission Studies 19*, n° 1, 2002, p. 149 ; cité dans Levy Lanaria, « The Filipino Family – Lights and Shadows Challenges to the Domestic Church », *Asian Horizons 7*, n° 2, juin 2013, p. 237-260, 328. De Mesa est un théologien laïc philippin respecté.

47. Selon le décret du ministère de l'Éducation n° 8, article 2015, page 20, IV, être *mak-Diyos* et *maka-tao* sont des valeurs fondamentales que l'enfant philippin doit apprendre. *Maka-Diyos* signifie être pieux ou religieux ou exprimer ses croyances spirituelles. *Maka-tao* signifie être sensible aux différences individuelles, sociales et culturelles. Voir Mark Anthony Llego, « DepEd Core Values Indicators. Concrete Manifestation », Teacherph, https://www.teacherph.com/deped-core-values-indicators-concrete-manifestation/.

48. Lawrence de Guzman, « Philippines Still Top Christian Country in Asia, 5th in World », *Philipine Daily Inquirer*, 21 décembre 2011.

49. University of the Philippines Manila, The University of Edinburgh, Child Protection Network Foundation and UNICEF Philippines, *A Systematic Review of the Drivers of Violence Affecting Children in the Philippines*, Manille, UNICEF Philippines, 2016, p. 2.

les rues (*batang kalye*) aux Philippines[50] ? Rosalind Tan écrit dans la section « Problème critique mondial » de ce chapitre à propos des « "enfants rugbymen" […] [qui] sniffent de la colle de rugby pour calmer leur faim et leur douleur physique[51] ».

Les enfants ayant des besoins particuliers constituent un autre défi pour les familles philippines. De nombreuses familles les cachent pour différentes raisons. Certaines familles ne savent que faire d'un enfant handicapé, et le cacher est leur premier recours. D'autres ont honte de montrer leur enfant « handicapé ». La stigmatisation est toujours présente, même si le gouvernement, l'UNICEF et les ONG tentent de convaincre le public que le handicap physique ou mental n'est pas une malédiction ou une punition, mais plutôt une opportunité pour la famille de vivre l'expérience des différentes « aptitudes » d'un enfant en particulier[52]. Ces enfants sont confrontés aux dures réalités de la vie.

Comment répondre à ce défi ? Le Conseil plénier des Philippines met en garde contre « l'unité familiale fondée uniquement sur les liens de la chair et du sang » et, par conséquent, contre « l'insensibilité devant les exigences plus grandes du bien commun[53] ». Notre attitude doit être celle de l'amour de Dieu et de l'amour du prochain (Mc 12.30-31). L'appel lancé aux familles philippines est de découvrir la « vision de la nouvelle famille » et de mettre de côté les « caractéristiques relationnelles biaisées de la famille indigène[54] ». Nolan lance un défi à tous les Philippins : le « provincialisme familial » doit être remplacé par une solidarité inclusive qui accueille tout le monde en tant que frères et sœurs[55]. Un certain nombre d'individus répondent à cet appel. Dans de nombreuses régions du pays, des organisations

> L'appel lancé aux familles philippines est de découvrir la « vision de la nouvelle famille ».

---

50. Agence française de développement, « Un vent d'espoir pour les enfants des rues aux Philippines », 6 novembre 2018, https://www.afd.fr/fr/actualites/un-vent-despoir-pour-les-enfants-des-rues-aux-philippines ; voir aussi « Street Children at Risk », http://www.hope.org.ph/street-children-at-risk.html.
51. Voir page 44 du présent ouvrage.
52. Don Jaucian, « Breaking the Stigma on Filipino Children with Disabilities », CNN Philippines Life, 3 mars 2017.
53. Plenary Council of the Philippines, p. 582 ; cité dans Bernabe et Pesa, « The Filipino Family », p. 22.
54. Albert Nolan, *Jesus Before Christianity*, Quezon City, Claretian, 1999, p. 143-152, 163-171 ; cité dans Lanaria, « The Filipino Family », p. 259.
55. *Ibid.*, p. 73.

gouvernementales, non gouvernementales et confessionnelles travaillent main dans la main pour s'occuper des enfants des rues, des orphelins, des victimes et des survivants de la traite des enfants et de l'exploitation sexuelle en ligne, ainsi que des enfants non désirés[56]. Les besoins sont importants et ces organisations ne peuvent pas tout faire. Mais il y a de l'espoir.

Le plan de Dieu pour la rédemption des enfants « devant la porte » : implications pour la prise en charge des enfants à risque

Le péché détruit les relations familiales. L'Ancien Testament témoigne des effets pervers résultant de l'éclatement des familles par la polygamie (Gn 16.1-16 ; 17.18-26), le favoritisme et la jalousie (Gn 37.3-4, 18-27), la haine (Gn 4.3-5, 8), la tromperie (Gn 37.31-35), la convoitise et la vengeance (Gn 34.1-31), la rébellion, etc. Aujourd'hui, le péché continue de briser les relations. Aux Philippines, de nombreux parents vendent leurs propres enfants à des prédateurs sexuels en ligne[57]. La Chine compte des millions d'enfants « flottant » ou migrants[58]. La Syrie compte des milliers de réfugiés et, dans le monde entier, des millions d'enfants souffrent en silence. De nombreux gouvernements dans le monde sont corrompus et leurs systèmes de justice sont lents et presque immobiles face aux systèmes multiformes de criminalité, de syndicats, etc. Dans le monde entier, d'innombrables enfants sont « devant la porte », privés d'accès à la santé, d'éducation spirituelle et de vie familiale. Est-ce là la tendresse de Dieu pour les enfants ? Non ! Mille fois non !

Dieu a un plan pour racheter les enfants qui se trouvent « devant la porte ». Les pages de l'Écriture résonnent de l'amour de Dieu pour les plus vulnérables. En réfléchissant au contenu des Écritures, Martin écrit : « Dieu se préoccupe particulièrement de ceux dont le statut social et économique les rend les plus vulnérables sur le plan humain. *Yahweh* est reconnu comme le protecteur spécial

---

56. Un certain nombre d'organisations travaillent pour et avec les enfants. Parmi les réseaux concernés, mentionnons le Child Rights Network (https://childrightsnetwork.ph/who-we-are/), le Philippine Children's Ministries Network (https://www.thepcmn.org/), Catholic World Missions (https://catholicworldmission.org/help-the-children/) et All God's Children (https://allgodschildren.org/intervening-for-orphans/where-we-work/philippines/). Le ministère de l'aide sociale et du développement (DSWD, https://www.dswd.gov.ph/) collabore avec les ONG pour alléger les souffrances des enfants à risque.
57. Russell Goldman, « Parents who Pimp their Children », *ABC News*, 8 octobre 2007.
58. « National Survey Report on the Situation of Left-Behind Children and Migrant Children in China », All-China Women's Federation, 2013, https://unesdoc.unesco.org/ark:/48223/pf0000266050.

de ces nécessiteux que sont les orphelins et les veuves, et une bénédiction spéciale est promise à ceux qui les protègent[59]. »

Niebuhr souligne le fait que l'amour chrétien approprié « répond aux besoins de l'autre sans se préoccuper de soi-même », réaffirmant que l'amour agapè est « le niveau d'existence humaine le plus élevé possible[60] ». Dans son anthropologie théologique, Karl Rahner affirme que l'amour de Dieu ne peut jamais être séparé de l'amour du prochain[61]. Le jugement de Dieu qui frappe ceux qui n'observent pas ses commandements à l'égard des personnes qui ont besoin de protection est très sévère : « Vous n'affligerez jamais la veuve ni l'orphelin. Si tu les afflige et qu'ils crient vers moi, j'entendrai leurs cris ; je me mettrai en colère, et je vous tuerai par l'épée » (Ex 22.21-23, NBS ; voir aussi Ml 4.6).

Le proche parent rédempteur : un modèle pour répondre aux enfants « devant la porte »

L'appel à tendre la main à ceux qui sont dans le besoin n'est pas réservé aux pasteurs ou aux spécialistes qui, en temps de crises, exercent leur ministère auprès des enfants, dans leur intérêt et avec eux. Cet appel concerne tout chrétien. L'auditoire de Moïse dans Deutéronome 6 comprenait l'ensemble de la communauté d'Israël, et pas seulement les anciens. Dans le public, il y avait également des étrangers qui avaient voyagé avec eux. Et l'injonction de Dieu d'enseigner s'adresse à tous. Dans l'histoire de Ruth, nous découvrons le concept du proche parent rédempteur (Rt 4.1-12). Booz a agi en tant que parent rédempteur de Ruth et les a sauvées, elle et Noémie, d'une vie de désespoir. La descendance de Booz verra naître le Messie comme Rédempteur de toute l'humanité. Le terme hébreu (*goel*) désigne un proche parent masculin qui délivre ou sauve (Gn 48.15-16 ; Ex 6.6), ou rachète la propriété (Lv 27.16-25) ou une personne (Lv 25.47-55)[62]. Le terme hébreu *goel* signifie aussi bien délivrer que

---

59. Ralph P. Martin, *James, Word Biblical Commentary*, Waco, Tex., Word Books, 1998, p. 52.
60. Reinhold Niebuhr, *The Nature and Destiny of Man. A Christian Interpretation*, Library of Theological Ethics, Louisville, Kent., Westminster John Knox, 1996, p. 295 ; voir aussi Kelly Conor, « The Anonymous Theology of Modern Family », *Journal of Religion and Popular Culture* 26, n° 3, automne 2014, p. 342.
61. Karl Rahner, « Reflections on the Unity of the Love of Neighbor and the Love of God », dans *Theological Investigations 6. Concerning Vatican Council II*, Baltimore, Mar., Helicon, 1969, p. 231-249.
62. Stephen J. Bramer, « Kinsman-Redeemer », dans *Baker's Exegetical Dictionary of Biblical Theology*, Grand Rapids, Mich., Baker Books, 1996.

racheter[63]. F. F. Bruce insiste : « À plusieurs reprises, Yahweh est appelé le *goel* de son peuple, son proche parent rédempteur ; [qui] apporte [...]. [la] délivrance à son peuple[64]. »

Christopher Hunt livre le commentaire suivant : « Dans la culture hébraïque, avant même que la loi mosaïque n'en codifie la pratique (Dt 25.5-10), il était entendu que si un homme mourait en laissant une veuve sans fils (pour être son héritier et subvenir aux besoins de sa mère), le parent masculin le plus proche de l'homme décédé (généralement un frère) devait épouser la veuve pour subvenir à ses besoins et engendrer un héritier pour son parent décédé[65]. » Bien que le concept de proche parent rédempteur implique principalement la propriété et la lignée familiale, on peut l'étendre à la communauté de foi pour inclure le sauvetage d'un enfant « devant la porte » et le placer dans un lieu sûr où il est traité comme un membre de la famille. Le plan initial de Dieu était que les enfants soient placés dans des familles. Mais le péché a anéanti ce superbe projet, et le monde se trouve dans un véritable chaos. Seul l'amour du Christ exprimé par les mains et les pieds des croyants peut racheter ces enfants pour les inclure dans la famille de Dieu.

> **Bien que le concept de proche parent rédempteur implique principalement la propriété et la lignée familiale, on peut l'étendre à la communauté de foi pour inclure le sauvetage d'un enfant « devant la porte » et le placer dans un lieu sûr où il est traité comme un membre de la famille.**

Résumé

Le plan original de Dieu était de placer les enfants dans des familles. Le fait d'être « à l'intérieur » de l'amour d'une famille est un moyen de grâce et ouvre idéalement des voies pour le développement holistique de l'enfant. La théologie contextuelle philippine de la famille en tant que confiance sacrée, sacrement et cadre de la mission de Dieu est un paradigme idéal de ce que signifie le placement des enfants dans une famille qui les soutient. Mais, comme nous l'avons vu dans

---

63. Arthur L. Breslich, « goel », *International Bible Encyclopedia*, 1915, https://www.biblestudytools.com/dictionary/goel/.
64. F. F. Bruce, « "Our God and Saviour". A Recurring Biblical Pattern », dans S. G. F. Brandon, sous dir., *The Saviour God. Comparatives Studies in the Concept of Salvation*, Manchester, Manchester University Press, 1963, p. 51-66.
65. Christopher Hunt, « Boaz. A Story of God's Providence and Redemption », Groundwork, 9 août 2018.

la section « Problème critique mondial » de ce chapitre, les enfants philippins et bien d'autres enfants dans les pays du Sud sont « devant la porte ». L'un des moyens pour la famille chrétienne d'intégrer ces enfants dans la famille de Dieu, c'est d'agir en tant que proche parent rédempteur, ou d'ouvrir sa porte en tant que « famille d'accueil ».

Bibliographie

Agence française de développement, « Un vent d'espoir pour les enfants des rues aux Philippines », 6 novembre 2018, https://www.afd.fr/fr/actualites/un-vent-despoir-pour-les-enfants-des-rues-aux-philippines.

All-China Women's Federation, « National Survey Report on the Situation of Left-Behind Children and Migrant Children in China », 2013, https://unesdoc.unesco.org/ark:/48223/pf0000266050.

BARTEL Sarah Smith, GRABOWSKI John S., *A Catechism for Family Life. Insights from Church Teaching on Love, Marriage, Sex, and Parenting*, Washington, D. C., Catholic University of America Press, 2018, https://muse.jhu.edu/book/61423/.

BERNABE Maria Victoria G., PESA Jennie Vee F., « The Filipino Family, Sacramental Presence of God Today », Ateneo de Manila University, disponible sur : https://fr.scribd.com/document/473257873/Fourth-Summer-Output-ARTICLE-2-Family-as-Sacrament-of-God-s-Presence.

BRAMER Stephen J., « *Kinsman-Redeemer. Baker's Exegetical Dictionary of Biblical Theology*, Grand Rapids, Mich., Baker Books, 1996, https://www.biblestudytools.com/dictionaries/bakers-evangelical-dictionary/kinsman-redeemer.html.

BRESLICH Arthur L., « goel », *International Bible Encyclopedia*, 1915, https://www.biblestudytools.com/dictionary/goel/.

BRUCE F. F., « "Our God and Saviour". A Recurring Biblical Pattern », dans *The Saviour God. Comparatives Studies in the Concept of Salvation*, sous dir. S. G. F. BRANDON, Manchester, Manchester University Press, 1963, p. 51-66.

Catéchisme de l'Église Catholique, 2205, https://www.vatican.va/archive/compendium_ccc/documents/archive_2005_compendium-ccc_fr.html.

CONOR Kelly, « The Anonymous Theology of Modern Family », *Journal of Religion and Popular Culture* 26, n° 3, automne 2014, p. 338-352.

GOLDMAN Russell, « Parents Who Pimp Their Children », *ABC News*, 8 octobre 2007, https://abcnews.go.com/US/story?id=3691604&page=1.

GUZMAN Lawrence (de), « Philippines Still Top Christian Country in Asia, 5th in World », *Philipine Daily Inquirer*, 21 décembre 2011, https://globalnation.inquirer.net/21233/philippines-still-top-christian-country-in-asia-5th-in-world#ixzz6aFSITBAn.

HOLBROOK Clyde A., *The Ethics of Jonathan Edwards. Morality and Aesthetics*, Ann Arbor, University of Michigan Press, 1973.

HUNT Christopher, « Boaz. A Story of God's Providence and Redemption », Groundwork, 9 août 2018, https://groundwork.reframemedia.com/blog/boaz-a-story-of-gods-providence-and-redemption.

JAUCIAN Don, « Breaking the Stigma on Filipino Children with Disabilities », *CNN Philippines Life*, 3 mars 2017, https://cnnphilippines.com/life/culture/2017/03/03/lotta-sylwander-interview-unicef.html.

MARTIN Ralph P., *James. Word Biblical Commentary*, Waco, Tex., Word Books, 1998.

MCCONNELL Douglas, ORONA Jennifer, STOCKLEY Paul, sous dir., *Understanding God's Heart for Children. Toward a Biblical Framework*, Colorado Springs, Authentic, 2007.

MCGOWIN Emily Hunter, *Quivering Families. The Quiverfull Movement and Evangelical Theology of the Family*, Minneapolis, Fortress, 2018.

MESA Jose (de), « Re-Rooting Mission in the Family », *Mission Studies* 19, n° 1, 2002, p. 139-149.

NIEBUHR Reinhold, *The Nature and Destiny of Man. A Christian Interpretation*, Louisville, Kent., Westminster John Knox, 1996.

NOLAN Albert, *Jesus Before Christianity*, Quezon City, Claretian, 1999.

O'MURCHU Diarmuid, *Christianity's Dangerous Memory. A Rediscovery of the Revolutionary Jesus*, Quezon City, Claretian, 2012.

POLYCARPE, « Lettres de Polycarpe aux Philippiens », dans *Les Pères apostoliques*, trad. de France Quéré, Paris, Éditions du Seuil, 1980, disponible en anglais sur : http://www.earlychristianwritings.com/text/polycarp-lightfoot.html.

RAHNER Karl, « Reflections on the Unity of the Love of Neighbor and the Love of God », dans *Theological Investigations 6. Concerning Vatical Council II*, Baltimore, Mar., Helicon, 1969, p. 231-249.

RICHARDS Lawrence, *A Theology of Children's Ministry*, Grand Rapids, Mich., Zondervan, 1983.

ROBINSON Bernadette, « The Welfare and Education of Left-Behind Children in Western China », dans *Educational Development in Western China*, sous dir. J. C. LEE, Z. YU, X. HUANG, E. H. LAW, Rotterdam, SensePublishers, 2016, p. 97-119, https://doi.org/10.1007/978-94-6300-232-5_5.

SEAMANDS David, *Healing Grace. Let God Free You from the Performance Trap*, Wheaton, IL, Victor Books, 1988.

STALA Józef, GAMAZ Jadranka, « The Family Communio Personarum and Upbringing », *The Person and the Challenges* 8, n° 1, 2018, p. 45-57, http://dx.doi.org/10.15633/pch.2424.

Tan Michael L., « Coming Home, Going Home », *Sunday Inquirer Magazine*, 23 novembre 2008, https://pdfcookie.com/download/the-filipino-family-lighs-and-shadows-challenges-to-the-domestic-church-eyv879kog1l1.

Theodore of Cyrus, *The Fathers of the Church. Theodore of Cyrus, Commentary on the Psalms, 73-150*, Washington, D. C., Catholic University of America Press, 2010.

Thompson Marjorie J., *Family, the Forming Center*, éd. révisée, Nashville, Upper Room Books, 1996.

University of the Philippines Manila, The University of Edinburgh, Child Protection Network Foundation and UNICEF Philippines, *A Systematic Review of the Drivers of Violence Affecting Children in the Philippines*, Manille, UNICEF Philippines, 2016.

Ward Ted, *Values Begin at Home*, Wheaton, Ill., Victor Books, 1984.

Wesley John, « Sermon 94. "On Family Religion" », dans *The Works of John Wesley*, 1872, WordsOfWesley.com.

Wesley John, *The Sermons of John Wesley. Sermon 16*, sous dir. Darin Million, Wesley Center Online, 1999, http://wesley.nnu.edu/john-wesley/the-sermons-of-john-wesley-1872-edition/sermon-16-the-means-of-grace/.

Westerhoff John H., *Bringing up Children in the Christian Faith*, Minneapolis, Winston, 1980.

Westerhoff John H., *Will Our Children Have Faith?* éd. révisée, Harrisburg, Penns., Morehouse, 2000.

Une ville sans orphelin
Étude d'un cas concret

Faith Kembabazi et Patrick Byekwaso – Ougandais

En 2017, deux sœurs âgées de deux et six ans ont été sauvées de la rue avec leur mère. Les enfants ont été pris en charge temporairement par un membre du réseau ougandais de Viva, le CRANE (Children at Risk Action Network). Les travailleurs du CRANE croient passionnément que les enfants font partie de familles sécurisantes et aimantes. Pendant que les enfants étaient pris en charge par le CRANE, leur mère, âgée de 21 ans, a été inscrite dans un centre d'accueil et de crise, et a bénéficié d'un accompagnement, assuré par un autre membre du CRANE. Une troisième organisation lui a délivré une formation professionnelle. On lui a proposé de quoi créer une entreprise, mais elle n'a pas pu l'accepter, car sa vie était chaotique. Elle est retournée dans la rue pour travailler dans l'industrie du sexe. Les responsables du CRANE ont jugé qu'il était trop risqué de lui confier à nouveau les enfants.

Après six mois d'efforts pour trouver un parent proche, les efforts se sont orientés vers la recherche d'une famille d'accueil. Un couple recruté dans l'une des Églises du réseau a accepté d'être parents d'accueil afin que les sœurs puissent rester ensemble, mais ils avaient besoin d'une aide financière pour pouvoir nourrir deux bouches supplémentaires. C'est ainsi que leur porcherie et leur entreprise d'élevage de porcs et de chèvres ont été soutenues financièrement. Les enfants sont confiés à cette famille d'accueil depuis près de deux ans. Ils se sont bien intégrés à la famille et à la communauté et sont heureux de faire partie de la famille d'accueil. L'aînée est scolarisée, tandis que la plus jeune n'a pas encore commencé l'école.

L'Ouganda : une nation avec beaucoup d'enfants

L'Ouganda est connu pour avoir l'une des populations les plus jeunes au monde aujourd'hui. Les estimations du recensement national de 2014 indiquent que plus de 56 % des 34,6 millions d'habitants de l'Ouganda ont moins de dix-huit ans[66]. En outre, plus de 52 % d'entre eux ont moins de quinze ans[67]. Dans ce contexte d'une population jeune, la pauvreté, le VIH/SIDA, les grossesses chez les adolescentes, la maltraitance des enfants et l'éclatement de la famille conduisent de nombreux parents à confier leurs enfants à des institutions ou à les abandonner à la rue. Bien que l'on ne sache pas exactement combien d'enfants en Ouganda vivent en dehors de leur famille, plusieurs études estiment qu'il y a actuellement plus de quinze mille enfants dans la rue et plus de quarante mille dans des structures d'accueil telles que des foyers pour enfants[68]. Les conditions de vie des enfants vivant dans la rue sont très difficiles et les obligent à se battre constamment pour survivre.

Causes de séparation familiale

La séparation des enfants de leur famille peut avoir de nombreuses causes, notamment le décès de l'un ou des deux parents, l'abandon, le déménagement en raison d'un conflit armé, de la traite des êtres humains, ou tout simplement l'incapacité ou le refus de la famille de s'occuper de l'enfant. Les racines de la séparation des enfants de leur famille peuvent également se trouver dans les comportements, les difficultés relationnelles, la maltraitance et la négligence. La séparation est également causée par des problèmes systémiques plus vastes, comme la pauvreté, les conflits, les catastrophes naturelles et le VIH/SIDA[69].

> Les racines de la séparation des enfants de leur famille peuvent également se trouver dans les comportements, les difficultés relationnelles, la maltraitance et la négligence.

Le CRANE s'intéresse à un autre problème qui contribue parfois à ce que les enfants vivent en dehors des soins prodigués par la famille : c'est le refus des adultes en position de responsabilité de s'acquitter de leur devoir de protection. De la famille au gouvernement, les personnes et institutions chargées de

---

66. « The National Population and Housing Census 2014. Main Report », Uganda Bureau of Statistics, 2016.
67. « Program. National Strategy », Ministry of Gender, Labor and Social Development, Uganda, 2022.
68. « Program. National Strategy ».
69. « Strengthening Family Care », Better Care Network, s. d.

> Nous savons depuis longtemps que le meilleur endroit pour élever des enfants et favoriser leur épanouissement est le milieu familial, et non celui d'une institution ou de la rue, où ils sont confrontés à toutes sortes d'obstacles.

s'occuper des enfants et de les protéger ne remplissent pas leurs obligations. En raison de cette carence, nous avons constaté une augmentation de la vulnérabilité des enfants orphelins ainsi que du nombre d'enfants abandonnés et d'enfants vivant dans la rue.

Nous savons depuis longtemps que le meilleur endroit pour élever des enfants et favoriser leur épanouissement est le milieu familial, et non celui d'une institution ou de la rue, où ils sont confrontés à toutes sortes d'obstacles. Ces enfants sont particulièrement exposés à de nombreuses formes d'abus et d'exploitation.

À propos du réseau CRANE

Le CRANE est un réseau qui englobe plus de 140 organisations, écoles et Églises de Kampala qui travaillent main dans la main pour veiller à ce que les enfants soient en sécurité, en bonne santé et s'épanouissent selon le plan de Dieu, tout en cultivant et en développant le potentiel qu'il leur a donné. Aujourd'hui, grâce au travail du CRANE, des centaines de milliers d'enfants ont été soutenus, nourris, encouragés, et accompagnés dans leur développement. Ce réseau à l'échelle de la ville permet aux organisations, aux écoles et aux Églises membres de conserver leur autonomie tout en fournissant une plate-forme solide pour des actions communes. Des communautés et des villes entières sont transformées par la collaboration d'un large éventail d'acteurs de la société civile pour un résultat concret. En tant que réseau, le CRANE a pour but de combler les lacunes de la réponse chrétienne à la prise en charge des enfants.

De meilleures pratiques pour la réintégration familiale

Pour répondre à ce besoin, et depuis 2010, le programme de réintégration familiale du CRANE a permis à plus d'un millier d'enfants qui vivaient auparavant dans des institutions d'accueil pour enfants ou dans la rue de retrouver leur famille. Le CRANE agit sur quatre niveaux en ce qui concerne les enfants des rues : la prévention, le sauvetage, la restauration et la réinstallation. Voici une description de ces niveaux :

1. **La prévention** inclut tous les efforts déployés pour éviter que les enfants ne se retrouvent dans la rue ou dans des institutions d'accueil pour enfants. La prévention consiste à travailler en harmonie avec les Églises et les autres membres du réseau pour protéger les mariages et préserver les familles. Les familles sont soutenues par des responsables d'Église et des mentors familiaux pour qu'elles restent unies et offrent un foyer aimant et sécurisant aux enfants. Des messages clés en faveur de la préservation de la famille, de la parentalité positive et de la création de relations sécurisantes sont convenus avec les responsables d'Églises. Ces messages sont ensuite largement diffusés sur de multiples forums médiatiques à l'aide de messages et d'outils visuels de haute qualité. Dans certaines communautés, il existe des groupes de soutien aux familles créés pour promouvoir la préservation de la famille et lutter contre la pauvreté à l'aide de systèmes d'épargne collectifs.

2. **Le sauvetage** inclut tous les efforts visant à retirer les enfants de la rue ou de circonstances dans lesquelles ils sont exposés à un risque élevé de maltraitance. Des travailleurs sociaux formés soutiennent les enfants qui ont été séparés de leur famille en s'assurant qu'ils reçoivent une aide appropriée. Certains enfants sont envoyés par la police, tandis que d'autres enfants sont sauvés grâce à des activités de sensibilisation et à des centres d'accueil où ils reçoivent un soutien et une aide psychologique et des informations sur les traumatismes.

3. **La restauration** comprend le conseil et toutes les formes de soutien aux enfants secourus afin de les préparer à rentrer dans un foyer. Le cas échéant, l'enfant sera orienté vers un spécialiste pour bénéficier d'un accompagnement et d'un soutien psychosocial. À ce stade, les enfants peuvent bénéficier soit d'une éducation de rattrapage accélérée ou d'une formation professionnelle professionnelle, en fonction de leur âge et de la durée de leur déscolarisation. En général, les enfants plus âgés qui ont été éloignés de leur foyer familial pendant une longue période sont mieux aidés par la formation professionnelle, qui les prépare à trouver un emploi décent et à gagner honnêtement leur vie. La recherche de la famille d'origine se fait également à ce stade. La priorité est toujours donnée à la recherche de la famille biologique ou d'un proche parent de l'enfant. Les travailleurs sociaux procèdent à

une évaluation de la famille, afin de déterminer l'aptitude de la famille à accueillir l'enfant. Ils travaillent également avec la famille pour résoudre les problèmes qui ont pu inciter l'enfant à quitter son foyer. Cela peut déboucher sur le pardon et la réconciliation entre la famille et l'enfant. Lorsque la parenté ne peut être trouvée, les travailleurs sociaux s'efforcent de trouver une famille qui peut accueillir l'enfant et éventuellement l'adopter par la suite.

4. **La réinstallation** comprend tout le travail d'aide aux enfants qui sont installés dans des familles. Ce travail se fait en collaboration avec les Églises et d'autres acteurs de la communauté dans laquelle l'enfant est réinstallé, de sorte que les liens appropriés soient mis en place pour aider l'enfant à vivre et à s'épanouir au sein de sa famille et à vivre en sécurité au sein de la société. Dans ces communautés, le CRANE lutte contre la stigmatisation sociale de certains secteurs de la société à l'égard des enfants qui ont vécu dans la rue.

Le CRANE s'efforce de faire de Kampala une ville sans orphelins en menant des actions de plaidoyer au niveau gouvernemental ainsi qu'auprès de diverses institutions de garde d'enfants et des principaux groupes confessionnels de la ville, en faisant valoir qu'un foyer familial est, pour un enfant, un endroit plus favorable qu'une institution telle qu'un orphelinat. Le travail du CRANE avec les institutions d'aide à l'enfance comprend une formation qui apprend au personnel des membres du réseau à mener avec succès la réintégration familiale, tant pour la famille que pour l'enfant. Le personnel qui suit cette formation apprend à retrouver la famille de l'enfant, à accompagner les familles et à s'assurer que, pour l'enfant, la situation familiale est sûre à long terme[70].

Le CRANE travaille stratégiquement pour renforcer les institutions membres en menant une approche coordonnée avec la police pour sauver les enfants des rues. Le CRANE travaille également avec les Églises, pour fournir des foyers d'urgence ainsi que des familles d'accueil et d'adoption. Au niveau gouvernemental, le CRANE travaille avec des professionnels tels que des travailleurs sociaux et les officiers de police pour mieux assurer la sécurité des enfants qui vivent dans la rue. En mars 2017, le CRANE a invité quarante-quatre hauts-responsables de Kampala à une table ronde de haut niveau réunissant des ministres du gouvernement, des responsables d'Églises confessionnelles, des PDG et des autorités de l'État sur les problèmes des orphelins dans toute la ville[71].

---

70. Liz Cross, « Working Together to Provide Family Based Care », Viva, 10 avril 2018.
71. « City Without Orphans », Viva Network, s. d.

Le rôle des chrétiens dans le soutien aux familles

Les Églises et les autres organisations chrétiennes devraient travailler en étroite collaboration pour empêcher la séparation des familles en les renforçant et en les soutenant, afin qu'elles puissent rester unies. Ce soutien doit viser à traiter les différentes causes de l'éclatement des familles et les moyens de créer un environnement où les enfants sont en sécurité, aimés et pris en charge. Ce soutien peut prendre les formes suivantes : promouvoir une parentalité positive, encourager des relations sécurisantes, solides et saines au sein des familles, et faciliter l'enrichissement du couple et de la famille pour atteindre l'autonomie économique, entre autres interventions.

Il importe également de rappeler aux chrétiens la valeur biblique de l'éducation des enfants dans les familles et la tendresse de Dieu pour les enfants dans les familles, ainsi que pour les orphelins de père. Dans le cadre de cet effort, des messages clés, adaptés au contexte, devraient être élaborés et transmis aux diverses églises, sans pour autant négliger leur diffusion par le biais de diverses formes de médias. Des études bibliques devraient être développées et des groupes de soutien créés dans les communautés ecclésiales. Grâce à ces efforts et à d'autres efforts similaires, la prise en charge par la famille peut être encouragée pour les enfants dont les parents ont été retrouvés, ainsi que le placement en famille d'accueil menant à l'adoption pour les enfants dont la famille biologique n'a pas été trouvée ou n'est pas en mesure de fournir les soins appropriés dont ils ont besoin.

Les communautés ecclésiales peuvent être encouragées à former une communauté de soutien pour les enfants et les familles d'accueil, afin que les parents soient soutenus et que les enfants sachent qu'ils sont les bienvenus dans la communauté ecclésiale. Aider les enfants à vivre dans des familles et à prévenir les séparations familiales inutiles ne sont pas des entreprises qu'une organisation ou une Église peut mener seule, mais doivent plutôt être réalisées en collaboration, car chaque groupe apporte ses forces et ses contributions répondant aux besoins uniques des enfants et des familles.

Processus permettant aux enfants de vivre dans des familles

Dans l'idéal, il faut respecter trois processus clés pour permettre aux enfants de vivre dans des familles.

1. **La prévention** : Renforcer les liens familiaux pour aider les enfants à s'intégrer dans les familles, qu'il s'agisse de familles biologiques ou de familles d'accueil.

2. **Sauvetage des enfants séparés** : Prise en charge d'urgence à court terme, dans la mesure du possible dans des familles ou des institutions de transition d'urgence.
3. **Réunir les familles** : Transition des enfants actuellement placés en institution vers une prise en charge familiale à long terme.

Le livre biblique de Ruth raconte l'histoire émouvante d'un proche parent rédempteur, Booz, qui, après le refus du parent le plus proche de Ruth de la prendre sous ses ailes, la rachète et lui offre la possibilité d'être protégée des abus, de l'exploitation et de la marginalisation (Rt 4.1-10). Il lui donne également la possibilité de protéger les biens familiaux et de maintenir le nom de la famille. Ce récit est une pâle illustration de l'histoire de l'Évangile dans laquelle Jésus-Christ se donne « en rançon pour une multitude » (Mt 20.28, NBS), prenant sur lui le châtiment qui nous était destiné. En tant que chrétiens qui accueillent la rédemption que le Christ nous offre, nous devrions également suivre ses traces et offrir aux orphelins et aux enfants séparés de leur famille la protection et les possibilités dont ils ont besoin pour s'épanouir dans le plan de Dieu. Cette façon de suivre Jésus peut être très coûteuse au début, mais les récompenses à long terme ne peuvent être comparées au coût.

Dans la ville de Kampala, les membres du réseau CRANE travaillent ensemble pour empêcher la séparation des familles, tandis que les institutions de garde d'enfants collaborent avec les autorités locales pour sauver les enfants de la rue, et les Églises recrutent des familles susceptibles d'accueillir des enfants ayant besoin d'une famille d'accueil. Le beau côté de faire partie d'un réseau, c'est que nous pouvons tous nous entraider et utiliser nos points forts pour nous compléter mutuellement plutôt que de donner l'impression d'être en concurrence les uns avec les autres.

Le défi du placement des enfants dans des familles

Le travail du CRANE en faveur des enfants est guidé par les valeurs chrétiennes prônées dans la Bible. Nous y sommes témoins de l'amour de Dieu pour ces enfants et d'autres groupes vulnérables, amour qui s'exprime de diverses manières, nous voyons des enfants accueillis dans la communauté ecclésiale, et nous y trouvons des exemples de leçons clés pour la foi (voir, par exemple, Mt 18.1-5 ; Lc 2.22-40 ; 18.15-17).

Le dessein de Dieu est que les enfants naissent et soient élevés dans le contexte d'une famille. Dans la Bible, aucune autre institution que la famille n'a reçu le mandat de s'occuper des enfants, de les protéger et de les aimer. La Bible nous montre par l'exhortation et l'exemple que dans la famille, les enfants doivent être accueillis comme des dons de Dieu (Ps 127.3-5) et élevés pour aimer Dieu et vivre pour lui (Dt 6.4-9 ; Col 3.21).

La Bible appelle en outre la communauté de foi à exprimer et à refléter la tendresse de Dieu pour les orphelins qui ont besoin d'une famille pour les accueillir, prendre soin d'eux et les protéger, comme Dieu le fait lorsqu'il nous accueille dans sa famille par l'œuvre rédemptrice de Jésus-Christ (Ps 68.5-6a ; 82.3 ; Rm 8.15 ; Ga 4.4-5 ; Ép 1.4-5). Nous servons mieux la cause des enfants si nous les aidons à se rapprocher de leur famille biologique, d'un proche parent ou d'une famille d'accueil qui les aimera, s'occupera d'eux et les protégera.

> Nous servons mieux la cause des enfants si nous les aidons à se rapprocher de leur famille biologique, d'un proche parent ou d'une famille d'accueil qui les aimera, s'occupera d'eux et les protégera.

Questions de discussion

1. Dans votre propre contexte, quels sont les défis auxquels font face les enfants « devant la porte » ?
2. Comment l'Église répond-elle à leurs besoins ?
3. Que pensez-vous du concept biblique de proche parent rédempteur ?
4. Ce concept est-il mis en pratique dans votre communauté ?
5. Dressez une liste de moyens pratiques permettant à votre ministère d'accueillir dans la famille les enfants qui sont « devant la porte ».

Bibliographie

« City Without Orphans », Viva Network, s. d., https://www.viva.org/wp-content/uploads/2017/10/Family-strategy-grid.pdf.
Cross Liz, « Working Together to Provide Family Based Care », Viva, 10 avril 2018, http ://blog.viva.org/2017/04/10/working-together-to-provide-family-based-care/.

« The National Population and Housing Census 2014. Main Report », Uganda Bureau of Statistics, 2016, https://www.ubos.org/wp-content/uploads/publications/03_20182014_National_Census_Main_Report.pdf.

« Program. National Strategy », Ministry of Gender, Labor and Social Development, Uganda, 2022, http ://ovcmis.mglsd.go.ug/home.php ?linkvar=CSI%20Trend%20 Analysis&&action=Reports.

« Strengthening Family Care », Better Care Network, s. d.,. https://bettercarenetwork.org/library/strengthening-family-care/strengthening-family-care.

3

Prise en charge par la communauté

Dieu confie des enfants à des communautés comme des cadeaux à accueillir et dont il faut prendre soin. Une communauté bien portante est un lieu où ses résidents créent un environnement sécurisant et sain pour les enfants parmi eux.

Problème critique mondial
Il faut toujours un village pour élever un enfant

Amberbir Tamire Habtemariam – Éthiopien

Au chapitre 3 de la première édition du livre *Understanding God's Heart for Children*, Jennifer Orona commence son article par la célèbre citation africaine : « Il faut un village pour élever un enfant », et elle l'examine dans une perspective occidentale[1]. Dans cette nouvelle édition, j'utilise la même expression, mais je la situe dans une perspective africaine. Cette maxime est généralement bien connue, mais dans de nombreuses parties de l'Afrique, sa signification a perdu de son sens profond. Dans ce chapitre, j'affirme que si on ne relève pas le défi, ce dicton finira par tomber dans l'oubli, et seuls quelques anciens l'évoqueront comme un vieux souvenir d'enfance, une pratique reléguée dans la case des « bons vieux jours d'antan », lorsque chaque villageois assumait sa part dans l'éducation de la génération montante.

L'enfant et le village

À vrai dire, lorsque je jette un regard en arrière sur « le bon vieux temps » dans l'environnement villageois, j'aperçois ce qui s'apparente à des points de vue communs, à une responsabilité partagée, à des structures hiérarchiques solidement établies et à un sentiment de sécurité dans lequel les enfants se sentent choyés et protégés. Avec l'appui des voisins, la famille encourageait les enfants, prenait soin d'eux et les disciplinait. Le village était le berceau de l'enfant et la culture était communautaire et relationnelle, imprégnée du désir d'instruire correctement les enfants. En retour, les enfants devaient recevoir l'éducation parentale et les conseils des aînés, et assumer la responsabilité de leurs actes. Une fois devenus des adultes actifs, les enfants ont commencé à gagner de l'argent, et ils devaient pourvoir non seulement aux besoins de leurs parents, mais aussi de leurs voisins. Cette attitude était une manière de rendre la pareille de génération

---

1. Jennifer Orona, « The Role and Responsibilities of Children and their Communities », dans Douglas McConnell, Jennifer Orona et Paul Stockley, sous dir., *Understanding God's Heart for Children. Toward a Biblical Framework*, Colorado Springs, Authentic, 2007, p. 97-108.

en génération et de témoigner l'appréciation reconnaissante des enfants à l'égard des aînés.

Traditionnellement, une communauté se résume à un groupe de personnes qui vivent dans un espace géographique défini et qui partagent, entre autres, les mêmes croyances, les mêmes coutumes, les mêmes intérêts et la même langue. En amharique, l'un des dialectes éthiopiens, on utilise le mot *mahibereseb* (ማህበረሰብ) pour désigner le concept de vie communautaire. La traduction littérale de *mahibereseb* signifie « association d'êtres humains » et décrit un groupe de personnes qui interagissent et qui partagent les mêmes valeurs. Un autre mot, *ubuntu* (humanité et communauté) désigne la vie communautaire. « L'*ubuntu* est une philosophie africaine selon laquelle les gens existent dans la communauté et non dans l'isolement. Nous sommes humains en raison de notre relation avec d'autres humains… Il s'agit d'une attitude de fidélité et d'engagement envers le groupe, attitude qui passe avant la réussite de l'individu[2]. » La culture *ubuntu* encourage les enfants à s'exprimer et à participer de manière significative à la vie du village, afin de découvrir et de s'approprier des valeurs et une identité communes.

> L'*ubuntu* est une philosophie africaine selon laquelle les gens existent dans la communauté et non dans l'isolement. Nous sommes humains en raison de notre relation avec d'autres humains.

Dans un village traditionnel africain, les enfants sont considérés comme une partie importante et intégrale de la vie communautaire, littéralement comme une extension des adultes. Cette pratique et ces directives enseignées aux enfants développent chez l'enfant des principes et une éducation qui ressemblent beaucoup au contenu de Deutéronome 11.19 : « Vous les [les lois] apprendrez à vos fils et vous leur en parlerez quand tu seras chez toi et quand tu seras en chemin, quand tu te coucheras et quand tu te lèveras » (NBS). Dans un village africain, les enfants sont encouragés à participer à de nombreuses pratiques et célébrations culturelles de la communauté villageoise. Les adultes considèrent qu'il est de leur responsabilité collective de façonner instinctivement les enfants. Ces villageois s'efforcent de protéger les plus petits de toute activité nocive, châtient les adultes coupables et éloignent les enfants de ceux qui pourraient leur causer du tort.

---

2. Dennis Kilama, « Christians in Community. Redeeming the Concept of Ubuntu », https://africa.thegospelcoalition.org/article/redeeming-ubuntu/.

Le village africain était le lieu où les enfants apprenaient les bonnes manières sociales et les valeurs culturellement acceptables, et héritaient des histoires partagées par leurs aînés. Dans la plupart des communautés africaines, les histoires étaient racontées autour d'un feu de camp pendant les soirées froides. C'est ainsi que les enfants apprenaient l'histoire, les traditions et les valeurs de leurs ancêtres et de leurs mères, ainsi que des plus anciens du village. Ces activités ont gravé chez les enfants leur identité d'Africains et ils ont appris à être fiers de leur héritage. Dans le cadre de leurs responsabilités et dès leur jeune âge, les enfants se voyaient confier des tâches précises pour contribuer au bien-être du village. À titre d'exemple, les enfants devaient prendre soin des moutons, des chèvres ou des poulets sous l'œil vigilant des anciens du village. Comme le village africain était agraire, les enfants apprenaient aussi à planter et à cultiver des aliments, principalement pour la consommation familiale. Lorsqu'il s'agissait d'apprendre des métiers et de transmettre les compétences personnelles essentielles, la communauté servait d'école en encadrant les jeunes. Les adultes faisaient tout pour transmettre aux enfants la culture, les compétences indispensables et les bonnes manières par le biais d'enseignements implicites et explicites, et en étant eux-mêmes des modèles à suivre.

L'enfant et la cité

À une époque de mondialisation et d'urbanisation qui pousse la main-d'œuvre ouvrière et les jeunes à déserter les villages pour se réfugier dans les villes, la responsabilité traditionnelle de l'éducation des enfants qui incombait à la famille, au village et à la communauté est contestée. Ne restent souvent dans le village que les personnes âgées et les tout-petits. Si la vie en ville offre incontestablement de meilleures perspectives en termes de progrès, elle favorise aussi l'individualisme et le consumérisme. Dans la plupart des sociétés socialement développées, le sentiment d'altruisme, la culture du volontariat et le souci des plus nécessiteux régressent. Associé à de grands écarts de richesse dans certaines villes, le sort des enfants vulnérables s'aggrave. Ces enfants sont livrés à eux-mêmes en raison de l'absence de leurs parents ou confiés à des institutions. En conséquence, ce groupe d'enfants grandit avec le sentiment que tout leur est dû et peu de responsabilités sociales à l'égard de la communauté. Les parents occupés confient souvent la garde de leurs enfants à des institutions, et les enfants plus âgés sont livrés à eux-mêmes, car les parents travaillent de longues heures et n'ont que peu de temps à consacrer aux enfants après une rude journée de travail.

Avec les progrès de l'industrialisation, de l'urbanisation et de la mondialisation, le concept de village africain qui accorde soins et attentions à la communauté s'érode rapidement, les gens étant trop absorbés par leurs activités individuelles, et la vie moderne n'offre pas assez de temps pour cultiver des relations solides et mûrir des réflexions profondes. Les idées et les pratiques de *mahibereseb* et d'*ubuntu* se perdent peu à peu dans les voies rapides de l'urbanisation. Cette carence de structures sociales de soutien exerce un impact de plus en plus négatif sur le développement des enfants. Plus encore en ville, les enfants ont besoin d'une communauté responsable et soucieuse pour assurer leur bien-être physique, mental, social et émotionnel. Sans un encadrement parental adéquat ou des conseils avisés de la part d'un membre plus mûr, les enfants sont exposés à toutes sortes d'influences, aussi bien positives que négatives.

Défis pour les enfants urbanisés en Afrique

Les tendances actuelles à la désintégration sociale et à la perte de cohésion dans la vie communautaire, associées à la disparité des richesses et à la dégradation morale, ont introduit la misère dans la vie de nombreux enfants, en particulier ceux qui sont vulnérables. J'évoquerai ci-dessous deux défis majeurs auxquels sont confrontés les enfants en Éthiopie : la maltraitance et la négligence, et l'exposition incontrôlée aux médias.

Maltraitance et négligence des enfants

La maltraitance et la négligence dont sont victimes les enfants figurent en tête de liste des indicateurs de dysfonctionnement de la famille et de la société. La façon dont la maltraitance et la négligence des enfants sont perçues au niveau mondial varie selon les lieux et les circonstances. En effet, ce qui est considéré comme de la maltraitance est socialement construit par la culture et le contexte local. L'Organisation mondiale de la Santé (OMS) inclut dans la violence ou la maltraitance à l'égard des enfants « toutes les formes de maltraitance physique et/ou émotionnelle, d'abus sexuel, d'abandon ou de négligence, d'exploitation commerciale ou autre, entraînant un préjudice réel ou potentiel pour la santé, la survie, le développement ou la dignité de l'enfant, dans le cadre d'une relation de responsabilité et de confiance ou de pouvoir[3] ». On estime que 95 millions d'enfants dans le monde sont annuellement victimes de maltraitance, les taux les

---

3. « Child Maltreatment », World Health Organization, 2022, https://apps.who.int/violence-info/child-maltreatment/.

plus élevés étant enregistrés en Afrique, plus que sur tout autre continent[4]. Les écoles, les terrains de jeux, les hôpitaux et même les lieux de culte sont devenus des lieux de maltraitance des enfants[5].

Exposition incontrôlée aux médias

C'est devenu un phénomène courant : les enfants et les jeunes sont influencés par les médias sociaux à travers l'écran de leur télévision ou d'autres appareils électroniques. En Afrique (et je présume dans la plupart des régions du monde), la télévision, bien qu'elle soit un important outil de socialisation, est aussi un appareil qui distrait et influence les enfants. Les parents qui veulent avoir du temps pour eux découvrent que les écrans numériques sont d'excellents moyens de divertir leurs enfants. Les médias sont devenus l'agent formateur principal de la culture de l'enfant, et cette culture de l'enfance se caractérise de moins en moins par l'aspect important et actif des relations sociales. Il s'agit plutôt d'une association plus passive de l'enfant avec la télévision, les jeux d'ordinateur et d'autres appareils électroniques. L'obsession numérique peut affecter la santé physique des enfants, limite et freine le développement de leur imagination et de leur esprit créatif, et affecte négativement leur développement psychosocial[6]. Les enfants qui sont constamment exposés à la publicité dans les médias sont enclins à développer une attitude consumériste. Cette attitude peut à son tour favoriser des recherches hédonistes et l'individualisme, ce qui est aux antipodes du mode de vie de la communauté africaine. Une étude sur le consumérisme montre également que les enfants qui participent à la culture de la consommation sont plus dépressifs et plus anxieux, ont une moins bonne estime d'eux-mêmes et souffrent de troubles psychosomatiques[7].

---

4. UNICEF, New York, 2014, « Hidden in plain sight. A statistical analysis of violence against children ».
5. Victor Selengia, Hanh Nguyen Thi Thuy et Declare Mushi, 2020, « Prevalence and Patterns of Child Sexual Abuse in Selected Countries of Asia and Africa. A Review of Literature », *Open Journal of Social Sciences* 08, n° 09, p. 146-160.
6. I. D. Silva, « Demographic and social trends affecting families in the south and central Asian region », dans *Major Trends Affecting Families. A Background Document*, New York, United Nations, 2003.
7. J. A. Hill, « Endangered Childhoods. How consumerism is impacting child and youth identity », dans *Media, Culture and Society*, avril 2011, p. 348-362.

Conclusion

Dans le résumé de *Hardwired to Connect*, un rapport de recherche fondamental de la Commission sur les enfants en danger publié par l'Institute for American Values, les niveaux élevés de dépression, d'anxiété, de troubles du comportement et d'autres problèmes de santé mentale chez les enfants sont directement imputables à un manque de relations sociales avec d'autres personnes[8]. L'étude souligne l'importance de pouvoir compter sur une communauté forte qui soutient le bien-être des enfants, et conclut que « la satisfaction de ces besoins fondamentaux de relations est essentielle à la santé et à l'épanouissement de l'être humain[9] ». Une communauté saine et attentionnée est un lieu qui transmet et vit d'une histoire partagée, de croyances et de valeurs communes, des compétences acquises par l'expérience, de l'équité, et qui soutient les structures sociales telles que la cellule familiale. Une communauté saine est un lieu où les gens valorisent, protègent et élèvent les enfants et l'enfance, de sorte qu'ils puissent atteindre leur potentiel en tant que personnes humaines. En suivant les tendances de la mondialisation et de l'urbanisation, qui obligent les habitants des villages à migrer vers les villes pour trouver du travail, gagner leur vie et s'inscrire dans des établissements d'enseignement supérieur, etc., le concept de village ne devrait pas totalement disparaître.

Je crois que les chrétiens sont armés pour répondre aux défis de la mondialisation, de l'urbanisation et de la marginalisation. L'Église locale peut constituer le nouveau village. Même si les membres de la communauté ecclésiale ne viennent pas de la même région géographique, de solides liens les unissent : l'histoire commune de l'Évangile, une foi, des croyances et des valeurs communes, des pratiques religieuses et spirituelles communes et un profond engagement à élever les générations futures d'une manière qui atteste l'action du Seigneur ressuscité au milieu de nous. Oui, le dicton africain selon lequel il faut un village pour élever un enfant conserve sa validité, mais ce village est désormais l'Église locale.

Bibliographie

COMMISSION ON CHILDREN AT RISK, *Hardwired to Connect. The New Scientific Case for Authoritative Communities*, New York, Broadway Publications, 2003.

---

8. Commission on Children at Risk, *Hardwired to Connect. The New Scientific Case for Authoritative Communities*, New York, Broadway Publications, 2003, p. 3.
9. *Ibid.*, p. 14.

HILL J. A., « Endangered Childhoods. How consumerism is impacting child and youth identity », dans *Media, Culture and Society*, avril 2011, p. 348-362.

KILAMA Dennis, « Christians in Community. Redeeming the Concept of Ubuntu », https://africa.thegospelcoalition.org/article/redeeming-ubuntu/, consulté le 14 mars 2022.

ORONA Jennifer, « The Role and Responsibilities of Children and their Communities », dans *Understanding God's Heart for Children. Toward a Biblical Framework*, sous dir. Douglas MCCONNELL, Jennifer ORONA et Paul STOCKLEY, Colorado Springs, Authentic, 2007, p. 97-108.

SELENGIA Victor, HANH Nguyen Thi Thuy, MUSHI Declare, « Prevalence and Patterns of Child Sexual Abuse in Selected Countries of Asia and Africa. A Review of Literature », *Open Journal of Social Sciences* 08, n° 09, 2020, p. 146-160. https://doi.org/10.4236/jss.2020.89010.

SILVA I. D., « Demographic and social trends affecting families in the south and central Asian region », dans *Major Trends Affecting Families. A Background Document*, New York, United Nations, 2003, p. 45-77.

UNICEF, « Hidden in plain sight. A statistical analysis of violence against children », New York, 4 septembre 2014, https://data.unicef.org/resources/hidden-in-plain-sight-a-statistical-analysis-of-violence-against-children/.

WORLD HEALTH ORGANIZATION, « Child Maltreatment », 2022, https://apps.who.int/violence-info/child-maltreatment/.

Réponse biblique et théologique
Ubuntu : concevoir la communauté pour les enfants dans le contexte africain

Roseline Olumbe – Kenyane

Introduction

Dans ce chapitre, j'étudie la compréhension biblique de la communauté dans la prise en charge des enfants et je souligne les lacunes des communautés à répondre correctement à cette obligation. Les enfants grandissent et s'épanouissent au sein d'une communauté solidaire et bienveillante. Urie Bronfenbrenner estime que les enfants grandissent et se développent au sein d'une écologie qui exerce un impact direct sur eux[10]. Il affirme que cette écologie comporte cinq systèmes, à savoir le microsystème, le mésosystème, l'exosystème, le macrosystème et le chronosystème[11]. Chacun de ces systèmes exerce un impact direct sur le développement de l'enfant, qu'il interagisse directement ou non avec lui. Plus précisément, le microsystème, qui comprend la maison, l'école, l'église et le voisinage immédiat, est le principal facteur de développement de l'enfant. L'église et le voisinage immédiat constituent le principal système dans lequel l'enfant est nourri au sens large. Le mésosystème implique les interactions qui ont lieu entre les différents microsystèmes. Ces systèmes révèlent globalement que l'éducation de l'enfant se fait non seulement à la maison, mais aussi dans l'ensemble de la communauté. Les résultats de ces interactions peuvent être positifs ou négatifs selon les circonstances qui prévalent dans l'écologie. De son côté, l'enfant interagit activement avec ces systèmes écologiques et crée un impact similaire. Sur la base de ces principes écologiques, l'environnement dans lequel l'enfant grandit et se développe exerce un impact direct sur lui et, s'il est approprié, conduira à

---

10. Urie Bronfenbrenner, sous dir., *Making Human Beings Human. Bioecological Perspectives on Human Development*, Thousand Oaks, CA, SAGE, 2004.
11. Urie Bronfenbrenner, *The Ecology of Human Development. Experiments by Nature and Design*, Cambridge, Harvard University Press, 2009.

des résultats bénéfiques. L'efficacité de cet environnement dépend grandement des membres de la communauté dans laquelle l'enfant grandit et se développe.

La communauté est essentielle à la socialisation des enfants. Bien que les enfants reçoivent les premiers soins et le soutien de leur famille, la communauté est indispensable pour leur enseigner les leçons de vie et de pratique. C'est par la communauté au sein de laquelle ils vivent que les enfants apprennent les valeurs morales et les règles en matière de comportement. Dans certains cas où les structures familiales ont échoué, les enfants peuvent recevoir leurs soins et les fondements de leur éducation de la part de la communauté qui les entoure.

Pour déboucher sur des résultats positifs, ce type de situation nécessite que les membres de la communauté cultivent des interactions intentionnelles avec les enfants.

Par nature, la communauté africaine est connue pour être communautaire et mettre l'accent sur la proximité. C'est Desmond Tutu, l'évêque sud-africain bien connu, qui a défendu l'idée que l'*ubuntu* fait partie intégrante de la culture africaine. L'*ubuntu* est le principe qui consiste à prendre soin les uns des autres et à s'entraider. Johann Broodryk affirme que l'*ubuntu* se fonde sur les valeurs d'humanité, d'attention, de partage, de respect, de compassion et d'autres valeurs similaires qui améliorent le bonheur et la qualité de vie des membres de la communauté[12]. Selon l'*ubuntu*, notre humanité se reflète dans nos relations avec les autres[13]. Il favorise le principe du consensus, qui exige un effort conscient pour faire la paix avec les autres afin de renforcer la cohésion de la communauté[14]. Dans ses recherches, Mary Thamari a découvert que la nature de la réciprocité dans la communauté donne un fort sentiment d'obligation sociale pour le soutien mutuel en temps d'instabilité[15]. Ces expressions de l'*ubuntu* sont au cœur de la communauté africaine et garantissent

---

12. Johann Broodryk, « Ubuntu African Life Coping Skills. Theory and Practice », document présenté à la conférence du CCEAM du 12 au -17 octobre 2006, Lefkosia, Chypre, Knowledge Resources, 2006.
13. Dirk J. Louw, « The African Concept of Ubuntu and Restorative Justice », dans Dennis Sullivan et Larry Tifft, sous dir., *Handbook of Restorative Justice. A Global Perspective*, New York, Routledge, 2008, p. 161.
14. *Ibid.*, p. 162.
15. Mary Thamari, « Femininity, Gender Relations and Livelihood Vulnerabilities in Southwestern Kenya », thèse de doctorat, Université de Birmingham, 2019.

aux enfants un contexte dans lequel ils apprennent la valeur de l'être humain. Ces valeurs ne sont pas nécessairement enseignées dans les salles de classe, mais elles sont apprises au sein de la communauté lorsque les enfants interagissent avec leurs pairs et les adultes.

Les enfants : une communauté ou des individus responsables ?

La plupart des communautés africaines soulignent et apprécient comme mode de vie le principe de la responsabilité collective. La façon dont les enfants sont traités engendre un sentiment de responsabilité collective. Cette façon de penser incarne les expressions « nous sommes parce que vous êtes » et « ton enfant est mon enfant », qui sont inscrites dans la philosophie *ubuntu*[16]. Cette philosophie de vie souligne l'importance d'une communauté dont les membres s'engagent à prendre soin les uns des autres et à se soutenir mutuellement. De plus, l'*ubuntu* souligne le fait que les enfants appartiennent à tous les membres de la communauté, ce qui induit que chaque membre doit se sentir responsable du bien-être des enfants. Je me souviens que dans mon enfance, tout adulte pouvait corriger un enfant sans le consentement de ses parents. Si le signalement d'un mauvais comportement parvenait aux parents, l'enfant risquait une correction supplémentaire. Tous les membres de la communauté attachaient de l'importance à l'éducation des enfants et tous se sentaient concernés. Hélas, cette attitude a considérablement changé dans la culture postmoderne, aussi bien dans les zones rurales que dans les zones urbaines. Les soins et l'éducation sont devenus uniquement l'affaire de la famille et non plus l'affaire de la communauté.

Une communauté attentionnée est importante et efficace pour le bien-être des enfants et des autres membres ; elle favorise l'unité et rend plus efficaces la prise en charge et les soins[17]. Les enfants nés au sein de ces communautés bénéficient de ces avantages et profitent des soins dispensés par les membres de la communauté. Malheureusement, la peur et la méfiance des membres de la communauté se sont accrues en raison de l'apparition de cas de maltraitance et d'exploitation des enfants. Les parents sont devenus plus prudents à l'égard des voisins et des étrangers, et cette attitude entrave la collaboration et le soutien de la communauté.

---

16. C. Engelbrecht et M. I. Kasiram, « Original Research. The Role of Ubuntu in Families Living with Mental Illness in the Community », *South African Family Practice* 54, n° 5, 2012, p. 441.
17. *Ibid.*, p. 445.

Dans le contexte africain, l'enfant est apprécié et chéri de tous, et la communauté peut envisager la prise en charge des enfants. Selon John Mbiti, un individu n'existe pas et ne peut exister seul, mais seulement collectivement[18]. Traditionnellement, l'enfant est isolé pendant un certain temps après la naissance, puis présenté à la communauté. Lors de cette présentation à la communauté, les cheveux du bébé sont rasés en signe de purification, de séparation et de nouveauté[19]. L'intégration de l'enfant dans la communauté est marquée par une célébration en signe de joie, avec des festins, des danses, des réjouissances et des félicitations à la mère et à la famille. Cette célébration est un signe de joie, mais aussi un renouveau de la vie de la communauté[20]. Ces manifestations témoignent que l'enfant a de la valeur aux yeux de la communauté et qu'il est officiellement accueilli en son sein. L'enfant appartient à la communauté, et dit être élevé dans ce contexte.

Puisque l'enfant dépend de la communauté pour ses soins et son éducation, la communauté doit façonner, créer ou produire l'individu, car l'individu est tributaire du groupe[21]. On ne saurait sous-estimer le rôle central de la communauté dans la formation de l'individu. Mbiti affirme que l'existence d'une personne dépend de la communauté, et l'individu ne peut que dire « je suis, parce que nous sommes, et parce que nous sommes, je suis[22] ». La perception que Mbiti cultive de l'existence des êtres humains, en l'occurrence des enfants, dépend entièrement de la communauté où ils existent. Le bon fonctionnement de la communauté dépend des membres qui la composent, et vice versa. L'harmonie des individus au sein de l'environnement est donc essentielle, mais les individus doivent également consolider l'harmonie de l'environnement ou de la communauté dans laquelle ils vivent. Je considère cette harmonie d'un point de vue biblique et donc digne d'être embrassée. Le récit de la création dans Genèse 1 décrit la qualité parfaite de la création et l'harmonie qui y règne. Il est écrit : « Dieu vit tout ce qu'il avait

---

18. John S. Mbiti, *Introduction to African Religion*, Nairobi, East African Educational Publishers, 1991, p. 92.
19. *Ibid.*
20. *Ibid.*
21. Michael Onyebuchi Eze, « What Is African Communitarianism? Against Consensus as a Regulative Ideal », *South African Journal of Philosophy* 27, n° 4, 1er janvier 2008, p. 386-399.
22. John Mbiti, cité par Maulana Karenga, « Black Religion », dans Gayraud S. Wilmore, sous dir., *African American Religious Studies. An Interdisciplinary Anthology,* Durham, Londres, Duke University Press, 1989, p. 141.

fait, et c'était très bon » (Gn 1.31, NBS). Dieu a manifestement fait toutes choses bonnes et, en tant qu'êtres humains, nous devons non seulement nous efforcer d'atteindre ce même but, mais aussi améliorer notre responsabilité dans la gestion de cette création (Gn 1.28).

Réflexion biblique sur l'accueil des enfants dans la communauté

En réfléchissant à la place des enfants dans la Bible, nous développons une bonne compréhension de leur existence, en leur donnant la place qui leur revient dans la communauté. Plusieurs passages de la Bible nous éclairent sur ce que sont les enfants, et ces passages devraient constituer le socle de notre compréhension et de notre acceptation des enfants.

> Dieu a manifestement fait toutes choses bonnes et, en tant qu'êtres humains, nous devons non seulement nous efforcer d'atteindre ce même but, mais aussi améliorer notre responsabilité dans la gestion de cette création.

Les enfants sont des cadeaux de Dieu aux familles

Le Psaume 127.3 nous permet de comprendre que les enfants sont des dons de Dieu. Le psalmiste écrit : « Des fils sont un patrimoine du Seigneur, le fruit du ventre maternel est une récompense. » Ce verset révèle l'aspect particulier des enfants en tant que pur don de Dieu aux parents. Tout don suppose un donateur, un receveur, un don et une occasion[23]. Dans le cas des enfants, Dieu est le donateur, les enfants sont les cadeaux, les parents sont les destinataires et la naissance est l'occasion. Les dons ne sont pas prédéterminés par les destinataires ; c'est le donateur qui détermine le cadeau à offrir et le moment de l'offrir. Dieu offre donc aux parents des enfants de nature, de sexe, de taille, de couleur et de dons physiques et intellectuels différents.

Vinita Ambwani fait remarquer que le don de cadeaux est un phénomène social, culturel et économique qui transcende les clivages et les différentes divisions de la vie, y compris les cultures et les niveaux socio-économiques[24]. Le don de cadeaux s'inscrit dans un contexte qu'il convient de comprendre. Dans

---

23. Jackie R. Clarke, « Different to "Dust Collectors"? The Giving and Receiving of Expérience Gifts », *Journal of Consumer Behaviour* 5, n° 6, 2006, p. 533549.
24. Vinita P. Ambwani, « Examining Gift-Giving Motives in a Cross-Cultural Context », thèse de doctorat, Carleton University, Ottawa, 2014.

le contexte africain, le destinataire d'un cadeau n'a que très peu d'options quant au cadeau qu'il recevra et ce qu'il en fera. Refuser un cadeau est culturellement offensant. Le destinataire du cadeau est censé l'accepter avec joie, même s'il ne l'apprécie pas. C'est lors de mon séjour en Angleterre que j'ai compris un autre aspect des cadeaux. J'ai eu la possibilité de choisir le type de cadeau que je souhaitais. En outre, j'ai eu la possibilité de refuser un cadeau s'il était contraire à mon orientation culturelle. Aujourd'hui, je vois les mêmes aspects dans ma propre communauté, bien qu'ils ne soient pas rigoureusement identiques. Le destinataire d'un cadeau peut proposer le cadeau à acheter, mais il ne rejette pas un cadeau.

Lorsque je considère les enfants comme des dons de Dieu, je pense à un Africain qui n'a que très peu de possibilités de choisir ou de rejeter un cadeau. Par conséquent, les enfants, en tant que dons de Dieu, doivent être acceptés, appréciés et chéris. Les parents et l'ensemble de la communauté doivent s'efforcer de veiller à la croissance et au développement des enfants, à rechercher leur bien-être et à répondre à leurs besoins. La discrimination et le rejet des enfants ayant des besoins particuliers ou des aptitudes différentes doivent être rejetés sous toutes leurs formes. L'éducation des enfants est en soi une reproduction cyclique de l'*ubuntu*, car lorsque les enfants sont bien nourris, ils rendent à leur tour la pareille en prenant soin des autres le moment venu. Les recherches de Shipton Parker au Kenya ont révélé la valeur des échanges entre générations comme symbolique de « l'emprunt et du prêt » ou de la transmission de valeurs communautaires importantes[25].

Les enfants ont besoin d'être élevés et guidés

L'éducation des enfants est essentielle à leur croissance et à leur développement. Ayant grandi dans un contexte où l'agriculture était essentielle à la production alimentaire et à la subsistance, j'ai vu ce qu'il fallait faire pour améliorer la production. Cela exigeait de nombreuses heures de travail de la terre, de semailles, de désherbage et d'entretien des cultures. Il fallait investir beaucoup de temps et d'argent en travaux agricoles pour que les produits soient bons et en mesure de nourrir la famille. De même, il est essentiel d'investir dans l'éducation des enfants pour qu'ils aient des résultats positifs. Proverbes 22.6 déclare : « Initie le jeune homme à la voie qu'il doit suivre ; même quand il sera vieux, il ne s'en écartera pas. » Ce passage confère directement aux parents la responsabilité de fournir à leurs enfants, dès leurs premières années, un fondement spirituel

---

25. Parker MacDonald Shipton, *The Nature of Entrustment. Intimacy, Exchange, and the Sacred in Africa*, New Haven, Yale University Press, 2007.

solide dont l'impact se fera sentir dans leur vieillesse. Un socle ferme est essentiel pour les enfants, ce qui nécessite que les parents soient présents, soutiennent leurs enfants et leur donnent l'exemple d'un mode de vie chrétien. Glenn Myles affirme que « le parent devait enseigner le Shéma, la confession de foi hébraïque, aux enfants "quand tu [le parent] seras chez toi et quand tu seras en chemin… quand tu te coucheras et quand tu te lèveras" (Dt 6.4-9)[26] ». La Bible accorde une grande importance à l'enseignement et à l'éducation des enfants pour permettre la transmission des valeurs. Ce travail exige un style de vie engagé de la part des parents et des membres de la communauté.

Soins spéciaux pour les enfants à risque

La prise en charge des orphelins est bien décrite dans la Bible, et des structures ont été mises en place pour protéger les enfants orphelins. Le Psaume 68.6 déclare que « le père des orphelins, le défenseur des veuves, c'est Dieu dans son séjour sacré » (NBS). De plus, au Psaume 82.3 (NBS), Asaph déclare : « Faites droit au faible et à l'orphelin, rendez justice au pauvre et au déshérité. » Ces versets prennent résolument la défense du bien-être des orphelins et des parents qui les accueillent comme des membres de la famille. Cette pratique garantit que les enfants, membres vulnérables de la communauté, reçoivent les soins appropriés. Les chrétiens doivent s'engager à prendre soin et à protéger les orphelins, les pauvres et les personnes vulnérables. Zacharie 7.10 (NBS) déclare : « N'opprimez pas la veuve et l'orphelin, l'immigré et le pauvre. » Par nature, les enfants sont vulnérables, et leur vulnérabilité ne fait que croître lorsqu'ils sont orphelins, sans abri ou dans le dénuement. Les enfants vulnérables manquent de sécurité sociale et financière pour répondre à leurs besoins de développement. Dans son plan, Dieu a pris des dispositions pour s'occuper des enfants qui sont exposés à ces détresses. La communauté est mandatée pour s'occuper de leurs besoins essentiels et y pourvoir. Lévitique 19.9-10 (NBS) énonce le commandement suivant : « Quand vous ferez la moisson dans votre pays, tu ne moissonneras pas ton champ jusqu'au bord et tu ne ramasseras pas ce qui reste à glaner. Tu ne cueilleras pas non plus les grappes restées dans ta vigne, tu ne ramasseras pas les grains qui en seront tombés. Tu abandonneras cela au pauvre et à l'immigré.

---

26. Glenn Miles, « The Development of Children in Their Families and Communities », dans Glenn Miles et Josephine-Joy Wright, sous dir., *Celebrating Children. Equipping People Working with Children and Young People Living in Difficult Circumstances Around the World*, Carlisle, Paternoster, 2006, p. 33-39.

Je suis le SEIGNEUR (YHWH), votre Dieu. » En permettant aux pauvres de glaner, on les aide à trouver de la nourriture pour survivre.

Dans les communautés africaines traditionnelles, le système de la famille élargie fournit un filet de sécurité pour s'occuper des orphelins et des enfants pauvres. Dans certaines communautés du Kenya, les enfants orphelins sont pris en charge et vivent dans un environnement familial. Bien que le Kenya ait vu se multiplier les institutions caritatives qui s'occupent des orphelins et des enfants vulnérables, cette méthode de prise en charge ne va pas sans poser de sérieux problèmes. La vie dans des institutions surpeuplées et la maltraitance des enfants en sont deux exemples[27]. Ces problèmes ont conduit à un programme visant la désinstitutionnalisation et encourageant la prise en charge dans des familles plutôt que dans des orphelinats.

Les enfants ont besoin de protection

La maltraitance des enfants est un problème mondial qui entraîne des conséquences néfastes et durables sur la santé, l'éducation et le comportement des enfants. De plus, les abus perpétrés contre les enfants ont des effets destructeurs sur les familles et les communautés, de génération en génération[28]. Compte tenu de ces abus et des effets qui en résultent pour les enfants, une protection et des garanties sont indispensables pour le développement positif des enfants. La protection des enfants fait référence aux mesures et aux structures visant à prévenir et à répondre aux abus, à la négligence, à l'exploitation et à la violence dont souffrent les enfants[29]. La protection des enfants est un mandat chrétien, et il est nécessaire de plaider pour la sécurité des enfants dans la communauté. Jacques 1.27 décrit la vraie religion comme la création d'un environnement sécurisant pour les femmes et les enfants, en particulier la veuve et l'orphelin. Dieu se préoccupe de la sécurité des enfants et des personnes vulnérables ; nous aussi, nous devons donc nous préoccuper de la sécurité des enfants. Le combat pour la protection de l'enfance est une vocation non seulement pour les professionnels, mais aussi pour tous les chrétiens.

---

27. Paula Braitstein et al., « Child Abuse and Neglect in Charitable Children's Institutions in Uasin Gishu County, Kenya. A Challenge of Context », dans Adrian V. Rus, Sheri R. Parris et Ecaterina Stativa, sous dir., *Child Maltreatment in Residential Care*, Cham, Suisse, Springer International AG, 2017, p. 337-356.
28. Susan Hillis et al., « Global Prevalence of Past-Year Violence Against Children. A Systematic Review and Minimum Estimates », *Pediatrics* 137, n° 3, 1er mars 2016.
29. « Save the Children's Definition of Child Protection », Child Rights Resource Centre, 10 décembre 2007.

Les enfants en tant que membres d'une communauté

L'Ancien Testament présente la solidarité corporative et les enfants comme faisant partie de la communauté dans divers contextes. Par exemple, les enfants participaient aux activités communautaires : 2 Chroniques 20.12-13 indique que lorsque les Israélites ont été attaqués par leurs ennemis, ils se sont présentés devant le Seigneur pour demander de l'aide. Tout le peuple, y compris les enfants et les jeunes, se tenait devant le Seigneur. Le verset 13 dit : « Tout le peuple se tenait devant le Seigneur avec toutes leurs familles, leurs femmes et leurs fils. » Les enfants étaient impliqués dans la prière communautaire pour implorer la délivrance. Ailleurs, Deutéronome 30.1-3 révèle que Dieu ne se préoccupe pas seulement de la droiture des adultes, il se préoccupe aussi de la droiture des enfants. Cette préoccupation n'est pas une réflexion après coup dans la communauté d'Israël, mais elle est au cœur de sa vie communautaire. Les enfants étaient impliqués dans toutes les activités qui leur permettaient d'observer ce que faisaient les adultes, de poser des questions sur certaines pratiques pieuses et d'acquérir ainsi des connaissances. Par exemple, alors que les Israélites se préparaient à quitter l'Égypte, Dieu leur a ordonné de célébrer chaque année la Pâque, et lorsque leurs enfants leur posaient des questions concernant cette fête, ils avaient l'occasion d'expliquer la délivrance de Dieu (Ex 12.21-27). L'intégration des enfants dans toutes les activités religieuses a favorisé leur apprentissage social par l'observation de ce que faisaient leurs parents et d'autres adultes, et cela les a aidés à apprendre les origines de leur foi. Par conséquent, la participation des enfants à toutes nos activités renforcera leur apprentissage dans les contextes sociaux de nos activités quotidiennes.

La communauté, fournaise incandescente ou espace sûr ?

Bien que les enfants occupent une place particulière dans la communauté, leur bien-être suscite de vives inquiétudes, car dans le monde entier, des enfants sont devenus les victimes de violence et d'exploitation à la maison, à l'école et dans la communauté, ces environnements mêmes qui sont censés les protéger[30]. Les statistiques mondiales indiquent que de nombreux enfants sont exposés aux risques de maltraitance et de négligence. Chaque année, un enfant sur deux âgé de deux à dix-sept ans est victime d'une forme de violence ; un tiers des élèves âgés de onze à quinze ans a été victime de harcèlement de la part de camarades ;

---

30. *A Review of Laws, Policies and Programmes for Elimination of Child Labour and Violence against Children in Kenya*, Nairobi, Kenya, African Network for the Prevention and Protection Against Child Abuse and Neglect and Global March Against Child Labour, 2018.

et 120 millions de filles ont subi une forme de violence sexuelle avant l'âge de vingt ans[31]. Par ailleurs, des études indiquent qu'un enfant sur trois est victime de violences émotionnelles, tandis qu'un enfant sur quatre vit avec une mère qui subit des violences de la part d'un partenaire intime[32]. Ces statistiques révèlent que la communauté n'est plus un lieu sûr pour les enfants.

Les faits montrent qu'un certain nombre d'enfants sur le continent africain souffrent. Allan Pence et ses collègues notent que « parmi les enfants qui naissent, 65 % connaîtront la pauvreté, 14 millions seront orphelins, victimes du VIH/SIDA, directement et au sein de leur famille, et un tiers d'entre eux connaîtra l'exclusion en raison de son sexe ou de son origine ethnique[33] ». Le sort des enfants africains nécessite une réponse communautaire pour leur offrir un espace plus propice à leur croissance et à leur épanouissement. Ces statistiques indiquent que, pour les enfants, la communauté est devenue une fournaise plutôt qu'un filet de sécurité. La communauté doit offrir un espace sûr et un cœur accueillant à tous les enfants.

La communauté doit offrir un espace sûr et un cœur accueillant à tous les enfants.

La protection des enfants est au cœur de Dieu, et les chrétiens doivent participer à la protection de l'enfance.

La Bible appelle à protéger les filles de la vente comme esclaves (Ex 21.7-11), de la maltraitance physique (Ex 21.12, 18-19, 23-24), du viol (Dt 22.25-26) ; à les protéger de la prostitution (Lv 19.29) et du divorce (Dt 22.13-15) ; à empêcher les enfants d'être sacrifiés (Lv 18.21) et à les protéger contre la discrimination (Ga 3.26-29)[34]. Comme la protection de l'enfant est une recommandation biblique, aucun enfant ne devrait être exposé à des risques de violence.

---

31. *Global Status Report on Violence against Children 2020*, Genève, Organisation mondiale de la Santé, 2020.

32. « A Familiar Face. Violence in the Lives of Children and Adolescents », New York, United Nations Children's Fund, 2017 ; voir aussi Marije Stoltenborgh et al., « The Universality of Childhood Emotional Abuse. A Meta-Analysis of Worldwide Prevalence », Journal of Aggression, Maltreatment & Trauma 21, n° 8, 1er novembre 2012, p. 870-890.

33. Alan Pence, Judith Evans L et Marito Garcia, « Introduction », dans Marito H. Garcia, Alan Pence et Judith Evans, sous dir., *Africa's Future, Africa's Challenge. Early Childhood Care and Development in Sub-Saharan Africa*, Eugene, OR, World Bank, 2008, p. 2.

34. Jesudason B. Jeyaraj, sous dir., « Biblical Perspectives on Children and Their Protection », dans *Children at Risk. Issues and Challenges*, Delhi, ISPCK/CFCD, 2009, p. 1-31.

Conclusion

Les enfants sont précieux et, à ce titre, ils doivent être pris en charge et protégés par la communauté. Bien qu'il y ait eu de nombreux cas d'abus et d'exploitation d'enfants, leur protection devrait être une priorité. L'*ubuntu*, en tant que philosophie africaine de l'être humain et de sa vie, de l'attention, de la compassion et du respect, devrait imprégner la communauté et encourager les valeurs positives en faveur de l'attention portée aux enfants. Lorsque les enfants bénéficient de ce type de soins, ils en transmettront à leur tour les valeurs à la génération suivante. L'attention et la compassion ne sont pas seulement des vertus africaines, ce sont également des concepts bibliques. Dieu appelle son peuple à traduire dans sa façon de vivre la véritable religion, qui consiste à prendre soin des orphelins et des veuves (Jc 1.27).

Bibliographie

AMBWANI Vinita P., « Examining Gift-Giving Motives in a Cross-Cultural Context », thèse de doctorat, Sprott School of Business, Carleton University, Ottawa, 2014, https://curve.carleton.ca/system/files/etd/28dbeb19-3e6b-4298-868c-1168ca1db7d3/etd_pdf/5126dc5a059632e6176f2206d545496d/ambwani-examininggiftgivingmotivesinacrosscultural.pdf.

BRAITSTEIN Paula, AYAYA Samuel, AYUKU David, DELONG Allison, ATWOLI Lukoye, « Child Abuse and Neglect in Charitable Children's Institutions in Uasin Gishu County, Kenya. A Challenge of Context », dans *Child Maltreatment in Residential Care*, sous dir. Adrian V. RUS, Sheri R. PARRIS et Ecaterina STATIVA, Cham, Suisse, Springer International AG, 2017, p. 337-356, https://ecommons.aku.edu/eastafrica_fhs_mc_intern_med/164.

BRONFENBRENNER Urie, *The Ecology of Human Development. Experiments by Nature and Design*, Cambridge, Harvard University Press, 2009.

BRONFENBRENNER Urie, sous dir., *Making Human Beings Human. Bioecological Perspectives on Human Development*, Thousand Oaks, SAGE, 2004.

BROODRYK Johann, « Ubuntu African Life Coping Skills. Theory and Practice », document présenté à la conference du CCEAM du 12 au 17 octobre 2006, Lefkosia, Chypre, 2006, https://documents.pub/document/ubuntu-school.html.

CLARKE Jackie R., « Different to "Dust Collectors"? The Giving and Receiving of Experience Gifts », *Journal of Consumer Behaviour* 5, n° 6, 6 décembre 2006, p. 533-549, https://doi.org/10.1002/cb.201.

ENGELBRECHT C., KASIRAM M. I., « Original Research. The Role of Ubuntu in Families Living with Mental Illness in the Community », *South African Family Practice* 54, n° 5, 2012, p. 441-446.

EZE Michael Onyebuchi, « What Is African Communitarianism? Against Consensus as a Regulative Ideal », *South African Journal of Philosophy* 27, n° 4, 1ᵉʳ janvier 2008, p. 386-399, https://doi.org/10.4314/sajpem.v27i4.31526.

« A Familiar Face. Violence in the Lives of Children and Adolescents », New York, United Nations Children's Fund, 2017.

« The Framework for the National Child Protection System in Kenya », Nairobi, National Council for Children Services (NCCS), 2011.

« Global Status Report on Violence against Children 2020 », Genève, World Health Organization, 2020, https://www.who.int/teams/social-determinants-of-health/violence-prevention/global-status-report-on-violence-against-children-2020.

HILLIS Susan, MERCY James, AMOBI Adaugo, KRESS Howard, « Global Prevalence of Past-Year Violence Against Children. A Systematic Review and Minimum Estimates », *Pediatrics* 137, n° 3, 1ᵉʳ mars 2016, https://doi.org/10.1542/peds.2015-4079.

JEYARAJ Jesudason B., « Biblical Perspectives on Children and Their Protection », dans *Children at Risk. Issues and Challenges*, sous dir. Jesudason B. JEYARAJ, Chris GNANAKAN, Thomas SWAROOP et Phillips PRASAD, Delhi, ISPCK/CFCD, 2009, p. 1-31.

KARENGA Maulana, « Black Religion », dans *African American Religious Studies. An Interdisciplinary Anthology*, sous dir. Gayraud S. WILMORE, Durham, Londres, Duke University Press, 1989, p. 271-300.

LOUW Dirk J., « The African Concept of Ubuntu and Restorative Justice », dans *Handbook of Restorative Justice. A Global Perspective*, sous dir. Dennis SULLIVAN et Larry TIFFT, New York, Routledge, 2008, p. 161-173.

MATHEWS Ben, PACELLA Rosana, DUNNE Michael P., SIMUNOVIC Marko, MARSTON Cicely, « Improving Measurement of Child Abuse and Neglect. A Systematic Review and Analysis of National Prevalence Studies », *PLOS ONE* 15, n° 1, 28 janvier 2020, e0227884. https://doi.org/10.1371/journal.pone.0227884.

MBITI John S., *Introduction to African Religion*, Nairobi, East African Educational Publishers, 1991.

MERCER Joyce Ann, *Welcoming Children. A Practical Theology of Childhood*, Des Peres, Missouri, Chalice Press, 2005.

MILES Glenn, « The Development of Children in Their Families and Communities », dans *Celebrating Children. Equipping People Working with Children and Young People Living in Difficult Circumstances around the World*, sous dir. Glenn MILES et Josephine-Joy WRIGHT, Carlisle, Paternoster, 2006, p. 33-39.

PENCE Alan, EVANS Judith L., GARCIA Marito, « Introduction », dans *Africa's Future, Africa's Challenge. Early Childhood Care and Development in Sub-Saharan Africa*, sous dir. Marito H. GARCIA, Alan PENCE et Judith EVANS, Eugene, Oreg., World Bank, 2008.

« A Review of Laws, Policies and Programmes for Elimination of Child Labour and Violence against Children in Kenya », Nairobi, African Network for the Prevention and Protection against Child Abuse and Neglect (ANPPCAN) and Global March Against Child Labour, 2018, http://www.anppcan.org/wp-content/uploads/2014/11/Review-on-laws-policies-and-programmes-on-VAC.pdf.

« Save the Children's Definition of Child Protection », Child Rights Resource Centre, 10 décembre 2007, https://resourcecentre.savethechildren.net/library/save-childrens-definition-child-protection.

SHIPTON Parker MacDonald, *The Nature of Entrustment. Intimacy, Exchange, and the Sacred in Africa*, New Haven, Yale University Press, 2007.

STOLTENBORGH Marije, BAKERMANS-KRANENBURG Marian J., ALINK Lenneke R. A., VAN IJZENDOORN Marinus H., « The Universality of Childhood Emotional Abuse. A Meta-Analysis of Worldwide Prevalence », *Journal of Aggression, Maltreatment & Trauma* 21, n° 8, 1er novembre 2012, p. 870-890, https://doi.org/10.1080/10926771.2012.708014.

THAMARI Mary, « Femininity, Gender Relations and Livelihood Vulnerabilities in Southwestern Kenya », thèse de doctorat, University of Birmingham, 2019.

The United Nations Convention on the Rights of the Child, Dublin, Irlande, Children's Rights Alliance, 2010, http://www.childrensrights.ie/sites/default/files/submissions_reports/files/UNCRCEnglish_0.pdf.

Étude d'un cas concret
L'Église et le village en tant que communauté

Saw Law Eh Htoo – Birman

La situation

Par un jour de pluie, j'ai enfourché ma moto pour aller à la rencontre des Églises de la région de Pathein pour des entretiens sur leurs programmes de développement de l'enfant. En traversant un village, j'ai vu trois enfants qui jouaient près d'un caniveau au bord d'une route. Lors de la réunion, j'ai signalé aux dirigeants de la communauté que ce que les enfants faisaient était très dangereux pour eux. On m'a alors raconté l'histoire de ces quatre frères et sœurs.

En raison du taux de chômage élevé dans le village et de revenus trop faibles pour subvenir aux besoins de sa famille, une adolescente, tout comme les autres adolescents du village, est allée chercher du travail en ville. Les promesses d'une vie brillante et d'un emploi bien rémunéré se sont vite évanouies pour ces adolescentes, qui subissent la maltraitance physique de leurs employeurs, sont exploitées dans leur travail, sont exposées à des agressions sexuelles et au stress émotionnel. Avec le recul, il semble que ce soient là les conditions normatives imposées aux jeunes qui migrent vers la ville pour y travailler.

Pour sortir de ce cycle d'abus, l'adolescente a épousé un homme d'une religion, d'une race et d'un milieu social différents du sien. Ils étaient heureux et sont retournés dans son village pour commencer une nouvelle vie. Mais après la naissance du quatrième enfant, le mari s'est lassé de la famille. Il a quitté sa famille au village et n'est jamais revenu. À l'époque, la fille aînée avait neuf ans, suivie d'une fille de sept ans, d'un garçon de trois ans et d'un nouveau-né de sexe masculin. Comme la mère devait travailler tous les jours à la ferme pour gagner sa vie, elle ne pouvait pas suffisamment s'occuper de ses enfants. Malheureusement, le nouveau-né est mort, faute de soins. Déprimée et traumatisée par sa situation familiale, la jeune mère a abandonné ses trois enfants et a de nouveau quitté le village pour la ville.

Depuis, les trois frères et sœurs vivent seuls. L'aînée s'occupe de ses deux plus jeunes frères et sœurs. Elle cuisine, fait la lessive et gère les affaires de la maison. Le caniveau situé à côté de l'allée devant leur maison leur sert de source d'eau pendant la saison des pluies. Il ne fait aucun doute que trois enfants de moins de dix ans qui vivent ou plutôt survivent seuls sans l'aide d'un adulte à la maison auront inévitablement de graves problèmes de santé, d'éducation, d'argent et de relations sociales.

La mère avait beau envoyer parfois une allocation mensuelle aux enfants pour qu'ils s'achètent de la nourriture, le montant ne suffisait pas pour les nourrir. Parfois, les enfants se contentaient des restes laissés par d'autres ou dépendaient de la générosité des villageois. La situation était en effet très grave pour ces enfants exposés aux risques d'enlèvements ; ils ne bénéficiaient d'aucune protection contre les personnes peu scrupuleuses de la région.

L'avocat

L'association Pathein Myaungmya (PMA) est une organisation baptiste karen qui dépend de la Convention baptiste du Myanmar. Parmi ses quatorze départements, celui de l'éducation religieuse chrétienne travaille au développement holistique des enfants et des jeunes de l'association d'Église. Pour soutenir un développement meilleur et plus sain des enfants et des jeunes dans les 302 Églises que compte l'association, le département religieux de la PMA développe, publie et distribue des cours d'école du dimanche, des livres pertinents et de la littérature en karen, notre langue maternelle. La PMA collabore également avec d'autres organisations ayant la même vision et la même mission pour la croissance spirituelle et les besoins de leurs enfants et de leurs jeunes. Ensemble, ils assurent la formation et l'évaluation, et plaident en faveur d'un enseignement, d'une formation, d'une action sociale et d'un ministère au sein de ces Églises.

Le village où vivent cette femme et ses enfants se trouve à environ vingt-quatre kilomètres de la ville de Pathien et est situé dans la région de l'Ayeyarwaddy, dans le sud du Myanmar. Ce village ne compte que 260 habitants et a été déplacé, parce que le gouvernement a transformé l'ancien site en zone industrielle. Le village a été adopté par la communauté de la PMA. Dans mon contexte, le terme « communauté » désigne les villages situés à proximité et dans l'environnement d'une Église de la PMA. Ce village particulier n'est pas aussi développé que les autres villages qui l'entourent. De plus, toutes ces communautés ont un problème commun : la plupart des enfants et des jeunes ne fréquentent plus l'Église parce qu'ils ont déménagé dans les grandes villes avec leurs parents ou ont émigré dans un autre pays pour gagner leur vie. Il s'ensuit que les Églises comptent moins d'enfants et de jeunes. Dans un certain nombre de familles, les parents travaillent dans les villes et ont confié leurs enfants à leurs grands-parents, oncles et tantes au village.

La responsabilité de la communauté

Comme indiqué plus haut, le mot « communauté » désigne les villages situés à proximité et dans l'environnement d'une Église de la PMA. Comme la mère n'était pas en mesure d'assumer la responsabilité des enfants et qu'elle les avait abandonnés, la communauté a assumé le rôle de parents de substitution. Les membres de l'Église locale et d'autres personnes se sont engagés à répondre aux besoins des enfants, notamment en réparant la maison, en veillant à ce qu'ils disposent d'une nourriture suffisante et en prenant à leur charge les frais de scolarité et l'uniforme de la deuxième fille qui était inscrite à l'école publique. La communauté a également aidé le plus jeune des enfants, un garçon de trois ans, à fréquenter une école maternelle gérée par une Église de la PMA. Les enseignants de l'école maternelle ont été chargés de s'occuper davantage de l'enfant. Les responsables de l'Église ont également demandé aux voisins des enfants d'être plus vigilants et attentifs à la situation des enfants.

> Comme la mère n'était pas en mesure d'assumer la responsabilité des enfants et qu'elle les avait abandonnés, la communauté a assumé le rôle de parents de substitution.

À un moment donné, les responsables de la communauté se sont consultés et ont envisagé de confier les enfants à un orphelinat géré par la PMA. Mais les dirigeants n'ont pas pu obtenir l'accord de la mère, et les enfants ne voulaient pas y aller. Ils étaient déterminés à rester ensemble, quelle que soit la gravité de la situation. L'aînée n'allant pas à l'école, elle a pu accompagner son jeune frère à l'école maternelle de la PMA et s'occuper de lui. Là, les enseignants l'ont laissée apprendre avec des enfants d'âge préscolaire. Ils lui ont accordé une attention supplémentaire et lui ont appris à lire et à écrire. Même si elle n'a pas eu la possibilité d'étudier dans une école publique, elle pouvait lire et écrire des mots de base dans sa langue.

Les articles 20 et 27 de la Convention des Nations Unies relative aux droits de l'enfant (CNUDE) stipulent ce qui suit dans les cas où les enfants sont privés de famille :

Article 20

1. Tout enfant qui est temporairement ou définitivement privé de son milieu familial, ou qui dans son propre intérêt ne peut être laissé dans ce milieu, a droit à une protection et une aide spéciales de l'État.

2. Les États parties prévoient pour cet enfant une protection de remplacement conforme à leur législation nationale.

3. Cette protection de remplacement peut notamment avoir la forme du placement dans une famille, de la kafalah de droit islamique, de l'adoption ou, en cas de nécessité, du placement dans un établissement pour enfants approprié. Dans le choix entre ces solutions, il est dûment tenu compte de la nécessité d'une certaine continuité dans l'éducation de l'enfant, ainsi que de son origine ethnique, religieuse, culturelle et linguistique.

Article 27

1. Les États parties reconnaissent le droit de tout enfant à un niveau de vie suffisant pour permettre son développement physique, mental, spirituel, moral et social.

2. C'est aux parents ou autres personnes ayant la charge de l'enfant qu'incombe au premier chef la responsabilité d'assurer, dans les limites de leurs possibilités et de leurs moyens financiers, les conditions de vie nécessaires au développement de l'enfant.

3. Les États parties adoptent les mesures appropriées, compte tenu des conditions nationales et dans la mesure de leurs moyens, pour aider les parents et autres personnes ayant la charge de l'enfant à mettre en œuvre ce droit et offrent, en cas de besoin, une assistance matérielle et des programmes d'appui, notamment en ce qui concerne l'alimentation, le vêtement et le logement.

4. Les États parties prennent toutes les mesures appropriées en vue d'assurer le recouvrement de la pension alimentaire de l'enfant auprès de ses parents ou des autres personnes ayant une responsabilité financière à son égard, que ce soit sur leur territoire ou à l'étranger. En particulier, pour tenir compte des cas où la personne qui a une responsabilité financière à l'égard de l'enfant vit dans un État autre que celui de l'enfant, les États parties favorisent l'adhésion à des accords internationaux ou la conclusion de tels accords ainsi que l'adoption de tous autres arrangements appropriés[35].

Les enfants sont en situation de risque lorsqu'ils sont privés de leurs droits aux besoins fondamentaux tels que l'eau potable, la nourriture, les soins de santé, le logement, la protection et l'affection. Dans un pays en développement comme le Myanmar, où les structures gouvernementales ne sont pas en mesure de répondre aux exigences des droits fondamentaux des enfants, la responsabilité de s'occuper d'eux incombe à la communauté. L'Église locale est l'association de membres qui coopèrent et travaillent pour la prospérité et le bien-être de leur communauté. Le gouvernement reconnaît le travail social et les dispositions prises par l'Église locale pour intervenir en son nom.

> L'Église locale est l'association de membres qui coopèrent et travaillent pour la prospérité et le bien-être de leur communauté.

La communauté a cherché des solutions pour assurer le bien-être à long terme de ces trois frères et sœurs. Finalement, ils ont pris une décision qui semblait la meilleure pour tous. Les responsables de la communauté ont consulté les membres de la famille et les enfants vivent désormais avec leurs grands-parents. Ces enfants sont toujours soutenus financièrement et en fournitures, et l'arrangement est plus sûr pour ces enfants.

Il s'agit d'une solution à court terme, étant donné l'âge avancé des grands-parents. Mais pour l'instant, les dirigeants de la communauté pensent que c'est la meilleure solution.

---

35. « Convention relative aux droits de l'enfant », Haut-Commissaire des Nations Unies aux droits de l'homme, 2 septembre 1990, https://www.ohchr.org/fr/instruments-mechanisms/instruments/convention-rights-child.

Rêver de ce qui pourrait fonctionner

En considérant les expériences de vie de ces trois frères et sœurs, je rêve de ce qui pourrait faire de l'Église locale un témoin vivant du Christ dans une communauté de foi différente. Les Églises pourraient peut-être faire ce qui suit :

1. Inviter les responsables de la communauté, quelle que soit leur foi, à se rencontrer, à parler et à prier ensemble en tant que communauté, et à rechercher la sagesse de Dieu quant à la meilleure manière de s'occuper des enfants et des jeunes dans le besoin.

2. Montrer la voie et mettre en place un modèle d'unité d'accueil familial pour montrer comment les habitants peuvent s'occuper des enfants et des jeunes dans le besoin, et leur tendre la main pour nourrir et soutenir les enfants qui courent de grands risques.

3. Inviter d'autres organisations chrétiennes à collaborer avec la communauté pour mettre en place des installations et des centres éducatifs afin d'aider les enfants et les jeunes à développer leurs compétences personnelles et les former pour qu'ils deviennent des citoyens utiles du pays.

4. Soutenir le développement des familles par le biais d'une formation qui nourrit et forme la jeune génération pour qu'elle témoigne de l'œuvre de Dieu dans sa vie.

5. Proposer des programmes d'alphabétisation aux membres les plus âgés de la famille afin qu'ils puissent intervenir en faveur des jeunes enfants et les soutenir dans leurs études.

6. Rechercher des possibilités d'emploi rémunéré pour les adultes, de manière à assurer la stabilité financière de la famille.

7. Élaborer un programme d'intervention pour soutenir les enfants qui se révèlent à risque, quelle que soit la situation. Ce programme pourrait inclure la protection de l'enfance, la santé et la nutrition, l'apprentissage des compétences personnelles essentielles et la relation d'aide en cas de traumatisme pour les enfants maltraités, abandonnés ou orphelins, et qui ont un retard de développement intellectuel.

8. Prendre contact avec les agences gouvernementales pour leur demander d'apporter une forme de soins de santé aux enfants, aux femmes enceintes et aux jeunes mères.

9. Créer un centre communautaire ou un lieu où travaillent des personnes que les villageois peuvent consulter en cas de nécessité.

10. Travailler avec la direction de l'école pour la tenir informée des élèves du village concerné et pour l'avertir en cas de problèmes de comportement ou de difficultés particulières au niveau des études.

Au moment où j'écris ces lignes, je suis ému de dire que c'est maintenant qu'il faut agir ! Il ne devrait pas y avoir de « peut-être ».

Dans la présente étude de cas, les dirigeants de la communauté se sont réunis et ont décidé de la meilleure solution pour les trois frères et sœurs. Leur décision était une solution à court terme et un soulagement provisoire. Les responsables de la communauté doivent encore prendre des dispositions pour les soins à long terme et une solution durable. Bien qu'il soit possible de demander de l'aide à des organisations extérieures, c'est surtout sur la communauté que l'on peut et que l'on doit compter à long terme. L'Église locale doit donc s'associer aux villageois et mettre en place un bon système ou cadre de soutien pour les enfants qui ne peuvent pas recevoir de soins parentaux suffisants.

> L'histoire de Dieu ne se résume pas à ce qu'il a fait pour nous en tant qu'individus, mais aussi à ce qu'il a fait pour les autres, et cela inclut le village tout entier.

Théologiquement, le corps du Christ est une communauté. Selon la culture et le contexte du Myanmar, le terme « communauté » est spécifique au Myanmar, et inclut les villageois du voisinage. L'histoire de Dieu ne se résume pas à ce qu'il a fait pour nous en tant qu'individus, mais aussi à ce qu'il a fait pour les autres, et cela inclut le village tout entier. Dans la tradition de mon pays, du point de vue religieux, les membres de l'Église dépendent de l'Église locale pour les aider lorsqu'ils sont dans le besoin, et l'Église locale est aux côtés de ses membres en cas de besoin. De la même manière, les enfants, qui sont des dons de Dieu non seulement à leurs parents, mais aussi à la communauté, se tourneront vers l'Église pour obtenir un soutien. C'est le devoir pieux de l'Église locale et de l'Église dans son ensemble de répondre à leurs cris. Ces enfants sont membres d'une communauté dès leur naissance, et ils y joueront des rôles divers et complexes en son sein. En outre, ils grandiront pour devenir non seulement des fils et des filles, mais aussi des maris, des épouses, des amis, des voisins et des citoyens[36]. En répondant aux besoins des enfants, c'est en fait une nation que nous formons.

---

36. Marcia J. Bunge, « Historical Perspectives on Children in the Church », dans John Collier, sous dir., *Toddling to the Kingdom*, Londres, The Child Theology Movement, 2009, p. 102.

Conclusion

Un dimanche d'avril 2019, j'ai assisté au programme de fin d'études préscolaires du plus jeune des garçons. Il avait six ans. Trois ans auparavant, lui et ses sœurs avaient été confrontés à un avenir sombre après avoir été abandonnés par leurs parents. Pendant le culte, les enfants se sont présentés, et les trois frères et sœurs ont chanté ce cantique :

Jésus m'aime

Jésus m'aime, je le sais
Car la Bible me le dit
Les petits lui appartiennent
Ils sont faibles, mais Lui est fort
Oui, Jésus m'aime
Oui, Jésus m'aime
Oui, Jésus m'aime
La Bible me le dit.

Ce serait merveilleux si tous les enfants de nos communautés pouvaient chanter ce cantique. Plus précisément, s'ils pouvaient le chanter avec conviction et y ajouter une autre strophe :

Jésus m'aime, je le sais
Car ma communauté me le dit
Ces petits qu'ils aiment et dont ils s'occupent
Leur donnent de l'espoir, leur font connaître l'Évangile
Oui, Jésus m'aime
Oui, Jésus m'aime
Oui, Jésus m'aime
Ma communauté me le dit.

Questions de discussion

1. Comment le célèbre proverbe africain « Il faut un village pour élever un enfant » peut-il être compris dans une perspective biblique ? Y a-t-il des exemples tirés des Écritures qui soutiennent cette pratique communautaire ? Discutez-en.

2. Le concept d'*ubuntu* est-il applicable à d'autres contextes ? Quels sont les avantages et inconvénients que vous percevez ?

3. De nombreuses Églises du Myanmar consolident leurs efforts pour être « témoins vivants du Christ dans une communauté de foi différente » pour les enfants abandonnés par leurs parents. Cette pratique peut-elle s'appliquer dans votre propre contexte ? De quelle manière spécifique ?

Bibliographie

Bunge Marcia J., « Historical Perspectives on Children in the Church », dans *Toddling to the Kingdom*, sous dir. John Collier, Londres, The Child Theology Movement, 2009, p. 102.

« Convention relative aux droits de l'enfant », Haut-Commissaire des Nations Unies aux droits de l'homme, 2 septembre 1990, https://www.ohchr.org/fr/instruments-mechanisms/instruments/convention-rights-child.

4

Soutenus par la société

Dieu confie à la société la responsabilité de défendre le bien-être des enfants et des familles. Défendre les enfants et l'enfance revient à défendre le caractère sacré de la vie humaine.

Problème critique mondial
Une source de lumière

Menchit Wong – Philippine

Patrick McDonald, fondateur de Viva[1], raconte une vision qu'il a eue alors qu'il travaillait avec une mission locale pour les enfants des rues en Amérique du Sud. Selon ses propres termes, Patrick a vu :

> l'image d'un globe nocturne, tournant majestueusement dans son étendue, mais en quelque sorte « sombre » [...] Puis, soudain, quelques éclats de lumière ont jailli. Petits, frêles, insignifiants. Puis d'autres. Puis ils ont commencé à se connecter en nœuds de lumière, en roues de lumière couvrant une zone. À chaque pas, la lumière ou l'atmosphère changeait d'une manière ou d'une autre et devenait de plus en plus forte, plus brillante[2].

Patrick savait que cette vision venait de Dieu. C'était la réponse de Dieu à sa question : « Quel est ton plan ? Comment, Seigneur, comptes-tu répondre aux besoins de ces enfants ? » La vision représentait une mobilisation massive de communautés chrétiennes stimulées dans l'action, connectées en réseau et équipées selon une norme commune. La vision était celle d'un travail communautaire concerté, complet et crédible. Patrick McDonald a eu cette vision il y a plus de vingt ans. Aujourd'hui, cette vision est devenue réalité. Ces réseaux, qui brillent comme des sources de lumière, sont connectés à travers les continents pour briller comme des phares afin de défendre des enfants exposés à des dangers.

---

1. Viva est une organisation caritative internationale qui s'efforce de libérer des enfants de la pauvreté et de la maltraitance. Viva a établi des partenariats avec trente-huit réseaux locaux dans vingt-sept pays du monde pour s'assurer que les enfants sont en sécurité, en bonne santé et en mesure de réaliser le potentiel que Dieu leur a donné.
2. Patrick McDonald, interview, Berkley Center for Religion, Peace and World Affairs, Berkley, 12 janvier 2009, https://berkleycenter.georgetown.edu/interviews/a-discussion-with-patrick-mcdonald-founder-viva.

Défendre la cause des enfants

Le plaidoyer, tel qu'il est décrit dans la Bible, consiste à plaider en faveur des enfants et à défendre leur cause. Comme nous le verrons plus loin dans ce chapitre, ce que l'on entend par « plaider », c'est une défense qui ne se contente pas de paroles. Assurer efficacement la défense des enfants constitue une mission globale et holistique[3].

- Il s'agit d'une mission **en faveur** des enfants, c'est-à-dire qu'il s'agit de se tenir à côté d'eux pour promouvoir leur dignité et leurs droits, en étant conscient de leur vulnérabilité et de leur manque de pouvoir face aux adultes.
- C'est une mission **auprès** des enfants ; elle consiste à répondre à leurs besoins de développement holistique et à leur offrir la possibilité de devenir tout ce que Dieu a prévu pour eux.
- Il s'agit d'une mission **avec** les enfants ; elle consiste à les inviter, à les impliquer et à les soutenir dans leur objectif en tant qu'agents actifs (et non bénéficiaires passifs) dans la mission de Dieu.

Autrefois et maintenant

Dans la première édition du livre *Understanding God's Heart for Children*[4], les auteurs de la section des questions critiques du chapitre consacré au « bien-être dans la société », Ravi Jayakaran et Paul Stockley, citent les raisons de l'incapacité de la société à assumer la responsabilité que Dieu lui a confiée. La société a le mandat biblique de pourvoir au bien-être des enfants, ce qui implique de garantir leur pleine participation à la recherche de leur bien-être, de leur protection, de leur sécurité. Pour protéger les enfants contre les privations, l'exclusion et leur faiblesse naturelle, Jayakaran et Stockley proposent un cadre d'actions que l'Église peut mettre en œuvre pour s'acquitter de cette responsabilité que Dieu lui a confiée. Voici les actions clés qu'ils recommandent : (1) prendre conscience de la nécessité de collaborer avec les institutions pour prendre soin de la santé des enfants, de leur hébergement, de l'accès aux services sociaux, à l'eau potable, à l'information et à la protection ; (2) Sensibiliser et mobiliser pour plaider en faveur des pauvres ; (3) Identifier les zones à haut risque où les enfants sont démunis, exclus ou vulnérables ; (4) Jouer le rôle de sel et de lumière dans

---

3. Pour une compréhension et une réflexion plus approfondies, voir Desiree Segura-April, Susan Hayes Greener, Dave Scott, Nicolas Panotto et Menchit Wong, « Mission with Children at Risk. Lausanne Occasional Paper 66 », Lausanne Movement Consultation on Children at Risk, Quito, Équateur, 17-19 novembre 2014.
4. *Ibid.*

la société afin d'influencer les personnes en position d'autorité pour qu'elles agissent en faveur des pauvres.

Il y a maintenant plus de dix ans que le livre *Understanding God's Heart for Children* a été publié. Comment la société a-t-elle répondu aux problèmes et aux besoins des enfants ? Cet article passe en revue les progrès accomplis. Il souligne quelques étapes importantes de la société en général et de l'Église évangélique mondiale en tant que partenaire principal de la société dans la défense du bien-être des enfants.

Collaboration mondiale active

L'une des caractéristiques de la défense des enfants au cours des dix ou quinze dernières années a été un engagement fort dans le monde entier pour agir en faveur des enfants. Des organisations internationales telles que l'Organisation des Nations Unies (ONU), des réseaux et organisations confessionnels, des gouvernements nationaux et des organisations civiles ont reconnu que c'est en travaillant de manière interdépendante, et non indépendante, que nous pourrons répondre de manière globale aux besoins des enfants et aux faiblesses de plus de 2,2 milliards d'enfants. Revenons sur ces jalons de la collaboration mondiale.

Les Objectifs du Millénaire pour le développement des Nations Unies

Ban Ki-moon, l'ancien secrétaire général des Nations Unies, a déclaré que les Objectifs du Millénaire pour le développement des Nations Unies (OMD) « ont engendré des partenariats nouveaux et innovants, ont galvanisé l'opinion publique et montré l'extrême importance de la mise en place d'objectifs ambitieux[5] ». De plus, le rapport de 2015 sur la réalisation des OMD est un témoignage fort de l'importance de la collaboration mondiale fermement décidée et entreprise entre les organisations internationales et locales, les gouvernements, les organisations de la société civile et les organisations confessionnelles. Le rapport 2015 des Nations Unies sur la réalisation des OMD souligne des réalisations importantes qui ont un impact direct sur la protection et le bien-être des enfants, notamment :

1. L'éradication de l'extrême pauvreté et de la famine[6].

---

5. Ban Ki-moon, dans « Objectifs du Millénaire pour le développement. Rapport 2015 », Nations Unies, juillet 2015, p. 3, https://www.un.org/fr/millenniumgoals/reports/2015/pdf/rapport_2015.pdf.
6. « La situation des enfants dans le monde 2019. Enfants, nourriture et nutrition : Bien grandir dans un monde en mutation » UNICEF octobre 2019, https://www.unicef.org/fr/rapports/situation-enfants-dans-le-monde-2019.

2. Le droit à l'éducation primaire pour tous.
3. La réduction de la mortalité infantile[7].
4. La lutte contre le VIH/SIDA, le paludisme et d'autres maladies[8].

L'Église évangélique, championne des enfants

Les organisations internationales telles que les Nations Unies ont apprécié le rôle des organisations religieuses dans la défense du bien-être des enfants et des familles. Les valeurs prônées par les Églises et les communautés religieuses, notamment la paix, la justice, l'égalité sociale et la dignité de tous les êtres humains sont les piliers qui ont façonné la Convention des Nations Unies relative aux droits de l'enfant (CNUDE). De plus, les communautés religieuses disposent de réseaux profondément respectés, influents et bien ancrés au niveau local, qui leur permettent de répondre de manière plus large et plus efficace que les organisations internationales et les gouvernements nationaux aux besoins des groupes les plus vulnérables. La citation suivante témoigne de l'importance de la foi dans le plaidoyer et le développement humain :
« Nos traditions religieuses adoptent une vision holistique de la vie d'un enfant et cherchent donc à défendre tous les droits de l'enfant dans le contexte de sa famille, de sa communauté et, plus largement, de l'environnement social, économique et politique au sens large[9]. »

> Les organisations internationales telles que les Nations Unies ont apprécié le rôle des organisations religieuses dans la défense du bien-être des enfants et des familles.

Compte tenu des valeurs et du cadre philosophique communs aux organisations internationales et aux communautés de foi sur la dignité et l'importance des enfants, les dix à quinze dernières années ont vu s'intensifier les efforts concertés de la communauté mondiale des Églises évangéliques pour mettre en œuvre en faveur des enfants les actions préconisées par la société dans

---

7. *Ibid.*
8. « Objectif 3 : Bonne santé et bien-être », Nations Unies, Objectifs de développement durable, https://www.un.org/sustainabledevelopment/fr/health/.
9. « The Kyoto Declaration. A multi-religious commitment to confront violence against children », Religions for Peace Eighth World Assembly, Kyoto, Japon, août 2006, cité dans « Partnering with Religious Communities for Children », UNICEF, janvier 2012, p. 3.

son ensemble. Au début du millénaire, alors que la Convention internationale des droits de l'enfant et les OMD ont été adoptés par la quasi-totalité des pays en tant qu'instruments fondamentaux et cadres de référence pour la promotion du bien-être des enfants, l'Église évangélique s'est levée pour réagir. Trois facteurs observés ont fait que l'Église évangélique a intensifié ses efforts pour promouvoir la cause des enfants. Tout d'abord, une prise de conscience accrue du mandat biblique de l'Église, qui est de s'occuper des enfants et pas seulement des adultes. Dans le monde entier, les responsables d'Églises locales, de dénominations et d'institutions théologiques ont travaillé main dans la main pour définir une vision de l'amour de Dieu pour les enfants.

Ensuite, les Églises locales comprennent et acceptent mieux le rôle clé qu'elles ont à jouer dans la mise en pratique de l'Évangile en mettant en œuvre des modèles de ministère holistique auprès des enfants et des familles de leurs communautés. Lorsque des enfants ont souffert de la violence domestique, les Églises locales reconnaissent de plus en plus leur rôle de refuge et de lieu où les parents et les familles peuvent réfléchir à l'Écriture et comprendre l'amour de Dieu pour les enfants. À la lumière de la sensibilisation aux abus, à l'exploitation des enfants et à la violence exercée contre les enfants, des campagnes de protection de l'enfance ont été lancées dans plusieurs régions et pays. Un plus grand nombre d'Églises locales et de ministères au service des enfants a commencé à adopter et à mettre en œuvre des politiques de protection de l'enfance, afin de faire des Églises et des foyers des lieux plus sûrs pour les enfants. Les efforts de prévention et d'intervention se sont étendus aux enfants et aux familles qui ne faisaient pas partie des bénéficiaires habituels de l'Église ou d'une organisation caritative, mais qui se trouvaient dans des situations d'extrême vulnérabilité.

Troisièmement, il y a eu les efforts convergents efficaces de diverses ONG chrétiennes pour influencer les plus hauts responsables de l'Église et promouvoir une collaboration pour parler et agir sur les sujets de la maltraitance, de l'exploitation et de la négligence des enfants, ainsi que sur l'action des enfants dans la mission. Les dix à quinze dernières années ont vu la naissance de réseaux et de mouvements de défense des enfants au sein d'autres mouvements missionnaires mondiaux, de groupes et de dénominations ecclésiastiques qui ont partagé leurs expériences et leurs ressources en matière de ministère holistique parmi les enfants et les adolescents.

Assumer notre mandat biblique

Le congrès de Lausanne pour l'évangélisation mondiale de 2010 a été un moment décisif pour l'Église évangélique mondiale. Le Mouvement de Lausanne a réuni 4 200 dirigeants de 198 pays pour élaborer l'Engagement du Cap, qui fournit à la fois un cadre solide et théologique et une feuille de route pratique pour la mission mondiale, sans négliger la défense des enfants en danger. Voici les engagements sur lesquels ils se sont mis d'accord :

L'appel à l'action de l'Engagement du Cap en faveur des enfants a défini trois engagements spécifiques pour remplir son mandat biblique et sa mission holistique à l'égard des enfants. L'Église s'engage à :

> A) *Prendre les enfants au sérieux*, par une recherche biblique et théologique nouvelle qui reflète l'amour et le dessein de Dieu à leur égard et par leur intermédiaire, et en redécouvrant la signification profonde, pour la théologie et la mission, de l'action provocatrice de Jésus qui « prit un petit enfant par la main [et] le plaça au milieu d'eux ».
>
> B) *Chercher à répondre aux besoins des enfants du monde entier* en formant les adultes et en leur fournissant des ressources, en travaillant, chaque fois que cela est possible, avec la famille et la communauté qui entoure ces enfants, dans la conviction qu'un ministère holistique pour et par la prochaine génération d'enfants et de jeunes est un élément vital de la mission mondiale.
>
> C) *Exposer toute maltraitance à l'égard des enfants, s'y opposer et agir*, que cette maltraitance soit faite de violence, d'exploitation, d'esclavage, de trafic, de prostitution, de discrimination sexuelle ou ethnique, de ciblage commercial ou de négligence délibérée[10].

Dans le prolongement du congrès du Cap, le Mouvement de Lausanne a créé en 2012 deux groupes thématiques sur les enfants pour s'assurer que l'Appel à l'action aboutisse à une mise en œuvre pratique et durable. En 2013, une conférence de missiologie sur l'acceptation des enfants et des jeunes comme partenaires stratégiques dans la mission a été organisée par le Mouvement mondial 4/14 Window[11]. Susan Greener, du Wheaton College, a présenté un document sur la mission auprès des enfants à risque, pour eux et avec eux, qui a ensuite servi de cadre à l'élaboration du projet « Lausanne Occasional Paper on

---

10. Mouvement de Lausanne, « Engagement du Cap », 2011, https://lausanne.org/fr/statement/engagement-du-cap#p2-4-5, italiques dans l'original.
11. 4/14 Window Global Movement s'efforce d'atteindre, de sauver, d'enraciner et de libérer les enfants et les jeunes pour remplir leur mission divine et devenir des partenaires actifs dans la mission mondiale. 4/14 Window désigne la fenêtre démographique optimale à évangéliser et à instruire qui correspond à la tranche de vie la plus ouverte et la plus réceptive dans la vie d'une personne pour sa transformation et son développement spirituels.

Children-at-Risk » lors de la première consultation mondiale du Mouvement de Lausanne sur les enfants en danger qui s'est tenue en 2014 à Quito, en Équateur. Cette consultation mondiale a réuni pour la première fois trois groupes d'influence composés a) de ceux qui exercent un ministère pratique et de hauts responsables d'Églises, b) de théologiens et de missiologues, et c) d'universitaires, tous décidés à consolider l'unité et la collaboration en faveur des enfants vulnérables dans le monde[12].

En novembre 2013, lors de la 10e assemblée générale, les membres du Conseil œcuménique des Églises (COE), des partenaires œcuméniques et des organisations apparentées ont affirmé leur engagement à reconnaître les droits et la dignité des enfants et ont signé une déclaration intitulée « Placer les enfants au centre ». En 2015, le COE et l'UNICEF ont signé un partenariat afin de travailler ensemble pour défendre les droits de l'enfant, en mettant l'accent sur la violence à l'égard des enfants, et sur le changement climatique. En 2016, les résultats de nouveaux processus consultatifs avec le COE et les enfants ont abouti à la rédaction du document du COE « Engagements des Églises en faveur des enfants ». Ce document expose les trois engagements du COE en faveur des enfants et présente trois actions et stratégies spécifiques que toute Église locale peut utiliser pour répondre aux besoins et aux défis qui sont liés aux enfants : « (1) promouvoir la protection des enfants par les communautés ecclésiales ; (2) promouvoir la participation significative des enfants et des adolescents ; et (3) faire entendre la voix des Églises pour une justice climatique intergénérationnelle en soutenant les initiatives destinées aux enfants et aux adolescents et organisées avec eux[13]. »

Équiper l'Église mondiale pour un ministère holistique

En contraste flagrant avec les années 1980 et le début des années 1990, où la question des enfants était l'un des sujets les moins discutés lors des conférences sur la mission et où le ministère holistique et contextuel auprès des enfants était l'un des sujets les moins abordés, un changement d'intérêt s'est opéré au cours des deux dernières décennies. Au cours des dix à quinze dernières années, les

---

12. John Baxter Brown, sous dir., « Mission To, For and With Children-at-Risk. A Kairos Moment for the Whole Church », Papers from the Lausanne Movement's Consultation on Children-at-Risk, Quito, Équateur, novembre 2014, https://lausanne.org/content/statement/quito-call-to-action-on-children-at-risk.
13. « Engagement des Églises en faveur des enfants. Les Églises s'unissent pour les enfants dans le pèlerinage de justice et de paix », Conseil œcuménique des Églises, Genève, mars 2017, p. 7, https://www.oikoumene.org/sites/default/files/Document/CommitmentsToChildren_WCC_FR.pdf.

ministères et les organisations susmentionnés ont formé plusieurs partenariats afin d'équiper efficacement l'Église mondiale avec des bases théologiques solides et des connaissances approfondies, pour répondre aux besoins des enfants dans le monde entier. Une fois de plus, l'engagement en faveur d'un programme commun et la collaboration volontaire sont des facteurs essentiels qui ont favorisé l'équipement à l'échelle mondiale. En voici quelques exemples.

Tout d'abord, le Global Children's Forum a créé le site web Max7 qui abrite un énorme stock de ressources pour le ministère en faveur de l'enfance dans diverses langues, toutes en libre accès et faciles à consulter. Deuxièmement, en 2007, des dirigeants de dénominations, d'organisations de ministère auprès de l'enfance et d'institutions théologiques ont formé une alliance mondiale pour faire progresser les programmes en matière de développement holistique de l'enfant. Cette collaboration est plus connue sous le nom d'Alliance mondiale HCD (Holistic Child Development). Cette collaboration mondiale a débouché sur la multiplication de l'enseignement formel concernant le développement holistique de l'enfant dans les séminaires et les institutions académiques du monde entier. Des diplômés ont mis en œuvre des formes variées de formations, de programmes d'études, de ressources éducatives et de recherches avec des praticiens de terrain. Troisièmement, une initiative nationale réussie a été lancée par des chrétiens en Ukraine en 2010. Ils souhaitaient que tout orphelin trouve un accueil dans une famille permanente. Les efforts combinés des organisations chrétiennes non gouvernementales participantes et des milliers d'Églises appartenant à des centaines de dénominations ont permis d'augmenter considérablement le nombre d'adoptions et de prises en charge familiale d'enfants orphelins et vulnérables[14]. Cette initiative nationale ukrainienne a donné naissance au mouvement World Without Orphans (un monde sans orphelins), lancé en 2015.

Aborder tous les cas de maltraitance des enfants

Au-delà de l'élaboration d'une vision, de l'équipement et de la mise en place d'une collaboration, la preuve d'un véritable plaidoyer réside dans une pratique fondée sur des résultats concrets et sur une action stratégique et durable. Le troisième engagement de l'appel à l'action du Cape Town Commitment en faveur des enfants est de dénoncer, de résister et de lutter contre tous les abus perpétrés contre les enfants. La maltraitance comprend la violence, l'exploitation, l'esclavage, la traite, la prostitution, la discrimination sexuelle et ethnique, le

---

14. « World Without Orphans Global Forum for a World Without Orphans 2016 Report », 12 mars 2016.

ciblage commercial et la négligence délibérée. En outre, avec la menace mondiale persistante que représente la pandémie de Covid-19, les enfants vulnérables sont de plus en plus exposés aux réalités sinistres de ce fléau. En 2020, une enquête de l'UNICEF révèle qu'en raison de la pandémie, les services de prévention et de réponse à la violence ont été perturbés, au détriment de 1,8 milliard d'enfants dans 104 pays[15]. L'étude de 2020 indique que l'un des plus grands obstacles est l'incapacité d'effectuer des évaluations d'allégations de maltraitance d'enfants puisque les visites à domicile ont été interrompues ou fortement limitées en raison du couvre-feu. En outre, les mesures de distanciation ont largement conduit au chômage, à une perte importante de revenus, à la faim, à l'épuisement des parents, à l'augmentation de leur consommation d'alcool et à l'augmentation parallèle des problèmes de santé mentale chez les enfants.

Dans l'ensemble, la recherche a montré que les parents stressés sont plus susceptibles de répondre de façon agressive ou abusive aux comportements anxieux ou aux attentes de leurs enfants. Un environnement familial très stressé est souvent un facteur prédictif majeur d'abus physiques et de négligence des enfants[16]. Cette situation de risque s'aggrave lorsque les enfants sont exploités par le biais de la pornographie infantile pour procurer des revenus complémentaires à la famille.

Comment l'Église et la société ont-elles réagi ? Dans l'exemple ci-dessous, nous soulignons des actions essentielles telles que la recherche, la collaboration stratégique et la mise en œuvre systématique, depuis le plaidoyer mondial jusqu'à la mise en œuvre au niveau de la communauté locale qui ont toutes contribué au mouvement mondial contre la violence et les abus dont étaient victimes les enfants.

L'exploitation sexuelle des enfants en ligne est une forme d'abus qui constitue une menace grave et croissante exigeant un plaidoyer concerté et une action urgente. Les recherches menées par l'International Justice Mission (IJM) aux Philippines en 2019 ont montré qu'en trois ans, de 2016 à 2019, le taux de prévalence estimé de l'exploitation sexuelle des enfants sur Internet aux Philippines a plus que triplé[17]. Les Philippines constituent un point névralgique

---

15. UNICEF, « Protecting Children from Violence in the Time of COVID-19. Disruptions in Prevention and Response Services », août 2020.
16. N. Pereda et D. A. Díaz-Faes, « Family Violence Against Children in the Wake of COVID-19 Pandemic. A Review of Current Perspectives and Risk Factors », *Child and Adolescent Psychiatry and Mental Health* 14, n° 40, 20 octobre 2020.
17. « Online Sexual Exploitation of Children in the Philippines. Analysis and Recommendations for Governments, Industry and Civil Society », International Justice Mission, mai 2020. Cette étude novatrice a été menée pour mettre fin aux abus, guérir les cicatrices, mettre fin à

mondial de l'exploitation sexuelle des enfants en ligne. Par exemple, une femme a été arrêtée et condamnée à vingt ans de prison pour traite d'êtres humains. Elle avait forcé ses quatre jeunes enfants à se mettre au service de pédophiles d'autres pays, connus sous le nom de « clients » sur Internet. Les partenariats solides et continus de l'IJM avec plusieurs gouvernements, de nombreuses autres organisations de la société civile, des ministères chrétiens et des Églises locales contribuent tous à augmenter le nombre de sauvetages et de rétablissements d'enfants victimes, et à traduire les coupables en justice.

Un long chemin à parcourir

Lorsque nous repensons aux dix ou quinze dernières années et que nous prenons conscience de ce qui a déjà été réalisé dans le domaine de la défense des enfants, nous sommes remplis de gratitude et d'espoir. Nous sommes reconnaissants au Seigneur pour les étapes franchies. Nous voyons des foyers de lumière sous la forme de collaborations intentionnelles et d'actions soutenues partout dans le monde. L'amour de Dieu pour les enfants a fait naître un nouvel intérêt pour les enfants, et l'Église mondiale embrasse le mandat biblique de veiller au bien-être des enfants. Une pléthore de ressources est désormais disponible pour soutenir et équiper le ministère holistique auprès des enfants, pour eux et avec eux. On peut entendre la voix des enfants, et eux-mêmes sont représentés dans les conférences mondiales organisées par les organisations de la société civile et les organisations confessionnelles. Et il existe des pratiques fondées sur des données probantes pour renforcer les efforts en faveur de la survie, de la protection et du développement de l'enfant, ainsi que du respect de ses droits.

Mais nous reconnaissons que le nombre même d'enfants vulnérables dans le monde et la complexité des problèmes sociopolitiques qui les entourent nous dépassent et nous montrent qu'il faut faire beaucoup plus. Les trois engagements de l'Église pour le bien-être, la protection et l'action au service des enfants, reflétés dans l'Engagement du Cap, continuent à nous servir de boussole pour guider notre mobilisation et notre travail en commun.

---

l'impunité et forger une volonté mondiale de faire cesser ce crime. L'étude a été réalisée en partenariat avec le gouvernement philippin et diverses parties prenantes, et dans le cadre du partenariat U.S.-Philippines Child Protection Compact (CPC) entre le bureau du département d'État américain chargé de surveiller et de combattre la traite des êtres humains et le gouvernement des Philippines.

Bibliographie

Brown John Baxter, sous dir., « Mission To, For and With Children-at-Risk. A Kairos Moment for the Whole Church », Papers from the Lausanne Movement's Consultation on Children-at-Risk, Quito, Équateur, 17-19 novembre 2014, non publié, https://lausanne.org/content/statement/quito-call-to-action-on-children-at-risk.

Cameron Julia, sous dir., *The Cape Town Commitment. A Confession of Faith and a Call to Action*, Peabody, MA, Hendrickson, 2011. L'Engagement du Cap est consultable en français sur le site du Mouvement de Lausanne : https://lausanne.org/fr/statement/engagement-du-cap.

Conseil œcuménique des Églises, « Engagement des Églises en faveur des enfants. Les Églises s'unissent pour les enfants dans le pèlerinage de justice et de paix », mars 2017, https://www.oikoumene.org/sites/default/files/Document/CommitmentsToChildren_WCC_FR.pdf.

Ki-moon Ban, dans « Objectifs du Millénaire pour le développement. Rapport 2015 », Nations Unies, juillet 2015, https://www.un.org/fr/millenniumgoals/reports/2015/pdf/rapport_2015.pdf.

McConnell Douglas, Orona Jennifer, Stockley Paul, sous dir., *Understanding God's Heart for Children. Toward a Biblical Framework*, Colorado Springs, Authentic, 2007.

Nations Unies, « Objectif 3 : Bonne santé et bien-être », Objectifs de développement durable, https://www.un.org/sustainabledevelopment/fr/health/.

Nations Unies, « Objectifs du Millénaire pour le développement. Rapport 2015 », juillet 2015, https://www.un.org/fr/millenniumgoals/reports/2015/pdf/rapport_2015.pdf.

« Online Sexual Exploitation of Children in the Philippines. Analysis and Recommendations for Governments, Industry and Civil Society », International Justice Mission, mai 2020, https://www.ijm.org/vawc/blog/osec-study.

Pereda N., Díaz-Faes D. A., « Family Violence Against Children in the Wake of COVID-19 Pandemic. A Review of Current Perspectives and Risk Factors », *Child and Adolescent Psychiatry and Mental Health* 14, n° 40, 20 octobre 2020, https://capmh.biomedcentral.com/articles/10.1186/s13034-020-00347-1#Sec2.

Segura-April Desiree, Hayes Greener Susan, Scott Dave, Panotto Nicolas, Wong Menchit, « Mission with Children at Risk. Lausanne Occasional Paper 66 », Lausanne Movement Consultation on Children at Risk, Quito, Équateur, 17-19 novembre 2014, https://www.lausanne.org/content/lop/mission-children-risk-lop-66.

UNICEF, « La situation des enfants dans le monde 2019. Enfants, nourriture et nutrition : Bien grandir dans un monde en mutation », octobre 2019, https://www.unicef.org/fr/rapports/situation-enfants-dans-le-monde-2019.

UNICEF, « Partnering with Religious Communities for Children », janvier 2012, https://jliflc.com/resources/partnering-with-religious-communities-for-children/.

UNICEF, « Protecting Children from Violence in the Time of COVID-19. Disruptions in Prevention and Response Services », août 2020, https://www.unicef.org/reports/protecting-children-from-violence-covid-19-disruptions-in-prevention-and-response-services-2020.

« World Without Orphans Global Forum for a World Without Orphans 2016 Report », 12 mars 2016, https://wwoforum.org/report.

Réponse biblique et théologique
Les enfants, leurs droits et le royaume de Dieu

Bradley Thompson – Indienne

Introduction

Lorsque Radha avait une dizaine d'années[18], ses parents ont été trompés par des amis de la famille qui leur avaient promis de trouver un emploi en ville pour leur fille, mais elle a fini par être victime de la traite et de l'exploitation à Mumbai. Radha a finalement été secourue à l'âge de quatorze ans, mais on lui a diagnostiqué le VIH et deux autres infections sexuellement transmissibles. Elle a été ramenée dans sa famille, mais celle-ci l'a rejetée, craignant d'être ostracisée et rejetée par leur communauté locale. Radha a été admise dans un hôpital public de Chennai pour y être soignée et a ensuite été soutenue par un projet mis en œuvre par World Vision, qui se concentre sur les soins aux femmes et aux enfants touchés par le VIH/SIDA.

J'ai rencontré Radha pour la première fois en 1996, et mes interactions avec elle ont été pour le moins transformatrices. J'ai été stupéfait par sa résilience et sa force intérieure. Mais elle a également soulevé plusieurs questions avec lesquelles je me suis débattu. Son expérience m'a fait réfléchir au rôle de l'Église et des organisations chrétiennes dans la prévention de l'exploitation des enfants et dans la réponse aux problèmes des enfants comme Radha en Inde et dans le monde. Les réflexions que je partage dans cet article découlent des questions que je me suis posées après avoir rencontré Radha, ainsi que de mon travail avec des enfants vulnérables, des familles et des communautés au cours des deux dernières décennies. Cet article expose une base biblique de l'expression « interdit par la société » qui est axée sur le royaume de Dieu en tant que cadre pour la défense des enfants vulnérables. Il réfléchit également aux questions liées à l'Église et aux organisations chrétiennes dans la défense des enfants vulnérables dans le contexte indien.

---

18. Le nom a été changé pour préserver l'anonymat.

Construire sur une base solide

Le plaidoyer en faveur des enfants, pour les enfants et avec les enfants, doit être fondé sur le caractère de Dieu. Ce point a été mis très clairement en évidence dans le premier volume de *Understanding God's Heart for Children*. Les auteurs de la réflexion biblique du chapitre « Le bien-être dans la société » se concentrent sur le thème de l'amour qui doit être authentique et relationnel. Leur thèse affirme que « pour y parvenir, nous devons d'abord comprendre le caractère d'amour et de justice de Dieu, puis comprendre son appel à répondre aux problèmes des enfants vulnérables[19] ». Les auteurs abordent également la nécessité de reconnaître la responsabilité que Dieu a confiée aux gouvernements et aux institutions sociétales d'être justes et de garantir la justice pour les personnes les plus faibles et les plus vulnérables de la société.

Le royaume de Dieu : la base d'un plaidoyer centré sur l'enfant

Si la vulnérabilité des enfants est une préoccupation du cœur de Dieu, alors toutes les plaidoiries en faveur des enfants et avec leur concours sont une expression importante du royaume de Dieu.

Jésus et le royaume de Dieu

Le royaume de Dieu était au cœur du ministère terrestre de Jésus[20]. La révélation de Jésus-Christ et sa proclamation du royaume de Dieu sont des clés importantes pour comprendre et expliciter la théologie de la transformation dans la vie des enfants, des familles et des communautés les plus vulnérables.

> Si la vulnérabilité des enfants est une préoccupation du cœur de Dieu, alors toutes les plaidoiries en faveur des enfants et avec leur concours sont une expression importante du royaume de Dieu.

La réalité du royaume de Dieu n'est pas pleinement exprimée par son peuple s'il n'y a que peu de transformation dans la vie des personnes faibles et vulnérables de la société dans laquelle ils

---

19. Wendy Sanders, Tri Budiardo et Paul Stockley, « Let Love Be Genuine and Relational », dans Douglas McConnell, Jennifer Orona et Paul Stockley, sous dir., *Understanding God's Heart for Children. Toward a Biblical Framework*, Colorado Springs, Authentic, 2007, p. 135.
20. Arthur F. Glasser et al., *Announcing the Kingdom. The Story of God's Mission in the Bible*, Grand Rapids, Mich., Baker Academic, 2003.

vivent. Jésus a désigné les enfants comme des exemples à suivre pour entrer dans le royaume de Dieu (Mc 10.13-16). Le bien-être des enfants est une expression du royaume de Dieu sur la terre. Le plaidoyer dans ce contexte devrait donc reposer sur des principes bibliques solides fondés sur la personne et la révélation de Jésus-Christ et sur son royaume dans lequel la justice et la droiture coulent comme un fleuve. La défense des enfants les plus vulnérables trouve son fondement dans la manière dont nous, en tant qu'Église, comprenons et appliquons les principes du royaume de Dieu.

Ce royaume doit être la cible de nos objectifs, et Dieu nous a invités à exercer un triple ministère dans la société : prier pour voir venir le royaume, proclamer le royaume et rendre ce royaume visible (Mt 3.1-2 ; 4.17 ; 6.10). Nous sonderons la Bible pour voir comment cette présentation du royaume peut s'appliquer dans le contexte des enfants vulnérables des pays du Sud.

Prier pour le royaume

L'expression « que ton règne vienne » du *Notre Père* est un cri du cœur pour voir le gouvernement de Dieu s'instaurer dans nos vies, nos foyers, nos familles et nos communautés, et avoir un impact sur les sociétés (Mt 6.10). Il s'agit d'un appel à la justice, à la droiture et à la paix sur la terre par l'instauration du royaume de Dieu. La prière est au cœur de la transformation. La transformation de la vie des pauvres n'est pas le fruit des seuls efforts des personnes, mais s'opère par l'Esprit de Dieu qui agit en elles et à travers elles. En tant que praticiens, nous pouvons être facilement tentés d'« intervenir et de résoudre les problèmes » par nos propres efforts, en oubliant la puissance qui nous est accessible par la prière.

La prière est au cœur de la transformation.

Le texte de 2 Chroniques 7.14 (NBS) nous donne la perspective de Dieu sur la manière dont les problèmes du pays peuvent être résolus : « Si mon peuple, sur qui est invoqué mon nom, s'humilie, prie et me recherche, s'il revient de ses voies mauvaises, moi, je l'entendrai depuis le ciel, et je pardonnerai son péché et guérirai son pays. » Nous avons besoin de la puissance et de la bénédiction de Dieu pour guérir nos communautés, nos sociétés et nos pays afin qu'ils deviennent des lieux où les enfants s'épanouissent. Cette bénédiction, Dieu la répand lorsque son peuple se rassemble, prie et agit !

Proclamer le Royaume

Jésus a annoncé que le royaume de Dieu prophétisé dans l'Ancien Testament était « proche », et ce dès le début de son ministère. Jésus a appelé les gens à la repentance afin qu'ils puissent connaître le royaume de Dieu. Ce royaume doit être proclamé afin que le règne de Dieu puisse être établi sur la terre. Le rétablissement des relations avec Dieu et des uns avec les autres est la clé du message du royaume. Voici la condition prophétique posée : que « l'équité coule comme de l'eau et la justice comme un torrent intarissable » (Am 5.24, NBS). L'Église en particulier et la société en général ont reçu le mandat de rechercher la justice. Dieu ne s'intéresse pas à l'adoration au détriment de la justice et de l'équité.

> Le rétablissement des relations avec Dieu et des uns avec les autres est la clé du message du royaume.

Dans le Nouveau Testament, et en particulier dans les Évangiles, plusieurs passages montrent l'attention que Jésus porte aux enfants et la place qu'il leur accorde (Mc 10.14-16 ; Lc 18.16). Les enfants étaient non seulement inclus dans le ministère de Jésus, mais aussi traités avec compassion. Jésus dit dans Marc 10.14 (NBS) : « Laissez les enfants venir à moi ; ne les en empêchez pas, car le royaume de Dieu est pour ceux qui sont comme eux. » Dans les épîtres, le peuple de Dieu reçoit l'instruction de s'occuper des pauvres et des nécessiteux (2 Co 9.8-9 ; Jc 1.27). La prise en charge des orphelins était une activité importante et intégrante de la communauté chrétienne primitive[21].

Dieu appelle son peuple à travailler en tant que communauté pour répondre aux besoins des enfants les plus vulnérables de la société. L'Église a le mandat prophétique de collaborer avec les institutions de la société pour plaider en faveur de la justice dans la vie des enfants vulnérables.

Démontrer le Royaume

Le royaume n'a pas seulement besoin d'être proclamé. Il doit également être démontré. Dans son livre *Walking with the Poor. Principles and Practice of Transformational Development*, Bryant Myers parle de l'importance du

---

21. Josephine-Joy Wright et Glenn Miles, sous dir., « Holistic Mission to Children », dans *Celebrating Children. Equipping People Working with Children and Young People Living in Difficult Circumstances Around the World*, Carlisle, Paternoster, 2003, p. 143-149.

témoignage au moyen de « la vie, la parole, le signe et les actes[22] ». En adoptant un style de vie qui reflète les valeurs du royaume, l'Église est appelée à être le sel de la terre et la lumière du monde. Cette quête oblige l'Église notamment à veiller à ce que les pauvres, les faibles et les vulnérables ne soient pas opprimés ou exploités, mais qu'ils soient valorisés et entourés d'affection, et que leurs besoins fondamentaux soient satisfaits. Le passage suivant tiré de « The Oxford Declaration on Christian Faith and Economics » illustre abondamment ce mandat :

> La justice [biblique] est liée en particulier à ce qui est dû à des groupes tels que les pauvres, les veuves, les orphelins, les résidents étrangers, les salariés et les esclaves. Le dénominateur commun entre ces groupes est l'impuissance en raison des besoins économiques et sociaux. La justice demandée consiste à rétablir ces groupes dans les conditions prévues par Dieu[23].

La communauté du royaume de Dieu est appelée à vivre selon la justice et la droiture. La justice consiste à s'occuper des systèmes sociaux qui sont inopérants, en particulier en ce qui concerne les problèmes auxquels sont confrontés les pauvres et les personnes vulnérables, y compris les enfants. Le rétablissement des relations brisées avec Dieu et avec autrui dans le contexte de la communauté est essentiel pour lutter contre la pauvreté et l'injustice qui touchent tant d'enfants[24]. Il est également important de bien comprendre que le royaume de Dieu ne se limite pas au salut de l'individu. Il englobe également les systèmes sociaux, car ces systèmes sont créés et gérés par des personnes et doivent être restaurés conformément aux principes du royaume de Dieu[25].

Il est essentiel de collaborer avec les systèmes sociaux pour voir la transformation s'instaurer dans la pratique. L'Église doit s'engager et collaborer dans des partenariats multipartites pour rétablir les relations brisées et faire de ce monde un endroit meilleur pour les enfants.

Les enfants comme agents du royaume

Dieu utilise parfois des enfants pour accomplir son œuvre. La Bible présente clairement les enfants comme des agents actifs dans le royaume et le plan de Dieu.

---

22. Bryant L. Myers, *Walking with the Poor. Principles and Practices of Transformational Development*, New York, Orbis, 2011, p. 95.
23. « The Oxford Declaration on Christian Faith and Economics », dans *Mission as Transformation*, Oxford, Regnum Books International, 1990, p. 325.
24. Myers, *Walking with the Poor*.
25. *Ibid.*

Ainsi, le Psaume 8.3 évoque la stratégie de Dieu pour faire taire l'ennemi grâce aux louanges des bébés. Dieu a appelé Samuel, Daniel, Jérémie, David et Josias, tous très jeunes, pour transformer les nations. Si nous voulons avoir un impact, nous devons réfléchir sérieusement à la manière dont nous pouvons donner aux enfants les moyens d'être des agents de transformation. L'Église doit réfléchir à des stratégies permettant aux enfants de s'exprimer et d'utiliser les dons que Dieu leur a accordés pour stimuler le changement dans diverses sphères d'influence – la famille, l'école, la communauté, l'Église et la société.

Mais comment mobiliser efficacement l'Église pour qu'elle remplisse son rôle au sein de la société, ce rôle qui est d'être la voix qui annonce, les mains qui se tendent et les « beaux » (Es 52.7) pieds qui cherchent les enfants perdus ? Certains défis contextuels spécifiques peuvent éclairer une telle entreprise. Mais pour avoir un aperçu des récompenses, il suffit de se rappeler combien de fois Dieu s'est servi d'enfants pour nous atteindre et nous trouver.

Théologie chrétienne indienne

Une proportion importante (29,5 %) de la population indienne est âgée de moins de quatorze ans[26]. Bien que les enfants, la famille et l'éducation soient tenus en haute estime d'un point de vue culturel et religieux, le statut réel des enfants semble prouver le contraire[27]. De nombreux enfants vivent dans des conditions d'extrême pauvreté et de vulnérabilité. Des efforts ont été déployés pour renforcer la mission auprès des enfants par le biais de divers mouvements qui s'intéressent aux droits et aux besoins fondamentaux, notamment la protection et les soins. Si l'Église a mis en place diverses réponses pour servir les enfants les plus vulnérables, les besoins restent importants.

Que faudra-t-il faire pour mobiliser l'Église indienne afin qu'elle joue un rôle de catalyseur dans la société pour le bien-être des enfants ? Une approche contextuelle de la compréhension du mandat du royaume et de l'engagement de l'Église fera-t-elle une différence dans la manière dont le royaume de Dieu se manifeste concrètement pour permettre aux enfants vulnérables de vivre pleinement ? Les efforts déployés en matière de plaidoyer en faveur des enfants vulnérables et avec leur participation doivent s'appuyer sur la compréhension

---

26. « Sample Registration System Statistical Report 2011 », Office of the Registrar General India, New Delhi, 2011.
27. Chris Gnanakan, « 1 Peter », dans Brian Wintle et al., sous dir., *South Asia Bible Commentary. A One-Volume Commentary on the Whole Bible*, Udaipur/Carlisle/Grand Rapids, Open Doors Publications/Carlisle/Zondervan, 2015, p. 1742.

> **Les efforts déployés en matière de plaidoyer en faveur des enfants vulnérables et avec leur participation doivent s'appuyer sur la compréhension contextuelle de la foi chrétienne.**

contextuelle de la foi chrétienne et de l'expression du royaume de Dieu, afin d'inciter l'Église et les acteurs de la société à travailler ensemble pour faire la différence.

On raconte souvent l'histoire de Sadhu Sundar Singh et de son observation suivante : un hindou de haute caste refusait de boire de l'eau dans la tasse d'un Occidental alors qu'il mourait de soif. L'homme a fini par recevoir de l'eau dans son propre gobelet qui se trouvait à proximité et il l'a bue dans ce gobelet[28]. Sadhu a fait remarquer ceci : bien qu'ayant désespérément besoin d'eau, l'homme n'a accepté d'en boire que lorsqu'elle lui fut versée dans un gobelet qu'il reconnaissait. Cette histoire a des implications sur la manière dont l'Église aborde les questions relatives aux enfants et s'engage dans leur défense en Inde. Voici quelques considérations essentielles à prendre en compte :

- Mobiliser l'Église pour défendre les enfants dans la société indienne exigera une compréhension plus profonde des enfants et une réflexion sur le royaume de Dieu dans le contexte indien ainsi que sur la manière dont les enfants doivent être pris en charge et défendus dans une société pluraliste.
- Le bien-être des enfants est souvent un grand thème de ralliement. Malgré les croyances pluralistes ou fondamentalistes, les difficultés auxquelles les enfants sont confrontés peuvent devenir une plate-forme susceptible de mobiliser les institutions et les gouvernements pour qu'ils travaillent ensemble au dépassement de ces obstacles.
- Le contexte varié des traditions indiennes existantes, les effets de la colonisation et l'oppression des castes nécessiteront de multiples approches visant à intégrer et à traiter les questions de défense des enfants dans les systèmes théologiques existants[29].
- Les déclarations du Christ sur lui-même et sur le royaume de Dieu, ainsi que l'intégration du travail et du culte, doivent constituer le

---

28. Swami Dayanand Bharati, *Living Water and Indian Bowl*, éd. révisée, Pasadena, William Carey Library, 2004.
29. Voir Bharati, *Living Water* ; voir également Kirsteen Kim, « India », dans John Parratt, sous dir., *An Introduction to Third World Theologies*, Cambridge, Cambridge University Press, 2004, p. 97.

fondement d'une lutte efficace contre l'injustice, l'exploitation des enfants et la pauvreté[30].
- Il faut comprendre l'importance de s'engager au-delà des clivages. L'efficacité du plaidoyer passe par des engagements et des partenariats avec de multiples parties prenantes.

Implications et stratégies potentielles

Menchit Wong soulève des questions cruciales qui nécessitent une collaboration plus poussée afin de garantir une réponse stratégique et durable aux questions de justice et d'exploitation. Il s'agit d'un appel à une mission holistique auprès des enfants, pour les enfants et avec les enfants. L'écoute des enfants est une occasion mondiale de recherche à saisir, tout comme l'exploration des possibilités de plaidoyer innovant sur la place publique en utilisant les médias sociaux.

Parce que nous sommes animés de la foi chrétienne, nous sommes appelés à être sel et lumière, c'est-à-dire à être des catalyseurs dans la société en reflétant le royaume de Dieu et en abordant les problèmes que rencontrent les enfants qui sont souvent les citoyens les plus faibles et les plus vulnérables. Nous devons collaborer avec des institutions mondiales, prendre fait et cause pour les enfants, soutenir davantage les missions œuvrant parmi les enfants, et inciter l'Église à s'engager dans une mission holistique auprès et en faveur des enfants. L'importance de reconnaître l'action des enfants dans le plaidoyer comprendra la remise en question des visions du monde et l'exploration de ce que cela signifie de donner aux enfants les moyens d'agir.

Conclusion

Dieu appelle les croyants et la société en général à prier, proclamer et démontrer les principes du royaume et donner aux enfants les moyens d'être des acteurs du changement, en prévenant et en atténuant les impacts négatifs des systèmes sociaux, politiques et économiques brisés qui les désavantagent.

---

30. Ken R. Gnanakan, « Biblical Theology in the Indian Context », dans Bong Rin Ro et Ruth Eshenaur, sous dir., *The Bible and Theology in Asian Contexts. An Evangelical Perspective on Asian Theology*, Seoul, Word of Life Press and Asia Theological Association, 1984, p. 203-216. Voir aussi Asian Evangelical Theologians, « The Bible and Theology in Asia Today. Declaration of The Sixth Asia Theological Association Theological Consultation », dans Bong Rin Ro et Ruth Eshenaur, sous dir., *The Bible and Theology in Asian Contexts. An Evangelical Perspective on Asian Theology*, Seoul, Asian Theological Association, 1984, p. 3-20.

Il existe des occasions favorables qu'il faut saisir et exploiter pour aborder courageusement les questions brûlantes. L'Église en Inde, comme celle du monde entier, est chargée de la mission divine non seulement de répondre aux besoins immédiats des enfants, mais aussi de collaborer avec les gouvernements et les autres institutions pour garantir la justice et le bien-être des enfants vulnérables de partout dans le monde.

Bibliographie

AMALADOSS Michael, *The Asian Jesus*, Maryknoll, N.Y., Orbis, 2006.

BHARATI Swami Dayanand, *Living Water and Indian Bowl*, édition révisée, Pasadena, William Carey Library, 2004.

GLASSER Arthur F., Van Engen Charles E., GILLILAND Dean S., REDFORD Shawn B., *Announcing the Kingdom. The Story of God's Mission in the Bible*, Grand Rapids, Mich., Baker Academic, 2003.

GNANAKAN Chris, « 1 Peter », dans *South Asia Bible Commentary. A One-Volume Commentary on the Whole Bible*, sous dir. Brian WINTLE, Havilah DHARMARAJ, Jesudason Baskar JEYARAJ, Paul SWARUP, Jacob CHERIAN et Finny PHILIP, Udaipur/Carlisle/Grand Rapids, Open Doors Publications/Carlisle/Zondervan 2015, p. 1741-1748.

GNANAKAN Ken R., « Biblical Theology in the Indian Context », dans *The Bible and Theology in Asian Contexts. An Evangelical Perspective on Asian Theology*, sous dir. Bong Rin Ro et Ruth ESHENAUR, Seoul, Word of Life Press and Asia Theological Association, 1984, p. 203-216.

KIM Kirsteen, « India », dans *An Introduction to Third World Theologies*, sous dir. John PARRATT, Cambridge, Cambridge University Press, 2004, p. 44-73.

MYERS Bryant L., *Walking with the Poor. Principles and Practices of Transformational Development*, New York, Orbis, 2011.

« The Oxford Declaration on Christian Faith and Economics », dans *Mission as Transformation*, Oxford, Regnum Books International, 1990, p. 325.

« Sample Registration System Statistical Report 2011 », Office of the Registrar General India, New Delhi, 2011, https://www.censusindia.gov.in/vital_statistics/SRS_Report/1Contents%202011.pdf.

SANDERS Wendy, BUDIARDO Tri, STOCKLEY Paul, « Let Love Be Genuine and Relational », dans *Understanding God's Heart for Children. Toward a Biblical Framework*, sous dir. Douglas MCCONNELL, Jennifer ORONA et Paul STOCKLEY, Colorado Springs, Authentic, 2007, p. 135-151.

WRIGHT Josephine-Joy, MILES Glenn, « Holistic Mission to Children », dans *Celebrating Children. Equipping People Working with Children and Young People Living in Difficult Circumstances Around the World*, sous dir. Glenn MILES et Josephine-Joy WRIGHT, Carlisle, Paternoster, 2003, p. 143-149.

Étude d'un cas concret
J'existe, je suis un citoyen

Carmen Alvarez González – Costaricaine

J'existe ; je veux que mon nom soit inscrit dans le livre de vie.
(Un garçon de neuf ans, sans acte de naissance,
dont les mots ont inspiré le programme.)

Au Guatemala, plus de 600 000 enfants et adolescents sont vendus pour être adoptés illégalement et sont pris au piège des réseaux de trafiquants à des fins d'exploitation sexuelle et de travail forcé. L'un des principaux facteurs de ces abus est l'absence de papiers d'identité valides pour de nombreux enfants. Le réseau Viva Guatemala (Red Viva) a été confronté au fait que ces enfants existent et qu'ils ont une vie. C'est ainsi qu'en 2012 le réseau Viva a lancé le programme de plaidoyer « J'existe, je suis un citoyen ». L'objectif est de permettre à chaque enfant d'avoir ses propres papiers d'identité et d'accéder ainsi à des services de base qui lui reviennent normalement, comme l'éducation,

> *J'existe ; je veux que mon nom soit inscrit dans le livre de vie.*

les soins de santé et d'autres programmes sociaux, des services qui l'aident à vivre en toute sécurité, et à développer le potentiel que Dieu a mis en chacun.

Le combat d'une fillette pour être enregistrée

Yolanda est une fillette de cinq ans qui vit avec ses parents à Ciudad Quetzal, à vingt-cinq kilomètres de la capitale, dans la municipalité de San Juan Sacatepéquez, au Guatemala. Elle ne peut pas aller à l'école, car elle n'a pas de carte d'identité valide.

Felisa, la mère de Yolanda, est la fille d'une Hondurienne qui l'a vendue à une famille. Felisa n'a jamais été enregistrée comme citoyenne, ni au Honduras ni au Guatemala. Au fil du temps, Felisa a entamé une relation amoureuse et a donné naissance à une fille, Yolanda. Lorsque Yolanda est née, ses parents ont essayé d'enregistrer sa naissance, mais n'ont pas pu le faire. Au Registro Nacional de Personas (RENAP), la fonctionnaire a dit à Felisa qu'elle devait d'abord faire un enregistrement extemporané d'elle-même, et qu'elle devrait s'adresser à un notaire, accompagnée de deux témoins de sa naissance. Une telle démarche était coûteuse, bien au-delà des moyens que leur permettait leur extrême pauvreté. Le bureau de RENAP conseilla alors à Felisa et à son mari de demander l'aide de Red Viva. Le processus de recherche de validation de la famille a commencé en 2013, et le processus d'enregistrement de Felisa s'est achevé en septembre 2014.

Une fois Felisa enregistrée, l'enregistrement de Yolanda pouvait commencer. Mais les démarches ont duré un an. La naissance de Yolanda a été accompagnée par une sage-femme. L'affaire a donc dû être traitée par les tribunaux. Le juge a ordonné des tests ADN et dentaires pour établir la filiation légale entre Yolanda et Felisa. Le tribunal dut également déterminer l'âge calendaire de Yolanda et définir ainsi un âge légal. Après quatre audiences, l'enregistrement officiel de Yolanda a été finalisé en octobre 2015 dans la ville de Mixco. En 2016, Yolanda a obtenu une place pour entrer en première année d'école primaire.

> Je remercie Red Viva au Guatemala. Si cet organisme n'avait pas été là, j'aurais dû payer environ 700 dollars pour enregistrer la naissance de Yolanda. Nous n'avions pas cette somme. Red Viva m'a également aidée à inscrire Yolanda à l'école, et désormais, elle va pouvoir étudier. Que Dieu vous bénisse. – Felisa

Conséquences de l'absence d'enregistrement des enfants

L'enregistrement des naissances est en soi un laissez-passer pour l'accès aux droits humains fondamentaux. Pour l'enfant, il constitue le premier pas vers la citoyenneté, vers une présence identifiable dans la société. En même temps, l'enregistrement de la naissance permet à l'enfant d'avoir accès aux services de base tels que l'éducation et les soins de santé, l'accès à la justice, aux subventions de l'État et le droit de participer à la société civile, à la vie sociale, l'accès à de réelles opportunités de développement et la faculté d'exercer ses droits fondamentaux.

En revanche, le non-enregistrement des enfants crée des conditions propices à l'adoption illégale, la vente et le trafic d'enfants, en violation de tous les droits qui garantissent le développement de tout le potentiel que Dieu a donné pour que les enfants aient la vie et qu'ils l'aient en abondance.

Dans le Digest Innocenti n° 9, l'UNICEF souligne que malgré les engagements pris par les pays au niveau mondial pour protéger et créer des environnements sûrs pour les enfants, ces derniers sont toujours exposés au danger de l'exploitation et de la maltraitance, en particulier les enfants qui ne disposent d'aucun enregistrement de leur naissance. « Une tendance de plus en plus manifeste dans l'exploitation des enfants est le trafic d'enfants aux fins de prostitution et autres formes contemporaines d'esclavage, souvent déguisées en travail domestique ou de maison. La traite des enfants a atteint des niveaux alarmants : plusieurs millions d'enfants sont actuellement pris dans les réseaux des trafiquants[31]. »

À cela s'ajoute l'impact émotionnel du non-enregistrement sur les enfants, notamment l'impact sur leur identité, une violation sociale causée par le manque de sensibilité sociale et gouvernementale à leur égard. Les enfants qui ne sont pas enregistrés à la naissance peuvent généralement fréquenter l'école pendant un à trois mois, puis ils sont expulsés. Souvent, leur situation est exacerbée par l'expérience du harcèlement pendant leur bref temps de scolarité. Il existe des cas authentiques d'enfants qui ont tenté de se suicider en raison d'une violence psychologique insupportable et constante.

Résumons. Les conséquences de l'absence d'enregistrement des naissances sont les suivantes : les enfants ne sont pas protégés par le système et sont invisibles pour la société et le gouvernement. Ils sont plus susceptibles d'être victimes de la traite à des fins d'exploitation sexuelle et de travail des enfants. Ils sont constamment rejetés par la société, au point de tenter de se suicider en raison des dommages émotionnels qu'ils subissent. Ces populations sont exposées à des risques plus importants et tombent facilement dans les réseaux d'enfants migrants non accompagnés, d'enfants handicapés, d'enfants vivant dans la rue et de filles vulnérables.

Surmonter les obstacles à l'enregistrement des enfants

Les principaux obstacles qui empêchent les enfants d'être enregistrés peu après leur naissance sont les suivants : un système hospitalier disposant de ressources limitées en matière d'enregistrement des naissances sur place ; des centres d'enregistrement éloignés les uns des autres ; une attitude culturelle qui accorde peu d'importance à l'enregistrement des naissances en temps voulu ; et une pauvreté endémique. Plus de la moitié des Guatémaltèques vivent avec moins de deux dollars par jour, et même lorsque des dons sont reçus pour payer l'enregistrement tardif, qui est plus coûteux, l'argent peut être détourné au profit

---

31. Digest Innocenti n° 9 « L'enregistrement à la naissance : un droit pour commencer », UNICEF, 2002, p. 5, https://www.humanium.org/fr/wp-content/uploads/unicef-enregistrement-naissance-un-droit-pour-commencer.pdf.

des dépenses de la vie quotidienne. En outre, les politiques gouvernementales ne sont pas particulièrement favorables. Les différents services impliqués dans l'enregistrement sont souvent mal intégrés et les frais d'enregistrement tardif sont élevés.

Face à cette situation, la table ronde du groupe de travail composé du bureau gouvernemental RENAP et de l'équipe de Viva Guatemala ont identifié cinq actions clés à entreprendre pour résoudre le problème et augmenter le nombre d'inscriptions dans les délais impartis :

1. Faire pression sur les décideurs du gouvernement central pour qu'ils suppriment les amendes en cas d'inscription tardive, et que les inscriptions dans les délais soient gratuites pour les citoyens et qu'ils modifient les politiques publiques afin de promouvoir la coordination interinstitutionnelle.

2. Créer des bureaux d'enregistrement en temps voulu dans chaque hôpital du pays.

3. Former les sages-femmes pour faciliter l'enregistrement des naissances dans les délais.

4. Prévoir des campagnes médiatiques pour encourager l'enregistrement et impliquer à la fois les garçons et les filles (promotion parmi les pairs). Ces campagnes devront inclure des spots télévisés, des spots radiophoniques, des brochures et des affiches dans des lieux clés, ainsi que des réunions ciblées avec les autorités gouvernementales afin de faire connaître les besoins en matière d'enregistrement et la réalité quotidienne des difficultés rencontrées pour les enfants non enregistrés. En outre, des forums de sensibilisation doivent être organisés avec d'autres décideurs tels que les directeurs d'écoles, de centres de santé, d'Églises locales, ainsi qu'avec les candidats à l'élection présidentielle, afin que l'enregistrement des enfants soit inclus dans leurs plans de campagne électorale.

5. Accompagner les familles depuis le lieu de naissance de l'enfant jusqu'au moment où elles ont en main le certificat de naissance.

Cet effort commun a impliqué la participation de différents acteurs clés, et l'UNICEF a joué un rôle de premier plan dans ce processus. Des tables rondes ont été organisées et chaque participant a assumé une responsabilité pour parvenir à des résultats fructueux. Le rôle de Viva s'est concentré sur le lobbying auprès des autorités du RENAP, pour qu'elles réglementent et mettent en pratique les politiques. Des accords et des lettres d'engagement ont été signés. Le respect de ces engagements a été contrôlé, et Viva a été l'entité qui a mis en œuvre le programme. Il s'agit d'un projet conjoint très réussi. L'Église locale et le réseau Viva ont joué un rôle très important dans la campagne de sensibilisation, la recherche des cas et l'accompagnement des familles tout au long du processus. Le gouvernement central a revu et mis à jour les politiques d'enregistrement et de sous-enregistrement. Les autorités municipales ont défini des mécanismes plus efficaces pour les procédures. L'équipe technique a réalisé un travail complet dans l'identification des familles et des liens appropriés pour mener à bien le processus d'enregistrement légal.

À ce jour, des bureaux d'enregistrement ont été créés dans quarante des quarante-trois hôpitaux du système national de santé guatémaltèque. Trois cent quatre-vingts sages-femmes ont été sensibilisées au problème et formées à l'enregistrement en temps voulu. Ces sages-femmes communautaires ont été formées pour être en mesure d'enregistrer un enfant immédiatement après sa naissance dans le registre des citoyens et d'obtenir les documents nécessaires. Cette action des sages-femmes permet aux parents d'éviter d'avoir à revenir pour enregistrer leurs enfants.

Environ 3 784 enfants et adultes sans certificat ont été enregistrés. Certains cas d'enregistrement ont posé d'importants problèmes. À titre d'exemple, trois générations ont dû être enregistrées en même temps pour valider l'enregistrement d'un seul enfant, une démarche qui s'est échelonnée sur un an. Un accord de coopération interinstitutionnelle a été conclu avec le RENAP, le Conseil national de l'adoption, l'Institut des sciences médico-légales (INACIF) et les tribunaux locaux pour la prise en charge des cas non enregistrés. Les enfants handicapés de l'hôpital psychiatrique et les enfants nés de mères détenues en prison pour femmes ont été enregistrés.

Après quatre ans de travail conjoint, le RENAP a enregistré 591 478 naissances, dont 422 255 en 2016 et 169 223 au cours des six premiers mois de 2017. Parmi ces enregistrements de naissances, 79 721 étaient extemporanés, 1 069 ont fait l'objet d'une procédure judiciaire, et 12 873 ont fait l'objet d'une procédure consulaire. Le rapport souligne également que 3 783 enregistrements ont été effectués par des parents qui étaient mineurs au moment des faits, et 88 987 enregistrements étaient à l'initiative de mères célibataires.

> **Trois cent quatre-vingts sages-femmes ont été sensibilisées au problème et formées à l'enregistrement en temps voulu.**

Faire participer les enfants à la défense des droits

Ce programme est le résultat d'un enfant qui a osé élever la voix et cette voix a été entendue. Un seul « petit » geste a profité à des centaines de milliers d'enfants de la région. Il a posé la question : « Comment puis-je être inscrit dans le livre de vie si je n'ai pas de nom ? »

La participation des enfants à nos initiatives ajoute une perspective qui rend la prise de décision plus proche de la réalité et améliore notre pratique. Les impliquer dans l'analyse, le suivi et l'évaluation du programme apporte une perspective plus dynamique. Les enfants peuvent donner l'exemple et faire bouger les autres, influencer leur environnement, ajouter de l'espoir et croire que le succès est possible. Ils ont une nouvelle vision de la réalité et ont des idées plus claires sur la manière de travailler avec leurs pairs et de parvenir à des solutions simples et réalisables. Ils ont un regard critique ; ils disent des choses simples. Tous ces avantages ont été constatés lors de la mise en œuvre du programme d'enregistrement des naissances. Écouter les enfants et agir sont les deux éléments clés qui ont motivé la relation entre les enfants, le gouvernement et le programme Viva au Guatemala.

Effets du Covid-19 sur l'enregistrement des enfants

La pandémie de Covid-19 a aggravé la situation de l'enregistrement. Selon les données préliminaires publiées par RENAP, pendant la pandémie, 70 % des enfants n'ont pas été enregistrés. Les bureaux du gouvernement, y compris le RENAP, sont restés fermés en raison de la pandémie, tout comme les bureaux d'enregistrement des hôpitaux. Avec l'aide des 520 Églises du réseau, nous avons mené une enquête locale et constaté que 13 321 naissances d'enfants n'avaient pas été enregistrées.

Ces enfants ne pourront pas entrer dans le système scolaire et n'auront pas accès aux services de santé. Ils sont exposés à la traite et à l'exploitation. Lorsqu'ils seront adultes, ils n'auront pas les mêmes chances que les autres de trouver un emploi décent. Ils n'auront pas le droit de s'intégrer dans le tissu économique du pays. Ils n'auront même pas le droit à un enterrement décent. Face à cette situation, le gouvernement et l'équipe de Viva ont prolongé leur accord pour continuer à promouvoir des initiatives qui contribuent à atténuer l'impact de la pandémie, en promouvant l'enregistrement à temps des naissances et en menant des campagnes de sensibilisation et de promotion impliquant d'autres acteurs clés tels que les associations de parents d'élèves, les responsables d'hôpitaux et les groupes communautaires organisés.

Cette situation restera toutefois un défi pour le gouvernement. Le problème est si grave et son ampleur si grande qu'il ne pourra pas être résolu rapidement par une seule initiative. La clé du problème nécessite des changements dans les modèles culturels et dans la volonté politique du gouvernement. Si cette question n'est pas abordée, ce sont les personnes « invisibles » qui subiront les conséquences les plus graves, les citoyens qui ne peuvent pas exercer leurs droits, les personnes qui sont exclues de la vie productive du pays et qui sont exclues des bénéfices des politiques publiques. N'ayant pas de certificat de naissance, ils deviennent des citoyens fantômes.

La tâche de l'Église

Les Églises locales sont activement engagées dans la défense des enfants au Guatemala. Elles ont appris à identifier les besoins, à développer des stratégies et à proposer des solutions viables. Leur modèle d'action collective peut se reproduire. Fonctionnant comme un seul organisme, chaque participant a un rôle à jouer dans la transformation nécessaire. L'étude de ce cas illustre les commentaires de Bradley Thompson en ce qui concerne la réflexion de Sanders, Budiardo et Stockley sur l'authenticité de l'amour, et leur thèse selon laquelle « pour y parvenir [à la transformation], nous devons d'abord comprendre le caractère d'amour et de justice de Dieu, puis comprendre son appel à répondre aux problèmes des enfants vulnérables[32] ».

Nous devons d'abord comprendre le caractère d'amour et de justice de Dieu, puis comprendre son appel à répondre aux problèmes des enfants vulnérables. L'Église doit intervenir auprès des gouvernements et autres institutions pour garantir la justice et répondre aux besoins des enfants vulnérables, ce qui est fondamental dans la pensée biblique.

Dans une société qui s'appuie de moins en moins sur l'engagement et la loyauté de la famille, l'Église chrétienne doit restaurer la valeur de la famille, promouvoir des valeurs qui rétablissent la santé et l'importance de la famille dans la culture, et promouvoir une vraie vie de disciple. Dieu lui-même a institué l'Église comme un espace à partir duquel il peut agir et développer son plan pour l'humanité. La reconstruction de l'Église, c'est-à-dire la récupération de son essence d'origine et de son caractère communautaire, doit se faire à partir de deux choses : son expérience et sa tradition d'origine. Jésus n'a pas seulement proclamé

---

32. Wendy Sanders, Tri Budiardo et Paul Stockley, « Let Love Be Genuine and Relational », dans Douglas McConnell, Jennifer Orona et Paul Stockley, sous dir., *Understanding God's Heart for Children. Toward a Biblical Framework*, Colorado Springs, Authentic, 2007, p. 135.

la vie en abondance, il a aussi encouragé les gens à dénoncer toutes les actions qui menacent l'humanité, en particulier les actions contre les plus vulnérables et sans protection. Nous sommes exhortés à être des agents du changement et à préparer les jeunes générations à traduire dans la vie de tous les jours les valeurs du royaume de Dieu.

Questions de discussion

1. À la lumière du concept de plaidoyer du Mouvement de Lausanne, « en direction de, pour et avec les enfants », créez votre propre définition du plaidoyer.

2. Les Objectifs du Millénaire pour le développement (OMD) des Nations Unies ont permis des avancées significatives en matière de protection et de bien-être des enfants. Cependant, les besoins sont encore trop importants. Des milliers d'enfants vivent encore dans l'extrême pauvreté, la faim et diverses formes de maltraitance. Comment votre Église locale, votre séminaire ou votre ONG peuvent-ils mieux défendre les enfants ? Indiquez des moyens concrets.

3. À la lumière de la réponse théologique rédigée par Bradley Thompson, quelle est la compréhension théologique et/ou herméneutique de votre dénomination concernant le royaume de Dieu en tant que fondement de l'action en faveur des enfants ? Comment cette compréhension peut-elle se traduire en engagements concrets – paroles et actions – au nom des enfants ?

4. Comment les enfants eux-mêmes peuvent-ils s'engager dans la défense de leurs droits ? En examinant l'étude de cas présentée dans ce chapitre, quels sont les avantages et les inconvénients de la participation des enfants à la défense de leurs droits ? Quelles sont les étapes développementales que les adultes devraient prendre en compte lorsqu'ils donnent aux enfants les moyens de participer à ce type d'initiatives ?

5

Un espoir assuré

L'espoir est le moteur de la survie pour les enfants qui vivent dans des conditions difficiles.

Problème critique mondial
Spiritualité et espoir : l'extraordinaire caché dans l'ordinaire

María Alejandra Andrade Vinueza – Équatorienne

« L'espoir, c'est quand tout va mal, mais que l'on continue de croire qu'il en sortira quelque chose de bien. Et tout à coup, on le voit ! »

José Andrés, mon fils (sept ans)

En juin 2020, l'Organisation mondiale de la Santé affirmait qu'à l'échelle mondiale, un milliard d'enfants âgés de deux à dix-sept ans avaient été victimes de négligence ou de violence physique, sexuelle ou émotionnelle au cours de l'année écoulée[1].

La probabilité que les enfants subissent ces types de violence augmente dans des contextes d'adversité comme les conflits sociopolitiques ou armés, la pauvreté économique ou les migrations forcées. Le fait de grandir dans des contextes d'adversité et de violence affecte la santé et le bien-être mental, émotionnel, spirituel et physique des enfants, et cela peut avoir des répercussions tout au long de la vie. C'est la raison pour laquelle les individus et les organisations, y compris les organisations confessionnelles, plaident pour l'inclusion de la protection des enfants dans les lois internationales. Cet appel est particulièrement évident dans les Objectifs de développement durable des Nations Unies définis en 2015.

Puis, au début de l'année 2020, le Covid-19 a déclenché une crise mondiale sans précédent, affectant les domaines sanitaire, humanitaire, socio-économique et des droits de l'homme. À bien des égards, cette pandémie a révélé la fragilité des systèmes mondiaux, a mis en évidence les niveaux profonds de corruption et d'inégalité, et a exacerbé la situation déjà difficile de millions d'enfants et de leurs familles. On estime que l'un des effets du Covid-19 est d'avoir plongé entre

---

1. « Rapport de situation 2020 sur la prévention de la violence à l'encontre des enfants dans le monde », Organisation mondiale de la Santé, 18 juin 2020, p. 1, https://iris.who.int/bitstream/handle/10665/332449/9789240007116-fre.pdf?sequence=1.

quarante et soixante-six millions d'enfants dans l'extrême pauvreté, s'ajoutant ainsi aux 386 millions d'enfants vivant déjà dans l'extrême pauvreté en 2019[2].

Au Venezuela, par exemple, après six années consécutives de déprime économique, on estime aujourd'hui que sept millions de personnes à l'intérieur du pays et douze millions en déplacement ont un besoin urgent d'aide humanitaire, et 40 % d'entre elles sont des enfants[3]. Les enfants de Syrie, de Somalie, du Myanmar et du Sud-Soudan se trouvent dans une situation similaire après des années de conflit armé[4]. Dans des pays comme le Yémen, le Sahel central, le Soudan et même dans des pays comme le Royaume-Uni, la sécurité alimentaire et la malnutrition ont augmenté de façon dramatique au cours des derniers mois[5]. Quant au système éducatif, 91 % des élèves dans le monde ont été contraints à des interruptions de scolarité et, pour la plupart d'entre eux, le manque d'accès à un enseignement en ligne de qualité ne fera qu'amplifier le fossé des inégalités. Il en va de même dans le monde entier, le Covid-19 a contraint des milliers de femmes et d'enfants à rester piégés avec leurs agresseurs, ce qui a accru la violence domestique et sexiste. Pour de nombreuses victimes, le fait de devoir « rester à la maison » les expose littéralement à des risques mortels[6].

Selon l'UNICEF, les enfants fuient leurs maisons plus que jamais. En 2019, environ dix-neuf millions d'enfants ont été déplacés de force en raison de conflits et de violences ; 8,2 millions d'autres enfants ont dû quitter leurs maisons pour des raisons liées aux catastrophes naturelles[7]. Lorsqu'ils quittent leur pays, les enfants déplacés sont exposés à la violence sexiste, à l'exploitation, aux abus, à la détention et à la traite. En outre, ils sont confrontés à la discrimination et à la xénophobie, ce qui rend leur vie encore plus difficile.

Face à ces situations qui mettent leur vie en danger, les enfants ont besoin d'espérer. Tous les enfants, quels que soient leur origine ethnique, leur sexe, leur appartenance religieuse, leur condition physique et leur âge, ont besoin d'être assurés que, quelle que soit la situation à laquelle ils sont confrontés dans le présent, les choses peuvent s'améliorer. L'espoir est une intuition, une attente

---

2. « Rapport annuel de l'UNICEF 2019. Pour chaque enfant, réinventer l'avenir », UNICEF, juin 2020, p. 2, https://www.unicef.org/fr/rapports/rapport-annuel-de-lunicef-2019.
3. *Ibid.*, p. 6.
4. *Ibid.*, p. 7.
5. *Ibid.*, p. 2 ; Chris Baraniuk, « Fears grow of nutritional crisis in lockdown UK », The *BMJ*, 20 août 2020.
6. Luis Felipe López-Calva, « No safer place than home? The increase in domestic and gender-based violence during COVID-19 lockdowns in LAC », UNDP Latin America and the Caribbean, 3 novembre 2020.
7. « Child displacement », données de L'UNICEF, septembre 2021.

> L'espoir est une intuition, une attente que quelque chose de bien se produira, que le pire sera passé et qu'un nouveau départ sera possible.

que quelque chose de bien se produira, que le pire sera passé et qu'un nouveau départ sera possible. Pour les enfants confrontés à des situations difficiles, l'espoir renforce la patience et permet d'imaginer des possibilités.

L'espoir guérit.
L'espoir est l'essence même de la survie.
L'espoir est l'élément vital de la résilience.
L'espoir demeure lorsque tout le reste est perdu.

Pour reprendre les termes de Snyder, « l'espoir est la fenêtre de nos enfants sur un avenir meilleur[8] ». En raison des expériences douloureuses et traumatisantes de l'inégalité, de l'injustice, du désespoir et de l'isolement, l'espoir des enfants est souvent meurtri et a besoin d'être soigné. Ce n'est qu'à ce moment-là qu'il peut libérer son pouvoir imparable de transformation de l'environnement grâce à la conviction intérieure et à la détermination de continuer à aller de l'avant malgré les ténèbres environnantes. De ce point de vue, l'espoir n'est jamais passif, au contraire : c'est le carburant qui fait tourner le moteur de la volonté.

Dans la première édition de *Understanding God's Heart for Children*, les articles du chapitre consacré à l'espérance étudient la manière dont chaque génération d'enfants conserve l'espérance promise, de sorte qu'à travers eux, le monde peut s'améliorer. Les auteurs affirment que les enfants sont conçus comme la promesse d'espoir de Dieu pour chaque génération[9] ou, pour reprendre les termes de Jürgen Moltmann, « les enfants sont des métaphores de l'espoir pour tout le peuple de Dieu[10] ». Tollestrup définit l'espérance comme « l'attente de bonnes choses à venir[11] » et souligne la dimension communautaire de l'espérance : « Nous ne pouvons pas vraiment construire des enfants de l'espérance sans construire des communautés de l'espérance[12]. »

---

8. C. R. Snyder, « Measuring Hope in Children », texte présenté lors de la conférence « Indicators of Positive Development », Washington, D. C., 12-13 mars 2003, p. 3.
9. S. Tollestrup, « Children Are a Promise of Hope », dans Douglas McConnell, Jennifer Orona et Paul Stockley, sous dir., *Understanding God's Heart for Children. Toward a Biblical Framework*, Colorado Springs, Authentic, 2007, p. 186.
10. Jürgen Moltmann, cité dans L. Wagener, « Hope for Every Generation », dans Douglas McConnell, Jennifer Orona et Paul Stockley, *Understanding God's Heart for Children. Toward a Biblical Framework*, Colorado Springs, Authentic, 2007, p. 196.
11. Tollestrup, « Children Are a Promise of Hope », p. 186.
12. *Ibid.*, p. 195.

Plutôt que de se concentrer sur les enfants en tant que promesses d'espoir, cet article sensibilise au fait que les enfants confrontés à l'adversité ont besoin d'espérer pour résister, survivre et s'épanouir. La première section affirme que l'espoir est un allié indéniable pour les enfants exposés aux dangers. La

> l'espoir des enfants est souvent meurtri et a besoin d'être soigné.

deuxième section se penche sur la relation entre la spiritualité, l'espoir et la résilience. Enfin, la troisième section émet l'idée que l'épanouissement spirituel peut engendrer l'espoir par la prise de conscience et l'intentionnalité.

L'espoir, un allié indéniable pour les enfants en danger

Depuis plusieurs décennies, la forme la plus courante de lutte contre la pauvreté dans le milieu de l'aide humanitaire et du développement consiste à apporter un soutien concret et tangible tel que le logement, la nourriture, les soins de santé, l'habillement et l'éducation. Cette pratique s'est en partie appuyée sur des propositions théoriques telles que la hiérarchie des besoins de Maslow, qui affirme qu'il faut satisfaire les besoins physiologiques pour combler les besoins de plus haut niveau tels que la sécurité, l'amour et l'appartenance, l'estime et, enfin, la réalisation de soi[13]. Toutefois, si des cadres tels que la hiérarchie des besoins de Maslow peuvent s'avérer utiles pour éclairer les programmes d'aide et de développement, il est désormais clair dans la pratique que les stratégies efficaces de lutte contre la pauvreté doivent également inclure l'offre de services de santé mentale, la création de revenus et le renforcement de la communauté dans le cadre des services basiques. Plus précisément, les organisations d'aide et de développement axées sur les enfants reconnaissent aujourd'hui l'importance d'inclure des espaces de jeu sécurisés pour les enfants, car elles reconnaissent l'importance de ces espaces pour le bien-être des enfants et le développement d'un sentiment de sécurité et d'appartenance. Il est également prouvé que des espaces accueillants pour les enfants peuvent les aider à surmonter les traumatismes, à susciter l'espoir et à renforcer leur résilience. La recherche approfondie a prouvé que ces stratégies « moins tangibles » liées à la santé mentale et émotionnelle, à la création d'espoir, à la résilience, à l'établissement de relations et à la défense des intérêts des enfants sont cependant essentielles

---

13. A. H. Maslow, « A theory of human motivation », *Psychological Review* 50, n° 4, 1943, p. 370 ; F. Freitas et L. Leonard, « Maslow's hierarchy of needs and student academic success », *Teaching and Learning in Nursing* 6, n 1, janvier 2011, p. 9.

pour garantir une approche holistique, axée sur les personnes et durable[14]. Toutefois, ces stratégies dites moins tangibles comportent des défis intrinsèques et particuliers, car elles sont moins faciles à contrôler et, surtout, moins faciles à mesurer pour les organisations de développement.

Ces défis sont particulièrement importants dans le cas de stratégies visant à donner de l'espoir aux enfants ; en d'autres termes, créer un espace pour que l'espoir naisse, s'exprime et s'épanouisse chez les enfants[15].

Les réponses pratiques ne suffisent pas

En 2012, l'éducatrice et anthropologue Gillian Mann a publié un article s'appuyant sur des recherches menées auprès d'enfants congolais fuyant la guerre et vivant en Tanzanie. La plupart de ces enfants avaient vécu des expériences familiales et personnelles traumatisantes, allant de l'observation de meurtres brutaux à l'emprisonnement, le travail forcé et l'enlèvement pour combattre en tant qu'enfants soldats, avec toutes les privations, les pertes et les peurs qui y sont associées. Dès leur plus jeune âge, la plupart de ces enfants ont su ce que c'était que de craindre pour leur vie et de se demander s'ils verraient le lendemain. Contrairement à ces histoires horribles, les enfants réfugiés en Tanzanie ont eu accès au regroupement familial, à la réadaptation, à la thérapie psychologique, aux soins de santé, à la scolarisation et à la formation professionnelle. Il ne fait aucun doute qu'ils faisaient face à des limites, mais au moins ils pouvaient se sentir à l'abri du danger, à l'abri des terreurs, de la désorientation et des atrocités de la guerre[16]. Ce que Mann qualifie de « choquant », c'est la prise de conscience que tous les efforts déployés par les organisations non gouvernementales pour répondre aux « besoins matériels et émotionnels de [ces] enfants affectés par la guerre[17] » étaient sans aucun doute importants, mais de toute évidence

---

14. M. Wessells et K. Kostelny, « Child Friendly Spaces. Toward a Grounded Community-Based Approach for Strengthening Child Protection Practice in Humanitarian Crises », *Child Abuse & Neglect* 37, supplément, décembre 2013, p. 30 ; A. Ager, L. Stark, B. Akesson et N. Boothby, « Defining Best Practice in Care and Protection of Children in Crisis-Affected Settings. A Delphi Study », *Child Development* 81, n° 4, juillet-août 2010, p. 1272.
15. Tollestrup, « Children Are a Promise of Hope », p. 195.
16. G. Mann, « Beyond war. "Suffering" among displaced Congolese children in Dar es Salaam », *Development in Practice* 22, n° 4, 6 juin 2012, p. 449.
17. *Ibid.*, p. 450.

insuffisants pour permettre à ces enfants de surmonter l'adversité à laquelle ils étaient confrontés et de s'épanouir en tant qu'individus :

> La plupart d'entre eux ont décrit un sentiment d'abjection écrasant, un terme utilisé pour décrire le sentiment non de perdre sa place dans le monde, mais les sentiments associés de trahison, d'humiliation et d'avoir été mis de côté. Ces sentiments étaient exacerbés par l'impression d'être suspendus dans un présent ennuyeux et dénué de sens, dans lequel l'avenir était si incertain et incontrôlable qu'il était parfois inimaginable. La vie quotidienne et l'avenir des garçons et des filles dépendaient d'un si grand nombre de facteurs et de personnes que beaucoup d'entre eux avaient du mal, au sens propre comme au sens figuré, à penser *hic et nunc*, sur-le-champ et sans délai[18].

Le désespoir comme mort spirituelle

En écoutant les récits de ces enfants, Mann a conclu que leur statut illégal et leur condition de « réfugiés », l'environnement hostile, le manque d'accès aux services, les conditions de pauvreté et le soutien social limité ont créé une vie caractérisée par la peur constante, l'isolement et le dépit. Leur situation a eu un impact direct sur la façon dont ils se percevaient – comme une « génération perdue », des « déchets » – et sur la façon dont ils considéraient la vie comme « lamentable », « pire que tout ce qu'ils avaient déjà connu », « ennuyeuse et dénuée de sens[19] ». En d'autres termes, alors que leur présent était marqué par de forts sentiments d'humiliation, de souffrance et de désespoir, les enfants n'étaient plus en mesure d'imaginer leur avenir, ce qui sapait les fondements de leur humanité, car « c'est l'idée même d'un avenir qui les motivait à passer le cap de la journée à venir[20] ». Mann qualifie cet état de « mort spirituelle, dans laquelle la vie est dénuée de sens[21] ». Le psychologue américain Alan Kazdin décrit cet état d'esprit comme le « désespoir » : « des attentes négatives quant à soi-même et à son avenir[22]. »

La situation des enfants réfugiés congolais est un exemple de la façon dont, en dépit des bonnes intentions qui les motivent pour répondre à leurs besoins

---

18. *Ibid.*, p. 451.
19. *Ibid.*, p. 452.
20. *Ibid.*, p. 456.
21. *Ibid.*, p. 458.
22. Alan Kazdin cité dans Snyder, « Measuring Hope in Children », p. 3.

fondamentaux, *ces efforts ne suffisent pas s'ils ne sont pas en mesure de susciter et de nourrir l'espoir.* En d'autres termes, où qu'ils soient et quoi qu'ils aient à affronter, *les enfants ont besoin d'espérer.* En accord avec les conclusions de Mann, la psychologue Ronnie Janoff-Bulman affirme que les événements traumatisants ébranlent trois hypothèses inhérentes : la bonté générale du monde, le sens du monde, et l'estime de soi[23]. En fait, les difficultés rencontrées par les enfants réfugiés avec lesquels Mann a voyagé les ont amenés à se poser des questions profondes sur l'existence de Dieu, le but de leur vie, la raison d'être en vie et leur valeur en tant qu'êtres humains[24]. Comme nous le verrons dans la section suivante, ces enfants se posent des questions qui ont trait à leur spiritualité, raison pour laquelle le présent article démontre que la spiritualité et l'espoir sont étroitement liés et qu'ensemble, ils peuvent contribuer à forger la résilience.

> Où qu'ils soient et quoi qu'ils aient à affronter, *les enfants ont besoin d'espérer.*

Spiritualité et espoir : les « moteurs internes » de la résilience

Cette histoire émane du cœur d'un ami missionnaire brésilien, Zaza. C'est l'histoire d'une jeune fille – Diba[25] – que Zaza a rencontrée dans un camp de réfugiés en Ouganda.

Lettres d'amour adressées à Dieu

Diba et sa famille faisaient partie des millions de personnes qui ont été forcées d'abandonner leur maison à Goma en raison du conflit armé entre le gouvernement et les forces rebelles. Dans leur précipitation à fuir la violence, la famille de Diba a été séparée. Lorsqu'elle a pu retrouver ses esprits, elle s'est retrouvée avec sa mère et son petit frère de cinq mois, mais ses deux sœurs plus jeunes et son frère s'étaient perdus dans les buissons et se trouvaient ainsi exposés à d'innombrables risques allant des animaux sauvages à la faim, en passant par le recrutement par des groupes armés. Diba avait alors sept ans.

Au beau milieu d'une si grande perte, de telles incertitudes et d'une si douloureuse privation, la pensée et l'espoir de revoir ses sœurs et son frère

---

23. R. Janoff-Bulman, « Assumptive Worlds and the Stress of Traumatic Events. Applications of the Schema Construct », *Social Cognition* 7, n° 2, juin 1989, p. 117.
24. G. Mann, « Beyond war », p. 455.
25. Les noms des personnes dans cette histoire ont été changés pour conserver l'anonymat.

sont devenus pour Diba la raison de continuer à vivre. Partout où elle allait, Diba écrivait des lettres à ses sœurs pour leur donner de ses nouvelles. Mais comme elles ne savaient pas lire, elle envoyait ses lettres à Dieu et lui demandait de les leur lire. Sa confiance en Dieu pour atteindre ses petites sœurs réconforta Diba : Dieu savait où elles se trouvaient. Dieu s'occupait sûrement d'elles. Dieu pouvait donc leur lire ses lettres. Comme elle ne trouvait pas toujours du papier et un stylo, elle écrivait souvent ses lettres sur les troncs d'arbres, sur le sol ou dans l'air. La nature devint le support de ces messages d'amour. Ces lettres sont devenues une source de soulagement, de consolation, de force et d'espoir, surtout dans les moments de solitude et de désespoir. Diba a fini par retrouver sa sœur cadette, mais elle n'a jamais revu son autre frère ni son autre sœur. Mais les messages écrits dans la nature sont devenus la source d'un espoir transcendant en un Dieu qui lit les lettres d'une petite fille quelque part au Congo.

La spiritualité, une aptitude humaine innée

Rick Snyder, créateur de « l'échelle de l'espoir » pour les adultes et les enfants, définit l'espoir comme « un ensemble cognitif impliquant l'autoperception que l'on peut imaginer des chemins vers des objectifs souhaités (les voies), ainsi que la motivation d'utiliser ces objectifs (le moyen) ». Les voies font référence à la « reconnaissance perceptuelle des stimuli externes, à l'acquisition de liens temporels entre les événements et la formation de buts ». Le moyen « reflète la reconnaissance que l'enfant a de lui-même, avec la reconnaissance du soi comme source d'actions et la formation d'objectifs[26] ». Les lettres d'amour de Diba à Dieu reflètent les deux éléments clés de l'espoir selon Snyder : les stimuli externes – les voies d'accès – ainsi que la conscience de soi et le moyen d'action. Cette histoire met toutefois en évidence l'existence d'autres éléments qui semblent créer l'espace nécessaire à l'émergence de l'espoir : un sens du but (être en vie et retrouver ses sœurs en vie), et des liens – avec Dieu (transcendance), avec la nature (la création au sens large), avec sa propre famille (les autres) et avec elle-même (en écrivant ses lettres). Ce sentiment d'utilité et ces liens sont liés à la spiritualité.

Spiritualité vient du latin *spiritus*, qui signifie « souffle de vie[27] ». D'innombrables propositions ont été faites pour définir la spiritualité. Mais pour les besoins de cet article, la définition de Christina Puchalski est large, concrète

---

26. Snyder, « Measuring Hope in Children », p. 4.
27. D. Elkins, J. Hedstrom, L. Hughes, A. Leaf et C. Saunders, « Toward a Humanistic-Phenomenological Spirituality. Definition, Description, and Measurement », *Journal of Humanistic Psychology* 28, 1er octobre 1988, p. 10.

et pratique. Puchalski définit la spiritualité comme « l'aspect de l'être humain qui désigne la façon dont les individus recherchent et expriment un sens et un objectif, et la façon dont ils vivent leur connexion au moment présent, à eux-mêmes, aux autres, à la nature et à ce qui est significatif ou sacré[28] ». La définition de Puchalski met en évidence deux éléments importants de la spiritualité : le sens et le but de la vie, et le sentiment d'être relié à la transcendance, à soi-même, aux autres et à l'environnement. La compréhension de la spiritualité dans cette perspective explique l'expression « mort spirituelle » utilisée par Gillian Mann pour parler du sentiment de désespoir que ressentaient les enfants congolais réfugiés. Ces enfants avaient perdu le sens de leur vie, et leur sens des relations était profondément endommagé. Ils pensaient donc que Dieu était soit méchant, soit incapable, qu'eux-mêmes n'étaient que des déchets, que les gens étaient mauvais et que le monde était un endroit dangereux. Ensemble, ces définitions et ces histoires suggèrent que si une spiritualité brisée mène au désespoir, une spiritualité vivante a le potentiel d'insuffler de l'espoir.

Recherches sur la spiritualité, l'espoir et la résilience

Selon la recherche, la spiritualité est plus large que la religion et est inhérente à tous les êtres humains, indépendamment de leur origine ethnique, de leur sexe, de leur statut social ou de leur religion[29]. Par ailleurs, la chercheuse et éducatrice Marian de Souza affirme que la spiritualité peut être conçue comme une capacité humaine intrinsèque, au même titre que les dimensions physiques, émotionnelles, sociales et intellectuelles de l'être humain[30]. Il s'agit là d'une vérité puissante pour tous les enfants confrontés à l'adversité : lorsque tout semble perdu – tout ce qui procure un bien-être physique, émotionnel, social et intellectuel –, la spiritualité ne disparaîtra jamais. Parce qu'elle est inhérente à chaque être humain, la spiritualité ne peut pas être ôtée ou rejetée, ce qui signifie qu'il sera toujours possible de la soigner, de la nourrir et d'en tirer profit. La spiritualité peut toujours être le « moteur interne » qui propulse la recherche

---

28. Christina Puchalski est fondatrice et directrice de l'Institut George Washington pour la spiritualité et la santé. C. Puchalski, « Physicians and Patient's Spirituality. Ethical Concerns and Boundaries in Spirituality and Health », *Virtual Mentor* 11, n° 10, octobre 2009, p. 804.
29. M. Rodríguez, M. Fernández, M. y Noriega R. Pérez, « Espiritualidad variable asociada a la resiliencia », *Cuadernos hispanoamericanos de psicología* 11, n° 2, 2011, p. 28 ; P. Benson, E. Roehlkepartain et S. Rude, « Spiritual Development in Childhood and Adolescence. Toward a Field of Inquiry », *Applied Developmental Science* 7, n° 3, 4 juin 2003, p. 208.
30. M. De Souza, « Connectedness and Connectedness. The dark side of spirituality. Implications for Education », *International Journal of Children's Spirituality* 17, n° 3, 2012, p. 1.

d'une connexion, d'un sens, d'un but, d'une contribution, ces éléments qui sont la clé de l'espoir et de la résilience.

> La spiritualité ne peut pas être ôtée ou rejetée, ce qui signifie qu'il sera toujours possible de la soigner, de la nourrir et d'en tirer profit.

La résilience, quant à elle, a généralement été associée à un objectif, à la conscience critique, la compétence sociale, l'autonomie et la capacité à résoudre des problèmes[31]. Chez les enfants à risque, la résilience est liée aux divers défis auxquels ils sont confrontés, passant du statut de « victimes passives » à celui de « survivants actifs[32] ». La relation entre l'espoir, la spiritualité et la résilience a été étudiée dans différents contextes, notamment face à la mort, aux traumatismes violents, à la guerre et à la violence[33]. Ces chercheurs considèrent la conscience spirituelle comme un facteur clé pour engendrer un « espoir réaliste » et la paix, parce qu'elle aide les gens à trouver un sens à leur vie, à donner un sens à la souffrance, à trouver un sentiment de soutien et de protection, à se sentir valorisés et acceptés, et à résister aux facteurs de stress et aux incertitudes. La spiritualité étant fondée sur la « conviction qu'il y a "plus" dans la vie que ce qui peut être observé matériellement[34] », elle suscite l'espoir d'une manière très naturelle, car l'espoir est également fondé sur l'espérance que de meilleures choses sont à venir. Enfin, Mike Dugal propose le concept de « résilience spirituelle », qui est « la capacité de répondre aux facteurs de stress, à l'adversité et aux événements traumatisants, sans [...] perdre la capacité vitale de l'esprit (aimer, comprendre, pardonner ou servir généreusement les autres), de l'intelligence (penser rationnellement, objectivement et de manière équilibrée) et du corps (fonctionner sainement)[35] ».

La vision chrétienne du développement spirituel de l'enfant repose sur quatre affirmations. Premièrement, tous les enfants sont créés par Dieu avec dignité pour mener une vie dans sa plénitude, quels que soient leur apparence physique,

---

31. M. Raftopoulos et G. Bates, « "It's that knowing that you are not alone". The role of spirituality in adolescent resilience », *International Journal of Children's Spirituality* 16, n° 2, 10 août 2011, p. 152.
32. M. Ní Raghallaigh et R. Gilligan, « Active survival in the lives of unaccompanied minors. Coping strategies, resilience, and the relevance of religion », *Child & Family Social Work* 15, n° 2, 12 avril 2010, p. 227.
33. M. A. Andrade, « The role of spirituality in building up resilience of migrant children in Central America. Bridging the gap between needs and responses », *International Journal of Children's Spirituality* 22, n° 1, 9 mars 2017, p. 84.
34. Adapté d'Andrade, « The rôle of spirituality ».
35. S. Vanistendael, « Spirituality and Resilience », dans B. Monroe et D. Oliviere, sous dir., *Resilience in Palliative Care. Achievement in Adversity*, Oxford, OUP, 2007, p. 118.

leurs capacités, leur situation économique ou leur statut social. Deuxièmement, les enfants sont des êtres spirituels, si bien que la spiritualité constitue l'un des domaines de développement, au même titre que le physique, le mental, le social et l'émotionnel. Troisièmement, les enfants connaissent une plénitude de vie lorsque tous les domaines de développement sont nourris au maximum de leur potentiel. Quatrièmement, les enfants sont censés s'épanouir en tant qu'individus vivant en communauté ; c'est pourquoi leur développement spirituel est censé se dérouler individuellement et au sein de la communauté.

Nourrir la spiritualité pour susciter l'espoir

Si la spiritualité a un impact direct sur l'espoir et la résilience, il est important d'explorer les moyens de la guérir, de la nourrir et de la fortifier. Dans la première édition de *Understanding God's Heart for Children*, Linda Wagener parle de la résilience comme d'une « magie ordinaire[36] ». En fait, cette caractéristique de la magie ordinaire peut s'appliquer à la résilience, à l'espoir et à la spiritualité, car ils peuvent tous être encouragés par des activités ordinaires de la vie quotidienne. Comme le montre la section suivante, à propos de spiritualité, d'espoir et de résilience : *l'ordinaire peut être spirituel ; l'ordinaire peut engendrer l'espoir ; et l'ordinaire peut devenir extraordinaire.*

> L'ordinaire peut être spirituel ; l'ordinaire peut engendrer l'espoir ; et l'ordinaire peut devenir extraordinaire.

Nourrir la spiritualité par la foi

Dans la réponse biblique et théologique de ce chapitre, Shake` Geotcherian raconte une belle histoire personnelle, celle d'une fillette de huit ans qui, en répétant le Psaume 27 qu'elle avait mémorisé les jours précédents, a trouvé la paix lors d'un attentat à la bombe près de son camp. Selon Geotcherian, l'image de Dieu comme « lumière », « salut » et « forteresse » a renouvelé l'espoir de cette petite fille. Sa foi en son Dieu – qui relève de la spiritualité – a fait naître l'espoir en elle, et cette espérance lui a permis de résister à l'adversité qu'elle vivait. Geotcherian suggère que l'amour, la foi et l'espoir fonctionnent comme une triade : l'espoir est fondé sur la foi, et la foi vient de l'expérience de l'amour parfait de Dieu.

---

36. Wagener, « Hope for Every Generation », p. 198.

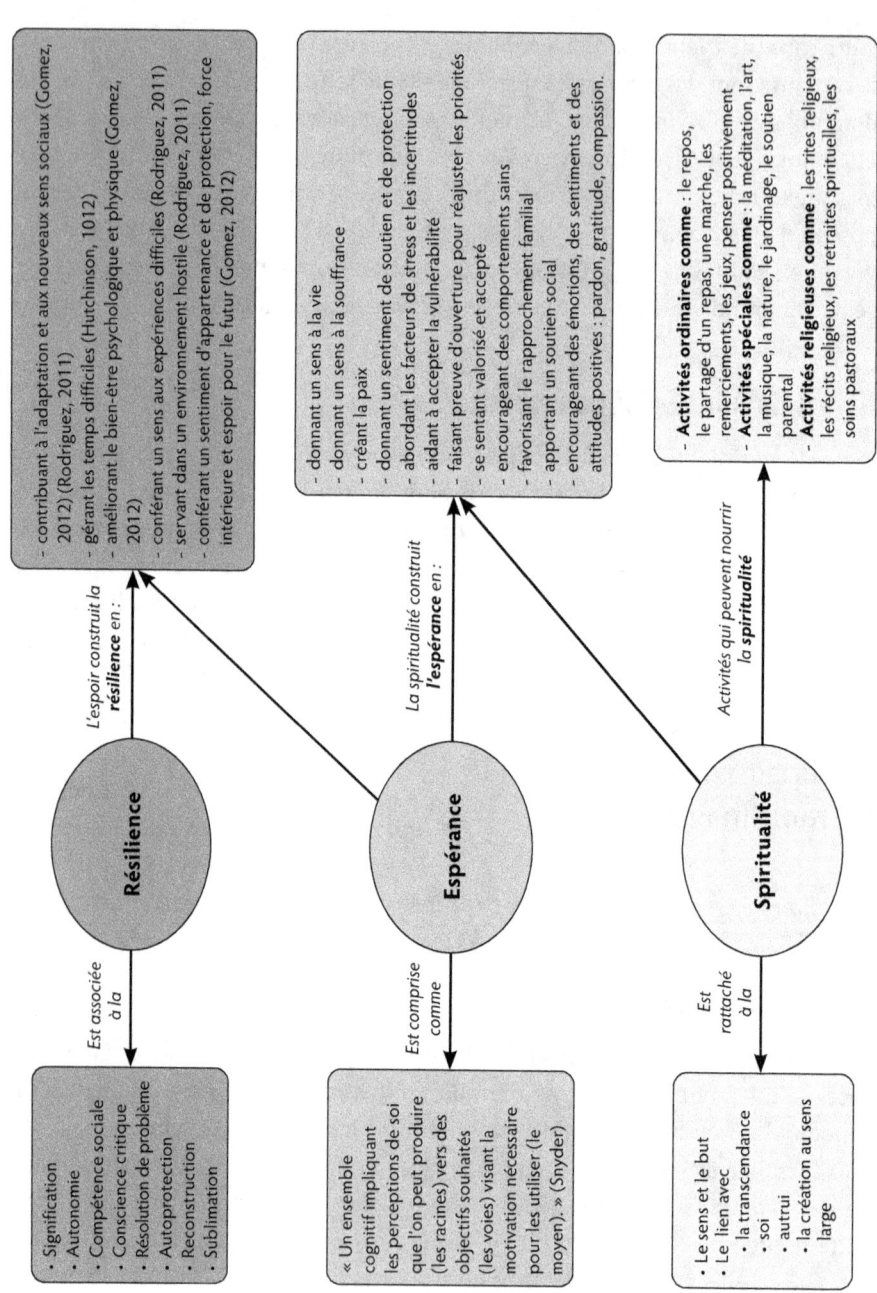

Diagramme 1 : La spiritualité, l'espérance et la résilience, d'après les recherches[37]

---

37. Adapté d'Andrade, « The role of spirituality ».

Comme nous l'avons vu dans la section précédente, la spiritualité, la foi et la religion sont trois concepts différents, mais ils sont néanmoins liés. En tant que capacité inhérente, la spiritualité est plus vaste que la foi et la religion ; mais la foi et la religion – le sacré – jouent un rôle important dans le développement de la spiritualité, parce qu'elles renforcent le sens et le but de l'existence de l'individu ainsi que son sentiment de connexion à Dieu, à soi-même, aux autres et à la création. Dans les milieux confessionnels et parmi les individus et les communautés religieuses, des activités telles que la prière, le culte, la lecture de la Bible et la mémorisation de versets, les liturgies, les soins pastoraux et la camaraderie peuvent être extrêmement puissants. En ce sens, cet article confirme les mots de Keith White : « Notre tâche principale est de maintenir l'espace ouvert pour que cet espoir parvienne à la maturité en créant et en entretenant des espaces dans lesquels les enfants peuvent faire l'expérience de la plénitude de l'amour de Dieu dans toutes les fibres de leur être et de leur âme[38]. »

En 2017, j'ai publié un article appuyé sur une enquête qualitative auprès de professionnels adultes travaillant avec des enfants migrants et des leaders religieux adultes et/ou des experts en spiritualité[39]. Voici quatre des principales conclusions de cette recherche :

1. La spiritualité est perçue comme une capacité inhérente et une partie intégrante de la vie des gens.

2. En raison de son caractère intrinsèque, la spiritualité peut être nourrie par le sacré (religion et foi), mais aussi par le non sacré.

3. L'ordinaire peut guérir et nourrir la spiritualité s'il y a conscience et intentionnalité.

4. Comme la spiritualité est inhérente à tout être humain et qu'elle est plus vaste que la foi et la religion, elle peut être nourrie dans tous les contextes culturels, religieux et non religieux.

L'ordinaire peut être spirituel

Étant donné que la spiritualité peut être nourrie par des activités et des attitudes non sacrées, ordinaires, de la vie quotidienne, le développement spirituel peut se faire dans n'importe quel contexte, sans infrastructure

---

38. K. White, « A Child Spells Hope in the Wake of the Tsunami », dans Douglas McConnell, Jennifer Orona et Paul Stockley, sous dir., *Understanding God's Heart for Children. Toward a Biblical Framework*, Colorado Springs, Authentic, 2007, p. 205.
39. Andrade, « The role of spirituality », p. 84.

particulière ni coûts supplémentaires[40]. Deux éléments sont toutefois nécessaires au développement spirituel : la prise de conscience de la dimension spirituelle, de son importance et de la manière de consolider cette prise de conscience ; et la volonté de relier les activités quotidiennes à la spiritualité et de trouver la dimension spirituelle dans les choses simples. En présence de ces deux éléments, *l'ordinaire peut devenir spirituel.*

Dans le cas d'enfants soumis à la migration forcée, des activités très élémentaires telles que se reposer, partager un repas, marcher dehors (sans se cacher) ou jouer peuvent être profitables spirituellement, car elles contribuent à aider ces enfants à « trouver un sens à leur souffrance, reconstruire leur identité et se connecter à eux-mêmes, au moment présent qu'ils vivent, aux autres et à la transcendance[41] ». Le tableau suivant propose des idées d'activités ordinaires, spéciales et sacrées ou religieuses qui nourrissent la spiritualité des enfants migrants, selon une recherche empirique[42]. Bien que la recherche se soit concentrée sur les enfants migrants d'Amérique centrale, les principes des résultats peuvent être appliqués aux enfants confrontés à d'autres types d'adversité.

Activités ordinaires	**Activités spéciales**	**Activités religieuses (individuelles ou en groupe)**
Accueil et introductions	**Méditation**	**Rites religieux**
Partager ses propres expériences avec les nouveaux arrivants pour leur donner de l'espoir et un sentiment d'appartenance. Le partage aide les gens à se sentir chez eux.	Faire une pause dans le bruit et les distractions pour être dans le silence et se connecter à soi-même et/ou à la transcendance.	Prière, écriture, lecture de l'Écriture, culte et liturgies symboliques.

---

40. *Ibid.*, p. 94.
41. *Ibid.*, p. 94.
42. Adapté d'Andrade, « The role of spirituality », p. 95.

Activités ordinaires	Activités spéciales	Activités religieuses (individuelles ou en groupe)
Repos Le repos restaure l'esprit. Les enfants migrants ont besoin de retrouver la paix en dormant et en se reposant.	**Cercles de réflexion** Un temps d'introspection en utilisant des méthodologies adaptées aux enfants.	**Célébrations fraternelles** Une réunion hebdomadaire dans la chapelle pour partager des réflexions sur la vie, la nature humaine, le but, les défis, etc., au-delà des croyances religieuses.
Partage de nourriture La nourriture permet aux enfants migrants de reprendre des forces, mais elle peut aller plus loin et devenir un moment privilégié de partage, de connexion avec les autres et de gratitude.	**Ressources sur la spiritualité** Mise à disposition de ressources pour les enfants qui abordent la spiritualité à travers des contes, des histoires, du théâtre, etc.	**Retraites spirituelles** Individuellement ou en groupes.
Promenades Se déplacer sans se cacher et sans craindre d'être arrêté aide les enfants à se connecter à leur environnement et à acquérir un sentiment de liberté.	**Entraide, jeu de rôle** Le jeu de rôle mettant l'accent sur l'entraide favorise l'estime de soi, la solidarité, l'humilité et la gratitude.	**Soins pastoraux** Des conseillers spirituels qui fournissent les « premiers soins psychologiques » pour aider les enfants à développer des stratégies d'adaptation en donnant un sens à leur vie ; en développant un sentiment d'appartenance, de but dans la vie, d'estime de soi, de confiance en soi et de l'humour ; et à développer leurs propres capacités.
Cultiver le respect Nécessité de faire preuve de respect dans toute relation.	**Soutien parental** Aider les parents à aider leurs enfants en leur accordant du temps de qualité et de l'attention.	**Récits religieux** Des histoires peuvent aider à expliquer les causes des désastres et à fortifier la résilience.

Activités ordinaires	Activités spéciales	Activités religieuses (individuelles ou en groupe)
Établir des relations et obtenir le soutien de la communauté Chaque instant est une occasion d'établir des relations de confiance et de respect.	**Art, musique, nature** Activités qui sont source d'harmonie et de connexion à l'être profond.	**Dynamiques inspirées par les textes sacrés** Choix de textes qui abordent des sujets liés à l'espoir, la paix, la sécurité, le courage, la solidarité et la protection divine.
Remerciements Pour la journée, la vie, le fait d'être vivant, etc. Ils stimulent la gratitude et une attitude positive à l'égard de la vie.	**Jardinage** Il donne l'occasion de réfléchir à la vie, au renouveau, à un nouveau départ, à notre utilité, et développe le sens des responsabilités.	
Phrases positives Les mots ont du poids. Des propos positifs permettent de souligner les circonstances favorables plutôt que les difficultés.	**Photographie de lieux** Les jeunes prennent des photos des environs, puis les utilisent pour parler de leurs expériences, de leurs sentiments et de leurs désirs.	
Réfléchir aux pensées Se demander ce qu'elles sont, d'où elles viennent, ce qu'elles me font ressentir.		
Le monstre destructeur de cauchemars Identifier un allié qui fait disparaître les problèmes.		
L'ami chasseur de soucis Trouver un personnage qui écoute les problèmes et vous en débarrasse.		
Jouer Des lieux sûrs pour jouer librement et, à travers des jeux, découvrir des histoires ou des films.		

Rebecca Nye, spécialiste et chercheuse sur le sujet de la spiritualité des enfants, propose six critères pour assurer le fondement spirituel des enfants : l'espace, le processus, l'imagination, la relation, l'intimité, la confiance – E.P.I.R.I.C.

- **E**space : il comprend l'espace physique et émotionnel.
- **P**rocessus : il met l'accent sur l'image de la spiritualité comme un voyage dans lequel le moment présent est aussi important que l'issue future.
- **I**magination : elle fait référence à l'importance de faciliter la créativité, le questionnement et l'invention de réponses.
- **R**elation : elle rappelle la composante déjà mentionnée de l'interconnexion dans la spiritualité.
- **I**ntimité : elle procure à l'expérience un sentiment de sécurité.
- **C**onfiance : elle fait référence à l'environnement qui doit être encouragé entre les enfants et les adultes et s'exprime par des attitudes, des actions et un langage verbal et non-verbal[43].

Conclusion

Historiquement, les sciences sociales ont accordé relativement peu d'attention aux questions liées aux aspects non tangibles du développement humain, tels que l'espoir et la spiritualité, pour des raisons liées à la formation, aux croyances et à la motivation des érudits et des scientifiques ; aux difficultés liées à la définition et à l'étalon de mesure ; et au fait que ces sujets étaient considérés comme potentiellement « politiquement sensibles et philosophiquement difficiles[44] ». Malgré ces limites apparentes, des histoires comme celles relatées dans cet article prouvent que les pratiques traditionnelles de développement et de secours ne répondent pas aux besoins holistiques des individus, des familles et des communautés. En ce qui concerne le soutien aux millions d'enfants dans le monde qui sont exposés à différents types de violence et de contrariété, aucune réponse ne sera couronnée de succès si elle n'aide pas les enfants à nourrir de l'espoir. Inévitablement, la promotion de l'espoir va au-delà des réponses tangibles telles que la fourniture d'un abri, de nourriture, de soins et de services de santé, voire d'éducation et de soutien psychologique. Tous ces aspects doivent faire partie de la solution, mais ils ne sont pas suffisants. Heureusement, ces dernières années,

---

43. R. Nye, *Children's Spirituality. What It Is and Why It Matters*, Londres, Church House, 2009, p. 41.
44. Benson, Roehlkepartain et Rude, « Spiritual Development in Childhood and Adolescence », p. 206.

les décideurs politiques, les praticiens et les chercheurs s'intéressent de plus en plus aux questions liées aux éléments non tangibles très importants que sont l'espoir et la spiritualité. Cet intérêt se fonde sur la conviction que si l'on disposait de plus de connaissances scientifiques sur la contribution de la spiritualité dans l'aide apportée aux gens pour faire face à l'adversité, il y aurait davantage de moyens de la promouvoir, de la mesurer et de l'appliquer.

Le présent article démontre que les enfants ont besoin d'espoir. Ils ont besoin de croire que, quelle que soit la situation qu'ils affrontent, il existe une vie meilleure pour eux. Sans espoir, les enfants confrontés à l'adversité ne peuvent pas surmonter les difficultés auxquelles ils sont confrontés, quel que soit le nombre de programmes disponibles et l'importance des investissements réalisés. Au travers d'histoires vécues et d'observations de chercheurs dans différentes parties du monde, ce document affirme que la spiritualité et l'espoir sont comme les « deux faces d'une même pièce d'argent ». Ils sont liés et interdépendants, de sorte qu'une spiritualité vibrante produit de l'espoir, tandis qu'une spiritualité déconnectée dérive dans le désespoir. C'est pourquoi il est essentiel de nourrir la spiritualité des enfants pour susciter l'espoir, quels que soient leur ethnie, leur sexe, leur appartenance religieuse, leur condition physique ou leur âge.

Il est nécessaire et très important de nourrir et de fortifier la spiritualité des enfants. Ce développement est possible parce que la spiritualité est une capacité inhérente à l'être humain ; tout le monde en est doté et personne ne peut la supprimer. La spiritualité peut être nourrie par le sacré – la foi et la religion – ainsi que par les activités ordinaires et quotidiennes. Les deux conditions préalables pour que cette œuvre se fasse sont *la conscience spirituelle* et *l'intentionnalité* ; ces deux éléments ont la capacité de développer la spiritualité, l'espoir et la résilience dans le cours de la vie quotidienne, et de *transformer l'ordinaire en extraordinaire*.

> Il est essentiel de nourrir la spiritualité des enfants pour susciter l'espoir.

Enfin, si on considère la spiritualité sous l'angle des droits, il est important de noter que l'article 27 de la Convention des Nations Unies relative aux droits de l'enfant déclare : « Les États parties reconnaissent le droit de tout enfant à un niveau de vie suffisant pour permettre son développement physique, mental, spirituel, moral et social[45]. » Ainsi, nourrir la spiritualité des enfants

---

45. « Convention relative aux droits de l'enfant », Haut-Commissariat des Nations Unies aux droits de l'homme, 2 septembre 1990, article 27, https://www.ohchr.org/fr/instruments-mechanisms/instruments/convention-rights-child.

et donc leur espoir ne devrait pas seulement être le désir de certains adultes, mais la responsabilité de tous les adultes. En ce qui concerne l'action des enfants, Nye affirme que l'enfance est une étape où la conscience spirituelle est particulièrement naturelle et commune[46]. Les enfants peuvent donc être conscients de leur nature spirituelle ; ils peuvent être des agents spirituels et peuvent développer leur spiritualité afin qu'elle devienne une alliée inestimable pour construire l'espoir et la résilience face à l'adversité[47]. De ce point de vue, si la spiritualité est une caractéristique inhérente à l'être humain, elle peut aussi être une source d'inspiration pour les enfants. Et si les enfants sont des *êtres pleinement spirituels,* les adultes peuvent non seulement nourrir la spiritualité des enfants, mais ils devraient surtout s'en enrichir.

Bibliographie

AGER A., STARK L., AKESSON B., BOOTHBY N., « Defining Best Practice in Care and Protection of Children in Crisis-Affected Settings. A Delphi Study », *Child Development* 81, n° 4, juillet-août 2010, p. 1271-1286, http://www.ncbi.nlm.nih.gov/pubmed/20636695.

ANDRADE, M. A., « The role of spirituality in building up resilience of migrant children in Central America. Bridging the gap between needs and responses », *International Journal of Children's Spirituality* 22, n° 1, 9 mars 2017, p. 84-101, https://www.tandfonline.com/doi/full/10.1080/1364436X.2016.1278359.

BARANIUK Chris, « Fears grow of nutritional crisis in lockdown UK », *The bmj*, 20 août 2020, https://doi.org/10.1136/bmj.m3193.

BENSON P., ROEHLKEPARTAIN E., RUDE S., « Spiritual Development in Childhood and Adolescence. Toward a Field of Inquiry », *Applied Developmental Science* 7, n° 3, 4 juin 2003, p. 205-213, https://www.tandfonline.com/doi/abs/10.1207/S1532480XADS0703_12.

« Convention relative aux droits de l'enfant », Haut-Commissaire des Nations Unies aux droits de l'homme, 2 septembre 1990, https://www.ohchr.org/fr/instruments-mechanisms/instruments/convention-rights-child.

ELKINS D., HEDSTROM J., HUGHES L., LEAF A., SAUNDERS C., « Toward a Humanistic-Phenomenological Spirituality. Definition, Description, and Measurement », *Journal of Humanistic Psychology* 28, 1er octobre 1988, p. 5-18, https://journals.sagepub.com/doi/10.1177/0022167888284002.

---

46. Nye, *Children's Spirituality*, p. 9.
47. Rodríguez, Fernández, et Pérez, «Espiritualidad», 26.

Freitas F., Leonard L., « Maslow's hierarchy of needs and student academic success », *Teaching and Learning in Nursing* 6, n° 1, janvier 2011, p. 9-13, https://www.sciencedirect.com/science/article/abs/pii/S1557308710000491?via%3Dihub.

Janoff-Bulman R., « Assumptive Worlds and the Stress of Traumatic Events. Applications of the Schema Construct », *Social Cognition* 7, n° 2, juin 1989, p. 113-136, https://guilfordjournals.com/doi/10.1521/soco.1989.7.2.113.

López-Calva Luis Felipe, « No safer place than home? The increase in domestic and gender-based violence during COVID-19 lockdowns in LAC », UNDP Latin America and the Caribbean, 3 novembre 2020, https://www.latinamerica.undp.org/content/rblac/en/home/presscenter/director-s-graph-for-thought/no-safer-place-than-home---the-increase-in-domestic-and-gender-b.html.

Mann G., « Beyond war. "Suffering" among displaced Congolese children in Dar es Salaam », *Development in Practice* 22, n° 4, 6 juin 2012, p. 448-459, http://www.tandfonline.com/doi/pdf/10.1080/09614524.2012.672958.

Maslow A. H., « A theory of human motivation », *Psychological Review* 50, n° 4, 1943, p. 370-396, https://psychclassics.yorku.ca/Maslow/motivation.htm.

Ní Raghallaigh M., Gilligan R., « Active survival in the lives of unaccompanied minors. Coping strategies, resilience, and the relevance of religion », *Child & Family Social Work* 15, n° 2, 12 avril 2010, p. 226-237, https://onlinelibrary.wiley.com/doi/abs/10.1111/j.1365-2206.2009.00663.x.

Nye R., *Children's Spirituality. What It Is and Why It Matters*, Londres, Church House, 2009.

Organisation mondiale de la Santé, « Rapport de situation 2020 sur la prévention de la violence à l'encontre des enfants dans le monde », 18 juin 2020, p. 1, https://iris.who.int/bitstream/handle/10665/332449/9789240007116-fre.pdf?sequence=1.

Puchalski C., « Physicians and Patients' Spirituality. Ethical Concerns and Boundaries in Spirituality and Health », *Virtual Mentor* 11, n° 10, octobre 2009, p. 804-815, http://journalofethics.ama-assn.org/2009/10/oped1-0910.

Raftopoulos M., Bates G., « "It's that knowing that you are not alone". The role of spirituality in adolescent resilience », *International Journal of Children's Spirituality* 16, n° 2, 10 août 2011, p. 151-167, https://www.tandfonline.com/doi/abs/10.1080/1364436X.2011.580729.

Rodríguez M., Fernández M., Pérez M. y Noriega R., « Espiritualidad variable asociada a la resiliencia », *Cuadernos hispanoamericanos de psicología* 11, n° 2, 2011, p. 24-49.

Snyder C. R., « Measuring Hope in Children », texte présenté lors de la conférence « Indicators of Positive Development », Washington, D. C., 12-13 mars 2003, https://www.childtrends.org/wp-content/uploads/2013/05/Child_Trends-2003_03_12_PD_PDConfSnyder.pdf.

Souza M. (de), « Connectedness and Connectedness. The dark side of spirituality. Implications for Education », *International Journal of Children's Spirituality* 17, n° 4, 2012, p. 291-303, https://www.tandfonline.com/doi/abs/10.1080/1364436X.2012.752346.

Tollestrup S., « Children Are a Promise of Hope », dans *Understanding God's Heart for Children. Toward a Biblical Framework*, sous dir. Douglas McConnell, Jennifer Orona et Paul Stockley, Colorado Springs, Authentic, 2007, p. 185-195.

UNICEF, « Action humanitaire pour les enfants 2021 », 2021, https://www.unicef.org/media/89436/file/Action-humanitaire-pour-les-enfants-2021-vue-densemble.pdf.

UNICEF, « Child displacement », septembre 2021, https://data.unicef.org/topic/child-migration-and-displacement/displacement/.

UNICEF, « Rapport annuel de l'UNICEF 2019. Pour chaque enfant, réinventer l'avenir », juin 2020, https://www.unicef.org/fr/rapports/rapport-annuel-de-lunicef-2019.

Vanistendael S., « Spirituality and Resilience », dans *Resilience in Palliative Care: Achievement in Adversity*, sous dir., B. Monroe et D. Oliviere, Oxford, OUP, 2007, p. 115-135.

Wagener L., « Hope for Every Generation », dans *Understanding God's Heart for Children. Toward a Biblical Framework*, sous dir. Douglas McConnell, Jennifer Orona et Paul Stockley, Colorado Springs, Authentic, 2007, p. 196-203.

Wessells M., Kostelny K., « Child Friendly Spaces. Toward a Grounded Community-Based Approach for Strengthening Child Protection Practice in Humanitarian Crises », *Child Abuse & Neglect* 37, supplément, décembre 2013, p. 29-40, http://www.sciencedirect.com/science/article/pii/S0145213413003359.

White K., « A Child Spells Hope in the Wake of the Tsunami », dans *Understanding God's Heart for Children. Toward a Biblical Framework*, sous dir. Douglas McConnell, Jennifer Orona et Paul Stockley, Colorado Springs, Authentic, 2007, p. 204-208.

Réponse biblique et théologique
Amour, foi et espérance

Shake` Geotcherian – Arménienne-Syrienne

Une nuit au Liban

En 1986, au Liban, et face à une guerre qui s'éternisait, l'Union chrétienne évangélique arménienne de Syrie et du Liban, qui organisait des camps pour différents groupes d'âge, a décidé d'organiser un camp pour les enfants défavorisés. Les parents se sont empressés d'y envoyer leurs enfants, car ils estimaient qu'ils avaient besoin d'une bonne alimentation, d'un changement de décor, d'air frais et d'activités. Chaque matin, il y avait un service religieux au cours duquel les enfants chantaient des cantiques, apprenaient à mémoriser un psaume et écoutaient des histoires tirées de la Bible. Une nuit, vers 1 h du matin, des combats ont soudainement repris sur la chaîne de montagnes en face de notre campement. Nous pouvions voir et entendre les bombes. Tous les enfants de mon groupe dormaient profondément et ne se rendaient pas compte de ce qui se passait, à l'exception d'une fille. Elle avait huit ans et avait déjà perdu sa famille lorsqu'une bombe était tombée sur leur maison. Je me demandais comment lui faire garder son calme quand, tout à coup, je me suis souvenu que, pendant le culte, les enfants avaient mémorisé le Psaume 27. Je lui ai demandé si elle se souvenait du psaume, et elle m'a répondu par l'affirmative. Je lui ai alors demandé : « Voudrais-tu réciter le Psaume avec moi ? » Nous avons commencé à répéter les trois premiers versets que les enfants avaient appris jusqu'à présent :

> L'Éternel est ma lumière et mon salut :
> De qui aurais-je crainte ?
> L'Éternel est le refuge de ma vie :
> De qui aurais-je peur ?
> Quand ceux qui font le mal s'approchent de moi,
> Pour dévorer ma chair,
> Mes adversaires et mes ennemis,
> Ce sont eux qui trébuchent et qui tombent.
> Si une armée se campait contre moi,

> Mon cœur n'aurait aucune crainte ;
> Si une guerre s'élevait contre moi,
> Je serais malgré cela plein de confiance.
> (Ps 27.1-3, Colombe)

Après avoir répété ces versets plusieurs fois, cette petite fille retrouva totalement son calme et fut prête à se rendormir, même si les bombardements se poursuivaient. Elle était rassurée par son espérance renouvelée en Dieu. C'est ce genre d'espérance en Dieu qui inculque aux enfants la résilience face à la maladie, à la mort, à la destruction et à toutes les forces du mal, et qui est l'essence même de la survie et de la victoire. Cette espérance est la clé qui permet de savoir que dans ce monde, il y aura des situations extrêmement pénibles, mais que Dieu est avec nous dès maintenant et que dans le royaume de Dieu il n'y aura plus ni douleur, ni pleurs, ni mort. L'espérance ne sert pas seulement à survivre dans le présent, elle est aussi une espérance eschatologique qui permet d'espérer l'instauration du royaume à venir.

Introduction

Grâce à l'espérance en Dieu, les enfants peuvent goûter sa paix, même lorsque la tourmente et les catastrophes font rage autour d'eux. C'est donc le rôle de l'Église d'aider les enfants exposés aux dangers à connaître et à goûter l'amour de Dieu en réagissant à leurs situations pénibles par la foi et l'espérance en lui. Tout au long de la Bible, nous découvrons un Dieu qui est actif dans l'histoire de l'humanité, offrant l'espoir de relations restaurées. L'amour de Dieu est le fondement de notre espérance, qui est nourrie par la foi en lui.

Dans la section sur les questions critiques mondiales abordées précédemment, María Andrade écrit que « l'espérance donne naissance à la patience et imagine des solutions » et « inculque la résilience ». « L'espoir est l'essence de la survie. » Cet article s'appuie sur cette prémisse sous l'angle théologique et biblique, dans un contexte moyen-oriental. Il expose une façon de comprendre le lien entre l'amour, l'espérance et la foi, ainsi que leur impact sur l'épanouissement spirituel des enfants. Il s'agit d'une perspective différente de l'espoir qu'expose la réflexion biblique de Stephen Tollestrup dans « Children Are a Promise of Hope », dans la première édition

> **Tout au long de la Bible, nous découvrons un Dieu qui est actif dans l'histoire de l'humanité, offrant l'espoir de relations restaurées.**

de ce livre[48]. L'objectif de ce chapitre est de nous aider à mieux comprendre notre espérance en Dieu, qui est fondée sur l'amour de Dieu et mise en œuvre par la foi. Cette espérance est différente de celle du monde : l'espérance en Dieu aide les enfants à survivre face aux épreuves, leur enseigne la patience par la persévérance, les aide à être créatifs en imaginant des solutions possibles et leur inculque la résilience qui se fonde sur la foi en un Dieu qui les aime.

L'amour de Dieu : le fondement de l'espoir

Ե (ae), une lettre de l'alphabet arménien, représente Dieu. Cette lettre se trouve dans les Églises arméniennes sur l'autel, ou inscrite sur la chaire. Elle représente celui que nous adorons : le Dieu qui est. Elle contient en elle le passé, le présent et l'avenir, un Dieu qui était, qui est et qui sera, l'Unique toujours présent. C'est le Dieu qui, interpellé par la question de Moïse quant à l'identité de celui qui le renvoyait en Égypte, répond par « Je suis qui je suis », c'est-à-dire le Dieu qui est éternel (Ex 3.14, Colombe). C'est le Dieu qui se révèle à l'humanité, le Dieu relationnel, le Dieu qui est amour. C'est le Dieu qui nous aime tellement qu'il a donné son Fils unique (Jn 3.16). Tout au long de l'histoire biblique, le principal courant sous-jacent de la révélation de Dieu en tant que Père, Fils et Saint-Esprit est l'amour – l'amour pour sa création et l'amour pour l'humanité qu'il a créée à son image. Il s'agit d'un amour pour une humanité déchue qui a besoin d'être reconstruite. Aussi bien dans l'Ancien Testament que dans le Nouveau, l'amour de Dieu se manifeste et l'espoir d'une relation restaurée est actif. Quelle est cette espérance si présente dans la Bible ? Une théologie de l'espérance se fonde sur la foi en Dieu.

L'espérance dans les promesses de Dieu

Dans l'Ancien Testament, le peuple de Dieu espère en Dieu et en ses promesses. De la Genèse à Malachie, le peuple d'Israël, à la fois sur le plan individuel et sur le plan communautaire, est guidé par son espérance en Dieu. Cette conduite est particulièrement vraie en temps de troubles et de tribulations. Que les enfants d'Israël espèrent les enfants promis (Gn 15.1-5), la libération de l'esclavage en Égypte (Ex 3.7-9), la terre promise (Ex 3.17), le Messie qui devait venir (Es 53.5)

---

48. Stephen Tollestrup, « Children Are a Promise of Hope », dans Douglas McConnell, Jennifer Orona et Paul Stockley, *Understanding God's Heart for Children. Toward a Biblical Framework*, Colorado Springs, Authentic, 2007, p. 185-195.

ou le retour de l'exil (Ez 11.14-20), c'est toujours une espérance qui se fonde sur Dieu, son amour et les promesses qu'il leur a faites.

L'espérance pour le présent et l'avenir

Dans le Nouveau Testament, le thème de l'espérance s'exprime d'abord comme l'espérance du salut et de la venue du royaume de Dieu. L'espérance est décrite par l'apôtre Paul comme essentielle pour endurer la souffrance pour l'amour du Christ (Rm 5.1-5 ; 8.35-39 ; 2 Co 4.10). L'espérance est donc orientée vers le futur, nourrissant la vision d'un royaume sans souffrance, lorsque Dieu « essuiera toute larme de leurs yeux, la mort ne sera plus, et il n'y aura plus ni deuil, ni cri, ni douleur, car les premières choses ont disparu » (Ap 21.4, Colombe). À la lumière de cette espérance, l'apôtre Paul encourage les chrétiens de Rome par ces paroles : « Réjouissez-vous en espérance. Soyez patients dans la tribulation. Persévérez dans la prière » (Rm 12.12, Colombe). Les enfants exposés à de grands dangers ou à la souffrance ont besoin de directives spirituelles pour les aider à nourrir à la fois de l'espérance pour le présent et de l'espérance pour l'avenir.

L'espoir dans les Psaumes

Les Psaumes nous présentent un autre aspect de l'espérance lorsque le psalmiste s'approche de Dieu, lui confie tous ses problèmes et termine par la déclaration de confiance que le Dieu tout-puissant l'aidera, le sauvera ou le rétablira. Les Psaumes procurent toujours du réconfort à ceux qui peuvent associer leur désespoir aux sentiments des psalmistes, à ceux qui sont troublés ou qui se trouvent dans des situations extrêmement difficiles, qui implorent Dieu de les écouter, et qui trouvent alors l'espoir dans le Dieu en qui ils peuvent avoir confiance, en se rappelant la fidélité et l'amour de Dieu à travers les générations (Ps 55).

La relation entre l'amour, la foi et l'espérance

Le thème de l'espérance dans la Bible a une autre implication, à savoir que la révélation de Dieu au travers de l'histoire de l'humanité suscite une réponse. Notre rencontre avec le Dieu révélé peut déboucher sur la foi ou sur le rejet et une vie d'incrédulité. Ceux qui répondent par la foi font l'expérience existentielle d'être dans ce monde tout en vivant de la vision du royaume de Dieu. « Or la foi, c'est l'assurance des choses qu'on espère, la démonstration de celles qu'on ne voit pas » (Hé 11.1, Colombe). La foi est ce qui inscrit la vie avec espoir dans cette trajectoire, car l'espérance doit se fonder fermement sur la foi en un Dieu éternel. Abraham a cru en Dieu alors que les apparences étaient contre lui et que les circonstances étaient désespérées, il a cru avec espérance (Hé 11.8-12).

La foi et l'espérance deviennent cette dualité dynamique d'exhortation mutuelle : lorsque la foi faiblit, l'espérance la relève, et lorsque l'espérance faiblit, c'est la foi qui vient à son secours. La foi et l'espérance sont si étroitement liées que chacune a besoin de l'autre pour survivre. L'espérance sans foi est futile, car la foi est le fondement de l'espérance, et la foi sans l'espérance est dénuée de sens, car l'espérance chrétienne s'appuie sur la foi, la foi dans le Christ ressuscité qui a vaincu la mort.

L'amour de Dieu nous donne une espérance qui est incompréhensible pour ceux qui n'ont pas fait l'expérience de l'amour parfait de Dieu : une paix qui est largement ressentie lorsque nous sommes aux prises avec des situations désespérées que nous ne maîtrisons pas. Dans ces périodes sombres de l'âme, la confiance totale du chrétien en l'amour parfait de Dieu le soutient et le remplit de cette paix divine et de l'assurance d'être en sécurité dans l'espérance en Dieu. Dieu est toujours présent, même lorsque les chrétiens marchent dans la vallée de l'ombre de la mort, car la résurrection de Jésus-Christ a vaincu la mort. C'est dans ces périodes sombres que l'âme traverse, où elle s'en remet totalement à Dieu, que le chrétien suit l'exemple de Jésus dans le jardin de Gethsémané, où, en pleine soumission, il prie : « Que ta volonté soit faite » (Mt 26.42). Tel est l'ultime acte de confiance dans l'amour parfait de Dieu : remettre sa vie entre les mains de Dieu et faire l'expérience de la paix et de l'espérance parfaites qui accompagnent

> **La foi et l'espérance sont si étroitement liées que chacune a besoin de l'autre pour survivre.**

la volonté de faire la volonté de Dieu, même lorsque le mal est à portée de main et a la ferme intention de détruire et de frapper à mort. (Voir figure 1, page 171.)

L'espérance en Dieu est le fondement de la survie face à la tourmente, à la guerre et à ses conséquences. L'espérance aide les enfants à comprendre que dans ce monde, nous serons confrontés à de telles situations. Mais nous nous souvenons que Jésus-Christ, notre Seigneur, a vaincu la mort, et c'est pourquoi nous ne sommes pas désespérés, mais nous vivons dans l'espoir malgré toutes les difficultés. Dans la foi chrétienne, l'espérance est la réponse de l'enfant de Dieu à la vie dans ce monde où le mal règne et où la paix semble perdue. L'espérance en Dieu procure un sentiment de sécurité, même dans un monde d'insécurité où rien ne dure et où la persécution et la mort sont des réalités quotidiennes. « L'espérance chrétienne ne paralyse pas les gens, mais les rend impatients de

> L'espérance aide les enfants à comprendre que dans ce monde, nous serons confrontés à de telles situations. Mais nous nous souvenons que Jésus-Christ, notre Seigneur, a vaincu la mort, et c'est pourquoi nous ne sommes pas désespérés

se mettre au travail. Elle n'est pas une espérance d'évasion, mais une espérance créatrice[49] », une espérance qui stimule. Le livre des Actes des Apôtres est une source majeure d'informations sur la manière dont les disciples et l'Église primitive ont continué à prêcher, à enseigner et à baptiser malgré la persécution et les poursuites (Ac 8.1-5). Bien qu'ils aient profondément pleuré la mort d'Étienne, ils ont continué à prêcher la Parole. Ils n'étaient pas paralysés par ce qui leur arrivait et ce qui se passait autour d'eux, mais ces événements les ont mobilisés pour continuer à répandre la bonne nouvelle du salut parmi les nations.

Leurs yeux étaient fixés non pas sur le présent, mais sur le futur, non pas sur les situations sinistres, mais sur la gloire éternelle. Ils ne niaient pas les horreurs de la persécution, mais ils étaient remplis d'espoir : quoi qu'il arrive, ils avaient une mission à accomplir, l'obéissance à l'ordre missionnaire (Mt 28.18-20).

L'espoir en arabe

La langue arabe a deux mots pour désigner l'espoir : l'un est أمل = *amal*, qui signifie espérer, s'attendre à ; et l'autre est رجاء = *rajaa*, qui signifie espoir, attente, anticipation ou demande urgente[50], l'attente de quelque chose que l'on veut en espérant que cela se produira et en étant plein d'espoir et de confiance[51].

Ainsi, le terme أمل (*amal*) désigne plutôt une attente souhaitée, alors que le terme رجاء (*rajaa*) est plus souvent utilisé pour désigner l'espérance dans la Bible, parce qu'il a un sens théologique et spirituel plus profond d'anticipation, d'espérance attendue, et d'une espérance qui est confiante, parce que sa confiance est en Dieu.

---

49. D. L. Migliore, *Faith Seeking Understanding. An Introduction to Christian Theology*, 3ᵉ éd., Grand Rapids, Mich., Eerdmans, 2014, p. 369.
50. Hans Wehr, *Dictionary of Modern Written Arabic*, J. Milton Cowan, sous dir., Londres, Macdonald & Evans, 1974, p. 28, 330.
51. *Al Mounjed Fee Al-loughah Al-Arabieah Al-Mouaseerah*, Beyrouth, Liban, Dar Al-Mashreq, 2000, p. 259.

Le paradoxe de la foi et de la souffrance

Les chrétiens qui vivent au Moyen-Orient, que ce soit en Iraq, en Syrie, au Liban ou en Palestine, vivent avec رجاء (*rajaa*). Ils vivent dans la perspective d'un effondrement et un désastre à la fois politique et économique. Leur vie est paradoxale et se caractérise par la foi en un Dieu qu'ils savent tout-puissant, mais qui semble rester silencieux face aux atrocités et aux persécutions qu'ils subissent de la part de fonctionnaires corrompus ou de militants islamiques. Ils sont à genoux, priant comme Jésus pour que Dieu « éloigne [d'eux] cette coupe [de souffrance] » (Lc 22.42), et comme Jésus, ils se sentent abandonnés. « Le silence effroyable du Père en réponse à la prière du fils à Gethsémané est plus que le silence de la mort[52]. » Pour les chrétiens dans de telles situations, « l'espérance est la foi en action face à l'empire[53] ». Cet empire les entoure comme un lion rugissant pour les dévorer. C'est pourquoi « avoir la foi exige une espérance qui transcende le temps et l'espace[54] ». C'est une espérance du type رجاء (*rajaa*), car « la foi chrétienne est une foi qui attend[55] » et « l'espérance chrétienne est une espérance de résurrection[56] ».

Cela nous amène à 1 Corinthiens 13.13 (Colombe), où Paul écrit : « Maintenant donc ces trois choses demeurent : la foi, l'espérance, l'amour ; mais la plus grande, c'est l'amour. » Notre foi, notre espérance et la paix que nous expérimentons sont le résultat direct de notre relation et de notre contact avec l'amour de Dieu, et l'amour est la plus grande vertu de toutes, car dans l'éternité, « lorsque la foi et l'espérance auront pris fin, la vraie charité [l'amour] brûlera pour toujours de la flamme la plus brillante[57] ». Il n'y aura pas besoin de foi ni d'espérance dans l'éternité, car nous serons pleinement en présence de l'amour parfait, du Dieu éternel.

رجاء (*rajaa*) est le type d'espoir que nous voulons insuffler aux générations à venir. Dans l'Ancien Testament, le peuple d'Israël était appelé à enseigner à ses enfants les commandements du Seigneur (Dt 6.4-8), et dans le Nouveau

---

52. Jürgen Moltmann, *The Trinity and the Kingdom. The Doctrine of God*, San Francisco, HarperCollins, 1991, p. 77.
53. Mitri Raheb, *Faith in the Face of Empire. The Bible Through Palestinian Eyes*, Maryknoll, N.Y., Orbis, 2014, p. 130.
54. Joseph P. Lehmann, « Believing in Hope. A Meditation on Hope, Expectations, and Nature of Faith », *The Journal of Biblical Counseling* 16, n° 2, hiver 1998, p. 20.
55. Migliore, *Faith Seeking Understanding*, p. 347.
56. Moltmann, *Theology of Hope*, p. 11.
57. Matthew Henry, *A Commentary on the Old and New Testament*, vol. 3, New York, Robert Carter and Brothers, s. d., p. 771.

Testament, les chrétiens sont également invités à élever leurs enfants « en les corrigeant et en les avertissant selon le Seigneur » (Ep 6.4b, Colombe).

Ce n'est pas seulement la connaissance de la Bible que nous sommes appelés à transmettre à nos enfants ; nous devons être des exemples vivants de cette connaissance, car nos enfants nous observent avant de nous entendre. Jésus a été très précis à ce sujet et a déclaré avec force que nous ne devons pas être « une occasion de chute pour un de ces petits qui croient en [lui] » (Mt 18.6, Colombe).

En 2005, j'enseignais une leçon biblique à des élèves de quatrième année, et soudain, nous avons entendu une forte explosion. Beaucoup d'explosions et d'assassinats se produisaient à cette époque au Liban. L'angoisse et l'inquiétude se lisaient sur le visage de tous mes étudiants, et ils ne purent plus se concentrer, car ils se faisaient beaucoup de soucis pour leurs parents et les membres de leurs familles qui auraient pu être blessés lors de cette explosion. Nous n'avions aucune idée de l'endroit où cette explosion s'était produite, et je me sentais bien démunie. Je dis donc : « Prions. » Nous avons tous incliné la tête et j'ai demandé à Dieu de protéger nos bien-aimés et de nous donner sa paix. Après ma prière, j'ai observé à nouveau leurs visages et j'ai constaté que ces enfants avaient expérimenté une paix toute spéciale qui découlait de la prise de conscience que Dieu est notre Père. Nous lui avons confié nos inquiétudes concernant l'inconnu, nos craintes de perdre un être cher, et avons remis notre espérance entre ses mains. C'est là l'espérance qui est le fondement de la foi chrétienne. Telle est la foi ultime qui conduit à l'espoir, un espoir placé dans le Père éternel, un espoir qui ne peut être brisé, même lorsque nous sommes environnés de chaos, d'incertitudes, de guerres, de fléaux et de pandémies, parce que notre espérance repose en sécurité dans les mains de Celui qui a vaincu la mort, qui a donné sa vie pour que nous ayons la vie.

C'est là le type d'espérance que nous cherchons à inculquer à nos enfants, une espérance fondée sur la foi. Cette foi naît de l'écoute des histoires de la Bible, de la connaissance de Dieu et se nourrit de la relation avec Lui, de la connaissance biblique et de l'exemple d'une vie vécue conformément à la foi que nous professons. Telle est la foi qui enseigne aux enfants comment venir à Dieu même lorsqu'ils sont en proie à des doutes. Le prophète Habacuc a connu la paix de Dieu, même lorsque le désespoir l'assaillait, ce qui est encore le cas du Moyen-Orient ces dernières décennies. Sa prière commence par ces mots :

Jusqu'à quand, SEIGNEUR, appellerai-je au secours sans que tu entendes ?

> **C'est là le type d'espérance que nous cherchons à inculquer à nos enfants, une espérance fondée sur la foi.**

> Jusqu'à quand crierai-je vers toi : « Violence ! »
> sans que tu sauves ?
> Pourquoi me fais-tu voir le mal
> et regardes-tu l'oppression ?
> Ravage et violence sont devant moi,
> il y a des querelles,
> et la dispute s'élève. (Ha 1.2-3, NBS)

Et sa prière se termine par un étonnant hymne d'une foi pleine d'espérance, une foi ferme qui ne chancelait pas, même lorsque tout chancelait autour de lui.

> Car le figuier ne fleurira pas ;
> pas de vendange dans les vignes ;
> la production de l'olivier sera décevante,
> les champs ne donneront pas de nourriture,
> le petit bétail disparaîtra de l'enclos ;
> pas de gros bétail dans les étables.
> Mais moi, j'exulterai dans le SEIGNEUR,
> je trouverai de l'allégresse dans le Dieu de mon salut.
> DIEU, le Seigneur, est ma force :
> il rend mes pieds semblables à ceux des biches
> et il me fait marcher sur les hauteurs. (Ha 3.17-19, NBS)

Conclusion

En tant que ministres de la Parole, éducateurs et protecteurs chrétiens, il est de notre devoir sacré d'inculquer aux enfants une foi si fondamentale qu'elle résistera à toutes les épreuves et au mal qui nous entoure, car l'espérance que nous avons en Dieu est une espérance éternelle. Je joins ma voix à celle du psalmiste et je dis : « ... nous dirons à la génération future les louanges du SEIGNEUR, nous raconterons sa puissance et les choses étonnantes qu'il a faites » (Ps 78.4, NBS).

Si nous voulons que les générations à venir, les enfants, espèrent en Dieu, alors soyons nous-mêmes les exemples de cette espérance vécue. Nous devons être les témoins vivants de l'espérance fondée sur la foi en Dieu qui est le Dieu de l'amour.

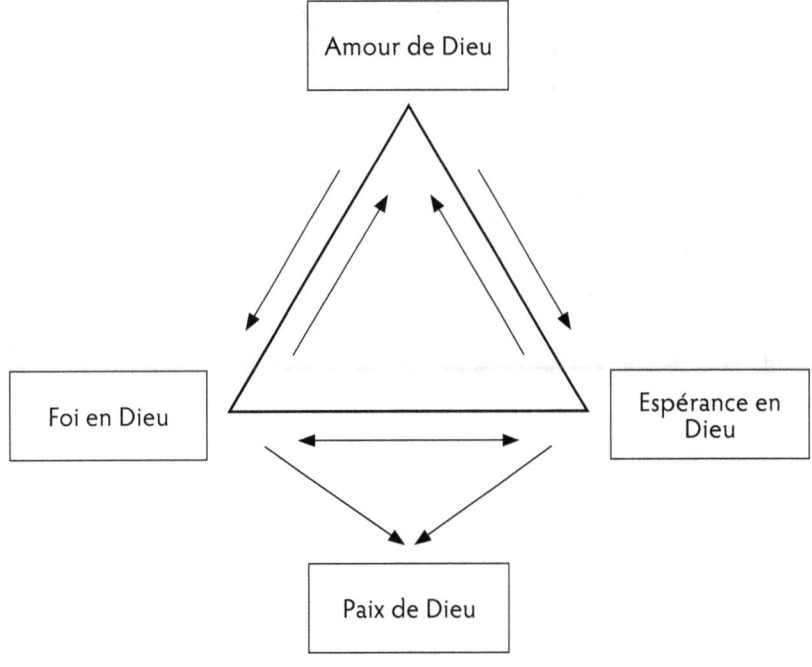

Figure 1

Dieu se révèle à nous à cause de son amour pour nous, et nous répondons à son amour par la foi ou l'absence de foi. Si nous répondons par la foi, notre espérance en Dieu devient fondée sur la foi en lui, et la paix de Dieu en résulte. Lorsque nous exerçons notre ministère parmi les enfants, la paix dont nous faisons preuve dans les moments difficiles les aide à comprendre que la foi et l'espérance dans le Dieu d'amour en sont la raison. Ainsi, par notre exemple vivant, nous enseignons aux enfants comment suivre nos pas dans la foi, et ils font eux-mêmes l'expérience de l'amour de Dieu dans le développement de leur foi, alors que nous les nourrissons spirituellement.

Bibliographie

Al Mounjed Fee Al-Loughah Al-Arabieah Al-Mouaseerah, Beyrouth, Liban, Dar Al-Mashreq, 2000.

HENRY Matthew, *A Commentary on the Old and New Testament*, vol. 3, New York, Robert Carter and Brothers, s. d.

LEHMANN Joseph P., « Believing in Hope. A Meditation on Hope, Expectations, and Nature of Faith », *The Journal of Biblical Counseling* 16, n° 2, (hiver 1998, p. 14-23. https://www.ccef.org/jbc_article/believing-in-hope-a-meditation-on-hope-expectations-and-the-nature-of-faith/.

MIGLIORE D. L., *Faith Seeking Understanding. An Introduction to Christian Theology*. 3ᵉ éd., Grand Rapids, Mich., Eerdmans, 2014.

MOLTMANN Jürgen, *The Theology of Hope*, New York, Harper & Row, 1967.

MOLTMANN Jürgen, *The Trinity and the Kingdom. The Doctrine of God*, San Francisco, HarperCollins, 1991.

RAHEB Mitri, *Faith in the Face of Empire. The Bible Through Palestinian Eyes*, Maryknoll, N.Y., Orbis, 2014.

WEHR Hans, *Dictionary of Modern Written Arabic*, sous dir. J. Milton COWAN, Londres, Macdonald & Evans, 1974.

Étude d'un cas concret
Les espaces amis des enfants : des lieux d'espoir

Kezia M'Clelland – Britannique,
en collaboration avec Subhi Nadhaf – Syrien

L'expérience de Subhi Nadhaf dans la création d'un espace sécurisé pour enfants[58] dans la Syrie touchée par le conflit montre clairement la concrétisation des thèmes de la résilience et de l'espoir. De plus, cette expérience nous encourage à aller au-delà de la vision des enfants comme ceux auxquels il faut redonner de l'espoir, pour mieux comprendre leur propre rôle en tant qu'agents d'espoir.

Les espaces amis des enfants

En 2015, alors que le conflit syrien battait son plein, Subhi et une équipe d'amis ont créé un espace ami des enfants (EAE) dans sa ville. L'équipe faisait partie de la même Église locale et avait déjà travaillé ensemble pour diriger l'école du dimanche. Ces amis avaient été mis en contact avec Viva par l'intermédiaire d'une ONG libanaise partenaire[59], et l'EAE a été créé dans le cadre de ce partenariat, avec un soutien technique fourni par Viva[60]. Environ 240 enfants participaient chaque semaine aux activités de l'EAE et ont bénéficié d'un soutien psychosocial et d'une formation aux aptitudes à la vie quotidienne ; ils avaient la possibilité de nouer des liens, de s'amuser et de jouer à des jeux avec des amis, ainsi que du soutien régulier d'adultes bienveillants[61]. L'EAE était ouvert

---

58. Un « espace ami des enfants » est un espace sûr mis en place dans une situation d'urgence pour soutenir et protéger les enfants. L'objectif est de redonner un sentiment de normalité et de continuité aux enfants dont la vie a été perturbée par la guerre, les catastrophes naturelles ou d'autres situations d'urgence.
59. MERATH permet aux Églises et aux organisations locales de mettre en œuvre des projets d'aide et de développement pour des milliers de familles déplacées et vulnérables au Liban, en Syrie et en Irak. Voir https://merathlebanon.org/.
60. Viva héberge une boîte à outils en ligne à l'adresse suivante : http://learn.viva.org/mobilise/children-in-emergencies/ qui fournit des outils et des ressources actualisés pour soutenir une réponse d'urgence de qualité de la part des Églises et des ONG.
61. Pour plus d'informations et de lignes directrices sur la mise en place d'un espace ami des enfants, voir https://childreninemergencies.org/child-friendly-space/.

aussi bien aux enfants locaux qu'à ceux qui étaient déplacés à l'intérieur de la Syrie, présentés par Subhi comme remplissant progressivement les nombreux bâtiments auparavant vides de cette ville tranquille : « À l'EAE, nous avions des gens de partout, fuyant la violence. Ils venaient et louaient une maison. »

L'EAE était une activité plus que nécessaire et très appréciée qui s'est poursuivie jusqu'en 2018. Le soutien psychosocial apporté répondait à un besoin pressant pour les enfants de la ville, ainsi que pour les enfants déplacés. Les enfants arrivés dans la ville en provenance d'autres villes avaient souvent une expérience directe de la violence et de la guerre, et devaient également faire face à l'éloignement de leur environnement familial, de leurs amis et de leur communauté. Les enfants qui vivaient déjà dans cet endroit relativement « sûr » ont dû faire face à leurs propres défis, à savoir la peur et l'anxiété d'un conflit toujours proche. Subhi se souvient : « Ils entendaient toujours parler des mêmes choses – des gens tués juste en face du quartier, des bombardements juste à l'autre bout de la ville d'à côté, des gens kidnappés... L'angoisse les saisissait, comme si cela pouvait leur arriver d'un jour à l'autre ; cela nous affectait profondément. »

La résilience au quotidien

L'EAE a créé un espace d'espoir au milieu de ces réalités difficiles où la résilience des enfants s'est développée et renforcée. Il a fourni une quantité supplémentaire de liens et de soutiens qui a permis aux enfants de s'épanouir et de prospérer en dépit de leur situation[62]. Andrade décrit comment les activités quotidiennes peuvent jouer un rôle essentiel dans le soutien de la résilience « spirituelle » des enfants, en les aidant à « trouver un sens à leur souffrance, reconstruire leur identité et se connecter à eux-mêmes, au moment présent qu'ils

> L'EAE a créé un espace d'espoir au milieu de ces réalités difficiles où la résilience des enfants s'est développée et renforcée.

---

62. Les outils d'évaluation qualitative et quantitative utilisés pour le suivi et l'évaluation régulière ont indiqué des changements positifs dans des domaines clés du bien-être psychosocial comme les émotions, la conduite, l'hyperactivité et l'inattention, les problèmes avec les pairs et le comportement prosocial, tels que mesurés par le questionnaire sur les forces et les difficultés (QFD).

vivent, aux autres et à la transcendance[63] ». Ce développement de la résilience spirituelle était manifeste dans les activités de l'EAE – simples activités artistiques et artisanales, théâtre, jeux et sports, et des activités de soutien psychosocial – ont servi cet objectif plus profond d'aider les enfants à développer leur résilience intérieure.

Une histoire a particulièrement touché Subhi, celle d'une fillette de cinq ans appelée Naima, qui a été éloignée d'une ville dans une zone frappée par la guerre en Syrie[64]. Chaque jour, lorsque les enfants arrivaient à l'EAE, Subhi les accueillait chacun avec un sourire et une poignée de main. Mais à chaque fois, Naima refusait de serrer la main que Subhi lui tendait et de croiser son regard. Pendant son séjour hebdomadaire à l'EAE, Naima ne disait pas un mot. Après plusieurs mois de soins constants et d'une lente mise en confiance, Naima a un jour serré la main de Subhi, l'a regardé dans les yeux et lui a souri. L'histoire de cet EAE est tissée de moments apparemment insignifiants comme celui-là qui, en réalité, peuvent changer la vie des enfants. L'impact des dirigeants qui sont enracinés localement et proches des enfants, qui établissent la confiance et construisent lentement des relations, est inestimable.

Les enfants, source d'espoir

L'histoire de cet espace ami des enfants montre également que les enfants eux-mêmes peuvent être une source d'espoir dans les moments difficiles. Comme le mentionne Andrade, la résilience des enfants signifie qu'ils sont des « survivants actifs » et non des « victimes passives », ce qui permet de comprendre que les enfants eux-mêmes *sont* une source d'espoir pour les autres comme composante de leur résilience.

Un exemple clair est la façon dont les enfants ont ouvert la voie en luttant contre la discrimination et l'hostilité résultant de l'afflux soudain dans la ville d'étrangers d'origines et de cultures différentes et souvent d'une autre religion. Malgré l'atmosphère d'antagonisme, les jeunes enfants de toutes origines ont pu immédiatement jouer et apprendre ensemble à l'EAE. Subhi se souvient qu'après l'hostilité manifestée à l'égard des nouvelles familles, « les parents [déplacés] étaient très heureux que leurs enfants viennent à l'EAE, se fassent des amis et s'amusent. Ils étaient vraiment heureux ».

---

63. M. A. Andrade, « The role of spirituality in building up resilience of migrant children in Central America. Bridging the gap between needs and responses », *International Journal of Children's Spirituality* 22, n° 1, 9 mars 2017, p. 94.
64. Nom d'emprunt.

Les enfants plus âgés ont eu plus de mal à s'intégrer. Subhi déclare : « Nous avons connu des situations délicates, certains enfants disant aux autres : "Vous n'êtes pas d'ici", et restant dans leurs propres groupes, les gens de telle ville ensemble, de telle autre ville ensemble. C'est triste et regrettable de voir à quel point les adultes peuvent influencer la façon de penser des enfants : "Non, ne te mélange pas avec ces enfants, ce sont des immigrés." » Subhi et l'équipe de l'EAE ont orienté les enfants plus âgés vers certaines activités spécifiques sur le thème de l'acceptation des personnes d'arrière-plans différents ; ils ont vu de solides amitiés se nouer petit à petit entre des enfants d'origines et de religions différentes. Ici, les enfants ont joué un rôle d'avant-garde ou de précurseur par rapport aux adultes, en montrant la voie là où il semblait n'y avoir que haine ou intolérance.

Les enfants sont une image de l'espoir réel dans des situations qui semblent impossibles. Il s'agit d'un espoir 'رجاء' que décrit Geotcherian : une espérance qui révèle la vie nouvelle et la réalité de la résurrection au milieu de ce qui peut apparaître de l'extérieur comme une situation d'obscurité et de mort. Les enfants ont fait preuve de cette véritable espérance, indépendamment de leurs propres antécédents et croyances. Bien que dirigé par des chrétiens, l'EAE a été géré selon des principes humanitaires, accueillant des enfants de toutes origines et de toutes croyances, sans chercher à faire du prosélytisme. Mais la vie nouvelle du royaume de Dieu était clairement visible dans la vie de ces enfants.

Une résilience partagée

La résilience des enfants déteint sur la résilience de ceux qui les entourent, en gravant une autre compréhension, plus profonde, de la façon dont nous voyons l'espoir à travers les enfants dans les situations de conflit et de secours. La résilience peut se comprendre comme une attitude partagée et renforcée dans une communauté au sein de laquelle les enfants sont participants actifs. Andrade décrit l'une des facettes de la résilience comme une résilience spirituelle, qui inclut l'entraide et la conscience de la présence d'autrui. La capacité des enfants à créer de l'espoir chez les autres plutôt que d'être simplement des individus à qui il faut donner de l'espoir a été démontrée par la façon dont l'équipe de l'EAE s'est trouvée renforcée dans sa propre capacité à faire face à la crise grâce à ses liens avec les enfants. Subhi explique : « Je ne pense pas que j'aurais survécu si je n'avais pas vu l'espoir dans tout cela. Et le fait de travailler avec des enfants en particulier est l'une des choses qui communique le plus d'espoir dans ces situations. Les enfants sont toujours capables de vous faire sourire ; ils m'impressionnent toujours par la façon dont ils peuvent s'adapter à de nouvelles situations, s'amuser et jouer – même si tout va mal autour d'eux –, ils peuvent encore rire et jouer. C'est pourquoi travailler avec eux est la chose la plus gratifiante que j'aie jamais faite dans ma vie. »

Les enfants font partie d'une résilience partagée, créée par les relations, et cette collaboration mutuelle souligne le rôle vital des enfants en tant qu'espoir dans les situations les plus difficiles. Ce rôle met en évidence la valeur du travail de l'Église mondiale pour équiper et soutenir les populations locales à utiliser leurs dons et leurs compétences pour soutenir les enfants, car ce soutien a le double effet de renforcer en plus la résilience de l'Église locale.

Changeons-nous les choses ?

Nous devons cependant veiller à ne pas idéaliser ce travail avec les enfants dans des situations de violence et de conflit. La fragilité et l'imprévisibilité inhérentes à ces lieux et contextes, ainsi que la réalité des pressions que subissent les populations locales dans ces situations n'est pas sans impact. Nous ne pouvons pas décrire le travail avec les enfants dans les situations d'urgence comme un récit linéaire dont l'impact ne cesse de croître. Trop souvent, les revers ou la reprise d'un conflit, ou des événements plus banals tels que la démission d'une personne clé d'un projet signifient qu'un projet est interrompu ou abandonné. Il est facile alors de penser que les progrès réalisés ou les changements observés sont totalement perdus, et que l'espoir n'était pas, en fait, réel, mais quelque chose de transitoire et d'éphémère. Dans ces moments-là, nous ressentons le silence de Gethsémané décrit par Geotcherian. Le projet de l'EAE s'est échelonné sur trois ans. Mais le conflit, lui, s'est poursuivi, et la situation dans la ville est devenue encore plus difficile. Subhi a depuis quitté la Syrie et se souvient : « À un moment donné, j'ai eu l'impression que c'était du gâchis parce qu'ils vivaient toujours dans les mêmes conditions, et maintenant, c'est encore pire. »

Pourtant, l'espoir dont nous avons été témoins dans le cadre du projet EAE et dans la vie des enfants ne perd pas sa réalité ou son impact à cause de l'obscurité qui peut le précéder ou le suivre. Une autre histoire de l'EAE que Subhi partage illustre clairement cette réalité :

> Je me souviens d'une petite fille qui s'appelait Maha[65]. Elle ne manquait jamais une séance ! Je me souviens aussi du jour où nous avons organisé une journée « Amusement » à l'EAE. Alors que Maha se trouvait à l'EAE, une certaine raison avait obligé sa mère à se

---

65. Nom d'emprunt.

rendre en ville, et il y avait eu une explosion. Une bombe a explosé en tombant là même où marchait la mère de Maha ; elle est morte sur le coup pendant que nous étions affairés à l'EAE. Pendant nos activités à l'EAE, nous n'avions pratiquement pas de liens avec le monde extérieur. Nous ne savions donc pas que lorsque Maha est rentrée chez elle après la journée de jeux, elle a appris que sa mère était décédée. Je me souviens très bien de ce jour, parce que Maha avait été brillante et que, pour une raison ou pour une autre, je l'avais vraiment remarquée. Elle prenait plaisir à chaque jeu et participait à toutes les activités que nous avions organisées ce jour-là. Elle semblait vraiment heureuse d'avoir pu vivre ces moments avec nous. Cette journée fut mémorable pour nous, car elle nous a brisé le cœur en voyant Maha rentrer chez elle et apprendre cette terrible nouvelle. C'est l'un des moments où on a l'impression que juste au moment où on pense avoir fait quelque chose de bien et avoir aidé, on se rend compte qu'en réalité, tout est plus fort que nous.

Mais après cela, comme une lueur d'espoir, je me souviens que Maha a été présente à toutes les sessions de l'EAE que nous avons organisées – elle n'en a jamais manqué une, pas même celle qui a eu lieu quelques jours après la mort tragique de sa mère. C'était vraiment gratifiant de savoir que Maha aimait l'EAE à ce point, et c'est à ce moment-là que nous avons compris à quel point nous comptions pour cette fille. Combien nous avons été encouragés par l'importance que nous avions pour cette fille et heureux de savoir que nous étions là pour elle ! Nous avons compris que nous étions attentifs et que nous choisissions nos activités avec beaucoup de soin et de considération pour l'aider à parler de son traumatisme. Et le simple fait qu'elle participe à toutes les séances nous a aidés à sentir que nous étions là et que nous l'aidions.

L'impact dans la vie d'un enfant dure au-delà des circonstances[66], et l'espoir dans un moment est précieux en tant que signe du royaume de Dieu ici et maintenant. Nous n'avons pas encore vu la paix en Syrie, mais les moments d'espoir vus dans et à travers les enfants montrent que le royaume est déjà

---

66. Nous voyons cet impact dans 2 Rois 5.1-6, qui raconte l'histoire d'une jeune fille qui a été enlevée et brutalement séparée de sa famille et de sa communauté. Mais elle fait preuve d'une résilience, d'une audace et d'une foi surprenantes lorsqu'elle fait part avec confiance de sa suggestion quant à la guérison de Naaman par Élisée, et elle voit ses paroles prises au sérieux.

> L'espoir dans un moment est précieux en tant que signe du royaume de Dieu ici et maintenant.

parmi nous (Lc 17.21). Subhi a lui-même réfléchi à cette question et a conclu : « Je pense que, d'une manière ou d'une autre, le temps qu'ils ont passé dans cet endroit leur a été utile et leur a permis d'être moins affectés par tout ce qui se passait autour d'eux. » Les moments d'espoir ont donc créé une résilience durable qui a permis à ces enfants de faire face à la suite des événements.

Pour pérenniser le travail parmi les enfants dans les situations d'urgence, nous devons cultiver le désir et la volonté de voir une transformation complète et la justice dans leurs situations, et croire que l'impact sur la vie d'un enfant ne dépend pas de cette transformation totale qui se produit immédiatement. Dans la vie d'un enfant, un investissement qui suscite de l'espoir est une œuvre durable et qui est intrinsèquement précieuse. Subhi parle du réalisme nécessaire pour pouvoir travailler avec des enfants dans des situations de conflit, affirmant que l'équipe devait se dire : « Les choses sont ainsi. Nous en profitons, mais nous ne savons pas combien de temps cela va durer. Faisons de notre mieux. » Subhi met en garde : « Je ne veux pas que vous pensiez que notre équipe était parfaite – toute notre communauté syrienne était en proie au stress. » Mais cet espoir, créé par et parmi des personnes réelles dans des situations réelles a été d'autant plus puissant qu'il a pris racine et s'est développé au milieu d'une telle fragilité.

Comment l'Église devrait-elle réagir ?

Subhi encourage les Églises et les communautés locales dans les zones touchées par les conflits à faire le choix d'agir en faveur des enfants. Il déclare :

> N'abandonnez jamais, car même si vos ressources sont limitées ou si vous êtes peu nombreux, vous pouvez faire une grande différence dans la vie des enfants. Vous pouvez créer une activité dont les enfants parleront pendant des mois. Vous pouvez laisser sur leur vie une impression dont ils se souviendront pendant des années. Parfois, il s'agit simplement de ces brèves rencontres, de ces petites discussions que vous avez avec eux, qui vont vraiment vous changer, et qui vont les changer. Et aussi longtemps que vous agissez ainsi dans une Église, et que vous en faites un sujet de prières, vous n'êtes pas tout seul – il y a quelqu'un qui vous guide et quelqu'un qui vous conduit et qui vous bénit –, n'abandonnez donc jamais.

L'Église mondiale a également un rôle important à jouer en soutenant et en accompagnant les communautés locales qui travaillent avec les enfants dans les situations d'urgence et les endroits fragiles, en partageant des ressources et des idées, et en travaillant ensemble – « agir avec » plutôt que « agir pour », afin de renforcer la résilience commune. Reconnaître les forces et les aptitudes de ceux qui sont déjà présents dans un endroit et s'appuyer sur elles dans le cadre d'un partenariat constructif permet d'exercer un impact plus important et plus durable que lorsqu'un acteur externe se contente d'intervenir pour répondre aux besoins perçus de manière directe et indépendante.

L'histoire de cet espace ami des enfants est l'histoire de chaque enfant qui en a fait partie, chacun d'entre eux ayant reçu et créé de l'espoir grâce à sa participation au projet. C'est l'histoire de Subhi et de son équipe qui ont créé un espace sûr où la résilience mutuelle a pu se développer. C'est l'histoire du « déjà et pas encore » du royaume, des moments d'espoir réel au milieu des ténèbres. Les enfants eux-mêmes sont l'*espoir* dans les situations les plus difficiles, et grâce au soutien de l'Église mondiale, ils peuvent participer à la transformation des conflits et de la violence en vie nouvelle et en paix.

Questions de discussion

1. Quel est le lien entre la perception que les enfants ont d'eux-mêmes et l'« espoir » ?
2. Citez des moyens permettant aux enfants de se connecter spirituellement sans dépenser d'argent.
3. Comment les enfants vivant dans des contextes fragiles peuvent-ils non seulement recevoir de l'espoir, mais aussi être des agents d'espoir ?
4. Les espaces conviviaux pour enfants ne transportent pas complètement un enfant hors d'un contexte de guerre ou de conflit. Faut-il encore les maintenir ? Pourquoi ou pourquoi pas ?

6

Accueillis dans l'Église de Dieu

Dieu accueille pleinement tous les enfants dans la famille de la foi. L'éducation et le discipulat intentionnels des enfants leur permettent d'honorer leur vocation en tant que peuple de Dieu.

Problème critique mondial
Les enfants déplacés

Enrique Pinedo – Américain d'origine péruvienne

L'expression des enfants « accueillis dans l'Église de Dieu » peut signifier que les enfants qui fréquentent régulièrement l'église doivent être pris en charge par l'Église, c'est-à-dire accueillis, intégrés, aimés et protégés. Mais elle peut aussi vouloir dire que des enfants « extérieurs » à l'Église ont également besoin de cette protection ; ce sont des enfants qui ont également besoin de cette sécurité, des enfants qui ont besoin d'Églises qui leur tendent les bras pour les accueillir et qui prennent des mesures pour les protéger. Ce sont deux scénarios possibles.

Dans la première édition de *Understanding God's Heart for Children*, Kara Powell pose des bases bibliques et théologiques à partir de l'Ancien et du Nouveau Testament pour comprendre comment « Dieu accueille pleinement les enfants dans la famille de la foi », et donne des exemples de la manière dont les enfants peuvent être impliqués dans les communautés de la foi[1]. En outre, Mazabane et McConnell ont développé le sujet critique global, affirmant que l'accueil des enfants à risque va de pair avec le rappel de la déclaration forte du Christ : « toutes les fois ce que vous avez fait cela à l'un de ces plus petits de mes frères, c'est à moi que vous l'avez fait » (Mt 25.40, LSG)[2]. C'est à partir de ces points que nous revenons sur le phénomène d'un groupe d'enfants à risque qui ne bénéficient pas de l'accueil et de la protection dans les Églises.

Les enfants déplacés en Amérique centrale

En décembre 2015, j'ai eu l'occasion de me rendre à Tuxtla Gutiérrez, dans l'État du Chiapas, au Mexique, lors d'une consultation sur les enfants et la migration organisée par l'Église nazaréenne du Mexique. Plusieurs initiatives que les Églises de la dénomination nazaréenne ont menées à bien y ont été

---

1. Kara Powell, « God Welcomes Children Fully into the Family of Faith », dans Douglas McConnell, Jennifer Orona et Paul Stockley, sous dir., *Understanding God's Heart for Children. Toward a Biblical Framework*, Colorado Springs, Authentic, 2007, p. 227.
2. Ndaba Mazabane et Douglas McConnell, « Nature and the Family of Faith », dans Douglas McConnell, Jennifer Orona et Paul Stockley, sous dir., *Understanding God's Heart for Children. Toward a Biblical Framework*, Colorado Springs, Authentic, 2007, p. 242.

présentées. De plus, les autorités mexicaines et les organisations spécialisées dans la migration ont participé à cette consultation. Lors de cet événement, l'une des questions abordées qui a retenu mon attention évoquait la dangereuse « route migratoire » qui relie les pays d'Amérique centrale aux États-Unis en passant par le Mexique, empruntée par un grand nombre de femmes et de jeunes filles désirant émigrer d'Amérique centrale vers les États-Unis. Durant ce long périple, beaucoup de femmes et de jeunes filles sont violées ou emmenées pour être exploitées dans les bars et les bordels mexicains, notamment dans le Chiapas. L'une des suggestions proposées pour remédier à cette réalité complexe était que les Églises d'Amérique centrale et du Mexique travaillent sur des programmes de prévention, en dénonçant, dès le début de l'itinéraire, cette dure réalité de l'exploitation sexuelle, en particulier pour les femmes et les jeunes filles.

À cette occasion, il a également été indiqué que de nombreuses femmes membres de l'Église nazaréenne ont participé à l'initiative bien connue « Las Patronas » de l'État de Veracruz pour nourrir les migrants d'Amérique centrale, enfants et adultes, qui traversent le Mexique pour se rendre aux États-Unis à bord du train appelé « La Bête ».

Cette consultation a encouragé les Églises à continuer d'aider les migrants malgré de mauvaises expériences, comme certains vols d'installations et de biens de l'Église. Il a été conseillé aux Églises de prendre les précautions qui s'imposent et de travailler en collaboration avec les réseaux établis dans la société civile et le gouvernement. Un autre sujet tout à fait nouveau à cette époque était l'augmentation, depuis 2014, du nombre de mineurs centraméricains voyageant sans être accompagnés par des adultes le long de cette route migratoire. Dans un document intitulé « Children on the move. A crisis in the Northern Triangle, Mexico and USA » (Enfants déplacés. Une crise dans le triangle du Nord, au Mexique et aux États-Unis), l'organisation Save the Children qualifie cette situation critique d'« urgence humanitaire », car pendant le transit, les enfants peuvent être victimes de trafic, de violence, d'abus physiques et sexuels, et même de mort[3].

Ces réalités cruelles se retrouvent dans le monde entier. La mer Méditerranée a été l'itinéraire le plus meurtrier de 2013 à 2018, causant la mort de près de 18 000 personnes, y compris des enfants[4].

---

3. « Children on the move. A crisis in the Northern Triangle, Mexico and USA », Save the Children, 2016, https://resourcecentre.savethechildren.net/pdf/factsheet_com_english.pdf/.

4. « Global migration, by numbers », World Economic Forum, 10 janvier 2020, https://www.weforum.org/agenda/2020/01/iom-global-migration-report-international-migrants-2020/.

D'autre part, de nombreuses personnes et familles d'Amérique centrale, y compris des enfants, décident de rester au Mexique et de ne pas poursuivre leur route vers les États-Unis. Cette décision se reflète dans l'augmentation du nombre de demandes d'asile reçues par la Commission mexicaine d'aide aux réfugiés (COMAR)[5], ce qui constitue un défi pour le gouvernement mexicain et pour l'Église mexicaine. Il est donc évident que les défis auxquels l'Église du Mexique fait face concernent aussi bien les migrants qui transitent que ceux qui s'installent au Mexique.

Les enfants déplacés dans le monde

Selon l'Organisation internationale pour les migrations (OIM), qui s'appuie sur les données des Nations Unies, « le nombre de migrants internationaux dans le monde a atteint 272 millions en 2019, soit une augmentation de 51 millions par rapport à 2010. Actuellement, les migrants internationaux représentent 3,5 % de la population mondiale[6] ». L'OIM affirme qu'environ cinquante millions d'enfants peuvent être considérés comme « en errance » dans le monde. Parmi eux, environ 13 millions sont des réfugiés, 936 000 sont des demandeurs d'asile et 17 millions ont été déplacés de force à l'intérieur de leur propre pays[7]. Il est certain que ces chiffres colossaux représentent un énorme défi pour l'humanité, et certainement aussi pour la mission de l'Église.

L'organisation Save the Children définit les enfants déplacés comme :

> des enfants qui se déplacent pour diverses raisons, volontairement ou involontairement, à l'intérieur d'un pays ou d'un pays à l'autre, avec ou sans leurs parents ou d'autres personnes qui s'occupent d'eux. S'il peut leur offrir des occasions favorables, le déplacement peut aussi les exposer à un risque (ou à un risque accru) d'exploitation économique ou sexuelle, d'abus, de négligence et de violence[8].

---

5. « Migrantes de Centroamerica: por que Mexico y no EEUU es ahora el destino de muchos de ellos? », BBC News Mundo, 2 janvier 2019, https://www.bbc.com/mundo/noticias-america-latina-46931134.
6. Nations Unies, « Le nombre de migrants internationaux atteint 272 millions, en hausse dans toutes les régions du monde », 17 septembre 2019, https://news.un.org/fr/story/2019/09/1051802.
7. Nations Unies, « Rapid Evidence Assessment. What Works to Protect Children on the Move », juillet 2020, p. 6, https://www.unhcr.org/media/rapid-evidence-assessment-what-works-protect-children-move.
8. « Save the Children's Child Protection Strategy 2013–2015. Making the world a safe place for children », Save the Children, mai 2013, p. 31, https://resourcecentre.savethechildren.net/pdf/cp_strategy_eng_oct1.pdf/.

Les enfants constituent l'un des groupes les plus vulnérables dans ces déplacements de population et doivent faire face à divers risques pour leur survie, leur santé et leur éducation. En outre, ils voyagent généralement sans papiers, ne parlent pas la langue du pays de destination, et font souvent l'objet de discrimination xénophobe[9]. D'après l'UNICEF, certains groupes de migrants du monde sont plus vulnérables que d'autres, et il faut leur accorder une plus grande attention. À titre d'exemple, « un adolescent de l'Afrique subsaharienne, de niveau d'instruction secondaire et empruntant avec les autres la route méditerranéenne centrale, court 73 % de risques d'être exploité, alors que ce risque tombe à 38 % pour un garçon d'une autre région[10] ». En 2014, 28 % de toutes les victimes de trafic étaient des enfants (20 % de filles et 8 % de garçons)[11].

L'« État de la migration dans le monde 2020 » de l'OIM déclare que la migration peut être causée par des « aléas environnementaux, conflits ou terrorisme, ou encore situations d'urgence complexes, gestion politique et économique défaillante, épidémies et pandémies, et cycles financiers mondiaux[12] ». Les exemples récents de migration incluent les inondations au Bangladesh et en Thaïlande, les conflits en Libye et au Yémen, et la crise politique et économique au Venezuela[13]. Parmi les autres facteurs de déclenchement, on peut citer « les conflits dans des pays tels que la Syrie, le Yémen, la République centrafricaine, la République démocratique du Congo et le Soudan du Sud, ainsi que le type de violence extrême qui a forcé les Rohingyas à se réfugier au Bangladesh ; ces causes ont entraîné le déplacement de millions de personnes[14] ».

> **Ils voyagent généralement sans papiers, ne parlent pas la langue du pays de destination, et font souvent l'objet de discrimination xénophobe.**

Lorsque des centaines de milliers de réfugiés rohingyas terrifiés ont commencé à affluer sur les plages et dans les rizières du sud du Bangladesh en août 2017, ce sont les enfants qui ont attiré

---

9. Nations Unies, « Rapid Evidence Assessment. What Works to Protect Children on the Move », p. 7.
10. « Children on the Move. Key facts and figures », UNICEF, février 2018, p. 2, https://data.unicef.org/resources/children-move-key-facts-figures/.
11. *Ibid.*, p. 3.
12. « État de la migration dans le monde 2020 », OIM, p. 309, https://publications.iom.int/system/files/pdf/wmr_2020_fr.pdf.
13. *Ibid.*
14. « Global migration, by numbers ».

l'attention de nombreuses personnes. Alors que les réfugiés – dont près de 60 % étaient des enfants – ont franchi la frontière entre le Myanmar et le Bangladesh, ils ont apporté avec eux des récits de l'indicible violence et de la brutalité qui les avaient forcés à fuir[15].

Les enfants déplacés et le Covid-19

L'UNICEF indique que dans le monde entier 52 % des enfants migrants et plus de 90 % des enfants déplacés vivent dans des pays à revenu faible ou moyen, où les systèmes de santé sont souvent primitifs et ne répondent pas de manière adéquate aux besoins de la population[16]. C'est pourquoi, pendant la pandémie de Covid-19, ces enfants ont fait partie des populations les plus vulnérables du monde. Dans les pays à revenu faible et moyen, les enfants migrants et déplacés vivent souvent dans des zones urbaines défavorisées ou des bidonvilles, des camps surpeuplés, des campements, des abris de fortune ou des centres d'accueil, où ils n'ont pas un accès facile aux services de santé, à l'eau potable et à l'assainissement. La distanciation sociale et le lavage des mains avec de l'eau et du savon ne sont pas envisageables[17].

Des études menées par l'UNICEF en Somalie, en Éthiopie et au Soudan :

> ont montré que près de 4 enfants et jeunes sur 10 qui se déplacent n'ont pas accès à des installations leur permettant de se laver correctement. En outre, de nombreux enfants migrants et déplacés ont du mal à accéder aux soins de santé. Dans un sondage de l'UNICEF, la moitié des personnes interrogées âgées de 14 à 24 ans qui se déclaraient migrantes et réfugiées ont indiqué qu'elles n'avaient pas vu de médecin quand elles en avaient eu besoin[18].

La pandémie de Covid-19 amplifie déjà la vulnérabilité des enfants déplacés qui sont victimes de discrimination de la part de la population locale, d'agressions et d'exclusion juridique. S'ils tombent malades, il leur est presque impossible de recevoir des soins médicaux. La pandémie de Covid-19 accroît les inégalités au sein de la population, et ce sont les migrants qui sont les plus mal placés pour améliorer leur qualité de vie, ils sont donc les plus exposés aux infections. De

---

15. « Rohingya crisis », UNICEF, 18 mars 2019, https://www.unicef.org/emergencies/rohingya-crisis.
16. « Migrant and displaced children in the age of COVID-19 », UNICEF, avril-juin 2020, p. 32.
17. *Ibid.*, p. 32.
18. *Ibid.*

nombreux enfants réfugiés rohingyas vivent dans le sud du Bangladesh dans des « abris fragiles en bambou et couverts d'une bâche, où les dangers de la vie quotidienne ne sont que trop réels, y compris le risque élevé de propagation de maladies infectieuses comme le coronavirus[19] ».

La mise en œuvre de politiques gouvernementales et d'actions urgentes de la société civile, y compris l'Église, est nécessaire pour répondre à ce grand défi mondial.

> La pandémie a touché les écoles de 1,5 milliard d'élèves dans le monde et risque d'exacerber les vulnérabilités de millions d'élèves migrants et déplacés dans le monde. Dans de nombreux cas, ces enfants marginalisés ont déjà manqué un temps précieux en classe et risquent de prendre encore plus de retard. Même avant la crise du Covid-19, les enfants réfugiés étaient deux fois plus susceptibles de ne pas être scolarisés que les autres enfants[20].

Les enfants déplacés accueillis dans l'Église

Grâce à des efforts divers, les dénominations, les organisations chrétiennes et les ministères répondent aux besoins des familles et des enfants migrants et réfugiés. Voici quelques exemples :

> Le Refugee Highway Partnership (RHP) a été créé en tant que réseau coopératif au sein de l'Alliance évangélique mondiale en 2001 et constitue aujourd'hui une communauté mondiale de plus en plus importante de chrétiens qui participent à l'engagement d'accueillir et de se mettre au service des réfugiés. Le RHP facilite l'exercice d'un ministère plus efficace, stimule les initiatives stratégiques, envisage et équipe l'Église de sorte que les ministères en faveur des réfugiés soient renforcés et qu'un plus grand nombre d'entre eux soit secouru[21].

---

19. « Rohingya crisis ».
20. « Migrant and displaced children in the age of COVID-19 », p. 36.
21. « Refugees », Alliance évangélique mondiale, 18 juin 2021, https://worldea.org/news/14653/embrace-wea-and-refugee-highway-partnership-encouragechurches-to-observe-world-refugee-sunday-on-june-20-27/.

Le RHP propose des guides sur « ce que l'Église peut faire », notamment :

- S'informer sur la situation réelle des réfugiés et les perspectives bibliques les concernant, informer les autres et susciter une prise de conscience.
- Prier pour les personnes déplacées de force et les aider à surmonter les difficultés auxquelles les réfugiés font face dans un nouveau pays.
- Déterminer les plus grands obstacles que rencontrent les réfugiés ou les demandeurs d'asile. Parmi eux, citons la difficulté à trouver un logement abordable, à trouver un emploi leur permettant d'honorer leurs factures, d'apprendre la langue du pays d'accueil, de comprendre le système scolaire et d'aider leurs enfants à faire leurs devoirs à la maison.
- Dresser une liste des besoins des demandeurs d'asile et des réfugiés nouvellement arrivés et les aider à trouver un abri temporaire ou un espace de vie sûr, de la nourriture de base, des vêtements et des chaussures adaptés au climat, des moyens de transport locaux, faciliter la communication avec les proches dont ils sont séparés, et les encourager.

Même si une Église locale ne peut pas répondre directement à ces besoins, elle peut souvent orienter les réfugiés vers des services susceptibles de les aider[22].

World Relief propose également une série de ressources intitulée « Church Leader's Resources on the Refugee Crisis and Immigration » (Ressources pour les responsables d'Églises concernant la crise des réfugiés et l'immigration), ainsi que des conseils aux responsables des Églises locales sur la manière de surmonter les divers obstacles liés à l'immigration et aux réfugiés[23]. L'une de ces ressources, intitulée « Church Leader's Guide to Immigration[24] » (Guide destiné aux responsables d'Églises en matière d'immigration), est un document écrit par plusieurs personnes ayant plusieurs années d'expérience de travail avec les Églises locales et de nombreux leaders internationaux aux États-Unis. Ils travaillent également sur les aspects bibliques et missiologiques du sujet, ainsi que sur la manière d'aider les immigrants aux États-Unis dans le cadre des

---

22. « Refugee Highway, what the church can do », 2018, https://www.refugeehighway.net/what-the-church-can-do.html.
23. « Church Leaders' Resources », World Relief, 2020, https://worldrelief.org/church-leaders-resources-download/.
24. « Church Leader's Guide to Immigration », World Relief, 2018.

procédures de demande d'asile. Le livre *Welcome to the Stranger* (Bienvenue à l'étranger) constitue une autre ressource précieuse[25].

De même, en 2019, Tearfund Amérique latine a lancé une campagne intitulée « Comme étant né parmi nous », en référence à Lévitique 19.33-34. Cette campagne promeut une série d'initiatives de sensibilisation, de mobilisation des Églises, de plaidoyer auprès des autorités pour faire respecter les droits des migrants, l'intégration, l'accueil et la prière[26]. Cette campagne a été promue par des Églises et des organisations chrétiennes d'Amérique latine et des Caraïbes et s'efforce de s'associer aux efforts qui existent déjà pour appuyer les moyens de la communauté évangélique pour s'occuper des droits des migrants, les protéger et les promouvoir.

Enfin, Compassion International, l'organisation au sein de laquelle j'ai le privilège de servir, soutient les familles et les enfants migrants déplacés du Venezuela qui se trouvent dans la ville de Cúcuta, en Colombie. Cúcuta est l'une des villes frontières terrestres officielles entre la Colombie et le Venezuela par laquelle entrent 94 % des migrants vénézuéliens. Mais cet afflux de migrants vénézuéliens a provoqué le dysfonctionnement des principaux services publics de la ville. Compassion International, en partenariat avec plusieurs Églises évangéliques, a fourni de la nourriture et des soins médicaux, une assistance aux mères enceintes, un soutien à la protection de l'enfance et à la prévention contre les abus sexuels et la traite des êtres humains. Ils ont également contribué à fournir des lits, des ustensiles de nettoyage et du matériel pour des activités éducatives avec les enfants dans le cadre d'un remplacement de leur scolarité normale, ainsi qu'un soutien émotionnel et spirituel aux adultes et aux enfants.

Résumé

Il ne fait aucun doute que le sort des enfants déplacés constitue un grand sujet de préoccupation, aussi bien pour la société que pour la mission de l'Église. Les statistiques et les conditions de vulnérabilité et d'exclusion qui ont été présentées indiquent clairement que le royaume de Dieu, fait d'accueil, d'amour et de valorisation, reste encore très loin pour beaucoup de « petits » (Mc 10.14). Il semble que cette dure réalité des enfants déplacés les prive de leur aspiration à la plénitude de vie et du shalom que promet le royaume de Dieu, et

---

25. Matthew Soerens et Jenny Yang, *Welcoming the Strangers. Justice, Compassion & Truth in the Immigration Debate World Relief*, Downers Grove, IVP Books, 2018.
26. « Como nacido entre nosotros », Tearfund Latin America, 2021, https://www.comonacidoentrenosotros.org/.

ces caractéristiques de justice, d'équité, de dignité, d'amour, de paix, de santé et de croissance harmonieuse semblent hors de portée.

> Cette dure réalité des enfants déplacés les prive de leur aspiration à la plénitude de vie et du shalom que promet le royaume de Dieu.

Mais d'un autre côté, nous pouvons rendre grâce à Dieu pour les initiatives d'espoir, de solidarité et d'accueil que diverses Églises et organisations chrétiennes ont prises. Elles prouvent que l'Église peut être une communauté qui soutient les enfants déplacés, les informe et les renseigne sur leurs défis et leurs besoins. En tant qu'Église, nous devons comprendre que dans la Bible, la prise en charge des orphelins et des étrangers est évoquée plus de trente fois, de même qu'un autre groupe social vulnérable, les veuves. Cette triade sociale était considérée comme la plus vulnérable et la plus tenue à l'écart en Israël et, dans l'Ancien comme dans le Nouveau Testament, Dieu appelle son peuple à les protéger et à élever la voix en leur faveur. En tant qu'Église, nous devons nous mobiliser et tendre les bras comme Jésus l'a fait et dire : « Laissez les enfants [déplacés] venir à moi, ne les en empêchez pas, car le royaume de Dieu est pour ceux qui sont comme eux » (Mc 10.14, NBS).

Bibliographie

« Children on the move. A crisis in the Northern Triangle, Mexico and USA », Save the Children, 2016, https://resourcecentre.savethechildren.net/pdf/factsheet_com_english.pdf/.

Mazabane Ndaba, McConnell Douglas, « Nature and the Family of Faith », dans *Understanding God's Heart for Children. Toward a Biblical Framework*, sous dir. Douglas McConnell, Jennifer Orona et Paul Stockley, Colorado Springs, Authentic, 2007, p. 238-245.

« Migrantes de Centroamerica: por que Mexico y no EEUU es ahora el destino de muchos de ellos? », BBC News Mundo, 2 janvier 2019, https://www.bbc.com/mundo/noticias-america-latina-46931134.

Nations Unies, « Le nombre de migrants internationaux atteint 272 millions, en hausse dans toutes les régions du monde », 17 septembre 2019, https://news.un.org/fr/story/2019/09/1051802.

Nations Unies, « Rapid Evidence Assessment. What Works to Protect Children on the Move », juillet 2020, p. 6, https://www.unhcr.org/media/rapid-evidence-assessment-what-works-protect-children-move

ORGANISATION INTERNATIONALE POUR LES MIGRATIONS, « État de la migration dans le monde 2020 », https://publications.iom.int/system/files/pdf/wmr_2020_fr.pdf

POWELL Kara, « God Welcomes Children Fully into the Family of Faith », dans *Understanding God's Heart for Children. Toward a Biblical Framework*, sous dir. Douglas McCONNELL, Jennifer ORONA et Paul STOCKLEY, Colorado Springs, Authentic, 2007, p. 227-237.

« Refugees », Alliance évangélique mondiale, 18 juin 2021, https://worldea.org/news/14653/embrace-wea-and-refugee-highway-partnership-encourage-churches-to-observe-world-refugee-sunday-on-june-20-27/.

« Refugee Highway, what the church can do », Refugee Highway, 2018, https://www.refugeehighway.net/what-the-church-can-do.html.

« Save the Children's Child Protection Strategy 2013-2015. Making the world a safe place for children », Save the Children, Child Protection initiative, mai 2013, p. 31, https://resourcecentre.savethechildren.net/node/7434/pdf/cp_strategy_eng_oct1.pdf.

SOERENS Matthew, YANG Jenny, *Welcoming the Strangers. Justice, Compassion & Truth in the Immigration Debate World Relief*, Downers Grove, IVP Books, 2018, https://worldrelief.org/church-leaders-resources-download/.

Tearfund Latin America, « Como nacido entre nosotros », 2021, https://www.comonacidoentrenosotros.org/.

UNICEF, « Children on the Move. Key facts and figures », 2018, https://data.unicef.org/resources/children-move-key-facts-figures/.

UNICEF, « Migrant and displaced children in the age of COVID-19 », avril-juin 2020, p. 32, https://www.unicef.org/media/83546/file/Migrant-and-displaced-children-in-the-age-of-COVID-19.pdf.

UNICEF, « Rohingya crisis », 18 mars 2019, https://www.unicef.org/emergencies/rohingya-crisis.

World Economic Forum, « Global migration, by numbers », 10 janvier 2020, https://www.weforum.org/agenda/2020/01/iom-global-migration-report-international-migrants-2020/.

World Relief, « Church Leader's Guide to Immigration », 2018, http://evangelicalimmigrationtable.com//wp-content/uploads/2018/11/churchleaderguidetoimmigration.pdf.

World Relief, « Church Leaders' Resources », 2020, https://worldrelief.org/church-leaders-resources-download/.

Réponse biblique et théologique
De l'accueil à l'engagement des enfants pour le royaume de Dieu

Shantelle Weber – Sud-Africaine

La pandémie mondiale de Covid-19 en 2020 a mis en évidence la vulnérabilité et la marginalisation des enfants partout dans le monde. La réponse immédiate des responsables gouvernementaux, des dirigeants de la société et même des communautés religieuses a été de donner la priorité aux préoccupations des adultes, au détriment des besoins des enfants déplacés qui, sans éducation, affamés, orphelins et réfugiés ont été encore plus négligés dans nos réactions à cette pandémie. Plus haut dans la section « Problème critique mondial » de ce chapitre, Enrique Pinedo a mis l'accent sur les enfants en errance, les enfants migrants qui sont encore plus déplacés et marginalisés lors de pandémies comme celle-ci.

Dans la première édition de *Understanding God's Heart for Children*, Douglas McConnell, Jennifer Orona et Paul Stockley soulignent que notre réponse théologique aux enfants doit être active, parce que Dieu a doté les enfants de dignité et que, sur cette base, ils ont besoin de l'amour de leurs parents dans un monde brisé ; ils sont doués pour enseigner les adultes à qui Dieu a confié la responsabilité de veiller à leur bien-être[27]. Ils ont également souligné le fait que Dieu accueille pleinement les enfants dans la famille de la foi et que les enfants sont essentiels à la mission de Dieu. Cette édition met en lumière notre mandat biblique, en nous rappelant les vérités susmentionnées et en appelant à une réflexion théologique et ecclésiologique sur la manière dont nous positionnons les enfants dans nos récits. Nous espérons qu'une réflexion plus approfondie de la Parole de Dieu sur le sujet des enfants déplacés et sur le mandat qui nous est confié stimulera notre engagement renouvelé en leur faveur et notre désir d'apprendre d'eux.

---

27. Douglas McConnell, Jennifer Orona et Paul Stockley, sous dir., *Understanding God's Heart for Children. Toward a Biblical Framework*, Colorado Springs, Authentic, 2007.

Nous tenir *à côté* des enfants déplacés est notre mandat biblique

L'Ancien Testament présente des approches contradictoires à l'égard des enfants en exode. D'un côté, l'attention portée aux personnes les plus vulnérables répond à une exigence fondamentale de la communauté hébraïque. La prise en charge de l'orphelin, de la veuve et de l'étranger résident doit être au centre éthique de la miséricorde et de la piété, de l'attention et du culte. Les passages d'Esther 2.3-4 et 12-14 décrivent des Israélites emmenés à Babylone comme prisonniers de guerre et qui ont été victimes de préjugés et d'exploitation sexuelle. Les Juifs sont restés si longtemps en exil que beaucoup de leurs enfants ne savaient plus parler l'hébreu. Israël était également devenu une terre d'accueil pour de nombreux réfugiés, comme Rahab et Ruth, parce qu'en ce temps-là, la guerre et la famine dispersaient les gens[28]. Dans Ésaïe 10.1-4, Dieu promet d'intervenir personnellement en faveur des veuves et des orphelins. Le Nouveau Testament montre que Jésus est l'accomplissement de la juste relation de la miséricorde et de la piété. Cet exemple et cette compréhension sont essentiels lorsqu'on voyage aux côtés d'enfants déplacés ; il est essentiel de faire preuve de miséricorde à l'égard de ses semblables sans agir par obligation religieuse. Jésus nous montre que la juste relation entre la miséricorde et la piété est au centre de la foi, des sacrements et de la vie de disciple[29]. Jésus a connu le statut de réfugié alors qu'il était enfant (Mt 2.13-15). Le livre des Actes (Ac 9.36-41) décrit comment l'Église primitive prenait soin des veuves. Les témoignages bibliques montrent clairement que Jésus avait de la tendresse pour les enfants, y compris ceux qui sont opprimés et mis à l'écart par la société (Mt 18.1-14 ; 19.13-15). « Toutes les rencontres entre Jésus et les enfants rapportées dans les évangiles sont empreintes d'amabilité, de douceur, de respect, les enfants étant considérés comme un élément central du nouvel ordre social initié par Jésus. En bénissant les enfants et en leur imposant les mains, Jésus accueillait les enfants comme des personnes à part entière et leur donnait un statut, du respect et de la dignité[30]. »

> La prise en charge de l'orphelin, de la veuve et de l'étranger résident doit être au centre éthique de la miséricorde et de la piété, de l'attention et du culte.

---

28. *Africa Study Bible. New Living Translation*, Illinois, Oasis International, 2016, p. 294.
29. P. D. Couture, *Seeing Children, Seeing God. A Practical Theology of Children and Poverty*, Nashville, Tenn., Abingdon, 2000, p. 3.
30. « Ending corporal punishment of children. A handbook for worship and gatherings », Church Network for Non-Violence, 2015, p. 3.

Beaucoup lisent ces textes sans tenir compte du contexte de l'époque. Jésus était en fait assez radical dans son attitude envers les enfants, contrairement à la façon dont ils étaient habituellement traités ! Dans l'Empire gréco-romain, les enfants étaient considérés comme la semence de l'avenir tout en étant traités comme des personnes marginales dans la société. Par exemple, les nouveau-nés étaient examinés par les philosophes stoïciens à leur naissance, mais ils ne recevaient leur nom qu'une semaine plus tard. S'ils présentaient un défaut quelconque, ces enfants n'étaient pas acceptés et finissaient dans des poubelles ou sur des tas de fumier. Beaucoup de ces enfants rejetés et abandonnés finissaient par devenir des esclaves, des prostituées ou des gladiateurs[31].

De nombreuses cultures à travers le monde affirment aujourd'hui que les enfants sont l'héritage des parents et une bénédiction de Dieu. Pourtant, la première section de ce chapitre confirme que le nombre d'orphelins et d'enfants migrants déplacés est en augmentation. Les enfants deviennent orphelins et sont abandonnés à la suite d'un conflit, de la faim, du VIH et du SIDA, du chômage, de la négligence, de la toxicomanie et de la perte d'un être cher. Dans de nombreux cas, la responsabilité des frères et sœurs plus âgés s'accroît, et ils deviennent les principaux dispensateurs de soins aux parents malades, ce qui crée des ménages dirigés par des enfants. Ces situations sont exacerbées par l'isolement social et la détresse, le traumatisme et la dépression qui en résultent, le traumatisme psychologique dû à l'intériorisation de sentiments négatifs, un comportement antisocial, et l'abus de substances psychoactives. Les orphelins d'aujourd'hui peuvent être victimes d'abus dans les familles élargies et les familles d'accueil et ne reçoivent pas d'éducation ou une éducation insuffisante ; certains sont pris dans des réseaux de prostitution et de trafic d'enfants, d'autres deviennent des enfants des rues. Quelle tristesse de savoir que des enfants qui possèdent une vie donnée par Dieu se trouvent dans de telles circonstances et d'autres encore plus dévastatrices et ne sont même pas considérés comme des citoyens d'un pays donné ! Comment est-il possible que la vie même que Dieu a voulue et qu'il nous confie soit gâchée à ce point ? Comment est-il possible que l'Évangile soit prêché et se répande dans le monde entier, mais qu'il ne libère pas ces enfants et leurs familles ? Ces enfants sont-ils accueillis dans nos communautés de foi ? Plus encore, sommes-nous décidés à tirer des enseignements de leurs expériences vécues et, ce faisant, à édifier le corps du Christ ?

Nous posons ces questions cruciales, parce que le postulat de base de ce chapitre est qu'un changement radical s'impose dans l'Église de Dieu. Il faut

---

31. Pour d'autres ressources utiles sur ce sujet, voir Grobbelaar et Breed, *Welcoming Africa's Children*, Durbanville, AOSIS, 2016.

passer d'un enseignement *sur les marginaux* à un cheminement *à leurs côtés*. Passer d'un ministère *pour* les enfants à un ministère *avec* les enfants, et passer de *l'accueil* de ces enfants par divers programmes et même par des organisations caritatives confessionnelles à des programmes qui *s'adaptent* à leur manière de voir le Christ au milieu de leurs souffrances quotidiennes[32]. Tous les enfants sont exposés à des facteurs susceptibles de nuire à leur développement, mais les enfants pauvres et marginalisés sont confrontés à de multiples facteurs qui rendent leur vie précaire[33]. Couture affirme que la prise en charge des enfants vulnérables est un moyen de grâce, un véhicule par lequel Dieu se fait connaître à nous et à eux[34]. En nous occupant d'eux, nous (les adultes, l'Église) faisons l'expérience de la grâce, le mouvement de Dieu dans nos vies qui nous permet de donner aux autres et de recevoir d'eux. Cette mystérieuse occasion de rencontrer Dieu dans les enfants les plus vulnérables et en nous-mêmes nous incite à rendre grâce. Quelle occasion unique pour l'Église de goûter la grâce de Dieu envers nous par le biais des plus petits d'entre eux ! Dans ce sens, la plénitude et la maturité spirituelles dépendent de l'attention que nous portons aux personnes les plus vulnérables, ce qui est au cœur de notre témoignage biblique.

> Comment est-il possible que l'Évangile soit prêché et se répande dans le monde entier, mais qu'il ne libère pas ces enfants et leurs familles ? Ces enfants sont-ils accueillis dans nos communautés de foi ?

Appel à un changement théologique et ecclésiologique

Un changement théologique et transformationnel allant de l'accueil à l'engagement des enfants pour le royaume de Dieu exige que nous écoutions les récits de l'enfance dans la perspective des enfants ; que nous voyions les enfants qui sont au milieu de nous et apprenions les types de pratiques nous permettant de les engager en tant que membres à part entière de notre communauté

---

32. Lors de la Consultation de Lausanne de 2014 sur les enfants en danger, il a été décidé de se référer à un ministère auprès des enfants, pour eux et avec eux. « Who are Children at Risk? A Missionnal Definition », Consultation du Mouvement de Lausanne sur les enfants en danger, Quito, Équateur, 17-19 novembre 2014.
33. Couture, *Seeing Children, Seeing God*.
34. *Ibid.*, p. 4.

religieuse ; et que nous parlions aux enfants en nous mettant à leur niveau[35]. Stoller note que le fait d'ignorer la souffrance des enfants est souvent dû à l'« adultisme », qui consiste à jauger les croyances religieuses d'un enfant du point de vue de l'adulte au lieu de se demander si elles sont libératrices pour l'enfant[36]. Les communautés religieuses peuvent travailler ensemble pour combattre les préjugés et la discrimination systématiques à l'encontre des enfants à l'intérieur et à l'extérieur de l'Église. Ce travail peut consister à trouver des moyens de relire les textes sacrés à travers le prisme de l'enfant ou de se réapproprier leurs voix manquantes.

Les perspectives bibliques montrent que, directement ou indirectement, les enfants sont porteurs de profondes vérités théologiques. Dieu a placé des enfants parmi nous comme signe ou langage de la révélation de Dieu en utilisant des enfants réels et parfois l'image d'enfants pour communiquer l'essence de la transformation que Dieu veut opérer dans ce monde. Comment pouvons-nous voir Dieu comme un enfant vulnérable, et pas seulement comme un parent ? Cette vision est au cœur de l'incarnation, car Dieu est devenu un enfant et « lorsque nous accueillons un enfant au nom du Christ, nous recevons le Christ, nous recevons Dieu, l'Enfant incarné[37] ». Dieu a utilisé des enfants à différentes époques et dans différents contextes. Dieu a utilisé des enfants à différentes époques et de différentes manières pour communiquer des vérités théologiques à son peuple. Les experts des Nations Unies en matière de protection de l'enfance notent que « les communautés religieuses sont souvent à l'avant-garde de la prise en charge et de la protection des enfants, car ces tâches sont au cœur de presque toutes les traditions religieuses[38] ». Malheureusement, il arrive que les enfants ne soient importants dans l'Église et la société qu'en raison de ce que l'on attend d'eux et de ce qu'ils peuvent devenir dans le futur.

Les communautés religieuses peuvent contribuer à tous les niveaux et tenir de multiples rôles dans le système de protection de l'enfance, afin de prévenir et de répondre à la violence à l'encontre des enfants[39]. Les communautés religieuses

---

35. *Ibid.*, p. 1.
36. R. Stoller, « Towards a child liberation theology », avril 2016, https://www.patheos.com/blogs/unfundamentalistparenting/2016/04/towards-a-child-liberation-theology/.
37. Craig L. Nessan, « Child Liberation Theology », *Currents in Theology and Mission* 45, n° 3, 2018, p. 8.
38. Malia Robinson et Stephen Hanmer, « Engaging religious communities to protect children from abuse, neglect, and exploitation. Partnerships require analysis of religious virtues and harms », *Child Abuse & Neglect* 38, n° 4, 2014, p. 600-611.
39. Selina Palm, « Ending Violence Against Children Webinar. Spiritual Capital », 26 février 2020, https://jliflc.com/resources/ending-violence-against-children-webinar-spiritual-capital-with-selena-palm/.

peuvent apporter un soutien peu coûteux mais nécessaire aux familles et aux enfants qui en font partie. Les leaders religieux peuvent faire appel aux systèmes officiels de protection de l'enfance et jouer un rôle crucial dans la prévention et l'orientation des cas de maltraitance d'enfants. Les communautés religieuses sont appelées à cultiver une série de vertus chrétiennes, la patience, la bonté, la générosité, l'hospitalité, la compassion et la joie afin de créer parmi nous l'espace spirituel nécessaire à l'accueil de ces enfants. L'Église a besoin de stratégies de prévention des risques qui protègent les enfants contre les risques susceptibles de leur nuire. Ces stratégies devraient comporter deux volets : les enfants devraient recevoir un enseignement sur la nutrition de base, la santé, la sécurité, la sexualité et l'avenir, mais ces mêmes enfants peuvent aussi enseigner aux adultes et aux communautés religieuses ce que ces éléments signifient et ce à quoi ils devraient ressembler, et ainsi indiquer à l'Église l'art et la manière d'engager le dialogue avec de tels enfants[40]. Les approches centrées sur l'enfant sont essentielles dans les communautés de foi. L'établissement d'un lien entre la participation et la protection des enfants améliore le statut social des enfants, permet à la voix des enfants de faire partie des changements qui sont jugés nécessaires et évite l'optique du sauvetage et de la réadaptation ou de la victime passive[41].

En termes de soins pastoraux, les responsables d'Église devraient être équipés pour savoir comment aborder les difficultés extrêmes de la vie d'un enfant, et pas seulement sur la façon de prêcher à ces enfants[42].

> [...] lorsque les interprétations bibliques approuvent la haine, les abus ou la violence contre d'autres êtres humains créés à l'image de Dieu, en particulier les plus vulnérables et les plus impuissants, de telles interprétations deviennent des actes de blasphème. Elles contredisent l'esprit de Celui qui a enseigné l'amour du prochain, l'accueil de l'enfant et une attention divine particulière pour les « petits », où qu'ils se trouvent et quels

> L'établissement d'un lien entre la participation et la protection des enfants améliore le statut social des enfants, permet à la voix des enfants de faire partie des changements qui sont jugés nécessaires.

---

40. Couture, *Seeing Children, Seeing God*, p. 91-93.
41. Palm, « Ending Violence Against Children Webinar ».
42. Couture, *Seeing Children, Seeing God*, p. 48-49.

qu'ils soient. De tels actes prennent le nom de Dieu en vain, justifiant la violence contre les plus vulnérables d'entre nous[43].

Renouveler notre approche des enfants déplacés

L'Engagement du Cap déclare :

"[...] L'Église existe pour adorer et glorifier Dieu de toute éternité et pour prendre part à la mission de transformation engagée par Dieu dans le cours de l'histoire. Notre mission dérive entièrement de la mission de Dieu, elle s'adresse à la totalité de la création de Dieu et elle est enracinée en son centre dans la victoire rédemptrice de la croix." Nous sommes appelés à la mission intégrale, qui est la proclamation et la mise en pratique de l'Évangile[44].

Le même engagement appelle l'Église à « établir la paix du Christ dans notre monde divisé et brisé [...] [en faisant] peser la vérité et la paix du Christ sur le racisme et la diversité ethnique, l'esclavage et le trafic humain, la pauvreté et les groupes minoritaires, comme les personnes handicapées [et les enfants déplacés][45] ».

Les déclarations suivantes, formulées par Marcia Bunge, doivent passer de la connaissance théologique à l'accueil exemplaire d'enfants déplacés, indépendamment de leur race, de leur classe, de leur position sociale dans la société, de leurs antécédents familiaux ou de leur contribution économique[46] :

- Les enfants sont des dons de Dieu et des sources de joie, et les adultes doivent s'en réjouir et en être reconnaissants.
- Les enfants sont des êtres en développement et les adultes sont là pour les enseigner et les guider.

---

43. Troy Troftgruben, « Toxic theology. A pastoral response to Bible passages often used to justify the abuse of children or prevent them from seeking care », *Currents in Theology and Mission* 45, n° 3, 2018, p. 5.
44. Kevin Smith, « Résumé de l'Engagement du Cap », 18 mars 2011, https://lausanne.org/fr/mediatheque/resume-de-lengagement-du-cap.
45. *Ibid.*
46. Voir également une discussion approfondie dans Marcia J. Bunge, « A more vibrant theology of children », *Christian Reflection. A Series in Faith and Ethics* 8, 2003, p. 11-19 ; et dans Marcia J. Bunge, « Conceptions of and Commitments to Children. Biblical Wisdom for Families, Congregations, and the Worldwide Church », dans David M. Csinos, sous dir., *Faith Forward (Volume Three. Launching a Revolution through Ministry with Children, Youth, and Families*, Wood Lake, 2018, p. 94-112.

- Les enfants sont des orphelins, des voisins et des étrangers, et les adultes doivent rechercher la justice pour les enfants et les traiter avec compassion.
- Les enfants sont des êtres humains à part entière, créés à l'image de Dieu, et les adultes doivent les traiter avec dignité et respect.
- Les enfants sont des agents moraux qui parfois « manquent la cible » (ou « pèchent ») et qui ont des capacités et des responsabilités morales en développement ; les adultes doivent les aider à développer ces capacités, être des exemples de pardon et s'excuser pour leurs propres fautes contre les enfants et les autres.
- Les enfants sont des modèles de foi et les adultes doivent les écouter et apprendre d'eux.
- Les enfants ne sont pas des créatures unidimensionnelles qui sont soit innocentes, soit pécheresses, soit victimes, soit agents.
- Les enfants ont une valeur intrinsèque ainsi que des droits et des responsabilités qui correspondent à cette valeur[47].

La pandémie mondiale de Covid-19 a remis en question ce que nous considérons comme l'Église et qui nous considérons comme telle. Dans l'Église en tant qu'*ekklesia*, les personnes rassemblées, le peuple est devenu un rappel rafraîchissant pour tous ceux qui se disent disciples du Christ. La pandémie de Covid-19 a également poussé l'Église à ne plus se contenter d'accueillir les enfants, mais à s'intéresser à la théologie et au ministère aux côtés des enfants et avec eux. Nous avons brièvement noté quelques-unes des raisons bibliques pour lesquelles nous devrions faire cette démarche, mais nous avons également souligné quelques obstacles qui expliquent pourquoi nous n'y parvenons pas. Une réponse théologique à l'engagement des enfants en exode exige quelques présupposés de base[48].

- Les enfants déplacés devraient être considérés comme des collaborateurs pour faire de la théologie en fonction du contexte. Affirmer et inviter l'action des enfants nous aidera à construire des théologies de l'enfant utiles et même libératrices.

---

47. Bunge, « Tasks, Sources, and Significances of Theologies of Childhood », dans Jan Grobbelaar et Gert Breed, sous dir., *Theologies of Childhood and the Children of Africa*, AOSIS, 2016, p. 100-101.
48. Shantelle Weber et Stephan de Beer, « Doing theology with children in a South African context. Children as collaborators in intergenerational ministry », *HTS Teologiese Studies/ Theological Studies* 72, n° 1, 25 novembre 2016, p. 1-3. Cet article fait référence à des enfants se trouvant dans des contextes variés, y compris celui des enfants déplacés.

- Les enfants déplacés devraient être engagés en tant que co-chercheurs dans les processus qui s'efforcent de générer des connaissances sur les enfants. Il existe de plus en plus d'écueils éthiques dans la recherche avec les enfants, mais nous proposons que ces écueils soient surmontés dans le processus qui consiste à impliquer les enfants non seulement comme objets, mais aussi comme sujets de recherche et de production de connaissances.
- Les enfants déplacés expriment leurs propres expériences avec Dieu d'une manière que nous ne pouvons pas nous permettre d'ignorer dans nos délibérations théologiques. Les enfants parlent régulièrement de la présence de Dieu dans leur vie. Ils le font en exprimant leur foi en Dieu, en parlant régulièrement avec Dieu et en associant souvent Dieu au jeu. Les réflexions sur les dessins d'enfants permettent d'exprimer verbalement la façon dont les enfants voient Dieu et comment ils façonnent leur foi.
- Notre compréhension des divers impératifs bibliques mentionnés dans ce chapitre devrait nous inciter à écouter attentivement les enfants et à dialoguer avec eux. Le dialogue entre Jésus adolescent, et les érudits rabbiniques dans le temple en l'absence de ses parents est très instructif à cet égard.
- L'évolution de la recherche sur les enfants plaide de plus en plus en faveur de modèles intergénérationnels de ministère.

> **Faire de la théologie avec les enfants nous obligera à lutter, à créer, à ouvrir des espaces innovants dans lesquels les enfants réels font entendre leur voix, leurs questions, leurs combats, et leurs espoirs réels.**

Faire de la théologie avec les enfants nous obligera à lutter, à créer, à ouvrir des espaces innovants dans lesquels les enfants réels font entendre leur voix, leurs questions, leurs combats, et leurs espoirs réels, « non comme des sujets d'étude pour la théologie, mais comme une source de lumière critique et constructive pour la théologie[49] ». Le mouvement de la théologie de l'enfant affirme la réalité de la spiritualité des enfants et le lien étroit qu'elle entretient avec leur développement personnel. Ce qui manque, en dehors des anecdotes, des récits

---

49. H. Willmer et K. J. White, *Entry Point. Towards Child Theology with Matthew 18*, Londres, WTL, 2013, p. 15.

ou des métaphores récupérées par les adultes, reste la présence, les voix et les perturbations des enfants eux-mêmes. La plupart du temps, nous théologisons et élaborons des théories sur les enfants, à leur sujet et pour eux, sans que les enfants soient avec nous dans des espaces nouveaux et hospitaliers pour partager leurs propres expériences, leurs connaissances et leurs points de vue[50]. L'absence totale de défense de ces enfants désarme d'abord, puis nous perturbe, car avec nos discours théologiques soigneusement construits et nos traités politiques sophistiqués, nous ne savons pas comment nous y prendre avec ces enfants[51].

Deutéronome 24.19-21 nous exhorte à accueillir les réfugiés et à prendre soin d'eux. Pour les enfants qui grandissent différemment, qui sont exposés à la violence dès leur plus jeune âge et qui sont souvent victimes d'abandon ou de négligence, la difficulté de découvrir l'identité et la diversité doit également être considérée d'un point de vue théologique. Les Églises multiculturelles doivent relever le défi de construire un langage, un culte et des pratiques appropriés qui sont inclusifs et justes, qui ne permettent pas à la langue ou aux expressions culturelles dominantes de dicter leur conduite, et qui soient profondément sensibles aux différentes circonstances de vie que les enfants amènent avec eux dans l'espace de culte. Comment accompagner la formation de la foi des enfants de manière à favoriser en même temps une conscience profonde de la justice sociale et de l'égalité, enracinée dans la dignité de tous les êtres humains, et d'une manière qui puisse aider les enfants à se socialiser au-delà des barrières socio-économiques et raciales qui les séparent encore[52] ?

L'Engagement du Cap du Mouvement de Lausanne nous invite à établir des partenariats interconfessionnels, car l'Église n'est pas la seule voix influente affectée par les besoins des enfants déplacés[53]. Pinedo cite des exemples de partenariats de ce type en Amérique latine lorsqu'il met en lumière la question critique mondiale de ce chapitre.

> Nos « prochains » comprennent les personnes qui professent d'autres religions. Nous devons apprendre à les considérer comme nos prochains, mais aussi à être leurs prochains. Nous cherchons à communiquer la bonne nouvelle par une *évangélisation éthique*, et nous rejetons un prosélytisme indigne. Nous acceptons que notre mission comprenne le fait d'être prêts à souffrir et à mourir pour le Christ quand nous allons vers les peuples d'autres religions. Dans

---

50. Weber et de Beer, « Doing theology with children in a South African context », p. 3.
51. Stephan de Beer, *The Gospel, Children and the City*, Pretoria, Imagine, 2006.
52. Weber et de Beer, « Doing theology with children in a South African context », p. 9.
53. Smith, « Résumé de l'Engagement du Cap ».

toutes les cultures, nous sommes appelés à vivre et à faire l'éloge de l'Évangile de la grâce par des actes d'amour. Nous devons respecter la « diversité de la vie de disciple » et nous encourager mutuellement à faire preuve de discernement culturel. Nous reconnaissons dans la diaspora mondiale un cadre stratégique pour l'évangélisation : les peuples dispersés peuvent être à la fois récepteurs et agents de la mission du Christ. Tout en étant prêts à sacrifier nos propres droits pour l'amour du Christ, nous nous engageons à défendre et faire respecter les droits humains des autres, y compris le droit à la liberté religieuse[54].

Lors des attaques xénophobes survenues en Afrique du Sud en 2019, une coalition de pasteurs sous la direction du révérend Alan Storey a accueilli des réfugiés dans le bâtiment de l'Église méthodiste du Cap pour qu'ils soient en sécurité[55]. Ce bâtiment est devenu un refuge pour de nombreuses femmes et leurs enfants. Cela nous rappelle l'histoire de Joseph qui, vendu comme esclave par sa propre famille, a rendu témoignage de la protection et de la provision de Dieu. L'Église a besoin de réfugiés comme exemples de la grâce de Dieu et de son action dans « l'autre ». Les enfants rassemblent des gens de toutes les tribus et de toutes les cultures parce que nous sommes appelés à prendre soin d'eux. L'appel à une collaboration interconfessionnelle qui accueille ces enfants est crucial dans notre mission évangélique qui est d'atteindre les enfants et les familles déplacés.

Bibliographie

Africa Study Bible. New Living Translation, Illinois, Oasis International, 2016.
BEER, Stephan (de), *The Gospel, Children and the City*, Pretoria, Imagine, 2006.
BUNGE Marcia J., « A more vibrant theology of children », *Christian Reflection. A Series in Faith and Ethics* 8, 2003, p. 11-19.
BUNGE Marcia J., « Conceptions of and Commitments to Children. Biblical Wisdom for Families, Congregations, and the Worldwide Church », dans *Faith Forward (Volume Three). Launching a Revolution through Ministry with Children, Youth, and Families*, sous dir. David M. CSINOS, Kelowna, Wood Lake, 2018, p. 94-112.

---

54. *Ibid.*
55. Lucas Nowicki, « Rev Alan Storey fed up with refugee leaders, considering church's options. Methodist Church has provided shelter to hundreds of people for months but the 'hostile and volatile' situation has become "untenable" »*Times Live*, 10 janvier 2020, https://www.timeslive.co.za/news/south-africa/2020-01-10-rev-alan-storey-fed-up-with-refugee-leaders-considering-churchs-options/#google_vignette.

Bunge Marcia J., « Tasks, Sources and Significances of Theologies of Childhood », dans *Theologies of Childhood and the Children of Africa*, sous dir. J. Grobbelaar et G. Breed, AOSIS, Cape Town, 2016, p. 92-112.

Couture Pamela D., *Seeing Children, Seeing God. A Practical Theology of Children and Poverty*, Nashville, Tenn., Abingdon, 2000.

« Ending corporal punishment of children. A handbook for worship and gatherings », Church Network for Non-Violence, 2015,. http://churchesfornon-violence.org/wp/wp-content/uploads/2015/03/Ending-corporal-punishment-of-children-A-handbook-for-worship-and-gatherings.pdf.

Grobbelaar Jan, Breed Gert, *Welcoming Africa's Children. Theological and Ministry Perspectives*, Cape Town, AOSIS, 2016.

McConnell Douglas, Orona Jennifer, Stockley Paul, sous dir., *Understanding Gods Heart for Children. Toward a Biblical Framework*, Colorado Springs, Authentic, 2007.

Moltmann Jürgen, *The Power of the Powerless*, New York, Harper & Row, 1983.

Nessan Craig L., « Child Liberation Theology », *Currents in Theology and Mission* 45, n° 3, 2018, p. 6-13, https://currentsjournal.org/index.php/currents/article/view/127.

Nowicki Lucas, « Rev Alan Storey fed up with refugee leaders, considering church's options. Methodist Church has provided shelter to hundreds of people for months but the "hostile and volatile" situation has become "untenable" », *Times Live*, 10 janvier 2020, https://www.timeslive.co.za/news/south-africa/2020-01-10-rev-alan-storey-fed-up-with-refugee-leaders-considering-churchs-options/.

Palm Selina, « Ending Violence Against Children Webinar. Spirituel Capital », 26 février 2020, https://jliflc.com/resources/ending-violence-against-children-webinar-spiritual-capital-with-selena-palm/.

Robinson Malia, Hanmer Stephen, « Engaging religious communities to protect children from abuse, neglect, and exploitation. Partnerships require analysis of religious virtues and harms », *Child Abuse & Neglect* 38, n° 4, 2014, p. 600-611, https://pubmed.ncbi.nlm.nih.gov/24726584/.

Smith Kevin, « Résumé de l'Engagement du Cap », Mouvement de Lausanne, 18 mars 2011, https://lausanne.org/fr/mediatheque/resume-de-lengagement-du-cap.

Stoller R., « Towards a child liberation theology », avril 2016, https://www.patheos.com/blogs/unfundamentalistparenting/2016/04/towards-a-child-liberation-theology/.

Troftgruben Troy, « Toxic theology. A pastoral response to Bible passages often used to justify the abuse of children or prevent them from seeking care », *Currents in Theology and Mission* 45, n° 3, 2018, p. 56-60, https://currentsjournal.org/index.php/currents/article/view/137.

WEBER Shantelle, BEER Stephan (de), « Doing theology *with* children in a South African context. Children as collaborators in intergenerational ministry », *HTS Teologiese Studies/Theological Studies* 72, n° 1, 25 novembre 2016, p. 1-9, http://dx.doi.org/10.4102/hts.v72i1.3572.

« Who are Children-at-Risk? A Missional Definition », consultation du Mouvement de Lausanne sur les enfants en danger, Quito, Équateur, 17–19 novembre 2014, https://lausanne.org/content/statement/children-at-risk-missional-definition.

WILLMER H., WHITE K. J., *Entry Point. Towards Child Theology with Matthew 18*, Londres, WTL, 2013.

Étude d'un cas concret
Le lion est furieux quand il ne sait pas comment retourner dans sa tanière

Clenir Xavier dos Santos – Brésilienne

> « Vivre avec compassion signifie entrer dans les moments sombres de l'autre. C'est pénétrer dans les lieux de douleur ; c'est ne pas se retirer ou détourner le regard lorsque quelqu'un est à l'agonie. La compassion nous empêche de donner des explications faciles et légères lorsque la tragédie frappe quelqu'un que nous connaissons ou que nous aimons. »
>
> Henri Nouwen[56]

Paloma ne comprenait pas ce qui se passait cette nuit-là[57]. Un appel téléphonique a changé toute sa vie ! Paloma a senti la tension qui émanait de ses parents ; leur peur était palpable. Sa mère, Isabel, s'est empressée de mettre quelques vêtements dans un sac à dos, et ils se sont enfuis, en s'efforçant de le faire aussi discrètement que possible.

Avec le recul, Isabel raconte : « Nous étions terrifiés lorsque nous avons découvert qu'ils nous poursuivaient. » Ses yeux s'écarquillent tandis qu'elle revit l'horreur de cette journée. « Nous n'avons pas eu le temps de réfléchir. Nous avons tout laissé derrière nous. Notre fille ne verrait plus jamais ses jouets, sa chambre, ni même ses amis. » Elle poursuit : « J'ai coupé mes longs cheveux et je les ai teints en rouge. Mon mari s'est rasé la tête. Notre fille a perçu notre désespoir, et tout a commencé à changer. À chacun des vingt-deux avant-postes militaires que nous avons traversés, nous avions peur d'être reconnus. Lorsque j'ai enfin aperçu le drapeau brésilien à la frontière, j'ai éclaté en sanglots, de soulagement. Nous pensions que le cauchemar était terminé, mais il ne faisait que commencer. »

Comme des milliers de familles vénézuéliennes qui vivent dans une extrême vulnérabilité, Paloma et ses parents ont trouvé refuge dans la ville de Boa Vista,

---

56. Henri Nouwen, dans *Compassion. A Reflection of the Christian Life*, sous dir. Henri Nouwen, Donald McNeill et Douglas Morrison, New York, Doubleday, 1983, p. 4.
57. Les noms des enfants mentionnés dans cet article ont été modifiés, afin de protéger leur identité.

dans le nord-ouest du Brésil. Ils ont séjourné dans quatre abris différents de la ville. Certains de ses abris étaient totalement invivables. Les membres de la famille ont fait la queue pendant des heures pour obtenir une assiette de nourriture ou un verre d'eau, sous une chaleur torride de 40 degrés Celsius (104 F). L'un des centres d'hébergement, qui accueille 3 700 réfugiés, les a reçus en leur disant : « Bienvenue en enfer ! » Dans ces abris, ils ont été témoins d'horreurs qui sont gravées dans leur mémoire. Les parents de Paloma lui couvraient les yeux pour qu'elle ne voie pas les enfants battus, abusés sexuellement, pleurant désespérément ou traînés dans les rues pour se prostituer.

Au grand désarroi de ses parents, le développement de Paloma s'est arrêté, elle a cessé de parler, ne souriait plus, était toujours sur les nerfs, ne jouait plus, voulait être seule, revenait aux couches, ne mangeait pas et avait souvent de la fièvre. La famille de Paloma a entrevu une lueur d'espoir quand son père a réussi à trouver du travail dans les environs de Rio de Janeiro. Mais à leur arrivée, ils ont découvert qu'ils avaient été trompés ; ils furent contraints d'accepter des travaux humiliants. Ils s'étaient retrouvés dans une zone rurale, loin de tout, sans argent pour pouvoir aller ailleurs. Ils ont été contraints d'accepter des travaux pénibles, sept jours sur sept et ne recevaient en échange que la nourriture et un toit comme abri.

La décision d'émigrer, que ce soit pour rechercher une meilleure qualité de vie ou pour fuir les menaces de mort, change complètement la vie des gens. Les enfants sont particulièrement affectés. Ils n'ont d'autre choix que de suivre leurs parents, leurs grands-parents ou leurs oncles et tantes. Dans ces situations difficiles, les enfants sont témoins de la vulnérabilité de leurs parents, font parfois face à des situations inimaginables telles que la perte d'un être cher, et souffrent souvent d'abus et de négligence. Des membres de leur famille laissent parfois certains enfants seuls à la frontière dans l'espoir qu'ils bénéficieront de meilleurs soins dans le pays voisin. Le cas de Paloma décrit la réalité à laquelle font face de nombreuses familles de réfugiés, piégées dans une situation analogue à de l'esclavage. L'apparition du Covid-19 a accentué la vulnérabilité de ces personnes. Elles sont exposées quotidiennement à un risque élevé de contagion, car elles vivent dans des quartiers fermés, surpeuplés, avec peu ou pas d'aération, une hygiène et une protection insuffisantes.

> **Dans ces situations difficiles, les enfants sont témoins de la vulnérabilité de leurs parents.**

Plusieurs organisations chrétiennes se sont efforcées de venir en aide aux familles et aux enfants en exode. Nous mentionnons ici trois organisations et les lieux de ministères de proximité.

La première est le projet Néhémie (Projeto Neemias), fondé à Americana, dans l'État de São Paulo, et animé par la volonté de sauver des enfants comme Paloma et sa famille. Les fondateurs sont trois Vénézuéliens qui ont vécu des expériences similaires à l'esclavage lorsqu'ils sont arrivés au Brésil. Ana Graciela Quiva, cofondatrice et directrice du projet Néhémie, raconte qu'après avoir réussi à se libérer, ils ont pris le ferme engagement de consacrer leur vie à sortir d'autres personnes de ces situations inhumaines. Le projet Néhémie s'efforce de fournir aux réfugiés et aux personnes qui fuient leur pays un logement et une atmosphère familière, et à encourager la restauration par le biais d'une relation personnelle avec Jésus-Christ. L'objectif à long terme est de permettre aux réfugiés et aux immigrés de retrouver leur autonomie personnelle et familiale grâce à un travail décent.

Ana Graciela est reconnaissante pour les dons qui lui parviennent des Églises. Mais elle se dit en elle-même : « Les réfugiés n'ont pas seulement faim de nourriture, leur faim est aussi émotionnelle et spirituelle. » Elle veut dire par là que l'aide doit être holistique, que les Églises doivent surmonter les difficultés telles que le manque de temps et de ressources, même les barrières linguistiques, afin de présenter le royaume de Dieu comme le fondement du développement humain. Elle déclare : « Le projet s'engage à aider la restauration de la santé émotionnelle et spirituelle de nos populations rurales, qui portent toutes de profondes cicatrices, non seulement reçues au Venezuela, mais aussi dans le pays qui nous abrite. » Certaines Églises locales ont apporté des meubles, de la nourriture, des jouets, des livres et des vêtements, afin que davantage de réfugiés et de familles puissent faire l'expérience des soins attentionnés et de l'amour du Père dans ces abris.

Les Vénézuéliens secourus ont exprimé leur gratitude avec effusion. L'un d'eux a déclaré : « Nous sommes très reconnaissants à tous ceux qui nous ont libérés de la situation d'esclavage que nous devions subir. Nous sommes reconnaissants à ceux qui nous ont donné un logement, de la nourriture, et qui ont contribué à notre santé mentale et spirituelle. Nous étions comme des enfants perdus dans la rue, sans direction à suivre ni les moyens de survivre. Nous espérons que ce projet tiendra la route. C'est très important ! »

Après six mois passés dans ce refuge, à travailler avec un thérapeute et un pédiatre, Paloma a retrouvé une vie normale et peut à nouveau sourire, jouer et parler. Elle rêve d'un emploi pour son père et peut-être d'un nouveau départ pour leur famille.

Le pasteur Claudinei Godoi et sa femme, Priscila, sont des bénévoles au sein du projet Néhémie. Ils offrent des soins pastoraux aux Vénézuéliens. Chaque conversation aide ces réfugiés à mieux comprendre ce que signifie la perte des droits et de l'identité, et la longue lutte pour retrouver une dignité élémentaire. Alors même qu'ils tentent de survivre en terre étrangère, les réfugiés portent le lourd fardeau de la responsabilité pour les membres de leurs familles qui subissent des privations extrêmes dans leur pays d'origine. Ils renvoient le peu d'argent qu'ils peuvent collecter, ce qui rend leur propre stabilité encore plus difficile à atteindre.

Le pasteur Claudinei raconte l'histoire émouvante de son expérience au sein du projet. Un jour, en arrivant au refuge, il a vu Alicia, une dame de soixante-dix ans, qui pleurait de douleur. Elle venait d'apprendre la mort de son frère au Venezuela. Elle se lamentait en pleurant : « Mon frère bien-aimé, je n'ai pas pu t'aider au moment où tu avais le plus besoin de moi, et maintenant je ne peux même pas t'enterrer. Malheur à moi ! Que vais-je devenir ? » Le pasteur Claudinei ne savait que faire à ce moment-là, jusqu'à ce qu'une petite fille nommée Inez le prenne par la main et le conduise chez Alicia, sa grand-mère. Inez resta à ses côtés, attendant un geste ou une parole réconfortante pour sa grand-mère. Soudain, le pasteur Claudinei a ressenti intuitivement que la petite fille essayait de lui dire : « J'ai confiance en toi ! Tu peux réconforter ma grand-mère ! S'il te plaît, fais quelque chose pour qu'elle arrête de pleurer. Cela me fait tellement mal de voir ma grand-mère souffrir. Tu peux l'aider ! »

Dès que le pasteur Claudinei eut touché les épaules de la femme âgée, la petite fille Inez s'éloigna et laissa le pasteur aider sa grand-mère. Dans la simplicité d'un geste d'enfant, Dieu communique, en montrant clairement la transformation qu'il désire opérer dans ce monde, à savoir restaurer la mission de son Église. De nombreuses initiatives sont menées par des organisations qui tendent la main aux immigrants et aux réfugiés dans le monde entier. Malheureusement, on peut dire que l'Église de Dieu s'est montrée timide dans sa volonté d'embrasser, d'accueillir, d'intégrer et de faire face aux difficultés que rencontrent les enfants et leurs familles en errance.

Voici un autre exemple : les collaborateurs du Pavement Project de Lifewords ont passé vingt ans à porter assistance à des centaines d'Églises dans vingt et un pays qui ont accepté de relever le défi d'apporter la bonne nouvelle de la libération de l'oppression et de l'injustice aux enfants et adolescents à risque. La mission évangélique des Assemblées de Dieu portugaises à Portimão, au Portugal (Missão Lusitana), est une Église partenaire du Pavement Project et accueille des immigrés d'Angola, du Brésil, du Cap-Vert et de la Colombie. Aujourd'hui, 52 % des membres actifs de l'Église sont des immigrés et 48 % sont portugais. L'Église fournit tous les types de soutien aux personnes qui arrivent dans la ville et se trouvent dans des situations vulnérables, qu'elles soient ou non engagées dans l'Église. Beaucoup de ces immigrés sont abandonnés par leurs amis ou leurs parents qui avaient promis de les soutenir. Ils sont donc livrés à eux-mêmes et n'ont personne qui leur porte assistance.

Bien que les immigrés comprennent facilement la langue portugaise, les différences culturelles créent de nombreuses barrières et séparations. Les étrangers ont besoin d'une aide émotionnelle et spirituelle pour faire face à leurs traumatismes causés par l'abandon de leur maison, leur famille, leurs amis et leur environnement familier. Ils connaissent également la déception lorsque leur nouvelle vie ne se déroule pas comme ils l'avaient imaginée.

Le taux de chômage est très élevé dans la région, notamment en raison de la pandémie du coronavirus. Le travail disponible pour les immigrés dans la ville est toujours un travail pénible, avec de très longues heures de travail et des salaires médiocres. Comme ils n'ont pas de contrats de travail, leurs droits ne sont pas respectés. Les immigrés courent également le risque de développer de graves problèmes de santé.

Missão Lusitana a sollicité la formation du Pavement Project pour offrir aux enfants et à leurs familles un soutien émotionnel et spirituel. L'Église a compris que ses membres avaient besoin d'être préparés avec des connaissances et des compétences dans des ministères spécialisés auprès des plus vulnérables. Ce n'est qu'à cette condition que l'Église pourra aider ces migrants à faire face à leurs peurs, à leur insécurité, à leur désillusion, à leur abandon, à leur rejet, à leur rage et à leur douleur profonde. Les nouveaux arrivants rendent souvent Dieu responsable de leur vie précaire, pensant qu'il les a abandonnés ou qu'il ne se soucie pas d'eux.

Les enfants souffrent beaucoup, car leurs parents finissent souvent par les négliger, étant eux-mêmes contraints à travailler de trop longues heures. Les adolescents sont victimes de préjugés à l'école et ont du mal à se faire des amis. Les ministères des Églises offrent aux migrants un environnement où ils peuvent jouir d'un sentiment d'appartenance et d'acceptation. Les parents et les enfants participent à toutes les activités aux côtés des Portugais de souche. La pasteur Míriam Silveira Miranda cite le cas d'une Portugaise qui a décidé de devenir membre de la communauté parce que « le ciel sera comme ça, une grande diversité dans l'unité ! ».

La vision de Missão Lusitana est de montrer aux migrants qui viennent à l'église qu'ils sont accueillis et acceptés comme tous les autres, indépendamment de leur lieu d'origine. Cet engagement dans le ministère auprès des migrants a changé l'identité de l'Église et l'orientation de sa mission. Le pasteur Míriam a affirmé que l'Église reconnaît que sa tâche en tant que telle est de développer ce mouvement missionnaire.

> **Le ciel sera comme ça, une grande diversité dans l'unité !**

Le troisième effort est celui de la Convention baptiste vénézuélienne, qui s'occupe des enfants et de leurs familles ayant émigré du Venezuela et qui vivent à la frontière avec la Colombie. Ces familles vivent dans la rue, souffrent de malnutrition et les enfants sont privés d'éducation. Dans le cadre d'un partenariat avec le Pavement Project, la Convention Visión entre Fronteras conseille chaque enfant et compatit à sa douleur et à sa souffrance. En utilisant l'approche du sac vert[58], la mission présente Jésus aux enfants comme un ami qui peut soulager leurs cœurs et répondre à leurs besoins, et qui les considère comme importants et spéciaux. Pour ces enfants qui souffrent de l'adversité, cette rencontre change leur vie. Pendant les sessions de relation d'aide, les enfants peuvent librement faire connaître leurs pensées sans être jugés et sont pleinement accueillis et acceptés. Dans cet environnement, l'Esprit Saint a toute liberté pour créer un changement face à tant de misère et montrer que Dieu se soucie d'eux et veut marcher avec eux.

Des enfants comme Gabriela, Pablo et Tânia ont beaucoup bénéficié de l'initiative « des sacs verts » du Pavement Project. Gabriela, âgée de treize ans, nous a dit qu'elle se voyait comme un caméléon, changeant de couleur pour que personne ne puisse la voir. Elle avait été traumatisée par le divorce de ses parents. Lors d'une activité du sac vert, on lui a présenté des récits de personnages de la Bible qui ont vécu des situations similaires. Gabriela a déclaré que pour la première fois, elle s'était sentie écoutée et a pu exprimer sa douleur, ce qui a été un énorme soulagement pour elle. Aujourd'hui, elle se sent heureuse et spéciale. Peu après cet incident, Gabriela s'est à nouveau comparée à un caméléon, mais cette fois sa motivation était différente. Elle explique : « Je suis un caméléon, mais

---

58. Il est ainsi appelé parce que de nombreuses ressources de la relation d'aide sont transportées dans un sac vert attrayant qui symbolise l'espoir et la guérison – bien qu'il y ait maintenant aussi une application.

je n'ai plus besoin de me cacher, car j'ai transformé la tristesse en bonheur, et la honte en acceptation. »

Pablo, un enfant de neuf ans, est un autre exemple de cette réalité. Vivant dans les rues de Cúcuta, en Colombie, il ressentait de la rage et de la tristesse. Pablo se comparait à un lion en colère. Il a expliqué que « le lion est furieux lorsqu'il ne sait pas comment rentrer dans sa tanière ». Jerameel Linares, de la Convention baptiste, reconnaît que l'expression « un lion en colère » décrivait parfaitement le comportement de Pablo. La colère est une réaction courante à des injustices répétées, qui peut amener les enfants à se déchaîner lorsqu'ils sont pris au piège d'un cercle vicieux d'abus et de ressentiment. Lorsqu'il a compris que Dieu aide et accueille les enfants comme ses propres enfants, Pablo s'est transformé en un enfant heureux. Il s'est exclamé : « Maintenant, je suis un enfant de Dieu et je me sens calme, parce que Dieu m'écoute. »

L'approche du sac vert a aidé de nombreux enfants comme Gabriela et Pablo, qui vivent dans des situations à risque, à changer la façon dont ils se perçoivent à la lumière de leur situation. Cette perception permet aux enfants de prendre des décisions positives, de rêver d'un avenir meilleur et de retrouver l'espoir dans leur cœur. Jerameel raconte qu'à chaque séance de relation d'aide, il est surpris de voir à quel point les enfants commencent à faire l'expérience de la nouveauté. Ils trouvent le bonheur, la sérénité et la paix qu'ils ne possédaient pas auparavant. « Ils adoptent un meilleur comportement, deviennent plus amicaux, plus aimants envers leurs collègues, plus désireux d'apprendre, et ont davantage confiance en eux. »

Un autre exemple de l'impact du Pavement Project sur la communauté est le récit de Borlis Chaverra, de la Fondation PARE, à Medellin, en Colombie. Cette organisation travaille avec des immigrants et des réfugiés. Des enfants qui étaient déjà confrontés à de nombreux problèmes dans leur pays d'origine arrivent généralement en Colombie avec leur famille. Borlis déclare que de nombreux enfants expriment leurs craintes et leurs inquiétudes au sujet d'autres membres de la famille qui n'ont pas pu venir avec eux. Il explique que les parents tentent de trouver du travail, mais qu'ils n'y parviennent pas souvent et la famille finit par vivre dans la rue. Ce cercle vicieux fait que de nombreux enfants dans la rue commencent à se droguer et à commettre des délits mineurs pour survivre.

Pendant longtemps, la Fondation PARE s'est efforcée de trouver le meilleur moyen d'aider ces enfants. C'était avant qu'ils ne découvrent le Pavement Project et qu'ils ne suivent une formation pour devenir conseillers. Chaverra affirme avec gratitude : « Aujourd'hui, nous voyons la transformation qui se produit lorsqu'ils rencontrent Dieu. » Doucement encouragés et valorisés et chantant dans leur propre langue, les enfants se sont affranchis des traumatismes qu'ils ont subis. Dans le processus de guérison, les enfants tirent leurs conclusions pour eux-mêmes en s'appuyant sur l'amour de Jésus pour eux. L'effort que fournit la personne responsable de l'enfant pour le comprendre, l'identifier, l'écouter et apprendre de lui révèle l'Évangile de Christ.

Les enfants déplacés sont des personnes en développement. Ils possèdent une profonde compréhension de la vie et de la survie, ainsi qu'une grande sensibilité aux besoins spirituels et à la résilience. Plutôt que de s'enfermer dans un rôle de « propriétaires » et de « gardiens » de la vérité, du savoir et du pouvoir, en tant que communautés de foi chrétiennes, nous pouvons tendre la main aux enfants déplacés et développer un véritable dialogue avec eux. L'Église peut écouter avec un cœur ouvert, empathique et humble, et être disposée à apprendre et à permettre à ces enfants de participer au ministère. De cette manière, nous nous éloignons de l'autosuffisance et d'un sentiment de supériorité en matière de foi chrétienne et sommes capables de visualiser la richesse de la diversité et d'amener les enfants au centre de notre conversation.

> En tant que communautés de foi chrétiennes, nous pouvons tendre la main aux enfants déplacés et développer un véritable dialogue avec eux.

Les communautés chrétiennes sont confrontées à d'énormes défis dans leurs efforts pour tendre la main aux migrants, mais nous avons aussi d'énormes possibilités de nous développer comme expression aimante et compatissante de l'amour du Christ dans le monde. En opérant à partir d'une relation d'égal à égal, le corps du Christ peut faire l'expérience d'un « changement transformationnel », comme le définit Shantelle Weber dans l'article précédent, en cherchant à développer sa mission de renforcement de l'identité des personnes les plus vulnérables, en marchant à leurs côtés, en respectant et en valorisant la richesse de leurs différences, et en contribuant de manière efficace et intégrale pour leur permettre d'avoir une vie digne, holistique et bénie.

L'image de soi de Tânia révèle une belle transformation interne lorsqu'elle se décrit : « Je suis comme une bouteille pleine d'eau pour aider les autres qui ont soif. »

Questions de discussion

1. Comment les enfants sont-ils positivement considérés par la communauté dans laquelle vous résidez ?
2. Quelles mesures pratiques l'Église peut-elle prendre pour accueillir les enfants déplacés ?
3. Quelles sont les différences ou les ressemblances entre la manière dont votre communauté et votre Église soulignent la dignité des enfants ?
4. Comment pouvez-vous sensibiliser votre Église ou votre communauté à la valeur des enfants ?

7

Inclus dans la mission de Dieu

Les enfants ne sont pas seulement les bénéficiaires de la mission de Dieu, mais également ses agents. La participation des enfants est essentielle à la mission de Dieu.

Problème critique mondial
La rédemption des enfants est une mission à part entière

Sublimé Nyundu Mabiala – Congolais (RDC)

La mission de Dieu manifeste son amour intrinsèque et son objectif de racheter et de rétablir la relation entre l'homme et Dieu, rompue par la désobéissance. Ce plan de salut inclut des enfants de toutes nations, de toutes cultures et de tous statuts sociaux.

Notre génération a connu des flux migratoires massifs sur l'ensemble de la planète en raison de catastrophes naturelles et de tragédies d'origine humaine au cours de la dernière décennie[1]. Des familles chrétiennes persécutées dans des régions restreintes telles que le nord du Nigéria, l'Égypte, la Corée du Nord et le Moyen-Orient aux personnes déplacées à l'intérieur de leur propre pays, des réfugiés et des demandeurs d'asile fuyant les zones de guerre aux migrants, en général, les enfants restent le « groupe humain » le plus vulnérable de la planète. Les enfants sont de plus en plus exposés à l'hostilité et victimes de la mobilité interculturelle à l'échelle mondiale. Dans la première édition de ce livre, Gustavo Crocker et Karissa Glanville considèrent les enfants à la fois comme « les objets » et « les porteurs » de la mission de Dieu[2]. Dans son propre article, Karissa Glanville aborde les questions cruciales de l'éducation des enfants de la mission au XXIe siècle en proposant plusieurs mesures pratiques pour aider les enfants et les jeunes à devenir des participants à la mission de Dieu[3].

---

1. Selon un article des Nations Unies de 2019, le nombre de migrants internationaux était de 272 millions, dont 33 millions étaient des enfants. Nations Unies, « Le nombre de migrants internationaux atteint 272 millions, en hausse dans toutes les régions du monde », 17 septembre 2019, https://news.un.org/fr/story/2019/09/1051802.
2. G. Crocker et K. Glanville, « Children and God's Mission », dans D. McConnell, J. Orona et P. Stockley, sous dir., *Understanding God's Heart for Children. Toward a Biblical Framework*, Colorado Springs, Authentic, 2007, p. 263-272.
3. K. Glanville, « Raising Kids of Mission in the 21st Century », dans D. McConnell, J. Orona et P. Stockley, sous dir., *Understanding God's Heart for Children. Toward a Biblical Framework*, Colorado Springs, Authentic, 2007, p. 273-281.

Ce présent article va plus loin que le travail de Crocker et Glanville en se concentrant sur les milliers d'enfants qui sont systématiquement persécutés en raison de leur identification à la foi chrétienne. Il met en lumière les défis auxquels ces enfants sont exposés et la manière dont ils sont et peuvent être inclus dans la mission de Dieu. L'expression « inclus dans la mission de Dieu » désigne l'amour intrinsèque de Dieu et son objectif de racheter et de rétablir la relation entre l'homme et Dieu, relation brisée par le péché. Ce plan de salut inclut des enfants de toutes nations, de toutes cultures et de tous statuts sociaux. Les pages qui suivent traitent de deux questions : premièrement, la marginalisation, l'exclusion et la persécution religieuses et sociétales des enfants en raison de leur foi ou de leur origine ethnique, et deuxièmement, la manière dont les communautés chrétiennes ont cherché à atteindre ces enfants au milieu de ces situations complexes.

Marginalisation, exclusion et persécution religieuses et sociétales

La marginalisation, l'exclusion et la persécution de ceux qui croient en Jésus-Christ existent depuis les débuts de l'Église chrétienne. Les récits du livre des Actes des Apôtres nous apprennent que des croyants adultes ont été persécutés, lapidés et emprisonnés pour leur foi[4]. Nous nous intéressons ici aux milliers d'enfants qui sont marginalisés, exclus et persécutés en raison de leur foi chrétienne. Cette forme de persécution religieuse vise les enfants issus de familles chrétiennes vivant dans des environnements hostiles et qui sont victimes de violences en raison de leurs croyances religieuses. En 2021, Portes Ouvertes, une ONG internationale qui défend les chrétiens persécutés dans le monde entier a indiqué qu'entre octobre 2019 et septembre 2020, environ 309 millions de chrétiens vivaient dans des pays où les niveaux de persécution sont élevés ou très élevés, voire extrêmes[5]. Ewelina Ochab, cofondatrice de la « Coalition for Genocide Response », a indiqué qu'« un chrétien sur huit dans le monde vit

> Nous nous intéressons ici aux milliers d'enfants qui sont marginalisés, exclus et persécutés en raison de leur foi chrétienne.

dans un pays où il est persécuté ». Ewelina Ochab souligne la persécution des minorités religieuses dans le monde, en particulier le génocide perpétré par

---

4. Voir Ac 4.1-21 ; 5.17-18 ; 6.8-14 ; 9.22-30.
5. « Christian Persecution », Open Doors, 2021, https://www.opendoors.org.au/frontline-faith/world-watch-list-2021-1-in-8-christians-persecuted/.

Daesh en Syrie et en Iraq, par Boko Haram et d'autres groupes djihadistes en Afrique de l'Ouest, et la situation des minorités religieuses en Asie du Sud. Dans ces contextes, elle signale que les garçons sont particulièrement vulnérables au recrutement dans l'armée, ou tués, et les filles sont souvent déplacées dans des camps informels et courent un risque élevé d'enlèvement et de mariage forcé[6].

Dans le contexte de l'Église africaine, je présente ci-après trois exemples de types de marginalisation et de persécution auxquels les enfants sont confrontés aujourd'hui. Tout d'abord, Sarah Cunningham, de Portes Ouvertes, raconte l'histoire d'enfants chrétiens qui sont persécutés dans des pays hostiles au christianisme[7]. Le cas de Hassan (nom d'emprunt), en Afrique du Nord, qui a failli être frappé par une pierre alors qu'il se trouvait dans une salle de classe, illustre le traitement auquel les enfants issus de foyers chrétiens peuvent s'attendre dans de nombreuses communautés à travers le monde. L'histoire montre également comment les parents chrétiens peuvent renforcer la résilience de leurs enfants en leur apprenant que la souffrance est inhérente au fait de suivre Jésus-Christ. Cunningham raconte la conversation de Hassan demandant à son père pourquoi les gens leur jettent des pierres. Son père lui répond que les chrétiens sont détestés parce qu'ils suivent Jésus (Jn 15.20 ; 2 Tm 3.12). Dans certains cas, les parents encouragent leurs enfants persécutés à participer aux souffrances du Christ en dépit de cette hostilité, et à aimer leurs ennemis (Mt 5.43-48). L'histoire de Hassan est un exemple de la persécution à laquelle sont confrontés les enfants chrétiens qui vivent concrètement leur foi en Christ, ou du moins leur identité en tant que famille chrétienne, dans quelques régions du globe.

Un deuxième type de marginalisation, d'exclusion et de persécution des enfants, qui n'a rien à voir avec la foi chrétienne, est l'allégation de sorcellerie. Selon une définition générale, la sorcellerie est « un ensemble de croyances structurées et partagées par une population donnée touchant à l'origine du malheur, de la maladie ou de la mort, et l'ensemble des pratiques de détection, de thérapie et de sanctions qui correspondent à ces croyances[8] ». Le phénomène des enfants accusés d'être des sorciers et de subir des préjudices existe aujourd'hui dans les

---

6. Ewelina U. Ochab, « One In Eight Christians Worldwide Live In Countries Where They May Face Persecution », *Forbes* 13 janvier 2021, https://www.forbes.com/sites/ewelinaochab/2021/01/13/one-in-eigt-christians-worldwide-live-in-countries-where-they-would-be-persecuted/ ?sh=161714315016.
7. Sarah Cunningham, « Children Are the Most Vulnerable Members of the Persecuted Church », Open Doors, 1ᵉʳ décembre 2017, https://www.opendoorsusa.org/christian-persecution/stories/children-persecuted-church/.
8. Marc Augé, « Les croyances à la sorcellerie », dans *La construction du monde. Religion, représentations, idéologie*, sous dir. Marc Augé, Paris, Éditions F. Maspero, 1974, p. 65.

communautés du monde entier[9], mais il est plus prononcé dans la région africaine du Congo. Les raisons pour lesquelles les enfants sont accusés de sorcellerie sont nombreuses. Parfois, l'accusateur le fait par peur du surnaturel, par réticence à s'occuper d'un enfant, ou parce que l'enfant est atteint d'une maladie grave. Le fait que des enseignements erronés prévalent même dans les Églises n'arrange pas les choses ; il arrive que des dirigeants utilisent cette situation pour gagner de l'argent en pratiquant l'exorcisme. Quelle que soit la raison, les enfants accusés de sorcellerie peuvent être mis au ban de la communauté, battus, emprisonnés, voire parfois brûlés et laissés pour morts.

À l'échelle mondiale, les organisations confessionnelles et les organisations de défense des droits de l'homme condamnent de plus en plus les traitements abusifs et inhumains infligés aux enfants accusés de pratiquer la sorcellerie[10]. Dans son article de réponse intitulé « Christian Pastors and Child Witches in Kinshasa, DRC » (Pasteurs chrétiens et enfants sorciers à Kinshasa, en RDC), Nzash U. Lumeya propose une approche herméneutique communautaire de ce phénomène en s'inspirant des liens de la parenté traditionnelle africaine congolaise et du modèle de Jésus dans Matthieu 17.14-21[11]. Lumeya tire trois implications de ce récit pour appliquer la guérison aux enfants des rues déplacés qui ont été abusés en raison d'allégations de sorcellerie. Premièrement, Jésus a accueilli l'enfant exclu et impuissant (hospitalité). Deuxièmement, Jésus

---

9. D. K. Hanson et D. R. Ruggiero, *Child Witchcraft Allegations and Human Rights*, Bruxelles, Parlement européen, 2013. Cette pratique se retrouve dans les pays d'Afrique subsaharienne.
10. J. Ballet, B. Lallau et C. Dumbi, « The Exploitation of Sorcerer Children in Kinshasa (RDC) », dans J. Ballet et A. Bhukuth, sous dir., *Child Exploitation in the Global South*, New York, Palgrave Macmillan, 2018, p. 132-133 ; A. Cimpric, *Children Accused of Witchcraft. An Anthropological Study of Contemporary Practices in Africa*, Dakar, UNICEF WCARO, 2010, p. 16-17 ; F. de Boeck et M.-F. Plissart, *Kinshasa. Tales of the Invisible City*, Leuven, Leuven University Press, 2014 ; A. Honwana et F. de Boeck, sous dir., *Makers and Breakers. Children and Youth in Postcolonial Africa*, Oxford, UK, James Currey, 2005, F. de Boeck, 2006, p. 113-125 ; F. de Boeck, « At risk, as risk. Abandonment and care in a world of spiritual insecurity », dans J. La Fontaine, sous dir., *The Devil's Children. From Spirit Possession to Witchcraft. New Allegations that Affect Children*, Farnham, UK, Ashgate, 2009, p. 130, 144-146 ; J. A. Molina, *The Invention of Child Witches in the Democratic Republic of Congo. Social cleansing, religious commerce and the difficulties of being a parent in an urban culture*, Save the Children, 2006 ; L. N. Pereira, « Families, churches, the state, and the child witch in Angola », dans L. N. Parés et R. Sansi, sous dir., *Sorcery in Black Atlantic*, Chicago, University of Chicago Press, 2011, p. 188-190 ; R. J. Priest, A. Ngolo, et T. Stabell, « Christian Pastors and Alleged Child Witches in Kinshasa, DRC », *OKH Journal. Anthropological Ethnography and Analysis Through the Eyes of Christian Faith* 4, n° 1, 2020, p. 3 ; S. Snow, « Explaining Abuse of "Child Witches" in Africa. Powerful Witchbusters in Weak States », *Journal of Religion and Society* 19, 2017, p. 5 ; Stobart, *Child Abuse Linked to Accusations of « Possession » and « Witchcraft »*, Nottingham, UK, Department for Education and Skills, 2006, p. 19-20.
11. N. U. Lumeya, « Christian Pastors and Child Witches in Kinshasa, DRC », *On Knowing Humanity Journal* 4, 2020, p. 81-82.

a identifié les causes du problème en discutant avec le parent de l'enfant (sympathie). Troisièmement, Jésus a réprimandé l'esprit malin de l'enfant victime (opportunité).

En Afrique, il existe un troisième type de marginalisation, d'exclusion et de persécution auquel de nombreux enfants de confession chrétienne scolarisés sont soumis : le travail forcé. Ces enfants sont contraints de travailler dans les fermes ou dans les maisons de leurs enseignants non chrétiens. Ces enfants n'ont pas les mêmes possibilités de s'instruire que les autres.

Aux côtés des enfants persécutés

Au vu des exemples de marginalisation, d'exclusion et de persécution auxquels les enfants sont confrontés, l'Église locale et l'Église universelle doivent s'engager sérieusement et vigoureusement à fortifier ces enfants et à défendre leur bien-être. L'Église peut aider ces enfants, et elle l'a déjà fait, de diverses manières, dont les suivantes :

a) *Accroître la résilience des enfants et de leurs familles.* On ne peut nier la réalité de la persécution des enfants dans des environnements hostiles. La persécution fait partie intégrante de la foi chrétienne. Je soutiens que l'Église locale et l'Église mondiale doivent faire davantage pour préparer les enfants et leurs parents à la persécution et leur donner la force de tenir ferme. La famille peut influencer et instruire de telle sorte que les parents puissent discuter avec leurs enfants de ce qu'est la persécution et de la manière dont ils doivent réagir. Idéalement, dans une atmosphère d'amour, de protection et de compréhension, les enfants peuvent mieux apprécier la foi chrétienne.

> l'Église locale et l'Église mondiale doivent faire davantage pour préparer les enfants et leurs parents à la persécution et leur donner la force de tenir ferme.

b) *Fournir des modèles contextuels de formation de disciples* qui prépareront les enfants pour la persécution. Jésus a clairement indiqué que le royaume de Dieu appartient aux enfants et qu'ils font partie intégrante de l'Église africaine, où les enfants de moins de quinze ans représentent une grande partie de la congrégation. C'est pourquoi la formation contextuelle des disciples, qui permet aux enfants de connaître Dieu et sa Parole, d'être fortifiés dans la foi et d'être guidés pour réagir lorsqu'ils sont confrontés à des rencontres hostiles est indispensable. Le disciplulat contextuel tient compte des aspects politiques, culturels et sociaux des enfants et de leurs familles.

c) *Équiper et former les spécialistes de l'enfance* pour qu'ils puissent travailler avec les enfants persécutés. L'Église en milieu hostile a besoin de programmes d'école du dimanche qui intègrent un enseignement sur la persécution et la manière dont le Christ y a fait face. De plus, une formation est nécessaire pour que ceux qui travaillent parmi les enfants puissent enseigner ces informations d'une manière compréhensible pour les enfants. Pour renforcer l'action de proximité, le ministère parmi les enfants devrait aller au-delà des leçons de l'école du dimanche et intégrer des services d'écoute et de relation d'aide pour les enfants qui sont exposés à la persécution, ainsi qu'une protection, des soins et un abri pour eux.

> L'Église en milieu hostile a besoin de programmes d'école du dimanche qui intègrent un enseignement sur la persécution et la manière dont le Christ y a fait face.

d) *Mettre en place un réseau* pour aider les communautés chrétiennes à faire face à la réalité de la persécution des enfants, et à mettre en place des systèmes de soutien qui font défaut dans les Églises locales. Les Églises locales pourraient se mettre en relation avec les organisations non gouvernementales et confessionnelles qui travaillent parmi les enfants persécutés. Le réseau devrait comprendre des personnes spécialisées dans le traitement des traumatismes et qui peuvent former des travailleurs locaux. La mise en place d'un réseau pourrait également permettre aux enfants persécutés de mieux faire entendre leur voix, en passant des plates-formes régionales à des plates-formes mondiales.

Conclusion

L'article traite de la marginalisation, de l'exclusion et de la persécution religieuses et sociétales des enfants en raison de leurs croyances religieuses, et de la manière dont les communautés de foi ont cherché à leur tendre la main au milieu de ces défis. Les trois principales raisons de la marginalisation, de l'exclusion et de la persécution des enfants chrétiens dans la région africaine sont les croyances religieuses, les allégations de sorcellerie et le travail forcé. Dans ces situations, les enfants sont victimes d'abus physiques et sexuels et sont privés de justice et de leurs droits humains. Bien qu'il s'agisse d'une situation difficile, cette situation offre à l'Église africaine l'occasion de se lever et de changer les choses. L'article propose quatre moyens principaux pour relever le défi : a) accroître la résilience des enfants et de leurs familles ; b) offrir une formation de disciple adaptée au contexte pour les enfants et leurs familles confrontés à la persécution ; c) équiper et former les spécialistes de l'enfance pour qu'ils puissent travailler avec les enfants persécutés ; et d) mettre en place un réseau de collaboration. Pendant que ces mesures se mettent en œuvre, il est à espérer que les chrétiens du monde entier prieront, défendront la cause et s'impliqueront dans l'autonomisation, la protection et la prise en charge de ces enfants dans le cadre de missions intégrales.

Bibliographie

Augé Marc, « Les croyances à la sorcellerie », dans *La construction du monde. Religion, représentations, idéologie*, sous dir. Marc Augé, Paris, Éditions F. Maspero, 1974, p. 64-87, édition electronique disponible sur : https://classiques.uqam.ca/contemporains/Auge_Marc/construction_du_monde/construction_du_monde.html.

Augé Marc, « Savoir voir et savoir vivre : les croyances à la sorcellerie en Côte d'Ivoire », *Africa*, 46, n° 2, 1976, p. 128-136.

Ballet J., Lallau B., Dumbi C., « The Exploitation of Sorcerer Children in Kinshasa (RDC) », dans *Child Exploitation in the Global South*, sous dir. J. Ballet et A. Bhukuth, New York, Palgrave Macmillan, 2018, p. 125-140.

Boeck F. (de), « At risk, as risk. Abandonment and care in a world of spiritual insecurity », dans *The Devil's Children. From Spirit Possession to Witchcraft. New Allegations that Affect Children*, sous dir. J. La Fontaine, Farnham, Royaume-Uni, Ashgate, 2009, p. 129-150.

Boeck F. (de), Plissart M.-F., *Kinshasa. Tales of the Invisible City*, Leuven, Leuven University Press, 2014.

« Christian Persecution », Open Doors 2021, https://www.opendoors.org.au/frontline-faith/world-watch-list-2021-1-in-8-christians-persecuted/.

Cimpric A., *Children Accused of Witchcraft. An Anthropological Study of Contemporary Practices in Africa*, Dakar, UNICEF WCARO, 2010, https://www.refworld.org/docid/4e97f5902.html.

Crocker G., Glanville K., « Children and God's Mission », dans *Understanding God's Heart for Children. Toward a Biblical Framework*, sous dir.

D. McConnell, J. Orona, et P. Stockley, Colorado Springs, Authentic, 2007, p. 263-272.

Cunningham Sarah, « Children Are the Most Vulnerable Members of the Persecuted Church », Open Doors, 1ᵉʳ décembre 2017, https://www.opendoorsusa.org/christian-persecution/stories/children-persecuted-church/.

« Democratic Republic of the Congo. Intercountry Adoptions and Exit Permits Suspended », département d'État des États-Unis, 4 mai 2020, https://travel.state.gov/content/travel/en/News/Intercountry-Adoption-News/democratic-republic-of-the-congo--intercountry-adoptions-and-exi.html.

« Did they plot to steal Africa's orphans of war? », *The Guardian*, s. d., consulté le 19 février 2021, https://www.theguardian.com/world/2007/nov/04/france.sudan.

Glanville K., « Raising Kids of Mission in the 21st Century », dans *Understanding God's Heart for Children. Toward a Biblical Framework*, sous dir. D. McConnell, J. Orona et P. Stockley, p. 273-281, Colorado Springs, Authentic, 2007.

Hanciles J., *Beyond Christendom. Globalization, African Migration, and the Transformation of the West*, Maryknoll, N.Y., Orbis, 2008.

Hanson D., Ruggiero D., *Child Witchcraft Allegations and Human Rights*, Brussels, Parlement européen, 2013, https://op.europa.eu/en/publication-detail/-/publication/b5c65fff-4145-4891-84ed-f5a43a0d5f87.

Honwana A., Boeck F. (de), sous dir., *Makers and Breakers. Children and Youth in Postcolonial Africa*, Oxford, Royaume-Uni, James Currey, 2005.

Jezewski M., Sotnik P., *Culture Brokering. Providing Culturally Competent Rehabilitation Services to Foreign-born Persons*, Buffalo, N.Y., Center for International Rehabilitation Research Information and Exchange, 2001.

Kraft C., *Two Hours to Freedom. A Simple and Effective Model for Healing and Deliverance*, Grand Rapids, Mich., Baker, 2010.

Kunhiyop S., *Witchcraft, Beliefs and Accusations*, Jos, Challenge Press, 2020.

Lumeya N. U., « Christian Pastors and Child Witches in Kinshasa, DRC », *On Knowing Humanity Journal* 4, 2020, p. 81-82, https://www.researchgate.net/publication/339120067_OKH_Journal_Vol_41_Child_Witchcraft_Accusations_and_the_Church/fulltext/5e3ee248299bf1cdb918ea1c/OKH-Journal-Vol-41-Child-Witchcraft-Accusations-and-the-Church.pdf.

Molina J. A., *The Invention of Child Witches in the Democratic Republic of Congo. Social cleansing, religious commerce and the difficulties of being a parent in an urban culture*, Save The Children, 2006, https://resourcecentre.savethechildren.net/document/invention-child-witches-social-cleansing-religious-commerce-and-difficulties-being-parent/.

Mukundi M., « Witchcraft among the Kasaian people of Zaire. Challenge and response », thèse de doctorat non publiée, Fuller Theological Seminary, 1990, https://www.proquest.com/openview/fb5b6054e9533da4cfc351e3833869b4/1?pq-origsite=gscholar&cbl=18750&diss=y.

Nations Unies, « Le nombre de migrants internationaux atteint 272 millions, en hausse dans toutes les régions du monde », 17 septembre 2019, https://news.un.org/fr/story/2019/09/1051802.

Ochab Ewelina U., « One in Eight Christians Worldwide Live in Countries Where They May Face Persecution », *Forbes*, 13 janvier 2021, https://www.forbes.com/sites/ewelinaochab/2021/01/13/one-in-eight-christians-worldwide-live-in-countries-where-they-would-be-persecuted/?sh=161714315016.

Open Doors, « Christian Persecution », 2021, https://www.opendoors.org.au/frontline-faith/world-watch-list-2021-1-in-8-christians-persecuted/.

Pereira L. N., « Families, churches, the state, and the child witch in Angola », dans *Sorcery in Black Atlantic*, sous dir. L. N. Parés et R. Sansi, Chicago, University of Chicago Press, 2011, p. 188-190.

Pollock D. C., Van Reken R. E., Pollock M. V., *Third Culture Kids. Growing Up among Worlds*, 3ᵉ éd., Boston, Londres, Nicholas Brealey, 2010.

Priest R. J., Ngolo A., Stabell T., « Christian Pastors and Alleged Child Witches in Kinshasa, DRC », *OKH Journal. Anthropological Ethnography and Analysis Through the Eyes of Christian Faith* 4, n° 1, 2020, p. 1-51, https://www.okhjournal.org/index.php/okhj/article/view/81.

Snow S., « Explaining Abuse of "Child Witches" in Africa. Powerful Witchbusters in Weak States », *Journal of Religion and Society* 19, 2017, http://dspace.creighton.edu:8080/xmlui/handle/10504/114375.

Stobart E., *Child Abuse Linked to Accusations of « Possession » and « Witchcraft »*, Nottingham, Royaume-Uni, Department for Education and Skills, 2006, https://liverpoolscp.proceduresonline.com/pdfs/ch_abuse_witchcraft.pdf.

Réponse biblique et théologique
Les enfants, membres à part entière du sacerdoce de tous les croyants : un modèle pastoral pour inclure les enfants dans la mission de Dieu

Harold Segura – Costaricain

Introduction

Dans la première édition de *Understanding God's Heart for Children*, Crocker et Glanville analysent certaines « prémisses bibliques qui placent les enfants au centre de la mission de Dieu, à la fois en tant qu'objets et en tant que porteurs de cette mission, en présentant une étude biblique des enfants *en tant que* mission de Dieu et *dans* la mission de Dieu[12] ». Dans cette partie, j'étendrai cette réflexion scripturaire à l'examen et au rappel de la passion missionnaire aujourd'hui, et je mettrai à jour les priorités en tenant compte des nouvelles et difficiles conditions de vie dans le monde. Sublimé Mabiala, dans l'analyse du problème critique mondial de ce chapitre, souligne divers défis auxquels sont confrontés les enfants du monde entier, défis liés à la marginalisation religieuse et sociétale ainsi qu'à la persécution à cause de leur foi ou de leur origine ethnique. À la lumière de ces développements, comment réfléchir bibliquement en nous concentrant sur le désir de Dieu d'inclure les enfants dans sa mission divine, comme en témoignent divers passages de la Bible ?

---

12. Gustavo Crocker et Karissa Glanville, « Children and God's Mission », dans Douglas McConnell, Jennifer Orona et Paul Stockley, sous dir., *Understanding God's Heart for Children. Toward a Biblical Framework*, Colorado Springs, Authentic, 2007, p. 263, italiques dans l'original.

Les enfants : sujets actifs et membres à part entière du « sacerdoce de tous les croyants » ?

Il est nécessaire de regarder les enfants à travers le prisme d'une perspective historique et évangélique, et de considérer la portée de la *missio Dei*[13]. D'après les Écritures, la *missio Dei* est une mission qui doit être accessible à tous (universelle), orientée vers toutes les dimensions de la vie (holistique) et qui compte sur tous (inclusive et participative). C'est sur ce dernier point que se pose la question de la place des enfants en tant que protagonistes ou *sujets actifs*.

> La *missio Dei* est une mission qui doit être accessible à tous (universelle), orientée vers toutes les dimensions de la vie (holistique) et qui compte sur tous (inclusive et participative).

Cet article abordera quelques questions qui se posent dans la perspective des enseignements de Martin Luther et de la tradition réformée : les enfants sont-ils un sujet actif de la mission ? Et si c'est le cas, comment peut-on comprendre leur participation ? Sont-ils les acteurs principaux ou secondaires du drame divin qu'est la mission ? Font-ils partie du « sacerdoce de tous les croyants » auquel Martin Luther et la tradition réformée font allusion ? D'autres questions pourraient être abordées, mais celles-ci seront au centre de cette discussion particulière.

Luther et le sacerdoce de tous les croyants

C'est le réformateur allemand Martin Luther qui, dans ses écrits théologiques bien connus, a parlé de la notion du sacerdoce universel de tous les croyants et l'a incluse dans ses écrits. Avec la brillante intuition d'une Réforme, il a remis au jour la doctrine néotestamentaire (dont il existe des traces dans l'Ancien Testament) selon laquelle tous les croyants (laïcs et ordonnés) sont des prêtres et rois en Christ, et sont appelés à contribuer au bien commun de diverses manières. L'une des épîtres universelles (1 Pierre) déclare : « Vous, par contre, vous êtes une lignée choisie, un sacerdoce royal, une nation sainte, un peuple que Dieu s'est acquis, pour que vous annonciez les hauts faits de celui qui vous a appelés des

---

13. La *missio Dei* est une expression ancienne attribuée à Augustin d'Hippone et reprise ces derniers siècles par différentes écoles de missiologie. L'intention est d'exprimer que la mission appartient à Dieu et non à l'Église. L'Église est un instrument de la mission, mais elle ne la définit pas et ne la configure pas. Voir Charles Van Engen, *Transforming Mission Theology*, Littleton, Color., William Carey Library, 2017, p. 435.

ténèbres à son étonnante lumière » (1 P 2.9, NBS). D'autres textes soutiennent le même principe, certains dans l'épître aux Hébreux et d'autres dans l'Apocalypse.

Luther a exposé le principe du sacerdoce de tous les croyants comme étant en contradiction avec le monopole exercé pendant des siècles par la hiérarchie de l'Église. Les prêtres et les évêques, invoquant l'honneur sacré de leur vocation, réservaient l'exercice du ministère à un petit nombre, le sacerdoce ordonné. Contrairement à cette pratique, le réformateur Luther a proclamé la liberté de tous les hommes d'établir une communication directe avec Dieu, sans avoir à passer par des intermédiaires humains. Il enseignait que si tous les humains peuvent avoir un accès direct à Dieu, alors la mission divine a été confiée à tous. Dans un texte célèbre écrit en 1520 et intitulé *La captivité babylonienne de l'Église*, Luther déclare :

> C'est là que la fraternité chrétienne a péri, les bergers sont devenus des loups... Si on pouvait les obliger à reconnaître que nous tous, baptisés, sommes prêtres au même titre qu'eux, que nous le sommes vraiment, et que leur ministère a été confié à des prêtres au même degré qu'eux, que nous le sommes réellement, et que leur ministère ne leur a été confié que par notre consentement, ils s'apercevraient immédiatement qu'ils ne jouissent sur nous d'aucun domaine légal, à moins que nous ne voulions spontanément le leur accorder. C'est le sens de ce qui est dit dans la première lettre de Pierre[14].

Depuis Luther, d'autres réformateurs et mouvements réformateurs ont adopté ce même principe. Calvin l'a déclaré à sa manière, et des années plus tard, les réformateurs radicaux appelés anabaptistes l'ont fait également. Luther a vécu avec une passion pour la mission de l'Église, qu'il s'agisse de répandre l'Évangile jusqu'aux extrémités de la terre (évangélisation des nations) ou en travaillant à influencer la société avec les valeurs de l'Évangile (évangélisation de la culture), parmi d'autres dimensions de cette même mission[15].

Pour répondre à la compréhension de Luther selon laquelle « par le baptême, nous sommes tous consacrés au sacerdoce[16] », nous, dans l'Église chrétienne d'aujourd'hui, nous ferions bien d'élever les enfants dans la connaissance de Dieu

---

14. Martin Luther, « La cautividad babilónica de la iglesia », dans *Works of Luther*, sous dir. Teófanes Eguidio, Salamanca, Ediciones Sígueme, 1977, p. 145-146. Le texte a été publié en français : *La Captivité babylonienne de l'Église. Prélude* (1520), intr. T. Kaufmann, coll. Les classiques du christianisme moderne, Genève, Labor et Fides, 2015.

15. Sídney H. Rooy, *Luther and Mission. Theology and Practice of Mission in Martin Luther*, Saint Louis, Concordia, 2014, p. 109.

16. Martin Luther, « Open Letter to the Christian Nobility of the German Nation Concerning the Reform of the Christian Estate (1520) », dans *Luther's Works* (LW), sous dir. Jaroslav Pelikan

et d'utiliser des moyens adaptés à leur développement pour engager les enfants dans la *missio Dei*. Luther a écrit des catéchismes et du matériel d'éducation religieuse à l'usage des parents à la maison, et il a insisté sur la responsabilité des parents de guider et d'instruire leurs enfants dans la foi[17]. Dans le manuel « Lutheran Commitments to Children and Youth » (Engagements luthériens concernant les enfants et les jeunes), Bunge écrit que pour les luthériens et les protestants, « le Saint-Esprit n'a pas de "limite d'âge" et que tous font partie du sacerdoce des croyants[18] ». En corollaire à cette affirmation, Bunge ajoute que les luthériens et les protestants admettraient également que les enfants sont « des membres à part entière et égaux du sacerdoce de tous les croyants, des interprètes de la Parole ; et les enfants ont des vocations, ici et maintenant (*hic et nunc*)[19] ». Ces affirmations impliquent que les enfants ne sont pas simplement des destinataires, mais également des agents de la *missio Dei*. Bunge reconnaît que les enfants sont « des dons de Dieu, des signes de la bénédiction de Dieu [...] des agents de Dieu [...] des témoins moraux, des modèles de foi pour les adultes, des sources ou des véhicules de révélation et des représentants de Jésus [...] et même des paradigmes pour entrer dans le royaume de Dieu[20] ». En d'autres termes, les enfants ont la capacité de répondre à Dieu, d'obéir à sa volonté, d'entrer dans le royaume de Dieu et d'être des acteurs au même titre que les adultes dans le grand projet de Dieu, qui est de réconcilier le monde avec Lui-même (2 Co 5.19).

> **Le Saint-Esprit n'a pas de "limite d'âge".**

---

et Helmut Lehmann, Saint Louis, Concordia Publishing House, 1955-1986, vol. 44, p. 127-130.

17. Jane Strohl, « The Child in Luther's Theology. "For What Purpose Do We Older Folks Exist, Other Than to Care for ... the Young" », dans Marcia Bunge, sous dir., *The Child in Christian Thought*, Grand Rapids, Mich., Eerdmans, 2001, p. 134-159.
18. Marcia Bunge, « Lutheran Commitments to Children and Youth. Theological Foundations, Historical Perspectives, and Contemporary Initiatives », document pour le cours « The Child in Christian Thought », Asia-Pacific Nazarene Theological Seminary, janvier 2021, p. 2.
19. Bunge, « Lutheran Commitments », p. 2.
20. Marcia Bunge, « The Child, Religion, and the Academy. Developing Robust Theological and Religious Understandings of Children and Childhood », *Journal of Religion* 86, n° 4 octobre 2006, p. 561, 562, 567. Bunge utilise Matthieu 18.2-5 comme base de son affirmation « des paradigmes pour entrer dans le royaume de Dieu ».

Les enfants dans le mouvement missionnaire évangélique

Comment les grandes rencontres missionnaires évangéliques et les déclarations correspondantes des dernières décennies ont-elles répondu à ces questions ? Le problème des enfants dans la mission a été ignoré pendant de nombreuses années. La mission et le contexte social sont historiquement liés de manière dynamique. Parfois la mission affecte le contexte, mais d'autres fois, ce sont les contextes socioculturels et politiques qui définissent les actions ministérielles de la communauté de foi. En ce qui concerne la société, il a fallu attendre le 20 novembre 1989 pour que l'Assemblée générale des Nations Unies approuve la Convention relative aux droits de l'enfant (CNUDE). Ce jalon historique a des connotations profondes et logiques pour la mission.

Le Mouvement de Lausanne, reconnu comme une référence théologique et missionnaire du monde évangélique, ne s'est pas prononcé sur la question des enfants dans son célèbre Pacte de Lausanne de 1974, bien que certains paragraphes puissent se référer implicitement à l'action en faveur des enfants, en particulier les paragraphes qui invitent à la mission holistique et à s'engager pour tous les besoins humains. Quinze ans après cette première déclaration, une autre a été rédigée, résultat d'une réunion de plus de trois mille responsables évangéliques. Le Manifeste de Manille, publié en juillet 1989, reconnaît la place des enfants dans le culte de l'Église et dans l'expansion de la foi[21]. Ces lignes montrent la nouvelle sensibilité du mouvement évangélique à l'égard des enfants.

En 2010, onze ans après la CNUDE, le Mouvement de Lausanne a organisé un nouveau rassemblement mondial au Cap, en Afrique du Sud. Le document final de cette réunion s'intitule « L'Engagement du Cap ». Voici une partie de cette déclaration :

> Les enfants et les jeunes sont l'Église d'aujourd'hui et pas seulement celle de demain. Les jeunes ont un grand potentiel d'activité en tant qu'agents dans la mission de Dieu [...] Ils constituent une « énergie nouvelle » capable de transformer le monde. Écoutons, au lieu de réprimer leur spiritualité d'enfants dépourvue de nos approches rationalistes d'adultes[22].

Ce document constitue une avancée notable dans la compréhension du sacerdoce universel des enfants, puisqu'il présente les enfants non seulement comme des objets de mission (évangélisation, changement social, construction

---

21. « Le Manifeste de Manille », Mouvement de Lausanne, 1989, https://lausanne.org/fr/statement/manifeste-de-manille.
22. Mouvement de Lausanne, « L'Engagement du Cap », 2011, Deuxième partie, II D, paragraphe 5, https://lausanne.org/fr/statement/engagement-du-cap.

de la communauté et éducation), mais aussi comme faisant partie du peuple de Dieu, sujets et participants du projet rédempteur. L'Engagement du Cap fait largement référence aux fonctions sacerdotales des enfants.

Cette avancée dans la déclaration du Cap, ainsi que dans d'autres déclarations ultérieures et dans d'autres secteurs de la foi évangélique, rend un grand service aux enfants et au reste de la communauté chrétienne. Ces engagements aident à renouveler les modèles de ministère et rejettent, ne serait-ce qu'un peu, les modèles traditionnels d'accomplissement du travail missionnaire : modèles centrés sur l'adulte et sur le patriarcat, modèles qui s'articulent autour de l'autorité et des décisions des adultes et presque toujours des hommes. Le *sacerdoce de tous les enfants* soulève une critique éloquente de ces modèles qui ont caractérisé l'exercice de la mission pendant de nombreux siècles. Les enfants peuvent être des enseignants de l'Église et des promoteurs de profonds changements. C'est peut-être ce à quoi Jésus se référait lorsqu'il « appela un petit enfant, le plaça au milieu d'eux et dit : "Je vous le dis en vérité, si vous ne vous convertissez pas et si vous ne devenez pas comme les petits enfants, vous n'entrerez pas dans le royaume des cieux" » (Mt 18.2-3, Segond 21). Devenir comme des enfants peut être une expérience humiliante, mais en même temps libératrice. La participation vaste et complète des enfants opère un changement de mentalité de l'Église, voire une conversion profonde selon le texte de Matthieu.

J'ai présenté un nouveau paradigme pastoral pour l'inclusion des enfants dans la mission de Dieu dans le cadre de la notion de Luther du sacerdoce de tous les croyants. D'une part, dans ce paradigme, les enfants ont des besoins spirituels, sociaux, psychologiques et autres auxquels l'Église est appelée à répondre. Comme l'indique Mabiala, de nombreux enfants sont persécutés en Syrie, en Iraq, en Afrique et en Asie du Sud. En outre, de nombreux enfants sont accusés de sorcellerie dans la région africaine du Congo. Comment les organisations confessionnelles peuvent-elles estimer la valeur des enfants, les amener à la connaissance du Christ et les équiper pour s'engager dans la mission de Dieu ? D'autre part, les enfants ont des capacités spirituelles, sociales, psychologiques et autres que l'Église est appelée à reconnaître et à valoriser. Pour cette raison, il est possible d'affirmer que les enfants sont à la fois un devoir et un don : un devoir à faire (la mission envers les enfants) et un don à accueillir (la mission des enfants).

Une tâche urgente et un défi permanent

En ce qui concerne la première tâche, qui consiste à répondre aux besoins des enfants, les domaines d'intervention sont variés, surtout après la pandémie de Covid-19. Les enfants sont l'un des groupes de population les plus touchés par la crise économique et sociale provoquée par la pandémie. Le niveau de stress dans de nombreux foyers a également augmenté. Lorsque le stress augmente, les enfants éprouvent de la peur et de l'anxiété, en raison de la tension émotionnelle et de l'anxiété de leurs parents ou des personnes qui s'occupent d'eux et de la « crainte que ceux-ci ne puissent pas satisfaire leurs besoins fondamentaux. Ces changements présentent des risques pour leur bien-être et leur développement, en particulier chez les enfants les plus jeunes[23] ». Dans de nombreuses régions du monde, la pandémie a également entraîné des conditions de vie particulièrement dangereuses pour les enfants migrants. Les mineurs migrants non accompagnés ou séparés de leur famille sont particulièrement vulnérables. L'Organisation internationale pour les migrations (OIM) a rapporté l'exemple d'enfants dans des camps de migrants en Grèce ou en France[24]. Ces camps font partie des nouveaux champs de mission auprès des enfants. Le Seigneur affirme que faire du bien à un enfant, c'est faire du bien à Jésus lui-même (Mt 18.5). Les enfants sont la présence sacerdotale de Dieu et de son royaume.

> Les enfants sont à la fois un devoir et un don : un devoir à faire (la mission envers les enfants) et un don à accueillir (la mission des enfants).

Ces besoins que ressentent les enfants représentent un défi pour l'Église, qui doit mobiliser l'action missionnaire dans le cadre de la solidarité diaconale, en secourant les enfants les plus touchés : l'intervention prophétique en faveur de leurs droits ; la consolation pastorale, l'assistance psychospirituelle et l'accompagnement pastoral, pour nourrir l'espoir, la résilience et la restauration du tissu social. Les enfants souffrent souvent en silence. Mais de leur douleur jaillit leur cri, demandant à Dieu et à son peuple d'agir. Genèse 21.17 dit : « Dieu entendit les cris de l'enfant » (Segond 21). En tant qu'instruments de Dieu sur terre, nous devons, au sein de l'Église, écouter les cris des enfants et agir.

---

23. « Three Ways Children are Impacted by COVID-19 », Plan International, 23 mars 2020, https://www.planusa.org/blog/three-ways-children-are-impacted-by-coronavirus-covid-19/.

24. « Analytical Snapshots on COVID-19 # 17: Implications on migrant children and youth », International Organization for Migration, IOM, 17 avril 2020, https://www.iom.int/migration-research/covid-19-analytical-snapshot.

Un précieux cadeau du ciel

Les enfants ne sont pas seulement des objets de solidarité, d'assistance humanitaire et de service complet. Même si, dans de nombreux cas, ils se trouvent fragilisés, appauvris et dans le besoin, cette situation n'est pas toujours la seule réalité. Les enfants sont missionnaires non pas dans le demain hypothétique, mais dans le présent, dans l'aujourd'hui. Les enfants offrent des moyens perspicaces d'entrer en relation avec Dieu et de comprendre sa nature, des moyens qui ne sont pas obscurcis par la raison « illuminée » et le positivisme qui ont dominé depuis des siècles les efforts théologiques occidentaux.

Les enfants éclairent une nouvelle épistémologie théologique – une nouvelle façon de connaître Dieu – et une nouvelle façon d'entrer en relation avec lui ou une nouvelle spiritualité fondée sur l'expérience sensible et la tendresse qui vient du cœur (raison cordiale). Les enfants sont des éclairs du monde nouveau qui annoncent le royaume de Dieu, illuminent les ténèbres de notre monde et nous invitent tous à une coexistence plus humaine et plus fraternelle.

> **Les enfants sont des éclairs du monde nouveau qui annoncent le royaume de Dieu, illuminent les ténèbres de notre monde et nous invitent tous à une coexistence plus humaine et plus fraternelle.**

Cette invitation fait également partie de la mission de Dieu : montrer dès maintenant des signes du monde qui vient (Ap 21) et juger les formes inhumaines de coexistence sociale qui caractérisent l'anti-royaume. Les enfants, en tant que dons missionnaires, éclairent nos façons de mettre en œuvre la théologie, de vivre la foi et de reconstruire notre coexistence sociale en commençant par les plus petits et les plus faibles et non, comme cela a toujours été le cas, par les plus grands et les plus puissants. Les enfants peuvent être évangélisés (tâche), et ils sont capables d'évangéliser (don).

Conclusion

Cette réflexion a pour but d'éveiller notre conscience et d'encourager la reprise de la passion missionnaire aujourd'hui à la lumière des défis qu'affrontent des milliers d'enfants. Dans les années 1500, Luther a mis son auditoire au défi de dépasser l'idée selon laquelle seul le clergé de l'Église détient le pouvoir et le privilège d'exercer les fonctions sacerdotales. Il a prêché que le « sacerdoce de tous les croyants » englobe l'ensemble du corps du Christ et ne se limite pas au « sacerdoce ordonné ». Bunge étend ce principe pour rappeler solennellement à l'Église que les enfants sont des membres à part entière de ce sacerdoce de tous les croyants. Le Mouvement de Lausanne a déclaré que les enfants sont l'Église d'aujourd'hui et *peuvent* participer à la mission de Dieu. Tel est le nouveau paradigme pastoral. Les enfants arrivent parmi nous avec différents besoins, défis et capacités qui sont en évolution. De nombreux enfants dans le monde sont touchés par la pandémie et sont marginalisés en raison de leur foi et de leur origine ethnique et beaucoup d'entre eux souffrent en silence.

Comment l'Église peut-elle aller à la rencontre de ces enfants pour qu'ils soient guéris au nom de Jésus ? Comment l'Église peut-elle les nourrir et les équiper pour qu'ils soient prêts et désireux de s'engager dans la mission de Dieu dans le monde ? Si, pendant des siècles, les théologiens ont utilisé l'expression *locus theologicus* pour désigner les lieux privilégiés d'où il est possible de parler de Dieu, l'expression *locus misionarius* pourrait bien être postulée pour se référer aux enfants en tant que lieux à partir desquels Dieu nous révèle de nouvelles significations de la mission et à partir desquels nous découvrons l'action missionnaire de Dieu dans notre monde. Les enfants sont un lieu de cette attention, et notre devoir est de le reconnaître.

Bibliographie

BUNGE Marcia, « The Child, Religion, and the Academy. Developing Robust Theological and Religious Understandings of Children and Childhood », *Journal of Religion* 86, n° 4, octobre 2006, p. 549-579.

BUNGE Marcia, « Lutheran Commitments to Children and Youth. Theological Foundations, Historical Perspectives, and Contemporary Initiatives », document pour le cours « The Child in Christian Thought », Asia Pacific Nazarene Theological Seminary, janvier 2021.

BUNGE Marcia, « The Significance of Robust Theologies of Childhood for Honouring Children's Full Humanity and Rejecting Corporal Punishment », dans *Decolonizing Discipline. Children, Corporal Punishment, Christian Theologies, and Reconciliation*, sous dir. Valerie MICHAELSON et Joan E. DURRANT, University of Manitoba Press, 2020, p. 108-122.

CROCKER Gustavo, GLANVILLE Karissa, « Children and God's Mission », dans *Understanding God's Heart for Children. Toward a Biblical Framework*, sous dir. Douglas MCCONNELL, Jennifer ORONA et Paul STOCKLEY, Colorado Springs, Authentic, 2007, p. 263-272.

International Organization for Migration, « Analytical Snapshots on COVID-19 # 17. Implications on migrant children and youth », 17 avril 2020, https://www.iom.int/migration-research/covid-19-analytical-snapshot.

« Le Manifeste de Manille », Mouvement de Lausanne, 1989, https://lausanne.org/fr/statement/manifeste-de-manille.

LUTHER Martin, « Open Letter to the Christian Nobility of the German Nation Concerning the Reform of the Christian Estate (1520) », dans *Luther's Works* (LW), sous dir. Jaroslav PELIKAN et Helmut LEHMANN, Saint Louis, Concordia Publishing House, 1955-1986, vol. 44, p. 127-130.

LUTHER Martín, « La cautividad babilónica de la iglesia », dans *Works of Luther*, sous dir. Teófanes EGUIDIO, Salamanca, Ediciones Sígueme, 1977.

MOUVEMENT DE LAUSANNE, « L'Engagement du Cap », 2011, Deuxième partie, II D, paragraphe 5, https://lausanne.org/fr/statement/engagement-du-cap.

ROOY Sídney H., *Luther and Mission. Theology and Practice of Mission in Martin Luther*, Saint Louis, Concordia, 2014.

STROHL Jane, « The Child in Luther's Theology. "For What Purpose Do We Older Folks Exist, Other Than to Care for... the Young" », dans *The Child in Christian Thought*, sous dir. Marcia BUNGE, Grand Rapids, Mich., Eerdmans, 2001, p. 134-159.

« Three Ways Children are Impacted by COVID-19 », Plan International, 23 mars 2020, https://www.planusa.org/blog/three-ways-children-are-impacted-by-coronavirus-covid-19/.

VAN ENGEN Charles, *Transforming Mission Theology*, Littleton, Color., William Carey Library, 2017.

YONG A., « Children and the Spirit in Luke and Acts », dans *Child Theology. Diverse Methods and Global Perspectives*, sous dir. Marcia J. BUNGE, Maryknoll, N.Y., Orbis Books, 2021, p. 108-128.

Étude d'un cas concret
Le prix payé par les enfants qui témoignent de Christ au Nigéria

Nathan Hussaini Chiroma – Nigérian

Préciser le problème

La persécution des chrétiens comme moyen de témoigner du Christ est aussi ancienne que la foi chrétienne elle-même. Cette étude de cas explore les expériences des enfants qui témoignent du Christ dans une situation de persécution. Nous n'aborderons que le cas d'enfants du nord du Nigéria. Dans la plupart des cultures africaines, les enfants sont censés être vus mais non entendus jusqu'à ce qu'ils soient devenus adultes. Cette notion peut avoir contribué au mépris des expériences relatées par des enfants là où les chrétiens sont persécutés. Cette étude de cas examine le rôle de l'Église face à la persécution des enfants.

Perspective théologique : persécution des chrétiens

La discussion sur la persécution des chrétiens doit s'appuyer sur une solide compréhension théologique et biblique. Une discussion approfondie de la théologie de la persécution n'entre pas dans le cadre de cette section qui s'efforce plutôt de fournir un bref cadre et une base théologique pour comprendre la persécution en ce qui concerne les enfants chrétiens du nord du Nigéria.

Dans son livre *In the Shadow of the Cross* (À l'ombre de la croix), Glenn Penner affirme que Jésus s'attend à ce que ses disciples connaissent la persécution[25]. Penner souligne clairement le fait que Jésus a envoyé ses disciples comme des brebis au milieu des loups et leur a dit de s'attendre à des persécutions sous de nombreuses formes, et qu'ils pourraient même mourir dans l'exercice de leur ministère. Plusieurs passages de la Bible évoquent la réalité de la persécution

---

25. Glenn M. Penner, *In the Shadow of the Cross. A Biblical Theology of Persecution and Discipleship*, Bartlesville, Living Sacrifice Books, 2004.

pour les chrétiens. Être appelé à suivre le Christ, c'est recevoir un appel à souffrir (Ac 9.15-16 ; 14.21-22 ; 1 Th 3.2-3 ; 1 P 2.21 ; 3.9, 17, pour ne citer que quelques références bibliques). Vivant dans cette attente, les croyants de l'Église primitive remerciaient Dieu de l'honneur qu'il leur faisait de souffrir pour lui (Ac 5.41)[26].

Les vrais chrétiens doivent calculer le coût de leur vie de disciple. Il faut s'attendre à la persécution, comme le montrent de nombreux chapitres de la Bible. L'appel à suivre le Christ est un appel adressé à chaque chrétien à se charger de sa croix pour le suivre, ce qui peut revêtir différentes formes selon le contexte. C'est pourquoi, théologiquement, les chrétiens ne sont pas censés être étonnés lorsqu'ils sont exposés à la persécution. La persécution fait partie intégrante de la foi. Les enfants, en tant que membres de la famille de Dieu, ont besoin d'être théologiquement ancrés pour comprendre le prix à payer pour suivre Jésus.

Les enfants chrétiens et la persécution dans le nord du Nigeria

Au Nigeria, la persécution des chrétiens s'est particulièrement concentrée dans le nord du pays. Portes Ouvertes, une association chrétienne qui s'intéresse à la liberté religieuse, mesure et publie chaque année le niveau de persécution des chrétiens dans le monde, et classe le Nigeria parmi les États où la persécution est la plus sévère[27]. En général, la persécution dans le nord du Nigeria peut se diviser en deux grandes catégories : la persécution insidieuse et la persécution élevée.

La persécution insidieuse est endémique dans le nord du Nigeria[28]. Quelques exemples de la persécution insidieuse des chrétiens dans le nord du Nigeria comprennent la discrimination dans l'emploi, l'oppression sous diverses formes dans la fonction publique, comme la stagnation des promotions et l'affectation intentionnelle dans des zones hostiles, et la discrimination

> Les enfants, en tant que membres de la famille de Dieu, ont besoin d'être théologiquement ancrés pour comprendre le prix à payer pour suivre Jésus.

---

26. Charles L. Tieszen, *Re-Examining Religious Persecution. Constructing a Theological Framework for Understanding Persecution*, Johannesburg, AcadSA, 2008.
27. « Index mondial de persécution des chrétiens : Nigéria », Portes Ouvertes, https://www.portesouvertes.fr/persecution-des-chretiens/profils-pays/nigeria-nord.
28. Pour de plus amples détails, voir Abdulbarkindo Adamu, Alupsen Ben et Gloria C., « Nigeria : Southern Kaduna and the atrocities of Hausa-Fulani Muslim herdsman », janvier 2018, volume 2, https://opendoorsanalytical.org/wp-content/uploads/2018/01/Nigeria-Southern-Kaduna-Volume-2.pdf.

dans l'admission aux établissements publics d'enseignement supérieur, pour n'en citer que quelques-unes. La persécution porte atteinte à la dignité des personnes, à leur développement et à la liberté religieuse.

La deuxième catégorie, plus vaste, de la persécution des chrétiens dans le nord du Nigeria est la persécution déclarée, plus dangereuse et nuisible que la persécution insidieuse. En bref, la persécution déclarée consiste à s'enorgueillir des meurtres et de la destruction des croyants et de leurs biens. Les croyants deviennent des cibles et leur foi chrétienne constitue une raison valable de les tuer.

La persécution des enfants chrétiens dans le nord du Nigeria relève de ces deux catégories, mais se manifeste davantage sous la forme d'une persécution insidieuse. Pour les besoins de cet article, nous nous concentrerons davantage sur la persécution insidieuse des enfants.

Le travail forcé

Tout d'abord, la persécution des enfants chrétiens du nord du Nigeria prend la forme de travaux forcés. En raison de leur foi, les enfants chrétiens des écoles primaires sont contraints de travailler dans les fermes de leurs enseignants. Les enseignants sélectionnent les enfants chrétiens et les envoient travailler dans leur ferme sans leur fournir de nourriture ni d'eau. Selon un prêtre catholique travaillant dans le nord du Nigeria :

> les enseignants musulmans sont libres d'envoyer les enfants chrétiens travailler dans leurs fermes tandis que les autres enfants restent en classe pour des activités éducatives. Ils doivent souvent parcourir de longues distances à pied pour se rendre jusqu'aux fermes, et ils ne reçoivent ni nourriture ni eau[29].

Une autre forme de travail forcé consiste à envoyer des enfants chrétiens travailler au domicile de leurs enseignants sans aucune compensation. Un enfant de neuf ans se lamente : « Je vais devoir travailler entre six et huit heures dans la maison de mon *mallam* (mon professeur) pour laver tous les vêtements des membres de la famille, faire la vaisselle, et lorsque je reviens à l'école, les cours

---

29. Entretien réalisé le 19 décembre 2020 à Adamawa. Pour la sécurité du prêtre, son nom et celui de l'église à laquelle il appartient ne sont pas révélés.

sont déjà terminés. Je l'ai signalé à mes parents à plusieurs reprises, mais rien ne semble changer[30]. »

Les kidnappings et mariages forcés

Deuxièmement, la persécution des enfants chrétiens dans le nord du Nigeria se manifeste par des enlèvements et des mariages forcés. Il existe plusieurs cas avérés d'enfants chrétiens enlevés et forcés à se marier avec des hommes musulmans plus âgés. La possibilité pour les fillettes de se défendre est un mythe dans le nord du Nigeria où elles sont mariées de force à un âge précoce. L'Association chrétienne du Nigeria, l'Église catholique et d'autres organisations de défense des droits de l'homme citent de source sûre un grand nombre de cas. Des filles âgées d'à peine douze ans sont souvent enlevées à leurs parents et mariées de force, puis soumises à un lavage de cerveau pour leur faire renier leurs parents chrétiens. Une mère dont la fille a été enlevée et mariée de force raconte son calvaire :

> J'ai envoyé ma fille à l'école et deux jours plus tard elle n'était toujours pas rentrée à la maison. Nous avons signalé l'incident au poste de police local et on nous a demandé de rédiger une déclaration. Deux mois plus tard, nous avons été convoqués chez le chef du village, et on nous a dit que notre fille avait été retrouvée et qu'elle ne voulait plus s'identifier à la foi chrétienne. Elle avait été donnée en mariage par le chef local en raison de sa nouvelle foi. Au moment où je vous parle, cela fait quinze ans que cela s'est produit, et nous n'avons toujours pas accès à notre fille. De nombreux avocats chrétiens travaillent encore 24 heures sur 24 pour nous aider. Nous comptons sur Dieu pour nous aider[31].

Accès à l'instruction de la religion chrétienne refusé

Troisièmement, la persécution des enfants chrétiens dans le nord du Nigeria se manifeste par le refus de dispenser l'enseignement de la religion chrétienne dans les écoles primaires. Bien que l'enseignement de la religion soit pleinement inscrit dans la constitution nigériane, la plupart des écoles publiques du nord

---

30. Entretien en présence de la personne qui s'occupe de l'enfant dans une maison de sécurité à Jos le 14 décembre 2020. Pour la sécurité de l'enfant et du foyer, toutes les identités sont cachées.
31. Entretien anonyme avec un missionnaire chrétien de l'État de Bornéo, 2020.

du Nigeria n'autorisent pas l'enseignement des connaissances religieuses chrétiennes dans les écoles primaires. En revanche, l'enseignement de la religion islamique est présent dans toutes les écoles publiques du nord. Un parent inquiet du nord du Nigeria, qui a demandé l'anonymat, regrette :

> dans toutes les écoles primaires de cette région, il n'y a pas un seul enseignant de CRK (connaissance religieuse chrétienne). Nos enfants sont parfois forcés de s'asseoir dans la classe d'instruction religieuse islamique sans leur consentement. Nous avons essayé tous les moyens possibles, mais cela ne change rien. Ceux qui en ont les moyens ont inscrit leurs enfants dans des écoles privées. C'est notre pays, et nos enfants ont le droit d'être enseignés dans leur foi[32].

Discrimination en matière d'enseignement

Quatrièmement, la persécution des enfants chrétiens dans le nord du Nigeria prend la forme d'un refus d'accès aux classes de niveau supérieur et aux diplômes qui les sanctionnent. Dans la plupart des écoles primaires publiques du Nigeria, les enfants chrétiens sont souvent persécutés en se voyant refuser les notes qui leur reviennent de droit. Dans de nombreux cas, les notes d'un enfant chrétien sont intentionnellement données à un non-chrétien. Mon expérience personnelle à l'école primaire dans le nord-ouest du Nigeria en est une illustration. Mon admission au lycée m'a été refusée et accordée à quelqu'un d'autre parce que je suis chrétien. Il arrive également que des enfants chrétiens soient obligés de suivre des cours de rattrapage, même s'ils ont des notes leur permettant d'accéder au niveau supérieur.

La violence

Sixièmement, la persécution des enfants chrétiens dans le nord du Nigeria se manifeste par les violences que leur inflige la communauté non chrétienne. Ils sont souvent accusés à tort et sont soumis à la torture et aux abus sexuels. De nombreux enfants ont raconté des histoires horribles où ils ont été piégés par d'autres enfants et ont été sévèrement frappés ; certains ont même été laissés pour morts. En tant qu'enfant de missionnaire dans le nord-ouest du Nigeria, j'ai été sévèrement battu par mes professeurs à l'école primaire à cause

---

32. Entretien téléphonique anonyme avec un parent inquiet dans l'État de Yobe, 30 novembre 2020.

de ma foi. On m'a demandé plusieurs fois de devenir musulman, et lorsque je refusais, on m'accusait de manquer de respect aux enseignants et je recevais des coups. Parfois, on m'obligeait à rester à l'extérieur de la classe jusqu'à la fin des cours. Les missionnaires travaillant dans le nord-est du Nigeria racontent qu'à de nombreuses reprises, ils ont aidé des enfants chrétiens qui avaient été violemment maltraités par la communauté non chrétienne.

On ne peut nier la réalité de la persécution des enfants chrétiens dans le nord du Nigeria. Plusieurs organisations ont révélé des cas de viol d'enfants chrétiens. Les quelques cas mentionnés ci-dessus ne sont que la partie émergée de l'iceberg. Malheureusement, de nombreux enfants chrétiens n'ont pas l'occasion de partager leurs expériences en raison d'obstacles culturels.

Rêve et réalité : ce que pourrait être le rôle de l'Église

L'Église du nord du Nigeria doit s'attaquer vigoureusement et sérieusement à la question de la persécution des enfants. Selon un psychologue chrétien travaillant avec des enfants dans le nord du Nigeria, « de nombreux enfants chrétiens souffrent en silence. Parfois, ils ne disent même pas à leurs parents ce qu'ils vivent à cause des menaces qu'ils reçoivent de la part de leurs agresseurs[33] ». L'Église du Nigéria devra prendre les mesures suivantes :

Préparer les enfants chrétiens à la persécution dès leur plus jeune âge. La réalité de la persécution telle qu'elle a été abordée dans la section « Réponse biblique et théologique » ne peut être niée. La persécution fait partie intégrante de la foi chrétienne ; c'est pourquoi l'Église doit préparer les enfants et leurs parents à faire face à la persécution. La vie familiale doit donc se dérouler de telle sorte que les parents soient en mesure de discuter avec les enfants de ce en quoi consiste la persécution et de la manière dont ils doivent y faire face. Les enfants doivent apprendre ce qu'est la foi chrétienne. Nous devons leur enseigner, leur montrer par notre exemple ce que signifie être un chrétien. La mémorisation de la Bible est un moyen efficace pour les parents d'aider

---

33. Entretien au cabinet du psychiatre le 13 décembre 2020 à Bauchi. L'identité de ce psychiatre n'est pas révélée pour des raisons de sécurité.

leurs enfants à s'approprier les vérités de l'Écriture dans des contextes où l'accès à la Bible est limité.

Présenter des modèles contextuels de formation de disciples qui équiperont les enfants pour la persécution. Jésus a clairement indiqué que le royaume de Dieu appartient aux enfants : c'est pourquoi ils font partie intégrante de l'Église du nord du Nigeria. Il faudra mettre en place des modèles contextuels de formation de disciples qui équiperont les enfants pour faire face aux diverses formes de persécution. Le modèle contextuel doit inclure le plaidoyer de l'Église contre la persécution et encourager les enfants à s'exprimer ouvertement.

Implications pour le ministère auprès de l'enfance

Comme les autres Églises, l'Église du nord du Nigeria dépend fortement du ministère en faveur des enfants pour répondre aux besoins holistiques des enfants dans ses différentes congrégations. C'est pourquoi le rôle des travailleurs parmi les enfants est crucial pour aider les enfants à faire face à la persécution.

Ces travailleurs doivent être pleinement équipés et formés pour intervenir auprès des enfants persécutés. Tout d'abord, ils ont besoin d'une formation sur la manière d'intégrer des enseignements sur la façon de faire face à la persécution dans les programmes de l'école du dimanche. Ensuite, ils doivent apprendre à travailler en réseau avec diverses organisations non gouvernementales et avec des organisations confessionnelles qui interviennent auprès des enfants persécutés. L'objectif de ce travail en réseau est d'aider les travailleurs à accepter la réalité de la persécution et de mettre en place des systèmes de soutien qui font parfois défaut dans l'Église. Certains enfants persécutés sont plus à l'aise pour parler de leurs difficultés avec des personnes extérieures à l'Église. Enfin, les travailleurs parmi les enfants doivent apporter un soutien aux parents à tous les niveaux leur permettant d'aider leurs enfants confrontés à la persécution.

Conclusion

Cet article a abordé la question de la persécution des enfants dans le nord du Nigeria, donné un aperçu de la compréhension théologique de la persécution et affirmé que la persécution des enfants chrétiens est une réalité dans cette partie du Nigeria. Il a précisé que le type de persécution le plus courant auquel sont confrontés ces enfants est la persécution insidieuse, passé en revue plusieurs formes de cette persécution insidieuse et expliqué que cette persécution des enfants chrétiens est une réalité. Il a également proposé quelques suggestions à l'Église et à ceux qui travaillent parmi ces enfants sur la manière d'exercer leur ministère auprès d'eux.

Questions de discussion

1. Sublimé Mabiala énumère trois types de persécution et de marginalisation en Afrique. Quels sont les types de persécution et de marginalisation des enfants dans le pays où vous exercez votre ministère ?
2. Estimez-vous que les Églises devraient inclure les questions de persécution et de marginalisation dans le programme de leur ministère auprès des enfants ? Justifiez vos réponses.
3. Les enfants sont inclus dans le « sacerdoce de tous les croyants ». Comment cet enseignement est-il traduit dans votre communauté de foi ?
4. L'Engagement du Cap affirme que les enfants « constituent une "énergie nouvelle" capable de transformer le monde ». Quelles preuves pouvez-vous avancer dans votre communauté de foi pour justifier cette déclaration ?
5. Nathan Chiroma affirme que « les vrais chrétiens doivent calculer le prix de la vie de disciple ». D'après vous, quel est le prix que paient les enfants pour devenir des disciples de Jésus-Christ ?

Bibliographie

Abdulbarkindo Adamu, Alupsen Ben, Gloria C., « Nigeria : Southern Kaduna and the atrocities of Hausa-Fulani Muslim herdsman », World Watch Research Unit/ Open Doors International, mai 2016 – septembre 2017, volume 2, janvier 2018, https://opendoorsanalytical.org/wp-content/uploads/2018/01/Nigeria-Southern-Kaduna-Volume-2.pdf.

Eller Jack David, *Cruel Creeds, Virtuous Violence. Religious Violence across Culture and History*, New York, Prometheus, 2010.

« Index mondial de persécution des chrétiens : Nigéria », Portes Ouvertes, https://www.portesouvertes.fr/persecution-des-chretiens/profils-pays/nigeria-nord.

Penner Glenn M., *In the Shadow of the Cross. A Biblical Theology of Persecution and Discipleship*, Bartlesville, Living Sacrifice, 2004.

Tieszen Charles L., *Re-Examining Religious Persecution. Constructing a Theological Framework for Understanding Persecution*, Johannesburg, AcadSA, 2008.

8

Engagés dans la protection de la création

La protection de la création est un mandat biblique pour l'ensemble de l'Église. Éduquer et inciter les enfants à jouer un rôle actif en tant qu'intendants de la création de Dieu est un résultat essentiel de ce mandat.

Problème crucial mondial
Les enfants et l'urgence climatique mondiale

Athena Peralta – Philippine[1]

« Je veux que vous agissiez comme vous le feriez en cas de crise. Je veux que vous agissiez comme si notre maison était en feu. Parce que c'est le cas. »

Greta Thunberg, jeune activiste climatique, Suède[2]

Les enfants proclament courageusement une urgence climatique mondiale

Les enfants ont été parmi les premiers à évaluer la situation avec lucidité et à la déclarer telle qu'elle est : nous vivons une période d'urgence climatique et planétaire. Malgré une légère baisse des émissions mondiales de gaz à effet de serre (GES) liées aux ralentissements économiques induits par la pandémie de Covid-19, le taux de dioxyde de carbone dans l'atmosphère a atteint un nouveau record en 2020. L'année 2020 rejoint l'année 2016 au rang des années les plus chaudes jamais enregistrées[3]. Les six années écoulées depuis 2015 sont également les six années les plus chaudes jamais enregistrées. Partout sur la planète, nous assistons à des tempêtes de plus en plus fortes et fréquentes, à des inondations généralisées, des incendies de forêt et des sécheresses intenses.

Une situation critique « présente un risque immédiat pour la santé, la vie, les biens ou l'environnement... [et] nécessite une intervention urgente[4] ». Normalement, dans une telle situation, nous, les adultes, réagirions rapidement

---

1. L'auteure tient à exprimer sa gratitude à Frédérique Seidel, conseillère principale du COE sur les droits de l'enfant, pour ses suggestions et ses commentaires sur ce texte.
2. Greta Thunberg, « "Our house is on fire". Greta Thunberg, 16, urges leaders to act on climate », *The Guardian*, 25 janvier 2019, https://www.theguardian.com/environment/2019/jan/25/our-house-is-on-fire-greta-thunberg16-urges-leaders-to-act-on-climate.
3. Tylar Greene et Peter Jacobs, « 2020 Tied for Warmest Year on Record, NASA Analysis Shows », NASA, 14 janvier 2021, https://www.nasa.gov/press-release/2020-tied-for-warmest-year-on-record-nasa-analysis-shows.
4. « Emergency », Wikipedia, 21 février 2021, https://en.wikipedia.org/wiki/Emergency.

et de manière concertée. Notre premier geste est souvent de nous assurer que nos enfants sont protégés, sachant qu'ils sont vulnérables en partie parce qu'ils dépendent des adultes pour leur sécurité et la satisfaction de leurs besoins fondamentaux. Mais face au changement climatique mondial, nous n'avons pas toujours pris conscience du fait que notre santé et notre bien-être, et ceux de nos enfants sont inextricablement liés à la santé et au bien-être de la planète. Nous avons parfois ignoré les mises en garde de la science et nous avons été catastrophiquement lents à agir. Alors que les adultes qui dirigent aujourd'hui la politique et le monde des affaires, en particulier dans les économies les plus riches, continuent de prendre des décisions qui privilégient les gains financiers et à court terme, mais qui ont un impact négatif sur le présent et l'avenir de la planète, nos enfants réclament une justice climatique intergénérationnelle.

> **Notre santé et notre bien-être, et ceux de nos enfants sont inextricablement liés à la santé et au bien-être de la planète.**

Il est important de noter que les enfants ne se considèrent pas simplement comme des victimes du changement climatique. Tout particulièrement à l'ère des médias sociaux, ils sont de plus en plus conscients de la crise climatique et de ses causes. Les enfants prennent également conscience qu'ils ont une voix, et beaucoup d'entre eux se sentent obligés d'agir pour protéger nos écosystèmes de plus en plus fragiles. Ils montrent déjà la voie à suivre. C'est à la requête des 144 enfants consultés dans le cadre de l'élaboration du document du Conseil œcuménique des Églises, intitulé « Engagements des Églises en faveur des enfants » que l'engagement à promouvoir la justice climatique intergénérationnelle pour et avec les enfants est devenu un pilier essentiel de ce plan d'action[5].

---

5. « Engagement des Églises en faveur des enfants. Les Églises s'unissent pour les enfants dans le pèlerinage de justice et de paix », Conseil œcuménique des Églises, Genève, mars 2017, https://www.oikoumene.org/sites/default/files/Document/CommitmentsToChildren_WCC_FR.pdf.

Le changement climatique porte atteinte aux droits, à la santé et au bien-être des enfants

> *J'ai entendu des vents violents venir dans notre direction. J'ai fermé les yeux. C'était terrible. Je ne voyais rien à l'extérieur. Je cherchais les autres membres de ma famille. Je pensais qu'ils étaient partis sans moi, mais je me suis rendu compte que nous étions tous à l'intérieur de la maison à attendre que le typhon se calme. Notre petite maison a été détruite par les inondations.*
>
> – enfant survivant du super typhon Haiyan, Philippines[6]

Si personne n'est totalement à l'abri des effets du changement climatique, les enfants sont particulièrement vulnérables, parce qu'ils sont généralement moins aptes que les adultes à réagir et à s'adapter aux diverses expositions liées au climat. Les risques du changement climatique auxquels les enfants sont confrontés vont des impacts physiques directs des événements météorologiques extrêmes aux impacts sur leur santé et leur éducation (voir tableau 1). Les enfants des familles à faibles revenus et des pays en développement subissent déjà le poids du changement climatique, un fardeau qui ne fera que s'intensifier au fil du temps.

Les filles sont confrontées à des difficultés supplémentaires liées au changement climatique[7]. Les catastrophes météorologiques augmentent le risque que les filles abandonnent l'école ou soient forcées de se marier, d'être victimes de trafic, d'exploitation sexuelle et d'abus. En outre, lorsque la nourriture manque en raison d'une inondation ou d'une sécheresse, les filles risquent davantage que les garçons de souffrir de la faim.

---

6. May Maloney, « See me, ask me, hear me : children's recommendations for recovery three months after Typhoon Haiyan », Save the Children, 2014, https://resourcecentre.savethechildren.net/node/8267/pdf/http_mhpss.net_get211_see-me-ask-me-hear-me.pdf.
7. « Climate change. Focus on Girls and Young Women », Plan International, 2019, https://plan-international.org/publications/climate-change-focus-on-girls-and-young-women/.

Tableau 1 : Enquête sur les effets du climat sur les enfants

- Plus de 500 millions d'enfants vivent actuellement dans des zones où le risque d'inondations dues à des phénomènes météorologiques extrêmes tels que les cyclones, les ouragans et autres tempêtes, ainsi qu'à l'élévation du niveau de la mer est extrêmement élevé.
- De 2014 à 2018, rien que dans les Caraïbes, environ 761 000 enfants ont été déplacés à l'intérieur de leur pays en raison d'événements climatiques extrêmes, contre 175 000 enfants déplacés entre 2009 et 2013.
- On estime à 160 millions le nombre d'enfants vivant dans des régions où la sécheresse est très répandue. D'ici 2040, un enfant sur quatre vivra dans des zones de pénurie d'eau.
- Les sécheresses et autres phénomènes météorologiques provoquent des pénuries alimentaires. La malnutrition est l'un des principaux effets néfastes du changement climatique sur la santé, surtout pour les enfants. À La Guajira, en Colombie, les enfants indigènes meurent de malnutrition à un rythme six fois supérieur à la moyenne nationale. Dans un scénario de réchauffement climatique moyen à important, le monde comptera 25,2 millions d'enfants mal nourris supplémentaires.
- Près de 90 % de la charge de morbidité imputable au changement climatique, comme la dengue, est portée par les enfants de moins de cinq ans.
- Environ 300 millions d'enfants respirent un air toxique causé par les émissions de carbone et les gaz à effet de serre, et 17 millions d'entre eux ont moins d'un an. Cet air toxique a des effets néfastes immédiats et à long terme sur leur santé, leurs fonctions cérébrales et leur développement. L'air toxique est responsable de la mort d'environ 600 000 enfants de moins de cinq ans chaque année, victimes de la pneumonie et d'autres problèmes respiratoires[8].

---

8. Alia Sunderji et Hilary Rosenthal, « Colombia's indigenous children are the casualties of climate change », *The Washington Post*, 3 décembre 2020, https://www.washingtonpost.com/opinions/2020/12/03/colombias-indigenous-children-are-casualties-climate-change/ ; « Fact Sheet. The climate crisis is a child rights crisis », UNICEF, 6 décembre 2019, https://www.unicef.org/press-releases/fact-sheet-climate-crisis-child-rights-crisis ; Helen Clark, et. al., « A Future for the World's Children? A WHO-UNICEF-Lancet Commission », *The Lancet* 395, n° 10224, 18 février 2020, https://www.thelancet.com/journals/lancet/article/PIIS0140-6736(19)32540-1/fulltext.

> **Près de 90 % de la charge de morbidité imputable au changement climatique, comme la dengue, est portée par les enfants de moins de cinq ans.**

Il est également de plus en plus évident que le changement climatique affecte la santé mentale et émotionnelle de nos enfants. Le syndrome de stress post-traumatique est fréquent chez les enfants qui ont survécu à des événements climatiques dévastateurs. Parallèlement, l'inquiétude et le souci écologiques sont un phénomène émergent et croissant chez les enfants et les jeunes. Dans une enquête menée en 2019 auprès d'adolescents américains par la Post-Kaiser Family Foundation, basée à Washington, 57 % de ceux qui ont répondu ont déclaré que le changement climatique leur faisait peur, et 52 % qu'il les mettait en colère – ces deux taux sont plus élevés que chez les adultes[9]. Un peu moins de 30 % de ces adolescents se sont déclarés optimistes quant à l'avenir. De même, les résultats d'un sondage commandé par la British Broadcasting Corporation (BBC) en 2020 auprès de deux mille jeunes âgés de huit à seize ans ont montré que 73 % d'entre eux étaient inquiets de l'état de la planète, 19 % ont fait un mauvais rêve à propos du changement climatique, et 41 % ne font pas confiance aux adultes pour gérer les problèmes climatiques[10]. L'énormité du problème du changement climatique mondial ajoute un sentiment de frustration et de futilité chez certains enfants.

Les enfants apprennent, jouent et renouvellent leurs relations dans et avec la création

> *Ils vivent tous ici et se sentent mal parce que tout est sale. Les enfants aiment notre planète et se soucient du monde. Ces enfants sont de races différentes. Chaque enfant devrait se préoccuper de la planète.*
>
> – jeune enfant, Pologne[11]

---

9. Jason Plautz, « The Environmental Burden of Generation Z », *The Washington Post Magazine*, 2 février 2020, https://www.washingtonpost.com/magazine/2020/02/03/eco-anxiety-is-overwhelming-kids-wheres-line-between-education-alarmism/?arc404=true.
10. Ashlee Cunsolo, et al., « Ecological grief and anxiety: the start of a healthy response to climate change? », *The Lancet Planetary Health* 4, n° 7, 1er juillet 2020, https://www.thelancet.com/journals/lanplh/article/PIIS2542-5196(20)30144-3/fulltext.
11. Ingrid Engdahl et Milada Rabušicová, « Children's Voices about the State of the Earth and Sustainable Development », 2010, https://www.researchgate.net/publication/226714753_Children's_Voices_About_the_State_of_the_Earth.

Les sentiments d'inquiétude et de tristesse des enfants face à l'état actuel de la planète et aux pertes écologiques anticipées peuvent être le signe de connexion avec le monde naturel et peuvent être réorientés vers une voie constructive. En effet, leurs réponses pourraient être le « creuset par lequel l'humanité doit passer pour maîtriser l'énergie et la conviction nécessaires aux changements vitaux qui s'imposent aujourd'hui[12] ». Ce qui est essentiel, c'est de favoriser l'autonomisation des enfants.

> Ce qui est essentiel, c'est de favoriser l'autonomisation des enfants.

La gestion dans le contexte de la parenté

Les enfants devraient apprendre les actions qui protègent, soignent ou utilisent de manière responsable les ressources environnementales au sein de leur communauté et avec elle. Les programmes et activités éducatifs à la maison, à l'école, à l'église et au sein de la communauté peuvent jouer un rôle clé dans le développement d'une bonne gestion de l'environnement. Souvent, le sens d'une bonne gestion découle d'abord de l'attention portée à la famille immédiate, aux amis et aux voisins, et d'une compréhension croissante du fait que chacun d'entre nous est totalement dépendant de la planète pour l'air qu'il respire et pour sa subsistance. En d'autres termes, l'intendance, qui suggère « un profond attachement et de la protection », et la parenté, qui suggère « une relation étroite, l'égalité et le partage réciproque », se développent parallèlement[13]. L'épanouissement simultané de l'intendance et de la parenté peut permettre de surmonter les barrières géographiques, socio-économiques, raciales et autres. Ainsi, certains jeunes activistes défenseur du climat en Europe et en Amérique du Nord ont reconnu leur propre privilège de vivre dans des familles et des économies plus riches qui peuvent mieux soutenir leur développement et les impacts différenciés du changement climatique sur d'autres enfants en raison des inégalités socio-économiques, de la situation géographique et du rôle de leurs

---

12. Cunsolo, et al., « Ecological grief and anxiety ».
13. Cathy Dueck et Jacob Rodenburg, « Pathway to Stewardship and Kinship. Raising Healthy Children for a Healthy Planet », Pathway to Stewardship and Kinship, 2017, https://campkawartha.ca/pdf/Pathway-to-Stewardship.pdf.

propres gouvernements dans la mise en danger de la vie de tous les enfants par les émissions historiques et actuelles des gaz à effet de serre (GES)[14].

Des Églises qui responsabilisent, éduquent et impliquent les enfants

Les Églises en particulier peuvent et doivent être des espaces sûrs, introspectifs et créatifs pour les enfants, afin qu'ils puissent traiter les sentiments de détresse écologique, redécouvrir le commandement de Jésus : « Tu aimeras ton prochain comme toi-même » (Mc 12.31, NBS), et s'occuper de la création tout en apprenant des moyens concrets de pratiquer la gestion comme une expression centrale de la vie de disciple. Les écoles du dimanche et les autres programmes de l'Église peuvent et doivent faire comprendre aux enfants que les actions et les décisions de tous les jours – concernant la nourriture qu'ils consomment, les jouets qu'ils utilisent, les vêtements qu'ils portent et la manière dont ils se déplacent – façonnent, utilisent et influencent l'environnement et les autres personnes. Le fait de savoir dès le plus jeune âge que l'écologie et l'économie ne peuvent être séparées et qu'elles sont en fait profondément liées est essentiel pour s'attaquer aux racines mêmes de la crise climatique. Dans ce but, le COE a élaboré une boîte à outils destinée à soutenir les Églises, les écoles gérées par les Églises, les écoles du dimanche et les camps d'été dans leurs efforts pour promouvoir la gestion de l'environnement et la justice climatique et environnementale intergénérationnelle[15].

> Au lieu d'apprendre seulement dans un environnement structuré, jouer dans la nature permet aux enfants de faire l'expérience du concept de la gestion de la nature.

L'importance du jeu

L'éducation formelle n'est cependant pas tout. Le jeu est d'une importance vitale pour les enfants dans leur parcours d'engagement en faveur de la création. Au lieu d'apprendre seulement dans un environnement structuré, jouer dans la nature permet aux enfants de faire l'expérience du concept de la gestion de la nature, de tisser des liens plus profonds

---

14. Frank Jordans et Aritz Parra, « Too much of a Greta thing? Activist urges focus on others », AP News, 9 décembre 2019, https://apnews.com/article/baa29614a79cbcd2edb83b9e3f7de90f.

15. Voir « New WCC toolkit empowers churches to work with children and youth for climate justice », Conseil œcuménique des Églises, 2020, https://www.oikoumene.org/news/new-wcc-toolkit-empowers-churches-to-work-with-children-and-youth-for-climate-justice.

avec la création, de mieux comprendre son interconnexion et de rencontrer Dieu dans la joie du jeu avec d'autres enfants et créatures, ainsi que dans la beauté de la création. Une étude réalisée en 2017 par l'Université de la Colombie-Britannique a révélé que 87 % des personnes qui ont joué dans leur enfance ont développé et conservé un amour pour le plein air, et 84 % d'entre elles considéraient la protection de l'environnement comme une priorité absolue[16]. De plus, la recherche montre que le fait de jouer dans la nature ne confère pas seulement de la créativité et plus de facilités à résoudre les problèmes, il combat aussi le stress quotidien et favorise le bien-être général des enfants[17].

Les enfants sont des acteurs essentiels dans la lutte contre le changement climatique et la protection de la création

> *Je suis ici pour tous les peuples indigènes qui n'ont pas pu être là aujourd'hui. C'est mon objectif, et cela devrait être notre objectif à tous : protéger notre mère Terre.*
>
> – Tokata Iron Eyes, jeune militant écologiste de la tribu des Sioux de Standing Rock, aux États-Unis[18]

Si les enfants sont affectés de manière disproportionnée par le changement climatique, ils sont en même temps des acteurs essentiels et efficaces de l'atténuation du réchauffement climatique et de l'adaptation à celui-ci, ainsi que de la préservation et de l'entretien de notre environnement précaire.

Des études de cas portant sur des projets communautaires d'adaptation et de résilience aux Philippines et au Viêt Nam ont mis en évidence les avantages considérables de l'implication et de l'écoute des enfants.

> Les enfants apportent régulièrement de nouvelles idées ou des solutions créatives. Ils peuvent impliquer les communautés et

---

16. « Children who play outside more likely to protect nature as adults », University of British Columbia Okanagan Campus, *Science Daily*, 17 mars 2017, https://www.sciencedaily.com/releases/2017/03/170317102447.htm.
17. Caroline Piccininni, et al., « Outdoor play and nature connectedness as potential correlates of internalized mental health symptoms among Canadian adolescents », *Preventive Medicine* 112, juillet 2018, p. 168-175, https://www.sciencedirect.com/science/article/pii/S0091743518301312.
18. Eilish McDonagh, « Politics and the Pipeline. Tokata Iron Eyes' Fight for Environmental Protection », Emory University, 2018, https://scholarblogs.emory.edu/inspiringindigenousyouth/2018/09/18/politics-and-the-pipeline-tokata-iron-eyes-fight-for-environmental-protection/.

ils pourraient potentiellement faire tomber les barrières sur des questions complexes et délicates. Ils ont souvent une meilleure compréhension de la science des processus de changement climatique que les adultes de la communauté en raison des cours qu'ils ont suivis à l'école, et ils sont capables de mettre en évidence les implications pour les moyens de subsistance locaux[19].

En outre, les études concluent que « [la] mobilisation de l'énergie et de l'enthousiasme des enfants en faveur d'un changement positif peut avoir un impact sur les décideurs à tous les niveaux des communautés et des gouvernements[20] ».

Les enfants se font entendre. Ils font quelque chose pour s'attaquer à la crise climatique. Ils utilisent les médias sociaux, en particulier les plates-formes numériques telles que Twitter, Instagram et Facebook pour mettre en lumière le changement climatique et mobiliser d'autres personnes à leur cause[21]. Les enfants sont dans la rue pour appeler les dirigeants et le public à ouvrir les yeux sur l'urgence climatique. Fait remarquable en 2019, plusieurs millions d'enfants et de jeunes du monde entier ont participé aux « vendredis de l'avenir », des grèves scolaires pour le climat et d'autres manifestations, protestant devant les bâtiments gouvernementaux et exigeant que les gouvernements créent des voies pour garantir que le réchauffement climatique ne dépasse pas le seuil relativement sûr de 1,5 degré Celsius[22].

Les enfants poursuivent même leurs gouvernements pour leur inaction face au changement climatique et les entreprises de combustibles fossiles pour leur rôle dans le réchauffement de la planète. En 2015, vingt et un jeunes ont intenté un procès historique – Juliana contre les États-Unis – contre le gouvernement américain pour son rôle dans le changement climatique et la violation de leurs droits à la vie, à la liberté et à la propriété, tout en ne préservant pas les ressources publiques essentielles[23]. Les enfants ont demandé au tribunal d'obliger le gouvernement à mettre fin aux subventions aux combustibles fossiles et à adopter

---

19. Michael Azucena, et al., « Child-centred Climate Resilience. Case Studies from the Philippines and Vietnam », 2015, https://www.comminit.com/la/content/child-centred-climate-resilience-case-studies-philippines-and-vietnam.
20. Azucena, et al., « Child-centred Climate Resilience ».
21. Shelley Boulianne, « School Strike 4 Climate. Social Media and the International Youth Protest on Climate Change », *Media and Communication* 2, 2020, p. 208-218.
22. V. Masson-Delmotte, et al., « Summary for Policymakers », Intergovernmental Panel on Climate Change (IPCC), 2018, https://www.ipcc.ch/site/assets/uploads/sites/2/2019/05/SR15_SPM_version_report_LR.pdf.
23. « Youth v. Gov. Juliana v. US », Our Children's Trust, 2015, https://www.ourchildrenstrust.org/juliana-v-us-old.

des politiques visant à réduire les émissions de gaz à effet de serre. De même, en 2019, seize enfants ont déposé une plainte officielle auprès du Comité des droits de l'enfant des Nations Unies[24].

Les enfants plaident en faveur du désinvestissement des combustibles fossiles, de l'interdiction des sacs en plastique à usage unique et de l'accès à l'eau potable. Ils s'engagent dans une série d'initiatives communautaires, la création de potagers dans les écoles et autour des églises, la plantation d'arbres et de mangroves pour protéger les structures contre les tempêtes, le nettoyage des rivières et des océans, ainsi que la collecte et le recyclage des plastiques.

L'espoir réside dans une action collective maintenant

> *Je souhaite que les autorités prennent à cœur cette question de l'environnement. Parce que nous, les enfants, nous souffrons beaucoup.*
>
> Junior, quatorze ans, Côte d'Ivoire[25]

Les adultes sont les principaux responsables de la transformation de nos systèmes économiques injustes et non durables et doivent écouter les enfants et travailler avec eux pour avoir une chance d'avoir un avenir. Selon le Groupe intergouvernemental d'experts sur l'évolution du climat (GIEC), les dix prochaines années doivent être une période d'atténuation et d'adaptation, afin de prévenir les effets les plus durs et les plus catastrophiques du changement climatique[26]. Cependant, malgré les preuves scientifiques de plus en plus nombreuses et la mobilisation du public de plus en plus dirigée par les enfants et les jeunes, certains gouvernements riches et puissants ont entravé les progrès et empêché une action à la 25ᵉ Conférence des Parties de la Convention-cadre des Nations Unies sur les

> **Les adultes sont les principaux responsables de la transformation de nos systèmes économiques injustes et non durables et doivent écouter les enfants et travailler avec eux pour avoir une chance d'avoir un avenir.**

---

24. « Children vs Climate Crisis », #ChildrenVsClimateCrisis, 2019, https://childrenvsclimatecrisis.org/.
25. « Youth activist speaks up for environmental protection at Human Rights Council », *UN News*, 1ᵉʳ juillet 2020, https://news.un.org/en/story/2020/07/1067512.
26. Masson-Delmotte, et al., « Summary for Policymakers ».

changements climatiques en 2019. Les résultats des négociations climatiques de 2019 ont été très décevants, bien loin des exigences scientifiques et des attentes des enfants.

Bien qu'ils contribuent le moins aux émissions de gaz à effet de serre, les enfants ont fait face à la crise climatique en faisant preuve d'une gestion éclairée et d'attention à l'égard de la planète, en contribuant à leur manière à la sensibilisation, à la mobilisation et aux initiatives visant à renforcer la résilience des communautés face au réchauffement climatique. Cette activité s'est parfois faite au détriment de l'école et du jeu. Or, l'éducation et le jeu ne sont pas seulement des éléments vitaux de la vie des enfants, ce sont aussi des droits fondamentaux qui doivent être protégés et encouragés.

Comme le souligne le GIEC, la réalisation de l'objectif de neutralité carbone d'ici 2050 n'implique rien de moins qu'une transformation radicale de nos systèmes de production, de consommation, de distribution et d'investissement. Les enfants, parce qu'ils ne sont que des enfants, ont une influence et une marge de manœuvre limitées pour mener à bien des changements économiques systémiques. C'est une responsabilité que nous ne pouvons pas faire peser sur les épaules de nos enfants. En tant qu'adultes, nous avons l'obligation, le pouvoir et les moyens de mener des actions politiques et de prendre des décisions financières et économiques pour le bien de nos enfants[27]. Vraiment, ces actions sont ce que nos enfants nous demandent de faire. Il est temps que nous les écoutions, que nous les soutenions et que nous leur tenions la main pour élaborer ensemble des solutions à l'urgence climatique et pour dessiner un avenir ensemble.

Bibliographie

Azucena Michael, et al., « Child-centred Climate Resilience. Case Studies from the Philippines and Vietnam », 2015, https://www.comminit.com/la/content/child-centred-climate-resilience-case-studies-philippines-and-vietnam.

Boulianne Shelley, « School Strike 4 Climate. Social Media and the International Youth Protest on Climate Change », *Media and Communication* 2, 2020, p. 208-218, https://www.cogitatiopress.com/mediaandcommunication/article/view/2768.

« Children vs Climate Crisis », #ChildrenVsClimateCrisis, s. d., https://childrenvsclimatecrisis.org/.

---

27. « Cooler Earth, Higher Benefits. Actions by those who care about children, climate and finance », Conseil œcuménique des Églises, 2020, https://www.oikoumene.org/sites/default/files/2020-11/CoolerEarth_Web%20PDF.pdf.

Clark Helen, et. al., « A Future for the World's Children? A WHO-UNICEF-Lancet Commission », *The Lancet* 395, n° 10224, 18 février 2020, https://www.thelancet.com/journals/lancet/article/PIIS0140-6736(19)32540-1/fulltext.

« Climate change. Focus on Girls and Young Women », Plan International, 2019, https://plan-international.org/publications/climate-change-focus-on-girls-and-young-women/.

« Cooler Earth, Higher Benefits. Actions by those who care about children, climate and finance », Conseil œcuménique des Églises, 2020, https://www.oikoumene.org/sites/default/files/2020-11/CoolerEarth_Web%20PDF.pdf.

Cunsolo Ashlee, et al., « Ecological grief and anxiety: the start of a healthy response to climate change? », *The Lancet Planetary Health* 4, n° 7, 1er juillet 2020, https://www.thelancet.com/journals/lanplh/article/PIIS2542-5196(20)30144-3/fulltext.

Dueck Cathy, Rodenburg Jacob, « Pathway to Stewardship and Kinship. Raising Healthy Children for a Healthy Planet », Pathway to Stewardship and Kinship, 2017, https://campkawartha.ca/pdf/Pathway-to-Stewardship.pdf.

« Emergency », Wikipédia, 21 février 2021, https://en.wikipedia.org/wiki/Emergency.

« Engagement des Églises en faveur des enfants. Les Églises s'unissent pour les enfants dans le pèlerinage de justice et de paix », Conseil œcuménique des Églises, Genève, mars 2017, https://www.oikoumene.org/sites/default/files/Document/CommitmentsToChildren_WCC_FR.pdf.

Engdahl Ingrid, Rabušicová Milada, « Children's Voices about the State of the Earth and Sustainable Development », 2010, https://www.researchgate.net/publication/226714753_Children's_Voices_About_the_State_of_the_Earth.

Greene Tylar, Jacobs Peter, « 2020 Tied for Warmest Year on Record, NASA Analysis Shows », NASA, 14 janvier 2021, https://www.nasa.gov/press-release/2020-tied-for-warmest-year-on-record-nasa-analysis-shows.

Jordans Frank, Parra Aritz, « Too much of a Greta thing? Activist urges focus on others », AP News, 9 décembre 2019, https://apnews.com/article/baa29614a79cbcd2edb83b9e3f7de90f.

Maloney May, « See me, ask me, hear me : children's recommendations for recovery three months after Typhoon Haiyan », Save the Children, 2014, https://resourcecentre.savethechildren.net/node/8267/pdf/http_mhpss.net_get211_see-me-ask-me-hear-me.pdf.

Masson-Delmotte V., et al., « Summary for Policymakers », Intergovernmental Panel on Climate Change (IPCC) 2018, https://www.ipcc.ch/site/assets/uploads/sites/2/2019/05/SR15_SPM_version_report_LR.pdf.

McDonagh Eilish, « Politics and the Pipeline. Tokata Iron Eyes' Fight for Environmental Protection », Emory University, 2018, https://scholarblogs.emory.edu/inspiringindigenousyouth/2018/09/18/politics-and-the-pipeline-tokata-iron-eyes-fight-for-environmental-protection/.

« New WCC toolkit empowers churches to work with children and youth for climate justice », Conseil œcuménique des Églises, 2020, https://www.oikoumene.org/news/new-wcc-toolkit-empowers-churches-to-work-with-children-and-youth-for-climate-justice.

Piccininni Caroline, Michaelson Valerie, Janssen Ian, Pickett William, « Outdoor play and nature connectedness as potential correlates of internalized mental health symptoms among Canadian adolescents », *Preventive Medicine* 112, juillet 2018, p. 168-175, https://www.sciencedirect.com/science/article/pii/S0091743518301312.

Plautz Jason, « The Environmental Burden of Generation Z », *The Washington Post Magazine*, 2 février 2020, https://www.washingtonpost.com/magazine/2020/02/03/eco-anxiety-is-overwhelming-kids-wheres-line-between-education-alarmism/ ?arc404=true.

Sunderji Alia, Rosenthal Hilary, « Colombia's indigenous children are the casualties of climate change », *The Washington Post*, 3 décembre 2020, https://www.washingtonpost.com/opinions/2020/12/03/colombias-indigenous-children-are-casualties-climate-change/.

Thunberg Greta, « Our house is on fire: Greta Thunberg, 16, urges leaders to act on climate », *The Guardian*, 25 janvier 2019, https://www.theguardian.com/environment/2019/jan/25/our-house-is-on-fire-greta-thunberg16-urges-leaders-to-act-on-climate.

UNICEF, « Fact Sheet. The climate crisis is a child rights crisis », 6 décembre 2019, https://www.unicef.org/press-releases/fact-sheet-climate-crisis-child-rights-crisis.

University of British Columbia Okanagan Campus, « Children who play outside more likely to protect nature as adults », *Science Daily*, 17 mars 2017, https://www.sciencedaily.com/releases/2017/03/170317102447.htm.

« Youth activist speaks up for environmental protection at Human Rights Council », *UN News*, 1er juillet 2020, https://news.un.org/en/story/2020/07/1067512.

« Youth v. Gov. Juliana v. US », Our Children's Trust, s. d., https://www.ourchildrenstrust.org/juliana-v-us-old.

Réponse biblique et théologique
Notre belle demeure

Rei Lemuel Crizaldo – Philippin

Introduction

Dans l'article « Problème crucial mondial » de ce chapitre, Athena Peralta décrit des problèmes écologiques graves et urgents, ainsi que des réponses apportées par des enfants, réponses encourageantes qui permettent d'espérer en l'avenir. Ma tâche est d'exposer les fondements théologiques nécessaires pour soutenir l'action, l'imagination, et ouvrir un espace pour rappeler un peu de critique prophétique.

La présentation d'un argumentaire pour engager les enfants dans l'espoir d'une vie durable sur la planète actuelle que nous appelons « maison » devient vraiment une entreprise urgente. Peralta fait un rappel judicieux : « Les sentiments d'inquiétude et de tristesse des enfants face à l'état actuel de la planète et aux pertes écologiques anticipées peuvent être le signe de connexion avec le monde naturel et peuvent être réorientés vers une voie constructive » (p. 252). Pour les chrétiens, une telle tâche de réorientation nécessite la récupération d'une vision perdue, et pour les Églises une mission négligée depuis longtemps[28] : deux choses qui mettent à l'épreuve le meilleur de la discipline théologique en tant que discipline.

Retrouver une vision du shalom

La Genèse raconte l'histoire épique de la façon dont Dieu a conçu la vie dans le monde pour qu'elle soit vécue dans sa plénitude. C'était une belle vision de

---

28. Douglas Moo et Jonathan Moo se réfèrent à trois approches décrites dans le livre *Greening Pau. Rereading the Apostle in a Time of Ecological Crisis,* de David Horrell, Cherryl Hunt et Christopher Southgate (Waco, Tex., Baylor University Press, 2010). Des théologies de la création ont été développées : résistance, récupération et révisionnisme. Voir Douglas Moo et Jonathan Moo, *Creation Care. A Biblical Theology of the Natural World*, Grand Rapids, Mich., Zondervan, 2018, p. 34-35. Cet article cherche à ajouter un modèle constructif/contextuel pour contribuer au recadrage des approches actuelles.

toute sa création vivant en harmonie, chacun dépendant des autres, et chaque chose à sa juste place. Dieu lui-même ne peut que s'exclamer que le spectacle « était très bon » (Gn 1.31). Les anciens Hébreux avaient un mot pour décrire ce sentiment de coexistence pacifique entre Dieu, les êtres humains et le reste de la création. Ils l'appelaient *shalom*.

Mais shalom n'est pas seulement une image vivante de gens charmants placés sur une belle planète. Shalom dépeint un Dieu qui a créé une belle demeure qu'il partage avec l'humanité et tous les autres êtres vivants[29]. Dieu a construit une maison ! Pour toutes choses et pour tout le monde. Avec lui. Le jardin d'Éden devait servir de prototype pour tout le reste du monde.

Aux humains est échue une grande part de la tâche de nourrir cette vision planétaire d'un foyer harmonieux. Créés à l'image même de Dieu (Gn 1.26-28), ils ont reçu l'autorité et, avec elle, le pouvoir non seulement de créer, mais aussi d'entretenir des relations harmonieuses. (Gn 2.15)[30]. Cette tâche était étroitement liée au développement de civilisations humaines qui présenteraient le meilleur de la culture et de la créativité humaines. Cette mission de poursuivre le travail là où Dieu l'avait interrompu est souvent appelée le « mandat de la création », c'est-à-dire la part de l'humanité dans le projet de remplir et de rendre encore plus belle la maison que Dieu a créée[31].

> **Shalom dépeint un Dieu qui a créé une belle demeure qu'il partage avec l'humanité et tous les autres êtres vivants.**

Il est important de noter que la vaste tâche esquissée ci-dessus, qui consiste à développer le potentiel de la terre par le biais d'un développement plus poussé, vise son embellissement et sa protection. « Le travail de la terre va de pair avec la garantie de son bien-être. Cette combinaison indique immédiatement que la notion biblique première d'amélioration de la maison de Dieu est liée à l'objectif de rechercher le bien-être des êtres humains et de l'environnement. Tout ce

---

29. T. Desmond Alexander, *From Eden to New Jerusalem. An Introduction to Biblical Theology*, Grand Rapids, Mich., Kregel Academic, 2008, p. 15.
30. Si nous acceptons la suggestion que Genèse 2 est le commentaire qui accompagne Genèse 1, alors le langage de la tâche dans Gn 2.15 explique comment comprendre le mandat de Gn 1.26-28.
31. Albert Wolters, *Creation Regained*, 2ᵉ édition, Grand Rapids, Mich., Eerdmans, 2005, p. 41-42. D'autres théologiens ont proposé de l'appeler le « mandat écologique » (Dave Bookless) ou « l'ordre missionnaire originel ».

qui est moins, ou tout ce qui sacrifie l'un pour l'autre est une distorsion du développement *créatif* que les êtres humains peuvent apporter[32]. »

Mais, en même temps, il faut noter que le fait de travailler pour le progrès n'est pas nécessairement une antithèse à la préservation de la terre, surtout si elle est poursuivie dans le cadre d'une voie durable sur le plan écologique[33]. Il suffit de dire que la recherche du bien-être des personnes doit être étroitement liée à la recherche du bien-être de la planète sur laquelle elles vivent. Les deux doivent aller de pair et ne peuvent être dissociées qu'avec des conséquences fatales, principalement au détriment de l'humanité.

Les problèmes écologiques actuels, dus en grande partie à des années d'abus environnementaux, ont mis en évidence la fragilité de l'existence humaine. De ce point de vue, la pandémie de coronavirus de 2020 est un exemple flagrant de ce qui se passe lorsque les frontières sûres qui sont censées être maintenues et respectées entre les êtres humains et les autres êtres vivants sont délibérément ignorées et violées[34]. Très rapidement, la crise virale a entraîné la société mondiale dans un krach qui a touché ses économies et ses industries les plus avancées. L'heure des comptes a finalement sonné, en particulier pour ceux qui ont poursuivi le progrès sans se soucier de leur responsabilité vis-à-vis de l'environnement et du reste des êtres créés par Dieu.

C'est dans ce contexte plus large du mandat original confié à l'humanité tel qu'il est décrit dans l'Ancien Testament que l'engagement dans la protection de la création peut être correctement compris. Dès le début, la tâche de l'humanité consistant à superviser le reste de l'ordre créé par Dieu a été liée à l'obligation

---

32. Dans son livre considéré comme un manuel pour le travail de développement chrétien, Bryant Myers définit un cadre qui considère une « relation saine et respectueuse avec l'environnement » comme indissociablement vitale dans la poursuite d'un meilleur avenir humain avec une vie abondante pour tous. Bryant Myers, *Walking with the Poor. Principles and Practices of Transformational Development*, New York, Orbis, 2006, p. 120.
33. Par exemple, Tearfund, une organisation chrétienne d'aide et de développement, préconise la fusion de la durabilité environnementale et économique pour réaliser les idéaux d'une « économie réparatrice ». Cette vision vise un monde où les inégalités extrêmes sont réduites et où chacun peut satisfaire ses besoins fondamentaux – et s'épanouir – dans les limites de l'environnement. Liu Liu Simpson et Nick Simpson, « Building a Sustainable Future », Tearfund Learn, 2019, https://learn.tearfund.org/-/media/learn/resources/tools-and-guides/2019-tearfund-building-a-sustainable-future-en.pdf.
34. Ruth Valerio et Gideon Hugh affirment que la pandémie de 2020 n'était pas une « catastrophe naturelle », mais une catastrophe que les êtres humains ont provoquée eux-mêmes. Voir Ruth Valerio et Gideon Hugh, « A Christian Perspective on COVID-19 », Tearfund Learn, s. d., https://learn.tearfund.org/-/media/learn/resources/tools-and-guides/covid-19-tearfund-a-christian-perspective-on-covid-19-en.pdf.

d'en exploiter le potentiel de développement[35]. Malheureusement, le rôle des chrétiens dans cette entreprise n'a pas toujours été au premier plan et au centre des préoccupations de l'Église[36]. En fait, bon nombre des crises écologiques que nous observons aujourd'hui, si ce n'est toutes, peuvent être attribuées à l'action même du christianisme, et les racines des problèmes remontent directement aux enseignements et à l'inaction de l'Église[37]. Cet acte d'accusation dévastateur émanant de l'extérieur des murs de l'église dépeint le christianisme comme l'exact opposé de la vision époustouflante du shalom dans la Bible.

Comment les chrétiens se sont-ils retrouvés dans une position aussi délicate ? Si de nombreux efforts ont été déployés pour réfuter l'accusation, ce qui est indéniable, c'est le retard flagrant, voire l'absence totale de réponse collective de la part de l'Église mondiale pour prévenir le sort tragique qui menace l'avenir de la prochaine génération.

S'engager dans une mission plus vaste

Une partie des problèmes actuels peut être attribuée à certaines versions de la théologie qui se sont développées tout au long de l'histoire de l'Église. Cet article commence par une référence à la mentalité d'évasion qui fonde son espoir dans l'abandon de la terre et fixe son regard ailleurs pour assurer le salut de l'humanité. La comparaison est étrange, mais l'Église a offert une consolation spirituelle très similaire. Alors qu'Elon Musk a les yeux rivés sur Mars, les yeux des chrétiens ont été détournés de la terre et se sont tournés vers le ciel, où ils

---

35. Cherith Fee Nordling propose une compréhension utile de la « domination » que Dieu a donnée aux êtres humains dans Genèse 1.26 en la réorganisant selon l'image cruciforme du Christ, où l'on « exerce le pouvoir au profit des choses » plutôt que le « pouvoir sur les choses ». Voir Cherith Fee Nordling, « The Human Person in the Christian Story », dans Timothy Larsen et Daniel Treier, sous dir., *The Cambridge Companion to Evangelical Theology*, Cambridge, Cambridge University Press, 2007, p. 74.
36. Don Thorsen attribue cette négligence aux « théologies négativistes du monde », qui incitent les chrétiens à négliger les questions environnementales. Ces formes d'enseignement biblique ont « considéré la terre et ses ressources comme quelque chose à exploiter plutôt qu'à cultiver et à développer ». Don Thorsen, *An Exploration of Christian Theology*, Peabody, MA, Hendrickson, 2008, p. 114.
37. L'historien de l'Université de Californie Lynn White, « The Historical Roots Our Ecological Crisis » (Les racines historiques de notre crise écologique), *Science* 155, n° 3767, 10 mars 1967.

seront enfin « chez eux[38] ». Voici comment un hymne populaire exprime cette idée :

> Ce monde n'est pas ma maison ;
> Je ne fais que passer.
> Mes trésors sont déposés
> quelque part au-delà de l'horizon.
> Les anges m'appellent
> depuis la porte ouverte du Paradis
> et je ne me sens plus chez moi
> dans ce monde[39].

Cette idée est également renforcée par les références populaires à certains passages du Nouveau Testament, comme Philippiens 3.20 sur la citoyenneté céleste ; 1 Thessaloniciens 4.16-17 qui évoque un enlèvement sur les nuées, et 2 Pierre 3.10-12 sur l'embrasement de la terre. Isolés du contexte plus large du récit biblique, ces versets ont été interprétés comme signifiant que le monde ne peut être sauvé pour la raison précise qu'il est destiné à être détruit un jour ou l'autre. La seule perspective d'espoir est une migration massive vers les cieux en s'assurant que le plus grand nombre possible de personnes, y compris les enfants, obtient un billet pour rejoindre la patrie bienheureuse. Dans certains cercles de la communauté chrétienne, on pense même que plus la dévastation planétaire est importante, mieux c'est, car elle signale que le monde touche enfin à sa fin et que le retour béni de Jésus se profile à l'horizon[40].

De nombreux théologiens ont observé l'impact dévastateur de cette perspective théologique. L'une des conséquences malheureuses identifiées se traduit par une négligence flagrante des chrétiens à s'occuper de la création[41].

---

38. Richard Bauckham et Trevor Hart sont d'avis que l'héritage du christianisme comprend une eschatologie d'un autre monde : « L'espérance chrétienne a toujours été comprise comme l'espoir d'un accomplissement humain dans un autre monde ("le ciel") plutôt que comme l'espoir de l'avenir éternel de ce monde dans lequel nous vivons. » Richard Bauckham et Trevor Hart, *Hope Against Hope. Christian Eschatology in Contemporary Culture*, Londres, Longman and Todd, 1999, p. 129.
39. Jim Reeves, « This World Is Not My Home », https://arnet.pairsite.com/RedEllis/lyr/worldnotmyhome.htm.
40. Barbara Rossing s'engage dans ce type d'enseignements rendus populaires par les auteurs de la « fin des temps », tels que John Hagee et Hal Lindsey. Voir Barbara Rossing, *The Rapture Exposed. The Message of Hope in the Book of Revelation*, New York, Basic, 2004.
41. Hyunte Shin, dans son travail de recherche sur l'impact de la théologie dispensationaliste sur le christianisme coréen, conclut par cette observation : « L'influence considérable de certaines formes de théologie occidentale apportée par des missionnaires occidentaux depuis leur pays d'origine est la racine ultime de la position apathique des chrétiens sud-coréens envers les questions environnementales. » Hyunte Shin, « The Influence of the Bible

Katsuomi Shimasaki, un théologien japonais, fait remarquer ceci :

> Il y a peut-être une raison théologique pour laquelle nous, chrétiens protestants, en particulier les chrétiens évangéliques, rencontrons des difficultés à trouver une véritable valeur dans la vie quotidienne et dans les bonnes œuvres. Si nous croyons que le monde qui nous entoure disparaîtra un jour, il s'ensuit que nous ne devrions pas travailler à la préservation de la planète. Si nous croyons que le salut chrétien signifie que l'âme s'envolera du monde vers le ciel, notre attitude à l'égard de la vie sur terre sera naturellement l'indifférence[42].

Mais il est également très important de placer l'impact des théologies de l'*enlèvement* en parallèle à l'évangélisation qui a alimenté l'ère coloniale – une période au cours de laquelle le christianisme s'est répandu en Afrique, aux Amériques et en Asie. Il en est résulté des décennies de remarquables travaux d'évangélisation qui, malheureusement, ont été associés à une exploitation douloureuse des ressources humaines et naturelles dans les pays colonisés par les puissances de l'Occident chrétien. Un cas curieux de mission chrétienne a été pratiqué pendant des centaines d'années, le mandat de protection de la création ayant été mis entre parenthèses.

Ces deux théologies, celles de l'enlèvement et de l'impérialisme, sont incompatibles avec une lecture plus attentive de l'enseignement de la Bible sur la place de la protection de la création dans la mission chrétienne et la responsabilité sociale. L'apôtre Paul écrit dans Romains 8.19-22 que la rédemption des êtres humains est étroitement liée au renouvellement de la terre et de tout ce qui s'y trouve. La théologie du Nouveau Testament est tout à fait claire : l'Évangile ne consiste pas seulement à libérer les gens de tout ce qui les asservit, mais aussi à libérer la planète de tout ce qui la fait souffrir[43]. En outre, Jean, le disciple bien-aimé de Jésus, brosse un magnifique portrait du royaume de Dieu comme un nouveau ciel et une nouvelle terre avec des abeilles, des rivières et des arbres

---

in Shaping the Negative Viewpoint of Korean Christians towards Nature », *The Expository Times* 132, n° 5, 2021, p. 222.

42. Katsuomi Shimasaki, « The New Heavens and the New Earth. Our Hope and Motive for Stewardship », dans Timoteo Gener et Athena Gorospe, sous dir., *The Earth is the Lord's. Reflections on Stewardship in the Asian Context*, Manille, OMF Literature, 2011, p. 18.
43. Rei Lemuel Crizaldo, « Liberation's Option », Micah Global, 11 décembre 2017, https://micahglobal.wordpress.com/2017/12/11/liberations-option/.

(Ap 21). Albert Wolters a raison lorsqu'il dit que « Dieu ne fait pas de camelote, et il ne transforme pas en camelote ce qu'il a fait[44] ».

Telles sont la profondeur et l'ampleur de la Bonne Nouvelle esquissée dans le Nouveau Testament que les chrétiens sont chargés de proclamer et dont ils doivent vivre les implications dans leur vie quotidienne. En d'autres termes, c'est l'ensemble de la création qui définit le domaine de la vie et du ministère chrétiens. On ne peut qu'imaginer à quel point l'histoire aurait été différente si cette époustouflante esquisse avait été enseignée comme le bon chemin que les enfants devaient suivre (Pr 22.6). Heureusement, les développements théologiques au cours de l'histoire ont fini par rattraper cette vision splendide d'une planète renouvelée, habitée par des humains rachetés.

Comme le dit la Commission de mission et d'évangélisation du Conseil œcuménique des Églises, « la mission selon le Christ doit s'étendre à la création de Dieu. Parce que la terre appartient au Seigneur, la responsabilité de l'Église à l'égard de la terre est un élément crucial de sa mission[45] ».

De même, dans les rangs des évangéliques, en particulier au sein du Mouvement de Lausanne, s'est opérée une évolution notable d'une perspective anthropocentrique à une perspective plus cosmologique de la mission. « L'Engagement du Cap », rédigé lors du troisième congrès mondial de Lausanne en 2010, comprend un engagement fort : c'est l'ensemble de la création, et pas seulement les personnes et les sociétés dans lesquelles elles vivent, qui fait partie de la mission globale du peuple de Dieu. Une section du document déclare :

> Nous ne pouvons prétendre aimer Dieu en abusant de ce qui, de droit par la création, la rédemption et l'héritage, appartient au Christ. Nous prenons soin de la terre et usons de ses ressources abondantes de façon responsable, non selon le raisonnement du monde séculier, mais par amour pour le Seigneur. […] Le soin de la création est ainsi un aspect de l'Évangile qui entre dans le cadre de la seigneurie de Christ[46].

L'année suivante, lors d'une consultation mondiale en Jamaïque, le Mouvement de Lausanne et l'Alliance évangélique mondiale ont lancé un appel

---

44. Wolters, *Creation Regained*, p. 49.
45. Frederick Wilson, *The San Antonio Report. Your Will Be Done, Mission in Christ's Way*, Genève, WCC Publications, 1990, p. 54.
46. Mouvement de Lausanne, « Engagement du Cap », 2011, https://lausanne.org/fr/statement/engagement-du-cap.

fort à se lamenter et à se repentir pour « la négligence de l'Église à prendre soin de la création[47] ».

Ce souci croissant de faire de la protection de la création une priorité missionnaire de l'Église a souvent tourné autour de la compréhension traditionnelle de Genèse 1.26-28 comme la tâche de « gestionnaires » – des êtres humains dans le rôle de « gardiens » ou d'« administrateurs » du reste de l'ordre créé[48]. La remarque de Gordon Smith est caractéristique de cette notion populaire : « La formation spirituelle consistera à développer la capacité de comprendre le rôle d'un bon intendant de la création, car il fait partie du mandat de prendre soin de la création[49]. »

Toutefois, des propositions visant à remettre en question cette perspective ont été formulées par crainte que le langage de l'intendance n'implique, bien qu'inutilement, des idées non bibliques de possession et de domination, entre autres[50]. Au lieu de considérer l'homme comme un « intendant », il faudrait que les êtres humains cultivent une relation plus intime avec le reste de la création de Dieu[51]. Il s'agit d'un dialogue permanent qui peut s'enrichir en considérant les perspectives sur la protection de la création dans d'autres cultures que celles de l'Occident.

Recadrer la protection de la création

Les cultures non dualistes et les perspectives des peuples asiatiques ont ce qu'il faut pour développer une approche qui réponde aux préoccupations liées à la posture de « gestionnaire ». Aux Philippines, par exemple, il existe un

---

47. Mouvement de Lausanne, « Creation Care and the Gospel. Jamaica Call to Action », novembre 2012, https://lausanne.org/content/statement/creation-care-call-to-action.
48. Voir le chapitre de Ken Gnanakan sur la protection de la création dans le manuel de théologie de l'Association théologique d'Asie (ATA) : « Creation, New Creation, and Ecological Relationships », dans Timoteo Gener et Stephen Pardue, sous dir., *Asian Christian Theology. Evangelical Perspectives*, Carlisle, Langham Global Library, 2019, p. 116.
49. Gordon Smith, « Spirituality that Takes Creation Care Seriously », dans Charles Ringma et Karen Hollenbeck-Wuest, sous dir., *Walking with God. Christian Spirituality in the Asian Context*, Manille, OMF Literature, 2014, p. 105.
50. Voir par exemple la préoccupation de Richard Bauckham de voir le langage de l'intendance limiter la relation de l'homme à la nature à une relation purement verticale (la nature en tant que simple objet de la domination humaine) et d'ignorer que l'homme est également lié horizontalement à la nature, en tant que créature parmi d'autres. Voir Richard Bauckham, *Living with Other Creatures. Green Exegesis and Theology*, Waco, Tex., Baylor University Press, 2011, p. 3-4.
51. Voir Ruth Valerio, « Why we are not stewards of the environment », blog de Ruth Valerio 18 janvier 2021, https://ruthvalerio.net/bibletheology/why-we-are-not-stewards-of-the-environment/.

remarquable esprit d'hospitalité et de générosité au sein de la population – des traits célébrés qui sont profondément enracinés dans un sens relationnel de l'être plutôt que dans un sens plus individualiste de l'identité. Cet esprit se reflète bien dans le riche vocabulaire des Philippins, le *kapwa*, un mot que l'on peut traduire approximativement en français par « compagnon » ou « voisin ». Pour les Philippins, le langage du *kapwa* ouvre la possibilité d'enraciner leur théologie de la protection de la création en comprenant que les autres éléments de l'ordre créé ne sont pas simplement des « choses » ou des « ressources » à exploiter ou à contempler, et encore moins à gérer. Au contraire, ce sont des voisins dotés de dignité, de droits et de bien-être qui doivent être respectés. Ce sont des « créatures compagnes » de l'être humain, créées par Dieu (*kapwa nilikha*), avec lesquelles les humains doivent apprendre à coexister pacifiquement[52].

Aldrin Peñamora, théologien et éthicien social philippin, remarque que ce n'est que dans une posture aussi humble que celle-ci que l'humanité peut retrouver sa pleine identité : « Notre humanité authentique ne peut émerger que si nous nous identifions comme faisant partie de la communauté de la création devant le Créateur[53]. » Cette perspective philippine suggère une théologie du voisinage planétaire en tant que cadre alternatif dans laquelle les êtres humains, les abeilles, les rivières et les arbres forment une communauté d'amour et de soutien les uns pour les autres[54]. Mais ce n'est là qu'une des nombreuses perspectives possibles que la prochaine génération peut être encouragée à adopter et à démêler en vue d'enrichir la discussion mondiale sur une théologie plus « relationnelle » de la protection de la création[55].

---

52. Dans le récit de la création (Genèse 1), les commentateurs bibliques ont observé un jeu de mots curieux et très suggestif et souligné le lien étroit entre le mot hébreu désignant l'être humain (*adam*) et la terre d'où il a été tiré (*adama*).
53. Aldrin Peñamora, « Kapwa-Ethics. Christ-centered Ethics of Responsibility towards the Earth and Neighbor », dans Athena Gorospe, Charles Ringma, et al., sous dir., *Why, O God? Disaster, Resiliency, and the People of God*, Manille, OMF Literature, 2017, p. 133.
54. J'ai exposé pour la première fois cette perspective théologique dans un document plénier présenté lors de la conférence sur la création à la croisée des chemins « Consultation du réseau de soins à la création Lausanne-WEA », les 10-12 novembre 2020 en Jamaïque. Disponible en ligne à l'adresse suivante : Rei Lemuel Crizaldo, « An Asian Perspective on Creation Care », half-meant, novembre 2012, https://xgenesisrei.tumblr.com/post/634749462400712704/an-asian-perspective-on-creation-care-theology.
55. Pour un bref aperçu des perspectives théologiques sur la protection de la création en Asie du Sud, voir Samuel Richmond Saxena, « Influence of the Bible on Creation Care. Insight from the Indian Context », *Evangelical Review of Theology* 43, 2019, p. 345-358.

Nourrir une foi *à partir* du futur

Ed Brown nous rappelle que « la création appartient aux enfants d'une manière particulière[56] ». Il est certain qu'ils auront besoin d'une base solide sur laquelle ils pourront ancrer leur confiance dans le fait que l'humanité ne se résume pas à être le malheureux fléau qui participe à la dévastation de la terre. Il ne sert à rien de dire que les générations de chrétiens du passé ont été en grande partie responsables de l'incapacité de l'Église à prendre l'initiative d'apporter une réponse appropriée aux maux de la planète. Mais la bonne nouvelle, c'est que la Bible offre une vision et une mission stimulantes susceptibles d'inspirer une nouvelle génération à assumer le rôle de l'humanité en prenant soin de la création de Dieu.

> La création appartient aux enfants d'une manière particulière.

« Ne les [les enfants] empêchez pas… », a dit Jésus à ses disciples (Mt 19.14, NBS). De nos jours, cela pourrait signifier qu'ils ne doivent pas être chargés du bagage des théologies « nocives » du passé et du présent – des théologies déficientes qui se sont avérées et demeurent incapables de faire face à des conditions environnementales volatiles, incertaines, complexes et ambiguës. Que Dieu préserve les enfants d'hériter de ce type de vision chrétienne. Mais comme le souligne Athena Peralta lorsqu'elle cite Michael Azucena, les enfants ont fait preuve de capacité à « trouver de nouvelles idées ou des solutions créatives » et ont le potentiel de « faire tomber les barrières devant des questions complexes et délicates[57] ». En effet, on ne sait pas comment l'Esprit de Dieu peut insuffler l'espoir en l'avenir.

Si c'est le cas, l'une des meilleures choses que l'Église actuelle puisse faire est de s'écarter du chemin et d'assurer aux enfants d'aujourd'hui *des espaces libres* pour aider l'Église à reprendre en main la protection de la création. Ces espaces exigeront des dialogues entre eux et fourniront non seulement une éducation conçue *pour eux*, mais aussi pour apprendre à la génération actuelle à vivre en paix dans la maison que Dieu a créée pour les êtres humains. Ces espaces rendraient possible une sorte de spiritualité de la création qui créerait des occasions de se délecter de ce qui est considéré comme le premier livre de révélation de Dieu, et d'être en présence de Dieu avec leurs voisins non humains et adorateurs comme

---

56. Ed Brown, *Our Father's World. Mobilizing the Church to Care for Creation*, 2ᵉ éd., Downers Grove, InterVarsity, 2008, p. 118.
57. Michael Azucena et al., « Child-centred Climate Resilience. Case Studies from the Philippines and Vietnam », 2015, https://www.comminit.com/la/content/child-centred-climate-resilience-case-studies-philippines-and-vietnam.

eux (voir Ps 19.2-7 ; 96.7-13 ; 98.4-9 ; 104 ; 148). Les enfants ont besoin d'espaces *shalom* pour apprendre et jouer !

Au moins, la catastrophe climatique imminente permettra ou empêchera que l'avenir de la planète dépende des décisions prises dans le présent, qu'elles soient politiques, économiques ou même religieuses. L'Église d'aujourd'hui gagnerait à montrer au monde qui l'observe sa capacité à écouter les voix de l'avenir – la génération des personnes qui peupleront la terre longtemps après que le présent aura disparu. Au sein de la communauté chrétienne, l'espoir de s'engager dans la protection de la création réside dans une foi engagée *dans l'avenir* pour servir de point d'ancrage aux expressions collectives d'une foi *pour* l'avenir. Ici, sur terre, et nulle part ailleurs.

Bibliographie

ALEXANDER T. Desmond, *From Eden to New Jerusalem. An Introduction to Biblical Theology*, Grand Rapids, Mich., Kregel Academic, 2008.

BAUCKHAM Richard, *Living with Other Creatures. Green Exegesis and Theology*, Waco, Tex., Baylor University Press, 2011.

BAUCKHAM Richard, HART Trevor, *Hope Against Hope. Christian Eschatology in Contemporary Culture*, Londres, Longman et Todd, 1999.

BROWN Ed, *Our Father's World. Mobilizing the Church to Care for Creation*, 2ᵉ édition, Downers Grove, InterVarsity, 2008.

CRIZALDO Rei Lemuel, « An Asian Perspective on Creation Care », half-meant, novembre 2012, https://xgenesisrei.tumblr.com/post/634749462400712704/an-asian-perspective-on-creation-care-theology.

CRIZALDO Rei Lemuel, « Liberation's Option », Micah Global, 11 décembre 2017, https://micahglobal.wordpress.com/2017/12/11/liberations-option/.

DEVLIN Hannah, « Life on Mars. Elon Musk reveals details of his colonisation vision », *The Guardian*, 16 juin 2017, https://www.theguardian.com/science/2017/jun/16/life-on-mars-elon-musk-reveals-details-of-his-colonisation-vision.

« Elon Musk's plans for life on Mars are a "dangerous delusion", says British chief astronomer », *Sky News*, 15 mars 2021, https://news.sky.com/story/elon-musks-plans-for-life-on-mars-a-dangerous-delusion-12243479.

GNANAKAN Ken, « Creation, New Creation, and Ecological Relationships », dans *Asian Christian Theology. Evangelical Perspectives*, sous dir. Timoteo GENER et Stephen PARDUE, Carlisle, Langham Global Library, 2019, p. 101-117.

MIDDLETON J. Richard, *A New Heaven and a New Earth. Reclaiming Biblical Eschatology*, Grand Rapids, Mich., Baker Academic, 2014.

MOO Douglas, MOO Jonathan, *Creation Care. A Biblical Theology of the Natural World*, Grand Rapids, Mich., Zondervan, 2018.

MOUVEMENT DE LAUSANNE, « Engagement du Cap », 2011, https://lausanne.org/fr/statement/engagement-du-cap.

MOUVEMENT DE LAUSANNE, « Creation Care and the Gospel. Jamaica Call to Action », novembre 2012, https://lausanne.org/content/statement/creation-care-call-to-action.

MYERS Bryant, *Walking with the Poor. Principles and Practices of Transformational Development*, New York, Orbis, 2006.

NASH Roderick, *The Rights of Nature. A History of Environmental Ethics*, Madison, University of Wisconsin Press, 1989.

NORDLING Cherith Fee, « The Human Person in the Christian Story », dans *The Cambridge Companion to Evangelical Theology*, sous dir. Timothy LARSEN et Daniel TREIER, Cambridge, Cambridge University Press, 2007, p. 65-78.

PENAMORA Aldrin, « Kapwa-Ethics. Christ-centered Ethics of Responsibility towards the Earth and Neighbor », dans *Why, O God? Disaster, Resiliency, and the People of God*, sous dir. Athena GOROSPE, Charles RINGMA, et al., Manille, OMF Literature, 2017, p. 117-137.

ROSSING Barbara, *The Rapture Exposed. The Message of Hope in the Book of Revelation*, New York, Basic, 2004.

SAXENA Samuel Richmond, « Influence of the Bible on Creation Care. Insight from the Indian Context », *Evangelical Review of Theology* 43, 2019, p. 345-358.

SHIMASAKI Katsuomi, « The New Heavens and the New Earth. Our Hope and Motive for Stewardship », dans *The Earth Is the Lord's. Reflections on Stewardship in the Asian Context*, sous dir. Timoteo GENER et Athena GOROSPE, Manille, OMF Literature, 2011, p. 5-19.

SHIN Hyunte, « The Influence of the Bible in Shaping the Negative Viewpoint of Korean Christians towards Nature », *The Expository Times* 132, 2021, p. 211-222.

SIMPSON Liu Liu, SIMPSON Nick, « Building a Sustainable Future », Tearfund Learn, 2019, https://learn.tearfund.org/-/media/learn/resources/tools-and-guides/2019-tearfund-building-a-sustainable-future-en.pdf.

SMITH Gordon, « Spirituality that Takes Creation Care Seriously », dans *Walking with God. Christian Spirituality in the Asian Context*, sous dir. Charles RINGMA et Karen HOLLENBECK-WUEST, Manille, OMF Literature, 2014, p. 102-111.

THORSEN Don, *An Exploration of Christian Theology*, Peabody, MA, Hendrickson, 2008.

VALERIO Ruth, « Why we are not stewards of the environment », blog de Ruth Valerio, 18 janvier 2021, https://ruthvalerio.net/bibletheology/why-we-are-not-stewards-of-the-environment/.

VALERIO Ruth, HUGH Gideon, « A Christian Perspective on COVID-19 », Tearfund Learn, s. d., https://learn.tearfund.org/-/media/learn/resources/tools-and-guides/covid-19-tearfund-a-christian-perspective-on-covid-19-en.pdf.

WHITE Lynn, « The Historical Roots of Our Ecological Crisis », *Science* 155, 1967, p. 1203-1207, https://www.cmu.ca/faculty/gmatties/lynnwhiterootsofcrisis.pdf.

WILSON Frederick, *The San Antonio Report. Your Will Be Done, Mission in Christ's Way*, Genève, WCC Publications, 1990.

WOLTERS Albert, *Creation Regained*, 2ᵉ éd., Grand Rapids, Mich., Eerdmans, 2005.

WRIGHT N. T., *Surprised by Scripture. Engaging Contemporary Issues*, New York, Harper One, 2015.

Étude d'un cas concret
Les enfants et la nature : un programme pilote de l'Église unie de Zambie

Jane Travis – Britannique, et Damon Mkandawire – Zambien

La protection de la création est un mandat biblique pour l'ensemble de l'Église, y compris pour les enfants. Nous ne pouvons pas nous décharger sur les enfants de la responsabilité du changement climatique et de la destruction écologique, mais nous pouvons les encourager à être de bons intendants de la création de Dieu.

Comme le souligne Athena Peralta au début de ce chapitre, les enfants et les jeunes sont préoccupés par le changement climatique et les questions environnementales. L'Église doit parler honnêtement de cette question tout en offrant un message d'espoir et en encourageant les enfants à s'engager résolument dans la protection de la création de Dieu. Pour que les enfants s'épanouissent dans la plénitude du Christ, ils doivent vivre aussi pleinement que possible en relation avec Dieu et sa création.

> Pour que les enfants s'épanouissent dans la plénitude du Christ, ils doivent vivre aussi pleinement que possible en relation avec Dieu et sa création.

Les communautés qui subissent les pires conséquences du changement climatique et des dégâts écologiques sont souvent celles qui ont le moins contribué à créer ces problèmes, qui causent des dommages disproportionnés aux enfants, aux jeunes, et à leurs communautés dans le monde entier. Pour que toute solution à la dégradation du climat et de l'environnement soit efficace, les enfants et les jeunes doivent être véritablement responsabilisés en tant qu'agents du changement[58].

---

58. « The Climate Crisis, Climate Change Impacts, Trends and Vulnerabilities of Children in Sub Saharan Africa WASH Section », UNICEF ESARO, 30 octobre 2020, https://www.unicef.org/esa/reports/climate-crisis.

Grâce à sa foi chrétienne et à sa profonde préoccupation pour l'environnement, le révérend Damon Mkandawire a piloté une approche en Zambie qui vise à faire des enfants des agents du changement en les éduquant et en les faisant participer en jouant un rôle actif en tant qu'intendants de la création de Dieu. Dans cette étude de cas, Jane Travis s'inspire de l'expérience du révérend Damon et offre une source d'inspiration à d'autres personnes qui cherchent des moyens d'impliquer les enfants dans la protection de la création.

> **Pour que toute solution à la dégradation du climat et de l'environnement soit efficace, les enfants et les jeunes doivent être véritablement responsabilisés en tant qu'agents du changement.**

Le cheminement d'un enfant pour inscrire le thème de la protection de la création à l'ordre du jour de l'Église

La motivation de Damon pour estimer que la protection de la création est un mandat confié à l'Église découle de sa propre expérience de l'injustice environnementale lorsqu'il était enfant. Ayant grandi dans la « ceinture de cuivre » en Zambie, Damon a fait l'expérience directe de l'impact de l'eau contaminée et de la pollution atmosphérique toxique causé par les mines de cuivre situées à proximité de chez lui. Son intérêt pour défendre la création lui vient de « la souffrance, de la douleur que j'ai ressenties en tant qu'enfant à cause de cette société minière ». C'était comme si « la création gémissait et qu'une vie de disciple devait trouver une réponse à cette blessure[59] ». Damon poursuit : « Jeune, je me suis demandé ce que je pouvais bien faire. »

Mwambazambi affirme que les chrétiens ont la « responsabilité de mettre fin à la pollution de l'environnement lorsque le bien-être de la population est sacrifié aux intérêts d'une minorité[60] ». Damon se souvient de sa première expérience de l'Église en Zambie : « Lorsque j'allais à l'église, j'étais confronté au fait qu'elle était située dans une ville minière, mais l'Église se taisait et ne disait jamais rien sur la question de la justice environnementale. Pourtant, les personnes les plus concernées étaient membres de l'Église. »

---

59. Voir R. Vellosso, « Presentation Global Connections Creation Care. An Optional Extra? », *Global Connections*, 4 février 2021, https://www.globalconnections.org.uk/sites/newgc.localhost/files/codes-and-standards/rosalee_talk.pdf.

60. K. Mwambazambi, « A Theological View of Environmental Protection in Africa », *Die Skriflig* 45, n° 4, 2011, p. 864.

Damon a étudié la gestion de l'environnement, mais il n'avait pas l'impression d'avoir une voix suffisamment forte pour atténuer les dommages causés à l'environnement. Il a donc décidé d'étudier la théologie et de devenir pasteur, afin de pouvoir influencer le changement par l'intermédiaire de l'Église. « Ma passion est la justice environnementale, et elle est liée à ma foi chrétienne. Mon rôle est de défendre l'environnement et de parler au nom et dans l'intérêt des gens victimes de la dégradation environnementale. » La justice environnementale est décrite comme l'affirmation du « caractère sacré de la terre, de l'unité écologique de la création, de l'interdépendance de toutes les espèces, et du droit de s'affranchir de la destruction écologique[61] ».

Damon est aujourd'hui ministre ordonné de l'Église unie de Zambie (UCZ). Il est également membre de GreenFaith, partenaire fondateur du réseau international de GreenFaith International, et ambassadeur Eco-School du Conseil œcuménique des Églises, qui encourage les enfants et les jeunes à jouer un rôle actif en tant que gérants de la création de Dieu.

L'Église unie de Zambie (UCZ)

> *L'éducation au changement climatique renforce la capacité d'adaptation des enfants et de leurs communautés, contribue à la gestion responsable de l'environnement et développe la capacité des enfants à être des acteurs du changement et des citoyens actifs[62].*

L'UCZ a entamé une stratégie visant à impliquer les enfants et les jeunes en tant qu'acteurs essentiels de la protection de la création. Cette stratégie consiste à les doter de compétences pour atténuer les effets du changement climatique et de la dégradation de l'environnement, ainsi que pour protéger et entretenir les écosystèmes fragiles. Le travail de l'UCZ avec les jeunes et les jeunes adultes comprend l'agriculture de conservation, connue sous le nom d'agriculture selon Dieu, la gestion durable des forêts et l'exploration des énergies renouvelables.

Ce travail avec les enfants est mené à l'échelle nationale dans les écoles secondaires sous l'égide de l'UCZ. Chaque enfant entrant dans l'enseignement

---

61. Principe 1 des dix-sept principes de justice environnementale, rédigés et adoptés en 1991 par le First National People Color Environmental Leadership Summit, « The Principles of Environmental Justice », NRDC, 16 mars 2016, https://www.nrdc.org/resources/principles-environmental-justice-ej.
62. « Unless We Act Now. The Impact of Climate Change on Children », UNICEF, 23 novembre 2015, https://www.unicef.org/reports/unless-we-act-now-impact-climate-change-children.

secondaire plante un arbre et l'entretient tout au long de sa scolarité. En outre, les enfants participent à des clubs dans les environs de l'école où ils étudient des sujets comme la gestion de l'environnement et celle des déchets.

> **Chaque enfant entrant dans l'enseignement secondaire plante un arbre et l'entretient tout au long de sa scolarité.**

Programme pilote « Les enfants et la nature »

On sait que l'exposition à la nature dès le plus jeune âge aide les enfants à développer leur réactivité émotionnelle [...] Cela souligne l'importance du fait que les enfants d'aujourd'hui deviendront en fin de compte les gérants de l'environnement à l'avenir[63].

Dans le droit-fil de son propre intérêt pour la justice environnementale et avec l'appui de l'UCZ, Damon a piloté dans sa région un programme intitulé « Les enfants et la nature ». Il a conçu ce programme avec Greenfaith International[64] et espère qu'il sera finalement adopté au niveau national par l'UCZ. Ce programme a pour but d'aider les jeunes enfants à développer le désir de devenir des gardiens actifs de la création de Dieu.

Le programme « Les enfants et la nature » en est maintenant à sa troisième année d'existence et Damon a organisé des camps d'été sur le thème de l'environnement, avec des enfants jusqu'à l'âge de quatorze ans ; il les aide à s'initier à la science de l'eau, à la gestion de l'empreinte écologique et à la protection de l'environnement. Les enfants participent à des camps de deux jours près d'une cascade ou d'un lac, où ils sont encouragés à interagir avec la nature, à poser des questions sur ce qu'ils apprennent et à étudier les récits bibliques sous l'angle de l'écologie.

> **Les enfants participent à des camps de deux jours près d'une cascade ou d'un lac, où ils sont encouragés à interagir avec la nature, à poser des questions sur ce qu'ils apprennent et à étudier les récits bibliques sous l'angle de l'écologie.**

---

63. Karen E. Makuch, Sunya Zaman et Miriam R. Aczel, « Tomorrow's Stewards. The Case for a Unified International Framework on the Environmental Rights of Children », *Health and Human Rights* 21, n° 1, juin 2019, p. 203.
64. Greenfaith, https://greenfaith.org/.

Damon souligne le fait que « Les enfants et la nature » est un programme pilote qui en est à ses débuts. Il partage ici ce qu'il a appris jusqu'à présent pour aider les enfants à comprendre leur rôle en tant que gérants de la création de Dieu.

Partir de l'expérience vécue des enfants

> *L'expérience vécue du changement climatique et de la dégradation de l'environnement peut fournir des informations et des connaissances qui vont au-delà des connaissances scientifiques*[65].

Dans le programme de Damon, l'expérience est essentielle. Damon affirme que les enfants sont déjà conscients des dommages causés à leur environnement local. « Beaucoup d'enfants jouent dans la rue et respirent difficilement à cause de la pollution de l'air. Les enfants remarquent les endroits où la végétation ne pousse pas, ou qu'ils tombent malades à cause de l'eau contaminée. Ces expériences les poussent à vouloir en savoir plus sur ces questions. » Dans les camps d'été que Damon organise, les enfants ont la possibilité de se pencher sur les problèmes auxquels ils sont confrontés localement, tels que l'impact des industries extractives sur la pollution de l'eau et de l'air, l'impact du climat sur les pratiques agricoles ou encore l'impact des pratiques de pêche non durables.

Laissez les enfants interagir avec la nature

> *J'aime la nature et les arbres parce qu'ils me protègent du soleil et me donnent de la nourriture.*
>
> – Un garçon de douze ans participant au programme
> « Les enfants et la nature »

« Les enfants naissent avec un sens de l'émerveillement et une affinité pour la nature. Cultivées correctement, ces valeurs peuvent évoluer vers une culture écologique et, à terme, vers des modes de vie durables[66]. » En commençant à interagir avec la nature et à en faire l'expérience grâce aux camps d'été de l'UCZ,

---

65. Dina Abbott et Gordon Wilson, *The Lived Experience of Climate Change. Knowledge, Science and Public Action*, Londres, Springer International, 2015, p. 2.
66. Zenobia Barlow, « Confluence of Streams. An Introduction to the Ground-breaking Work at the Center for Ecoliteracy Resurgence and Ecologist Ecoliteracy », *Dancing Earth* 226, septembre – octobre 2004, p. 7.

les enfants sont encouragés à observer la création et à en être reconnaissants, à apprendre à son sujet et à poser des questions. Les enfants sont encouragés à manger des fruits sauvages de la forêt et à apprendre à connaître les arbres sur lesquels ces fruits poussent, cultivant ainsi un sentiment de gratitude envers la création et les bienfaits qu'elle offre. L'exploration des bienfaits du monde naturel va de pair avec la formation spirituelle chrétienne des enfants. L'interaction avec la beauté de la « création est perçue comme une question de foi[67] ».

En même temps, les camps UCZ aident les enfants à prendre conscience des conséquences liées au refus de ne pas prendre soin de l'environnement. Damon explique : « Les enfants sont emmenés pour découvrir les chutes d'eau lors de la saison des pluies, et constater les changements qui s'opèrent sur les chutes lorsque les pluies cessent. Quand ils vont voir ces chutes d'eau et que les gouttes d'eau tombent tout près d'eux, ils goûtent à la beauté de ce spectacle. Et quand tout est sec, ils constatent l'impact sur l'environnement. » Damon et son équipe sont en mesure de faire le lien entre ce que les enfants voient et les réalités de l'impact du changement climatique à l'aide d'histoires simples.

> L'exploration des bienfaits du monde naturel va de pair avec la formation spirituelle chrétienne des enfants.

Damon insiste sur le fait que la foi et la science ne s'excluent pas mutuellement. Les enfants apprennent que l'eau est un don de Dieu et un bien précieux. Ils apprennent également comment gérer l'eau et comment ne pas la polluer. Les camps permettent aussi aux enfants d'étudier des histoires bibliques et de réfléchir sur l'eau en tant que source de vie. Par exemple, l'histoire de Moïse et d'Aaron qui transforment l'eau du Nil en sang (Ex 7.14-24) est utilisée comme exemple de la façon dont l'eau peut être contaminée et des dommages qu'elle peut causer aux communautés. « Nous encourageons les enfants dès leur plus jeune âge à ne pas avoir peur de poser des questions difficiles », explique Damon.

S'appuyer sur la compréhension que possèdent les autochtones de la relation à la création

« Les connaissances des peuples autochtones en matière de pratiques durables et d'intendance sont un élément clé du maintien de la richesse écologique de la planète[68] ». Outre la joie et l'émerveillement spirituel que

---

67. A. E. Orobator, *Theology Brewed in an African Pot*, Maryknoll, N.Y., Orbis, 2008, p. 48.
68. « Unless We Act Now », UNICEF.

les enfants peuvent ressentir dans la nature, Damon souligne l'importance de s'appuyer sur les connaissances traditionnelles de l'environnement local, car cela favorise la compréhension et l'attention à son égard. Il souligne qu'« en tant qu'Africains, la beauté du savoir indigène est que, pour décrire l'environnement, nous avons des mots que l'on ne trouve pas ailleurs ».

Les personnes qui s'occupent des chutes d'eau où les enfants campent sont en mesure de partager leur savoir indigène sur la façon de prendre soin de l'eau et de l'environnement. Damon aime rappeler aux enfants « que ces traditions ne sont pas seulement bonnes pour eux, mais aussi pour la création ». Il poursuit en expliquant que lorsque les enfants découvrent comment prendre soin de la création, « nous contemplons le caractère sacré de la foi et le caractère sacré de la tradition. Nous leur rappelons qu'ils sont chrétiens et africains. Ils n'ont pas besoin d'être occidentalisés dans leur réflexion sur la création. Notre vision de la création et des êtres humains est que nous coexistons et que la relation est mutuelle ». Ce sentiment d'interdépendance mutuelle est ce qui incite les enfants à vouloir jouer un rôle actif dans la gestion de la terre.

Encourager les enfants à jouer un rôle actif en tant que gérants de l'environnement

« Les enfants et les jeunes peuvent jouer un rôle clé dans la promotion de modes de vie durables pour l'environnement, et donner l'exemple à leurs communautés[69] ». La pêche constitue l'une des principales activités dans la région où vit Damon, à Mbereshi, dans la province de Luapula. L'utilisation de poisons par certaines familles de pêcheurs comme méthode de pêche constitue une pratique non durable et cause des dommages écologiques. Ces dommages alimentent une préoccupation nationale croissante en Zambie, ce qui a conduit à l'interdiction de la pêche pendant les mois de décembre à février.

Grâce aux camps d'été organisés sur le lac, le programme « Les enfants et la nature » implique les enfants dans la discussion à propos de cette méthode de pêche locale. Damon utilise des histoires bibliques pour les aider à s'interroger sur cette pratique. Il explique : « Nous sommes conscients que pour les familles de pêcheurs, la fin justifie les moyens et qu'elles doivent mettre de la nourriture sur la table », explique-t-il, mais les enfants sont encouragés à réfléchir à d'autres modes de pêche plus durables. Damon poursuit : « Des enfants de douze ans sont emmenés au lac pour pêcher, et nous voulons qu'ils demandent à leurs parents :

---

69. « Environment and Climate Change », UNICEF, 3 août 2021, https://www.unicef.org/environment-and-climate-change.

Est-ce que cette forme de pêche est acceptable ? » De cette manière, les enfants sont encouragés à devenir des acteurs du changement.

Bien que l'empreinte écologique d'un enfant zambien soit relativement faible par rapport à celle d'un enfant du monde industrialisé, Damon tient à ce que les enfants se posent les questions suivantes : « Qu'est-ce que je prends à la terre et comment est-ce que je redonne à la terre ? » Il est profondément conscient qu'il doit donner l'exemple de ce qu'il demande aux autres et a mis au point une initiative appelée « Payback Sunday » (dimanche de la récupération). Chaque dimanche, il ramasse les déchets et se rend disponible pour parler aux autres de conscience environnementale et du lien entre la foi et la protection de la création.

Les enfants qui ont participé au « Payback Sunday » éduquent maintenant leurs parents. Une enfant a interpellé son père qui jetait des détritus par la fenêtre de sa voiture, en lui expliquant qu'il avait commis un péché écologique. Son père est venu parler à Damon pour en savoir plus. La sensibilisation de ce parent à la protection de l'environnement a évolué grâce à la remarque de sa fille.

> **Les enfants qui ont participé au « Payback Sunday » éduquent maintenant leurs parents.**

Le rôle de l'Église

> *J'aime la nature parce que la nature, c'est la vie.*
>
> *– Un enfant de huit ans participant au programme « Les enfants et la nature »*

Voici le rêve de Damon pour l'Église : « Nous élevons une génération qui est consciente de l'environnement, une génération qui considère la terre comme sacrée, une génération qui respecte la création afin qu'en fin de compte, nous puissions coexister avec la nature et vivre dans un environnement sain. »

Damon suggère ceci : pour que les Églises puissent aider les enfants à devenir des gardiens actifs de la création, elles doivent inclure des questions sur la justice environnementale et climatique dans leur programme de l'école du dimanche, dans le cadre de l'enseignement sur Dieu et la création. « Nous ne pouvons pas nous permettre de laisser les questions environnementales aux seuls adultes. » Il ajoute : « Les Églises doivent également investir dans la formation des enseignants de l'école du dimanche et des pasteurs s'occupant de jeunes, en matière de justice environnementale. Si nous investissons dans des personnes qui se passionnent pour le lien entre la foi et la protection de la création, elles seront en mesure de retourner auprès des enfants et de leur enseigner. »

Enfin, Damon suggère que nous placions les enfants au cœur de l'enseignement théologique. Si les ministres et les pasteurs prennent le temps de penser aux enfants, leurs réflexions seront orientées vers l'avenir de ces enfants et vers le monde qui sera leur demeure. L'Église ne peut pas se dispenser de penser aux enfants ni à son mandat biblique de prendre soin de la création, sous peine de priver les générations futures d'un monde habitable dans lequel vivre.

Questions de discussion

1. Dans votre propre contexte, quels sont, dans la nature, les changements que vous avez observés et qui méritent une action immédiate de la part du corps du Christ ?
2. La protection de la création est un mandat biblique pour l'ensemble de l'Église. De quelle manière pouvez-vous mobiliser votre Église locale pour qu'elle prenne part à la gestion de la création de Dieu ?
3. En vous inspirant de l'exemple du pasteur Damon Mkandawire, comment pouvez-vous inciter les enfants de votre communauté à devenir des « acteurs essentiels de la création », en gardant à l'esprit leurs capacités et leurs limites en matière de développement ?

Bibliographie

ABBOTT Dina, WILSON Gordon, *The Lived Experience of Climate Change. Knowledge, Science and Public Action*, Londres, Springer International, 2015.

BARLOW Zenobia, « Confluence of Streams. A Groundbreaking Work at the Center for Ecoliteracy Resurgence and Ecologist Ecoliteracy », *Dancing Earth* 226, septembre – octobre 2004, https://www.gaiafoundation.org/app/uploads/2018/02/resurgence-issue-226.pdf.

MAKUCH Karen E., ZAMAN Sunya, ACZEL Miriam R., « Tomorrow's Stewards. The Case for a Unified International Framework on the Environmental Rights of Children », *Health and Human Rights* 21, n° 1, juin 2019, p. 203-214, https://cdn1.sph.harvard.edu/wp-content/uploads/sites/2469/2019/07/Aczel.pdf.

MWAMBAZAMBI K., « A Theological View of Environmental Protection in Africa », *Die Skriflig* 45, n° 4, 2011, p. 849-866, https://www.researchgate.

net/publication/267634173_A_theological_view_of_environmental_protection_in_Africa.
OROBATOR A. E., *Theology Brewed in an African Pot*, Maryknoll, N.Y., Orbis, 2008.
« The Principles of Environmental Justice », NRDC, 16 mars 2016, https://www.nrdc.org/resources/principles-environmental-justice-ej.
UNICEF, « The Climate Crisis, Climate Change Impacts, Trends and Vulnerabilities of Children in Sub Saharan Africa WASH Section », UNICEF ESARO? 30 octobre 2020, https://www.unicef.org/esa/reports/climate-crisis.
UNICEF, « Environment and Climate Change », 3 août 2021, https://www.unicef.org/environment-and-climate-change.
UNICEF, « Unless We Act Now. The Impact of Climate Change on Children », 23 novembre 2015, https://www.unicef.org/reports/unless-we-act-now-impact-climate-change-children.
VELLOSSO R., « Presentation Global Connections Creation Care. An Optional Extra? », Global Connections, 4 février 2021, https://www.globalconnections.org.uk/sites/newgc.localhost/files/codes-and-standards/rosalee_talk.pdf.

Épilogue

Deux prières en réponse à la tendresse de Dieu pour les enfants

Une demande de pardon

Cette prière s'appuie sur les prières prononcées lors des méditations du personnel de Viva Global, en février 2022.

Pour n'avoir pas su bien nous occuper des enfants,
Père, pardonne-nous.

Pour n'avoir pas investi dans l'éducation des enfants,
Père, pardonne-nous.

Pour avoir ignoré les cris des enfants qui vivent
dans la peur de la violence et des abus,
Père, pardonne-nous.

Pour les enfants qui sont obligés de travailler au lieu d'aller à l'école,
Père, pardonne-nous.

Pour les enfants qui sont victimes de discrimination en
raison de leur sexe, de leur race ou de leurs capacités,
Père, pardonne-nous.

Pour avoir saccagé ta création par notre avidité et notre consommation,
privant les générations futures d'enfants d'un environnement sûr pour vivre,
Père, pardonne-nous.

Pour les enfants dont la vie est déchirée par la guerre et les conflits,
Père, pardonne-nous.

Pour avoir considéré les enfants comme des distractions, une charge
financière ou un fardeau et non comme des dons de ta part,
Père, pardonne-nous.

Pour avoir fermé les yeux alors que des enfants
sont achetés et vendus comme esclaves,
Père, pardonne-nous.

Pour n'avoir pas soutenu les parents et les familles
qui prennent soin de leurs enfants,
Père, pardonne-nous.

Pour n'avoir pas protégé les enfants des abus et de l'exploitation en ligne,
Père, pardonne-nous.

Pour avoir rendu l'Église inaccessible aux enfants et avoir été
un obstacle à ce que les enfants te connaissent et t'adorent,
Père, pardonne-nous.

Sauve-nous et aide-nous.
Amen.

Une prière d'engagement

Inspirée d'Ésaïe 61, adaptée par Rosalind Tan.

Viens, Esprit du Seigneur souverain, sois sur nous,
Oins-nous pour prêcher la Bonne Nouvelle aux enfants,
Envoie-nous pour panser leurs cœurs brisés,
Pour proclamer la liberté aux enfants captifs de la peur ;
Pour libérer des ténèbres les enfants emprisonnés,
Pour proclamer l'année de faveur du Seigneur
et le jour de vengeance de notre Dieu,
Pour consoler tous les enfants qui pleurent
et soulager les enfants qui sont dans le deuil,
Pour accorder aux enfants une couronne de beauté
au lieu de cendres,
L'huile de gaîté au lieu du deuil,
Et un vêtement de louange
au lieu d'un esprit de gémissement ;
Pour qu'ils soient appelés les « chênes de la justice »,
– une plantation du Seigneur
Pour la manifestation de ta splendeur.

Amen

À propos des directrices d'ouvrage

Lucy Kajidori est chercheuse en théologie et pratique pour Viva et coordinatrice de projet en matière de théologie des enfants aux éditions Langham. Elle est qualifiée pour enseigner dans les classes de niveau secondaire et a enseigné les sciences religieuses dans plusieurs écoles de l'Oxfordshire, au Royaume-Uni. Elle a quitté l'enseignement pour se former au « All Nations Christian College », au Royaume-Uni, en études interculturelles. Lucy est titulaire d'un master en théologie appliquée de l'Université d'Oxford, au Royaume-Uni, et prépare actuellement un doctorat au Fuller Theological Seminary en Californie, aux États-Unis.

Nativity A. Petallar est professeure d'enseignement chrétien et directrice du programme de développement holistique de l'enfant à l'Asia-Pacific Nazarene Theological Seminary, aux Philippines. Son enseignement porte sur les fondements de l'éducation chrétienne, le développement chrétien tout au long de la vie et le développement holistique de l'enfant. Nativity est titulaire d'un doctorat de l'Asia Baptist Graduate Theological Seminary. Elle est également membre du Comité directeur de Lausanne dans le département des enfants à risque. Elle est mariée à Mark et ils ont deux enfants.

Rosalind Tan est directrice des programmes d'éducation à l'Asia Graduate School of Theology Alliance. Elle donne également des conférences dans diverses institutions. Ses domaines de prédilection comprennent les théories académiques et pédagogiques, les études sur l'enfance et la recherche fondée sur la communauté. Rosalind est titulaire d'un doctorat de l'Asia Graduate School of Theology Alliance. Elle est mariée à Sunny Tan et ils ont deux enfants adultes.

À propos des auteurs

María Alejandra Andrade Vinueza est une Équatorienne, théologienne, sociologue et spécialiste de l'enfance, passionnée par les questions liées à la spiritualité, à la foi et à la justice. Elle a passé plus de 15 ans à accompagner des communautés chrétiennes à s'engager en faveur de la justice et du développement dans différents endroits du monde. Ses domaines de recherche actuels incluent la justice environnementale, la migration, le genre et la décolonisation. Elle est actuellement responsable de la théologie et de l'engagement des réseaux de Tearfund. Maria vit actuellement en Équateur avec son compagnon Frank et leurs deux garçons Jose et Mati, avec lesquels elle découvre Dieu de manière nouvelle et passionnante.

Patrick Byekwaso est le responsable du programme « Enfants dans les familles et partenariats avec les Églises » pour CRANE (**C**hildren At **R**isk **A**ction **Ne**twork) à Kampala, en Ouganda. Il est également pasteur associé de l'Église baptiste de Lugogo. Titulaire d'une licence en théologie de l'African International University, Patrick est passionné par le travail avec les jeunes et avec d'autres dirigeants, dans les domaines de la justice sociale, du sport, pour motiver une génération de jeunes à être tout ce que Dieu avait envisagé pour eux.

Nathan Hussaini Chiroma est le doyen de l'école de théologie et le directeur par intérim du département du ministère de l'enfance et de la jeunesse à la Pan Africa Christian University, à Nairobi, au Kenya, et chercheur associé au département de théologie pratique et de missiologie de l'Université de Stellenbosch. Il travaille dans l'enseignement de la théologie depuis 30 ans, après avoir été pasteur dans différents pays de l'Union européenne. Nathan est titulaire d'un doctorat en théologie pratique de l'Université de Stellenbosch.

Rei Lemuel Crizaldo est à la fois coordinateur de la Commission théologique de l'Alliance évangélique mondiale (AEM) et coordinateur du réseau d'éducation théologique de Tearfund (Royaume-Uni) en Asie de l'Est et du Sud-Est. Aux Philippines, il enseigne à la faculté de l'Asian Seminary of Christian Ministries et travaille comme auteur local. Il a collaboré à l'édition de plusieurs livres publiés par OMF Literature, dont *Boring Ba Ang Bible Mo?* (Votre Bible est-elle ennuyeuse ?), qui a remporté le prix du « Filipino Reader's Choice Award » (prix du lecteur philippin). Il est enseignant professionnel reconnu, titulaire d'un diplôme en théologie et d'une maîtrise en communication de masse.

Carmen Alvarez González, docteure en théologie, est directrice régionale pour l'Amérique latine de Viva – Together for Children (Ensemble pour les enfants). Elle est titulaire d'un doctorat en santé et sciences sociales, et possède une vaste expérience de la protection des enfants et de l'élaboration de solutions pratiques en Amérique latine et dans les Caraïbes. Cette expérience comprend la gestion d'équipes régionales, l'élaboration de stratégies, la formulation, le suivi et l'évaluation de projets de développement social, le plaidoyer public et la promotion de la justice. Carmen est également titulaire d'une licence en théologie avec une spécialisation en éducation, d'une licence en droit et d'un master en droits de l'homme et éducation à la paix de l'University for Peace des Nations Unies.

Jan Grobbelaar, docteur en théologie, est pasteur retraité de l'Église réformée néerlandaise en Afrique du Sud. Il a servi deux congrégations pendant 13 ans avant de rejoindre l'Institut Petra dans un ministère en faveur des enfants en 1996. Il y a occupé divers postes contribuant à renforcer les capacités de leadership des Églises et des communautés pour devenir des espaces inclusifs pour les enfants dans divers contextes africains, avant de prendre sa retraite à la fin du mois de septembre 2021. Il a obtenu un doctorat en théologie pratique de l'Université de Stellenbosch en 2008. Ses principales recherches ont porté sur le point de recoupement entre l'enfance/la petite enfance et la théologie et la formation intergénérationnelle de la foi, et il est toujours activement impliqué dans la recherche dans ces domaines. Jan est chercheur au département de théologie pratique et missionnaire de la Faculty of Theology and Religion, à la Free State University de Bloemfontein, en Afrique du Sud. Il participe également à des recherches dans les facultés de théologie des universités de Stellenbosch et de Pretoria. Au fil des ans, il a publié divers articles et chapitres dans des revues et ouvrages universitaires. Il est marié à Marie et ils ont trois enfants adultes et trois petits-enfants.

Amberbir Tamire Habtemariam est directeur adjoint du Child Development Training and Research Centre (CDTR, en français Centre de formation et de recherche sur le développement de l'enfant). Il est titulaire d'une maîtrise en développement holistique de l'enfant délivrée par le Malaysian Baptist Theological Seminary et d'une licence délivrée par l'Evangelical Theological College d'Addis-Abeba. Il vit en Éthiopie avec sa femme, Tegene Bekele, et leurs trois enfants – Tinsae, Zekarias et Melkam.

Saw Law Eh Htoo est le coordinateur du programme du ministère auprès des enfants de la Pathein Myaungmya Sgaw Karen Baptist Association. Il est titulaire d'une licence en théologie du Kothayu Theological Seminary à Pathein, au Myanmar (en Birmanie). Il vit au Myanmar avec sa femme Naw Deeyar Htar et leurs deux enfants.

Shake` Geotcherian Koujryan Jackson est conférencière dans le domaine de la théologie pratique centrée sur l'éducation chrétienne, la formation spirituelle, la formation au leadership et le ministère de l'enseignement de l'Église. Elle a récemment rejoint son mari au Royaume-Uni, après avoir occupé le poste de conférencière et de directrice du Centre de ressources pour l'éducation chrétienne à la Near East School of Theology (NEST) à Beyrouth, au Liban. Au cours de son travail à la NEST, elle a organisé plus de 40 formations pour des responsables d'Églises venus d'Iraq, de Syrie et du Liban. Shake` a également été une membre active de l'Armenian Evangelical Churches in the Near East (UAECNE, en français l'Union des Églises évangéliques arméniennes du Proche-Orient), elle a occupé de nombreux postes et a représenté le NEST et l'UAECNE dans de nombreuses conférences internationales. Elle est titulaire d'une maîtrise en théologie sacrée (STM) délivrée par la Near East School of Theology, à Beyrouth, au Liban.

Jessy Jaison est éducatrice théologique et consultante en formation basée à Kerala, dans le sud de l'Inde, depuis trente ans. Elle a commencé à enseigner à plein temps au New India Bible Seminary en 1992 où elle a occupé le poste de directrice de la recherche et de la promotion, et a dirigé le programme de développement holistique de l'enfant depuis 2009 jusqu'à aujourd'hui. Elle est titulaire d'une maîtrise en théologie de l'Université d'Oxford, d'un doctorat de la Queen's University de Belfast, au Royaume-Uni, et a effectué des stages postdoctoraux à Asbury et Fuller Seminaries aux États-Unis. Elle travaille en partenariat avec la United World Mission (UWM), l'Overseas Council, l'Asia Theological Association-CAED, l'ICETE, Senior Consulting, Re-Forma, LeaderSource et le Groupe de travail théologique de Lausanne. Jessy réside en Inde avec son mari, le Dr Thomas Jaison (directeur régional de l'Overseas Council pour l'Asie du Sud-Est), et le couple a le bonheur d'avoir deux fils adultes, Abraham et Aquil, et leurs familles.

Faith Kembabazi est directrice et coordinatrice du développement du réseau du CRANE (Children at Risk Action Network), un réseau partenaire de Viva basé à Kampala en Ouganda. Faith est titulaire d'une maîtrise en sciences de gestion du développement de l'Open University et d'une licence en sciences sociales (psychologie, sociologie et administration sociales). Auparavant, elle avait travaillé pour « True Love Waits » (le véritable amour attend), une initiative visant à réduire le VIH/SIDA en Ouganda, sous l'égide du ministère baptiste.

Sublimé Nyundu Mabiala est un éducateur universel auprès de Converge International Ministries. Dans le passé, Sublimé a été missionnaire en Afrique de l'Ouest, dans le monde arabe et en Amérique avec plusieurs missions dons les sièges sont aux États-Unis. Il a obtenu un doctorat en développement international à l'Université d'Édimbourg, en Écosse (au Royaume-Uni). Il travaille actuellement sur un projet postdoctoral intitulé « Mobilité et hostilité juvéniles ». Sublimé est marié à Rachel et ils ont récemment déménagé de Detroit, dans le Michigan, pour s'établir à Abidjan, en Côte d'Ivoire, dans l'Afrique de l'Ouest.

Kezia M'Clelland est la spécialiste des enfants en situation d'urgence pour Viva. Au cours des quinze dernières années, elle a beaucoup appris des Églises et des communautés locales, et les a équipées pour soutenir les enfants et les familles en situation de crise. Ce travail s'est étendu à l'Afrique, l'Asie, et au Moyen-Orient, et se concentre sur la protection de l'enfance et le soutien psychosocial. Kezia est titulaire d'un master en violence, conflit et développement de l'université SOAS de Londres. Elle est passionnée par la création d'occasions pour que les enfants affectés par les conflits et les catastrophes soient en sécurité et atteignent leur potentiel.

Douglas McConnell est doyen émérite et professeur principal de leadership et d'études interculturelles au Fuller Theological Seminary. Les McConnell ont été missionnaires pendant 20 ans en Australie et en Papouasie-Nouvelle-Guinée. Douglas a également été directeur international des Pionniers. Il a mis en place au Fuller Seminary le programme axé sur la mission auprès des enfants à risque, qui mène des recherches sur les réponses missionnaires à la situation critique des enfants dans le monde et forme des leaders dans ce domaine vital. Il a commencé à travailler en tant qu'instituteur aux États-Unis, en Australie et en Papouasie-Nouvelle-Guinée. Après son retour aux États-Unis, il a siégé au conseil d'administration international de Viva.

Damon Mkandawire vit à Mbereshi, en Zambie, où il est administrateur de l'hôpital de l'Église unie de Zambie à Mbereshi. Il est ministre de la Parole et des sacrements dans l'Église unie de Zambie. Il est écologiste, jeune théologien et militant pour la justice en matière de genre. Ayant grandi au milieu des mines de cuivre, Damon a une connaissance directe de la dégradation de l'environnement et de ses effets délétères potentiels sur les femmes, les enfants, sur la santé et le bien-être humains. Damon a passé des années en tant que responsable de l'environnement à la Konkola Copper Mines, l'un des plus grands producteurs de cuivre d'Afrique, et continue d'œuvrer en faveur de la justice environnementale et de l'égalité des sexes aux niveaux national et international.

Roseline Olumbe est chargée de cours et coordinatrice de l'Institute of Child Development à la Daystar University au Kenya. Elle est titulaire d'un doctorat en développement holistique de l'enfant à l'Asia Pacific Nazarene Theological Seminary. Elle vit au Kenya avec son mari Duncan et leurs trois fils.

Athena Peralta est responsable du programme pour la justice économique et écologique au Conseil œcuménique des Églises. Auparavant, elle a travaillé avec l'autorité nationale pour l'économie et le développement des Philippines en tant que spécialiste du développement économique. Ses recherches et ses activités de plaidoyer se concentrent sur les conflits d'intérêt entre l'économie, l'écologie et la justice du genre.

Enrique Pinedo est conseiller principal de Compassion International en matière d'alliances stratégiques pour l'Amérique latine et les Caraïbes. Il est membre de la Latin American Theological Fellowship (l'association théologique latino-américaine) et a été président du mouvement latino-américain « With Children and Youth » (Avec les enfants et les jeunes). Il a également été coordinateur du Forum thématique mondial sur les enfants au sein du réseau Micah et a encouragé le mouvement mondial « Holistic Children » du Mouvement 4/14 Window. Enrique a été membre du Comité pour « les enfants en danger » au Mouvement de Lausanne et est titulaire d'un master en sciences religieuses de l'Evangelical University of the Americas au Costa Rica. Il est ministre ordonné et exerce, avec sa femme, le ministère parental au sein de l'Église All Nations (COAN) en Floride, aux États-Unis. Enrique est marié à Miriam, et ils ont quatre enfants – Miriam J., Cesia, Jonathan et David.

Adnan Azhar Sandhu a terminé ses études de théologie au Gujranwala Theological Seminary, au Pakistan, et au Children Bible Ministry, en Nouvelle-Zélande. En 2001, il a lancé le Pakistan Sunday School Ministry, qui se concentre sur le soutien aux enfants et l'établissement de ponts entre les Églises et leurs communautés. Au cours des vingt dernières années, il a formé plus de vingt mille personnes travaillant avec des enfants en Asie du Sud et il est actuellement en train de former des maîtres formateurs qui poursuivront et développeront ce travail. Au cours des neuf dernières années, il a travaillé avec des mouvements internationaux, notamment le Mouvement 4/14 Window et le Global Children's Forum. Adnan est également au service du Mouvement de Lausanne en tant que catalyseur pour les enfants et l'évangélisation. Il est marié à Neelam, et ils ont quatre filles : Annika, Sabrina, Adelina et Selena.

Clenir Xavier dos Santos est la directrice mondiale du Pavement Project de Lifewords et fait partie de l'équipe de direction internationale de Lifewords. Elle est assistante sociale et psychologue de formation et s'est spécialisée dans la psychothérapie conjugale et familiale à la Tavistock Clinic de Londres. Depuis

1999, Clenir fait partie des dirigeants du Pavement Project, présent dans vingt et un pays. Elle a également fondé et dirigé pendant quinze ans le projet d'une Église locale au secours des enfants des rues à Rio de Janeiro. Clenir a été élue et a siégé pendant deux ans au Conseil national des droits de l'enfant du Brésil. Elle vit actuellement à Rio de Janeiro, est veuve d'un pasteur et est inspirée quotidiennement par ses trois enfants et ses petits-fils.

Harold Segura est directeur du département Foi et Développement de World Vision pour l'Amérique latine et les Caraïbes. Il est également pasteur baptiste et était auparavant recteur de l'International Baptist Theological Seminary de Cali, en Colombie. Le révérend Segura a terminé ses études doctorales à l'université Javeriana à Bogotá, en Colombie.

Bradley Gabriel Mark Thompson a travaillé pour World Vision pendant plus de 20 ans, y compris divers rôles techniques et de direction en Inde et aux Philippines. Il coordonne actuellement l'équipe mondiale de parrainage d'enfants et l'équipe d'intégration du ministère de World Vision. L'objectif de cette équipe est de permettre aux bureaux nationaux et aux équipes de programmateurs de travailler efficacement avec les partenaires pour obtenir des résultats durables en matière de bien-être des enfants par le biais du parrainage d'enfants. Bradley est titulaire d'une maîtrise en santé communautaire du Trinity College de Dublin et d'une maîtrise en travail social du Loyola College de Chennai/Université de Madras, en Inde. Il poursuit actuellement un doctorat en développement holistique de l'enfant à l'Asia Pacific Nazarene Theological Seminary (APNTS), à Manille, dans le but d'utiliser ses connaissances et son expérience pour créer un monde de bienveillance, d'amour et de justice pour les enfants. Bradley vit à Hamilton, en Nouvelle-Zélande, avec sa femme, Feby, et leurs deux enfants – Joshua et Tirzah.

Jane Travis est responsable du Programme international de Viva. Elle dirige le développement de programmes visant à équiper les Églises et les organisations confessionnelles du monde entier à s'engager et à répondre aux questions prioritaires auxquelles sont confrontés les enfants. Auparavant, elle a travaillé dans le secteur des ONG internationales en se concentrant sur les situations d'urgence et les personnes touchées par les conflits. Elle a notamment mis en place et dirigé des services communautaires dans des camps de réfugiés en Tanzanie, au Tchad et en Zambie. Elle a également vécu et travaillé au Soudan, en Inde et au Rwanda. Sa passion est de voir l'Église s'engager dans les questions de notre temps. Jane participe activement à des initiatives environnementales locales et nationales en matière d'environnement.

Shantelle Weber est titulaire d'un doctorat en théologie pratique de l'Université de Stellenbosch, où elle est actuellement professeure associée dans le département de théologie pratique et de missiologie. Ses recherches portent sur la formation chrétienne des jeunes et sur les études culturelles et interreligieuses. Shantelle est également directrice d'Uzwelo Youth Development, une organisation à but non lucratif axée sur le développement du leadership chez les jeunes. Son équipe forme des animateurs de jeunesse qui ne peuvent pas étudier à plein temps, et encadre également de jeunes adultes. Shantelle est mariée à Brandon, et ils ont deux filles – Shannon et Ashleigh.

Menchit Wong est actuellement membre du conseil international du Mouvement de Lausanne. Elle fait également partie des équipes dirigeantes de réseaux missionnaires mondiaux pour les enfants et les jeunes, tels que le Global Children's Forum et le Mouvement 1 pour 50. Depuis 2018, Menchit s'intéresse particulièrement au ministère sur le lieu de travail, après avoir pris sa retraite au terme de 30 ans de ministère dans le domaine de la défense des enfants et de leur développement holistique. Elle travaille actuellement avec le OneCORE Success Center aux Philippines, en tant que consultante principale, médiatrice d'apprentissage et coach certifiée par Gallup pour les dirigeants d'entreprises et d'organisations à but lucratif. Au cours de ses 30 ans de service auprès de Compassion International, elle a été directrice nationale et internationale de la défense des enfants. Menchit est mariée à Rico depuis 35 ans. Ils ont le bonheur d'avoir trois fils, deux belles-filles et quatre petits-enfants.

Hommage spécial

Le réseau Viva souhaite profiter de cette occasion pour rendre hommage à Devesh Lal, l'un des consultants du réseau Viva à Patna, en Inde. Devesh a participé à la création de cette publication jusqu'à son décès tragique en novembre 2020.

Pendant les neuf années où il a travaillé pour Viva en Inde, Devesh a joué un rôle déterminant dans la défense des droits des petites filles par le développement de réseaux partenaires à Patna, Ranchi et Shillong, par la formation des responsables d'Églises et de bénévoles sur les questions de protection de l'enfance, et dans l'accompagnement des filles dans leur développement de compétences personnelles essentielles.

La nouvelle de sa mort a été un choc terrible, et son décès est une perte dévastatrice pour sa famille, la communauté ecclésiale de Patna, nos réseaux de partenaires en Inde et pour Viva au niveau mondial. Devesh était une source d'inspiration pour nous par sa façon de servir les enfants, et il nous manque terriblement.

S'exprimant par vidéo dans le cadre de l'appel de Noël de Viva en 2016, qui avait pour thème le mentorat des filles en Inde, Devesh avait déclaré :

> *L'Église est le seul véhicule capable de faire évoluer les mentalités. Nous aimons nos filles et nous aimerions leur offrir des occasions favorables. Je fais un rêve : qu'en entrant à Patna – par la gare ferroviaire, la gare des autocars, la route et l'aéroport –, les gens découvrent une ville qui soit un lieu sûr et accueillant pour les filles.*

Index des sujets et des noms de lieux et de personnes

A

abandon 66, 80, 202, 210, 263
Abraham (personnage biblique) 21, 166
absence de domicile 8, 42-45, 90
abus 45, 91, 116, 130, 142, 185, 195, 207, 212
    émotionnel 23, 43
    mental 23
    physique 5, 23, 43, 117, 184, 223
    sexuel 23, 43, 57, 80, 117, 184, 190, 207, 223, 240
    social 23
    spirituel 23
    substances psychoactives 195
adoption 42, 69-70, 100, 131
Afghanistan 4
Afrique
    enfants en danger 3-4, 32, 42, 219, 223
    histoire du lion et de la gazelle 6
    ubuntu 9, 78, 85-86, 89, 94
Afrique du Sud 203, 230
Alicia (étude de cas) 209
Al Jazeera 45
Alliance évangélique mondiale 188, 266
Alliance mondiale HCD 116
Alvarez, Carmen 130
Ambwani, Vinita 88
Amérique centrale 154, 184-185
Amérique latine 44, 190, 202
Andrade, María 141, 163, 174-176
approche du sac vert 211-212
Arshad (étude de cas) 27-29
Asie 31-32, 42-43, 57, 219, 231, 265
Association chrétienne du Nigeria 239

B

Bangladesh 186, 188
Bartel, Sarah Smith 52
besoins particuliers 8, 43, 58, 89
bien-être mental 43, 80, 141
Boko Haram 219
Booz (personnage biblique) 60
Brésil 207-208, 210
British Broadcasting Corporation (BBC) 251
Bronfenbrenner, Urie 84
Broodryk, Johann 85
Brown, Ed 269
Bruce, F. F. 61
Bunge, Marcia 19, 30, 51, 199, 229, 233

C

cadeaux 27, 34, 88
Calvin, Jean 228
camps d'été 253, 276-279
caste des Dalits 15, 20
castes 15-16, 20, 127
Chandhu (étude de cas) 27-29, 32-34, 36
Chaverra, Borlis 212
Child Labor Coalition 32
Children at Risk Action Network (CRANE) 65-67, 69, 71
« Children on the move. A crisis in the Northern Triangle, Mexico and USA » 184
Chine 59
citoyenneté 131, 264
Coalition for Genocide Response 218
Colombie 190, 210-212, 250
Comité des droits de l'enfant des Nations Unies 256

« Comme étant né parmi nous »,
    campagne 190
Commission de mission et
    d'évangélisation 266
Commission mexicaine d'aide aux
    réfugiés (COMAR) 185
Commission sur les enfants en danger
    82
communauté 17, 82, 85, 92
    communauté africaine 10-11, 79, 81,
        85-87, 91
    communauté chinoise 42
    communauté ecclésiale 70-71, 82
    dans la Bible 23, 55, 60, 88, 90-91
    définition 78
    Myanmar 103
Compassion International 190
compétences personnelles essentielles
    79, 102, 295
comportement des enfants 46, 66, 91,
    195, 212
Congo, République démocratique du 7,
    148, 186, 220, 231
Conseil œcuménique des Églises (COE)
    115, 248, 253, 266, 275
consommation d'alcool, parents 14, 117
Convention baptiste du Myanmar 98
Convention baptiste vénézuélienne 211
Convention-cadre des Nations Unies sur
    les changements climatiques 257
Convention des Nations Unies relative
    aux droits de l'enfant (CNUDE)
    47, 100, 112, 158, 230
Couture, Pamela 196
création 261, 273-274, 280
Crizaldo, Rei Lemuel 260
Crocker, Gustavo 217-218, 226
Cunningham, Sarah 219

D

Daesh (État islamique) 219
David (personnage biblique) 23, 126
défense des enfants 110, 112-113, 118,
    121, 123, 136, 144
    demandeurs d'asile 8, 43, 185, 189, 217
de Mesa, Jose 56
de Souza, Marian 149
dettes 31-32, 34
développement émotionnel 53, 141,
    144, 208
développement physique 31, 53, 158
Dewey, John 21
Diba (étude de cas) 147-148
dignité des enfants 7-8, 14, 16, 18, 20,
    22, 24, 115
divorce 93, 211
droits 16, 29, 31, 33, 35, 46, 48, 126,
    131, 141, 190, 209-210, 220, 223,
    239, 268
droits de l'enfant 7, 17, 33, 47, 101, 112,
    115, 118, 135, 158, 230, 257
Dugal, Mike 150

E

eau, accès et pollution 31, 98, 101, 110,
    187, 256, 274, 277
éducation des enfants 53-54, 68, 70
éducation et écoles
    changement climatique 253, 255, 275
    écoles coraniques 5
    Guatemala 130-131
    Myanmar 98, 142
    pandémie de Covid-19 142, 188
    persécution 222, 241
    programme « Les enfants et la
        nature » 276
Église catholique 239
Église nazaréenne 183-184
Églises arméniennes 164
Églises, recommandations pour
    aide aux migrants 189
    créer une communauté 82, 102
    faire face à la persécution 221-222,
        242
    plaidoyer 118, 128, 136, 221, 241
    soins envers la création 253, 280
Église unie de Zambie (UCZ) 273, 275-
    278
Égypte 44-45, 92, 164, 217
Éli (personnage biblique) 23

enfants des rues 8, 43, 48, 59, 68-69, 109, 195, 220
enfants « devant la porte » 42-44, 46-48, 51, 53, 59, 62
enfants SDF (sans abri) 8, 42-45, 90
enfants soldats 8, 145
Engagement du Cap 114, 118, 230-231, 266
« Engagements des Églises en faveur des enfants » 115, 248
enlèvement (kidnapping) 145, 219, 239
enregistrement des naissances 130-135
esclavage 3, 11, 30, 116, 132, 199, 207-208
espace ami des enfants (EAE) 173-177, 180
espoir 143-144, 147-151, 157-159, 163-165, 167, 169, 173, 175-178, 180, 191, 207, 232, 260, 264
    désespoir 143, 146, 148-149, 158, 165, 169
    « l'échelle de l'espoir » 148
estime de soi 147
États-Unis 184-185, 189, 255
Éthiopie 7, 80, 187
étiqueter les enfants 8, 16
exploitation domestique 4
exploitation sexuelle 4, 121, 130, 132, 184-185, 249
    en ligne 57, 59, 117

F

faim/manque de nourriture 44-45, 117, 147, 195, 208, 249
famille d'accueil 47-48, 62, 65, 69-72, 195
familles
    dessein de Dieu pour les 17, 24, 136, 198
    en Afrique 71, 77-78, 85, 147
    enfants « devant la porte » 42, 51
    Myanmar 99, 101
Felisa (étude de cas) 130-131
Fondation PARE 212
formation professionnelle 65, 68, 145

fours à briques 27, 30, 32-34
fracture Nord/Sud 9

G

Gabriela (étude de cas) 211-212
genre 9
Geotcherian, Shake` 151, 162
Glanville, Karissa 217, 226
Global Children's Forum 116
Godoi, Claudinei 209
Grabowski, John 52
Greener, Susan 114
GreenFaith, réseau international 275-276
Grobbelaar, Jan 3, 15-16, 23
grossesse 4, 66
Groupe intergouvernemental d'experts sur l'évolution du climat (GIEC) 256-257
Guatemala 130
guerre 43, 145, 150, 166, 174, 217
    Liban 162
    Syrie 175

H

handicap 58, 132, 134, 199
harcèlement 23, 46, 92, 132
Hassan (étude de cas) 219
Higonnet, Anne 14
Hunt, Christopher 61

I

identité 10, 42, 78, 174, 202, 213
image de Dieu, porteurs de 15, 17, 24
Inde 20, 44, 121, 127, 129
individualisme 79, 81
Indonésie 45
Institute for American Values 82
International Justice Mission (IJM) 117
Iraq 168, 219, 231
Isaac (personnage biblique) 21-22
Ismaël (personnage biblique) 22-23

J

Jacob (personnage biblique) 21

Jaison, Jessy 14
Janoff-Bulman, Ronnie 147
Jayakaran, Ravi 110
Jésus-Christ
    amour pour les enfants 22-24, 124, 194, 269
    enfant 54, 194
    royaume de Dieu 124
jeu
    importance du 33, 144, 253
    inaptitude au 28
    programmes de 27, 173, 175
Joseph, mari de Marie (personnage biblique) 54
justice
    environnementale 274, 276, 280
    institutions humaines 131, 136
    justice de Dieu 122, 136

K

Kampala, Ouganda 67, 69, 71
Kazdin, Alan 146
Kembabazi, Faith 65
Kenya 89, 91

L

La captivité babylonienne de l'Église 228
« Las Patronas » 184
le lion et la gazelle (histoire) 6
Léna (étude de cas) 14
Liban 162, 168-169
Linares, Jerameel 212
logement 100, 189, 207-208
Lumeya, Nzash U. 220
Luther, Martin 227-228, 231, 233

M

Mabiala, Sublimé 226, 231, 243
Maha (étude de cas) 177-178
mahibereseb 78, 80
Malherbe, Johannes 6
maltraitance des enfants 66, 68, 80-81, 91-93, 97, 116, 132, 198
Manifeste de Manille 230
Mann, Gillian 145-147, 149

marginalisation 218-219, 221
mariage forcé 4, 219, 239, 249
Marie (personnage biblique) 54
Maslow, Abraham 144
Mauritanie 3
Mazabane, Ndaba 183
Mbiti, John 87
McConnell, Douglas 17, 183, 193
McDonald, Patrick xiii, 109
M'Clelland, Kezia 173
médias sociaux 81, 128, 248, 255
mendicité 5, 44
Mephi-Bosheth (personnage biblique) 21
mer Méditerranée 184
Mexique 184-185
migration
    changement climatique 217
    pandémie de Covid-19 187, 193, 207, 232
    réponses à la 154, 191, 196, 200, 213
Missão Lusitana 210-211
mission 57, 203, 218, 234, 266
    rôle des enfants 209, 213, 217, 226-227, 231, 234
mission évangélique des Assemblées de Dieu portugaises 210
Mkandawire, Damon 274
Moïse (personnage biblique) 60, 164, 278
Moltmann, Jürgen 143
mondialisation 79-80, 82
mort spirituelle 146, 149
Moulkheir (étude de cas) 3
Mouvement de Lausanne 113-115, 230, 234, 266
Mouvement mondial 4/14 Window 114
Myanmar 101, 103, 142, 187
Myers, Bryant 124

N

Naaman (personnage biblique) 23, 178
Nadhaf, Subhi 173
Naima (étude de cas) 175

négligence 66, 80, 117, 141, 185, 202, 207
Niebuhr, Reinhold 60
Niger 4
Nigeria 4, 237-242
Nilab (étude de cas) 4
Nolan, Albert 58
Nouwen, Henri 206
nutrition 102, 198
Nye, Rebecca 157, 159

O
Objectifs de développement durable des Nations Unies 141
Objectifs du Millénaire pour le développement (OMD) 111, 113
Ochab, Ewelina 218
Olumbe, Roseline 84
ONUDC (Office des Nations Unies contre la drogue et le crime) 45
Organisation internationale pour les migrations (OIM) 185-186, 232
Organisation mondiale de la Santé (OMS) 80, 141
Orona, Jennifer 77, 193
orphelins 42, 44, 48, 59-60, 67, 71-72, 91, 116, 193, 195
    dans la Bible 60, 90-91, 191, 194
Ouganda 65, 147

P
Pablo (étude de cas) 211-212
Paloma (étude de cas) 206-208
pandémie de Covid-19 44-45, 117, 135, 141, 187-188, 193, 200, 210, 232, 247, 262
    migrants/réfugiés 187, 193, 207, 232
papiers d'identité 130
parents
    soins aux parents âgés 57, 77
Parker, Shipton 89
Pathein Myaungmya Association (PMA 98-99
pauvreté 23, 29, 44, 66, 125-126, 131-132, 141, 144, 146, 199

Pavement Project 209-212
Payback Sunday 280
péché 18, 41, 59, 61, 123, 218, 280
Peñamora, Aldrin 268
Pence, Allan 93
Penner, Glenn 236
Peralta, Athena 247, 260, 269, 273
persécution 218-219, 221, 236-237, 239-241
personnes âgées 79
Petallar, Nativity A. 51
peuple Rohingya 186
Philippines 43, 57-59, 117, 254, 267
Pinedo, Enrique 183, 193, 202
« Placer les enfants au centre » 115
plaidoyer 116, 122-123
    définition 110
politique de l'enfant unique 43
pollution 274, 277
Polycarpe 53
Portes Ouvertes 218, 237
Portugal 210
Post-Kaiser Family Foundation 251
Powell, Kara 183
prêt 29
prochain, amour du 58, 60, 198
proche parent rédempteur 60-62, 71
programme d'activités « Jeux et amusement » 27-28
programme de protection de l'enfance 102, 113, 190, 197-198
programme « Les enfants et la nature » 276
projet Néhémie 208-209
prostitution 4, 8, 93, 116, 132, 195, 207
Puchalski, Christina 148
Putman, Katharine 41

R
rachat (de dettes) 34
Radha (étude de cas) 121
Rahner, Karl 60
rédemption 18, 59, 71, 217, 265-266
Refugee Highway Partnership (RHP) 188

réfugiés
　Afrique du Sud 203
　dans la Bible 194, 202
　peuple Rohingya 188
　réfugiés congolais 145-146, 149
　Syrie 59
RENAP (Registro Nacional de Personas) 131, 133-135
République démocratique du Congo 7, 148, 186, 220, 231
résilience 121, 144, 147, 150-151, 158-159, 163, 173-176, 179-180, 213, 219, 254, 257
Ressources pour les responsables d'Églises concernant la crise des réfugiés et l'immigration 189
Roumanie 4
royaume de Dieu 128, 137, 163, 165, 176, 178, 180, 190, 196, 208, 229, 232-233, 242, 265
Ruth (personnage biblique) 60, 71, 194

S

salaire minimum 29, 31
salut 54, 125, 165, 167, 218, 263, 265
Samuel (personnage biblique) 23, 126
Sandhu, Adnan 27
santé 80, 91, 102, 110, 117, 141, 144, 157, 186-187, 191, 198, 210, 249, 251
Santos, Clenir 206
Save the Children 184-185
Saw Law Eh Htoo 97
Scott, Dave 7
Segura, Harold 226
Sénégal 5, 45
sexe féminin 43
sexe masculin 97
shalom 190-191, 261, 263
Shimasaki, Katsuomi 265
SIDA et VIH 57, 195
Singh, Sadhu Sundar 127
site web Max7 116
Smith, Gordon 267
Snyder, Rick 143, 148

soins institutionnels 48
sorcellerie, accusations de 219-220, 223, 231
Soudan 142, 186-187
spiritualité 144, 147-151, 153, 157-158, 201, 230
　mort spirituelle 146
　résilience spirituelle 150, 175-176
sport 28, 32-33, 175
Stafford, Wess 22
Stockley, Paul 110, 136, 193
Stoller, R. 197
Storey, Alan 203
Stott, John 17, 19
Sud-Soudan 142
syndrome de stress post-traumatique 251
Syrie 59, 142, 162, 168, 173, 175, 177-178, 219, 231

T

Tamire, Amberbir 77
Tânia (étude de cas) 211, 213
Tan, Rosalind 41, 52, 58
Tanzanie 145
Tearfund Amérique latine 190
télévision 32, 81
Thamari, Mary 85
théorie de la hiérarchie des besoins 46, 144
Thompson, Bradley 121, 136-137
Thompson, Marjorie J. 53
Thunberg, Greta 247
Timothée (personnage biblique) 23
Tokata Iron Eyes (étude de cas) 254
Tollestrup, Stephen 143, 163
Towner, W. Sibly 20
trafic d'enfants 11, 131-132, 184, 186, 195, 249
traumatisme
　aide psychologique 68
　exemples 147, 251
　relation d'aide 102
　surmonter 144, 178, 210, 212
travail des enfants 29, 32, 45, 132

travail forcé 23, 31-33, 130, 145, 221, 223, 238
Travis, Jane 273-274
Tutu, Desmond 10, 85

U
ubuntu 9-10, 78, 80, 85-86, 89, 94
Ukraine 116
UNICEF
    Digest Innocenti n° 9 131
    enregistrement des naissances 132-133
    prévention de la stigmatisation du handicap 58
    prévention de la violence 115
    statistiques concernant la violence 117
    statistiques concernant les enfants déplacés 187
    statistiques concernant les enfants migrants 186-187
    statistiques concernant les enfants réfugiés 43, 142
    statistiques concernant les orphelins 42
Union chrétienne évangélique arménienne de Syrie et du Liban 162
Université de la Colombie-Britannique 254
urbanisation 79-80, 82
urgence climatique mondiale 247, 255, 257

V
Venezuela 142, 186, 190, 208-209, 211
vêtements 31, 34, 189, 208
VIH/SIDA 66, 93, 121
viol 93, 184, 241
violence domestique 43, 113, 142
Viva 109, 130, 133, 135, 173
    programme de plaidoyer « J'existe, je suis un citoyen » 130
Viva Guatemala (Red Viva) 130

W
Wagener, Linda 151
Weber, Shantelle 193, 213
Wesley, John 53
Westerhoff, John 55
White, Keith 153
Wolters, Albert 266
Wong, Menchit 109, 128
World Vision 121
World Without Orphans 116
Wyse, Dominic 3

X
xénophobie 8, 142

Y
Yémen 142, 186
Yolanda (étude de cas) 130-131

Z
Zambie 274, 279

Index des références bibliques

ANCIEN TESTAMENT

Genèse
1 87
1.26 18
1.26-28 .... 261, 267
1.27 18
1.28 88
1.28-30 18
1.31 .... 88, 261
2.15 261
3 18
4.3-5, 8 59
9.1-7 18
9.6 19
15.1-5 164
16.1-16 59
17.18-26 59
21.17 232
22.1-14 22
34.1-31 59
37.3-4, 18-27 59
37.31-35 59
48.15-16 60

Exode
3.7-9 164
3.14 164
3.17 164
6.6 60
7.14-24 278
12.21-27 92
21.7-11 93
21.12, 18-19, 23-24 93
22.21-23 60

Lévitique
18.21 93

19.9-10 90
19.29 93
19.33-34 190
25.47-55 60
27.16-25 60

Deutéronome
6 .... 53, 60
6.4-8 .... 53, 168
6.4-9 .... 72, 90
11.19 .... 54, 78
22.13-15 93
22.25-26 93
24.19-21 202
25.5-10 61
30.1-3 92

Ruth
4.1-10 71
4.1-12 60

2 Samuel
9.8 21

2 Chroniques
7.14 123
20.12-13 92

Esther
2.3-4, 12-14 194

Psaumes
8.3 126
8.6 18
19.2-7 270
27 .... 151, 162
27.1-3 163

55 165
68.5-6a 72
68.6 90
78.4 .... 54, 170
82.3 .... 72, 90
96.7-13 270
98.4-9 270
104 270
127.3 88
127.3-5 72
133.1 55
148 270

Proverbes
22.6 .... 54, 89, 266

Ésaïe
10.1-4 194
52.7 126
53.5 164

Ézéchiel
11.14-20 165

Amos
5.24 124

Zacharie
7.10 90

Malachie
4.6 60

NOUVEAU TESTAMENT

Matthieu
2.13-15 194
3.1-2 123
4.17 123
5.43-48 219
6.10 123
13.55 54
17.14-21 220
18.1-5 71
18.1-14 194
18.2-3 231
18.3 22
18.5 .... 22, 232
18.6 169
18.10 23
19.13-15 194
19.14 .... 22, 269
20.28 71
25.40 183
26.42 166
28.18-20 167

Marc
6.3 54
10.13-16 123
10.14 .... 124, 190-191
10.14-16 124
12.30-31 58
12.31 253

Luc
2.22-40 71
2.52 54
9.10-17 54
10.21 22
17.21 179
18.15-17 71
18.16 124
22.42 168

Jean
3.16 164
6.5-13 22-23
7.3 54
15.20 219

Actes
5.41 237
8.1-5 167
9.15-16 237
9.36-41 194
14.21-22 237

Romains
5.1-5 165
8.15 72
8.19-22 265
8.35-39 165
12.12 165

1 Corinthiens
9.5 54
13.13 168

2 Corinthiens
4.10 165
5.19 229
9.8-9 124

Galates
3.26-29 93
4.4-5 72

Éphésiens
1.4-5 72
6.1-4 54

Philippiens
3.20 264

Colossiens
3.21 .... 54, 72

1 Thessaloniciens
3.2-3 237
4.16-17 264

1 Timothée
5.4 54
5.8 55

2 Timothée
3.12 219

Hébreux
11.1 165
11.8-12 166
12.7 54

Jacques
1.27 .... 91, 94, 124

1 Pierre
2.9 228
2.21 237
3.9 237
3.17 237

2 Pierre
3.10-12 264

Apocalypse
21 .... 233, 266
21.2 52
21.4 165
21.9 52

Table des matières

Préface de l'édition anglaise..xiii

Préface de l'édition française..xvii

Remerciements...xix

Avant-Propos...xxi

Liste des abréviations...xxiii

1 Créé digne..1

   PROBLÈME CRITIQUE MONDIAL
      Remonter à la racine du problème...................................3
      Jan Grobbelaar – Sud-Africain

   RÉPONSE BIBLIQUE ET THÉOLOGIQUE
      L'affirmation de la dignité des enfants en tant que vision et
      mandat théologique..14
      Jessy Jaison – Indienne

   ÉTUDE D'UN CAS CONCRET
      Rendre leur dignité aux enfants soumis à la servitude pour dettes.. 27
      Adnan Azhar Sandhu – Pakistanais

2 Placés dans des familles..39

   PROBLÈME CRITIQUE MONDIAL
      Enfants devant la porte..41
      Rosalind Tan – Malaisienne

   RÉPONSE BIBLIQUE ET THÉOLOGIQUE
      Proche parent rédempteur : accueillir les enfants qui sont
      « devant la porte »..51
      Nativity A. Petallar – Philippine

   UNE VILLE SANS ORPHELIN
      Étude d'un cas concret...65
      Faith Kembabazi et Patrick Byekwaso – Ougandais

3 Prise en charge par la communauté..................................75

   PROBLÈME CRITIQUE MONDIAL
      Il faut toujours un village pour élever un enfant..................77
      Amberbir Tamire Habtemariam – Éthiopien

RÉPONSE BIBLIQUE ET THÉOLOGIQUE
Ubuntu : concevoir la communauté pour les enfants dans le contexte africain 84
Roseline Olumbe – Kenyane

ÉTUDE D'UN CAS CONCRET
L'Église et le village en tant que communauté 97
Saw Law Eh Htoo – Birman

4 Soutenus par la société.. 107

PROBLÈME CRITIQUE MONDIAL
Une source de lumière... 109
Menchit Wong – Philippine

RÉPONSE BIBLIQUE ET THÉOLOGIQUE
Les enfants, leurs droits et le royaume de Dieu.................... 121
Bradley Thompson – Indienne

ÉTUDE D'UN CAS CONCRET
J'existe, je suis un citoyen....................................... 130
Carmen Alvarez González – Costaricaine

5 Un espoir assuré 139

PROBLÈME CRITIQUE MONDIAL
Spiritualité et espoir : l'extraordinaire caché dans l'ordinaire...... 141
María Alejandra Andrade Vinueza – Équatorienne

RÉPONSE BIBLIQUE ET THÉOLOGIQUE
Amour, foi et espérance... 162
Shake` Geotcherian – Arménienne-Syrienne

ÉTUDE D'UN CAS CONCRET
Les espaces amis des enfants : des lieux d'espoir 173
Kezia M'Clelland – Britannique, en collaboration avec Subhi Nadhaf – Syrien

6 Accueillis dans l'Église de Dieu 181

PROBLÈME CRITIQUE MONDIAL
Les enfants déplacés 183
Enrique Pinedo – Américain d'origine péruvienne

RÉPONSE BIBLIQUE ET THÉOLOGIQUE
De l'accueil à l'engagement des enfants pour le royaume de Dieu 193
Shantelle Weber – Sud-Africaine

ÉTUDE D'UN CAS CONCRET
Le lion est furieux quand il ne sait pas comment retourner dans sa tanière 206
Clenir Xavier dos Santos – Brésilienne

7 Inclus dans la mission de Dieu 215

PROBLÈME CRITIQUE MONDIAL
La rédemption des enfants est une mission à part entière 217
Sublimé Nyundu Mabiala – Congolais (RDC)

RÉPONSE BIBLIQUE ET THÉOLOGIQUE
Les enfants, membres à part entière du sacerdoce de tous les croyants : un modèle pastoral pour inclure les enfants dans la mission de Dieu 226
Harold Segura – Costaricain

ÉTUDE D'UN CAS CONCRET
Le prix payé par les enfants qui témoignent de Christ au Nigéria 236
Nathan Hussaini Chiroma – Nigérian

8 Engagés dans la protection de la création 245

PROBLÈME CRUCIAL MONDIAL
Les enfants et l'urgence climatique mondiale 247
Athena Peralta – Philippine

RÉPONSE BIBLIQUE ET THÉOLOGIQUE
Notre belle demeure 260
Rei Lemuel Crizaldo – Philippin

ÉTUDE D'UN CAS CONCRET
Les enfants et la nature : un programme pilote de l'Église unie de Zambie 273
Jane Travis – Britannique, et Damon Mkandawire – Zambien

Épilogue : Deux prières en réponse à la tendresse de Dieu pour les enfants 283

À propos des directrices d'ouvrage 285

À propos des auteurs 287

Hommage spécial 295

Index des sujets et des noms de lieux et de personnes 297

Index des références bibliques 305

Viva est une association caritative internationale qui se consacre à changer la vie d'un plus grand nombre d'enfants afin qu'ils réalisent le potentiel que Dieu leur a donné.

Nous développons et soutenons des réseaux d'églises et d'organisations locales qui protègent et prennent soin des enfants.

Nous travaillons auprès de plus de trois millions d'enfants dans vingt-six pays par le biais de nos trente-neuf réseaux de partenaires qui comprennent plus de 4 680 églises locales et organisations communautaires.

Viva

www.viva.org

Viva's Children in Emergencies toolkit

www.childreninemergencies.org

Viva Inde

www.viva-india.org

Philippine Children's Ministry Network

www.thepcmn.org

Children At Risk Network – Népal

www.carnet.org.np

Children at Risk Action Network – Ouganda

www.cranenetwork.org

Nous contacter : **info@viva.org**

Langham Literature, et sa branche éditoriale, est un ministère de Langham Partnership.

Langham Partnership est un organisme chrétien international et interdénominationnel qui poursuit la vision reçue de Dieu par son fondateur, John Stott :

promouvoir la croissance de l'Église vers la maturité en Christ en relevant la qualité de la prédication et de l'enseignement de la Parole de Dieu.

Notre vision est de voir des églises équipées pour la mission, croissant en maturité en Christ, par le ministère de pasteurs et de responsables qui croient, qui enseignent et qui vivent la Parole de Dieu.

Notre mission est de renforcer le ministère de la Parole de Dieu de trois manières :
- par la mise en place de mouvements nationaux de formation à la prédication biblique ;
- par la rédaction et la distribution de livres évangéliques ;
- par la formation d'enseignants théologiques évangéliques qualifiés qui formeront ensuite des pasteurs et responsables d'églises dans leurs pays respectifs.

Notre ministère

Langham Preaching collabore avec des responsables nationaux en vue de la création de mouvements de prédication biblique dirigés par les nationaux eux-mêmes. Ces mouvements, qui naissent progressivement un peu partout dans le monde, rassemblent non seulement des pasteurs, mais aussi des laïcs. Nos équipes de formateurs venus de beaucoup de pays différents proposent une formation pratique qui comporte plusieurs niveaux, suivie d'une formation de facilitateurs locaux. La continuité est assurée par des groupes de prédicateurs locaux et par des réseaux régionaux et nationaux. Ainsi nous espérons bâtir des mouvements solides et dynamiques, constitués de prédicateurs entièrement consacrés à la prédication biblique.

Langham Literature fournit des livres évangéliques et des ressources électroniques par la publication et la distribution, par des subventions et des réductions à des leaders et futurs leaders, à des étudiants et bibliothèques de séminaires dans le monde majoritaire. Nous encourageons aussi la rédaction de livres évangéliques originaux dans de nombreuses langues nationales par le biais de bourses pour des écrivains, en soutenant des maisons d'édition évangéliques locales, et en investissant dans quelques projets majeurs comme *le Commentaire Biblique Contemporain*, qui est un commentaire de la Bible en un seul volume rédigé par des auteurs africains pour l'Afrique.

Langham Scholars soutient financièrement des doctorants évangéliques du monde majoritaire dans le but de les voir retourner dans leurs pays d'origine pour former des pasteurs et d'autres chrétiens nationaux en leur proposant un enseignement biblique et théologique solide. Cette branche de Langham cherche donc à équiper ceux qui en équiperont d'autres. Langham Scholars travaille aussi en partenariat avec des séminaires dans le monde majoritaire, afin de renforcer l'éducation théologique évangélique sur place. De ce fait, un nombre croissant de « Langham Scholars » (le nom « Scholars » signifie « boursiers ») peut aujourd'hui suivre des programmes doctoraux de haut niveau au cœur même du monde majoritaire. Une fois leurs études terminées, ces « Langham Scholars » vont non seulement former à leur tour une nouvelle génération de pasteurs, mais exercer une grande influence par leurs écrits et par leur leadership.

Pour plus d'informations, consultez notre site : langham.org.

www.ingramcontent.com/pod-product-compliance
Lightning Source LLC
Chambersburg PA
CBHW050430240426
43661CB00055B/2333